찬양신학 쉽게 듣기 1

김명환 목사 지음

책으로 만나는 ▶ 김명환 목사의 유튜브 강의 시리즈

찬양신학

쉽게 듣기

1

1-33강

예솔

프롤로그

이 책은 전체 66강의 중 절반인 33강이 들어있는, 그러니까 전반부입니다. 책 제목 "찬양신학 쉽게 듣기"가 책의 내용과 성격을 이미 규정하고 있지요. 20여 년 전 출판했던 『찬양의 성전』이 찬양전문인들과 목회자들을 위한 묵직한 교회음악이론서였다면, 이 책은 찬양하도록 지음 받은 모든 기독교인들, 나아가 모든 사람들을 염두에 두고 그들이 성서적인 찬양으로 주를 기쁘시게 하도록 돕는 책으로 내게 되었습니다. 안식년을 맞이하여 제2의 고향과도 같은 미국 켄터키주의 루이빌 (Louisville)에서 유튜브 강의 "찬쉽"(찬양신학 쉽게 듣기의 약어)을 몇 개월째 올리고 있었을 때, 김재선 장로님(예솔 대표)으로부터 이 강의를 책으로 내고 싶다는 메시지를 받은 것이 이 책이 나오게 된 계기가 되었습니다. 원래 90강을 목표로 하여 그 절반인 45강까지를 1편에 넣을까도 생각했었는데, 그걸 다 채우지 못하고 제가 세상을 떠나거나 그 이전에 주님께서 오시거나 할 수도 있겠다는 생각에 강의 숫자를 줄였습니다. 그렇다고 모든 강의가 다 준비되어 있는 것도 아닙니다. 단, 제가 아는 것은 성경에 있는 찬양에 관한 비밀들을 캐기 시작하면 90강이 아니라 900강도 넘을 것이기에 그저 제가 할 수 있는 만큼만, 제가 주님께 받은 것만큼만 하려 합니다.

이 책의 원고는 유튜브 강의와 99% 일치합니다. 어쩌면 유튜브 강의를 듣는 것이 더 실감이 날 것입니다. 그렇다면 과연 이 책이 꼭 필요한 책인지 생각해 보았습니다. 그리고 만약 단순히 제 강의를 그대로 옮겨놓은 것이 이 책이라면, 저는 출판하지 않았을 것입니다. 그런데 곰곰이 생각해보면서 이 책이 꼭 필요한 이유들이 몇 가지 있음을 알게 되었습니다.

첫째, 독자가 자기가 원하는 속도대로, 찬찬히 생각을 정리하며 읽는 것은 그냥 강의를 듣는 것과는 다르다는 것입니다. 저는 유튜브 강의 전문가에게 유튜브 강의의 기본을 배웠는데, 그 첫 계명은 "15분"이었습니다. 즉, 15분을 넘기지 말라는 것입니다. 저는 이따금 여러 나라에서 찬양신학강의를 일주일씩 인도하는데, 어떤 때는 강의하다 보면 쉬지도 않고 두 시간이 훌쩍 지나갑니다. 그런데 유튜브 강의는 그런 것이 아니라는 것입니다. 그래서 저는 15분을 목표로 하고 그렇게 하려고 애를 썼습니다. 그러다 보니 분량이 많은 것은 말을 빨리 해야 해서 중요한 내용들에 시간을 충분히 할애하지 못하기도 하였습니다. 그러므로 꼼꼼히 읽고 줄 치고 질문도 써놓고, 새로 배운 것도 표시해놓으면 참 좋겠다는 분들에게 이 책은 좋은 반려자가 될 것입니다.

둘째, 강의 중에 몇몇 중요한 인용문들이 나오는데, 때로 인용문의 출처를 찾지 못한 경우가 있긴 하지만 거의 대부분의 인용문은 출처를 찾아 미주를 달아놓았습니다. 이는 혹시라도 누군가 그 내용을 더 공부하고 싶은 경우에 도움이 되도록 하려 함입니다. 또 인용문 외에도 다른 도움이 되는 내용들도 미주에 싣도록 하였습니다. 영어 및 독일어는 가급적 번역을 했지만 원문도 함께 기록하여 보다 정확한 지식의 전달을 도모하였습니다. 각주를 피한 것은, 이 책이 무슨 논문처럼 느껴지지 않도록 하기 위해서입니다. 대부분의 독자들은 처음 읽을 때는 미주를 그냥 건너뛰어 다음 강의를 들으면 될 것입니다. 참고로 미주는 제가 졸업한 루이빌 남침례신학교(SBTS)에서 사용하던 시카고매뉴얼을 따르고자 노력했습니다.

나아가 강의내용과 연관이 있는 간증이나 좀 긴 인용문, 또 강의에 꼭 넣고 싶었지만 15분이 훨씬 넘어 강의에 포함될 수 없었던 내용들은 〈참고〉에 기록하여 보다 폭넓은 이해를 도모했습니다. 〈참고〉가 너무 장황하게 느껴질 수도 있을 것입니다만, 그저 글솜씨 없는 교회음악 작곡가의 고백으로 읽어주셔도 감사하겠습니다.

이와 같은 마음에 찬양회복의 염원을 담아 심히 부족한 사람이 부족한 책을 내어놓습니다. 나름대로 쉽게 만들고자 노력했지만 제목처럼 책이 쉽지는 않습니다. 워낙 찬양신학이 어려운 주제라 그렇습니다. 그러므로 일단 유튜브 강의를 들은 후에 책을 보면 복습의 효과도 있을 테니 훨씬 수월할 것입니다. 부디 이 책을 읽으며 유튜브를 보는 모든 독자들에게 주님의 특별한 은총이 있기를 기도하며, 바로 여러분을 통해 이 시대에 성서적 찬양의 회복이 요원의 불길처럼 일어나기를 소망합니다. 또한 언젠가 주님의 뜻이면 제2집도 잘 나올 수 있도록 부족한 저를 위해서 기도 부탁드립니다.

마지막으로 지난 이십여 년간 부족한 종을 위해 기도해주시고 격려해주신 김상복 목사님께 깊이 감사드립니다. 또 언제나 기도와 헌신과 후원으로 함께하시는 전세계 새찬양가족들, 할렐루야교회 다윗성가대 여러분, 미국 Vine Street Baptist Church 성도들, 특별히 아모그룹의 김병규 회장님, 사랑하는 친구 백철호 박사님(새이치과), 권순용 박사님(센트럴치과)께 진 사랑의 빚은 평생 갚지 못할 것입니다. 여러분의 도움이 아니었으면 이 책은 나오지 못했을 것입니다. 그리고 같은 비전을 품고 달려가는 전 세계 4/14 동역자님들께, 과분한 추천사를 기꺼이 써주신 존경하는 추천자 여러분께, 캄보디아선교사합창단의 동료 선교사님들께 심심한 감사를 드리며, 여러 가지로 부족한 제 강의를 책으로 내도록 제안해주시고 도와주신 김재선 장로님(예솔출판사)과 임직원들께 감사드립니다. 특별히 지난 일년 반 정도를 이 강의를 함께 만드느라 안식년을 거의 다 반납하고 애써준 아내 최미야 사모와 늘 바쁜 가운데서도 도움을 아끼지 않은 딸 한나에게 무한한 고마움과 사랑을 전합니다. 모든 영광과 찬양을 홀로 받으실 주님 발 앞에 이 책을 올려드리며… (2023년 새해 벽두에)

캄보디아 프놈펜에서
김명환 목사

추천사

김상복 목사
(할렐루야교회 원로목사/ 햇불트리니티신학대학교 명예총장/
전 세계복음주의연맹(WEA) 회장)

인간은 자기 존재의 가치를 깨닫게 될 때 기쁨과 감사가 솟아오릅니다. 그래서 자녀들은 희생적인 사랑으로 자기의 가치를 일깨워준 부모를 사랑하며 말로 다 표현할 수 없는 깊은 감사를 가슴에 안고 살아갑니다. 특히 우리 존재의 근원이신 창조주 하나님께서 우리를 영원히 사랑하신다는 사실에 대해 눈을 뜰 때면 영혼 깊이에서 터져 나오는 감격과 찬양이 가슴과 입술에서 우러나옵니다. 음악은 가장 깊은 영혼의 울림을 표현하는 방법입니다. 인간에게는 본질적으로 음악성이 내재해 있는데, 그것은 자신의 형상으로 우리를 창조하신 하나님께로부터 온 것입니다. 모든 피조물은 각양각색의 음악성이 있어 그것이 제대로 발휘될 때, 참새의 단순한 노랫소리든지, 놀랍고 위대한 창의력을 받은 인간의 심포니든지, 감동적인 음악적 표현으로 나타나게 되는 것이지요. 사실 최초의 음악가는 하나님이십니다. 그분은 모든 것의 시작이 되시니까요. 하나님께서 독창을 하신 적이 있습니다. 스바냐 3:18에 "내가 너로 인하여 기쁨을 이기지 못하여 즐겁게 노래 부르며 기뻐하노라"라고 하셨으니까요. 그런가 하면 천사들도 음악가입니다 지구 창조의 첫 순간에 그 현장에 있던 천사들이 그 광경을 보면서 너무 황홀해서 "소리를 지르며 노래를 불렀다"(욥 38:7)고 기록되어 있지 않습니까? 인간은 창세기 시작 때부터 벌써 악기를 만들었고 그 음악적 창의력이 발휘되었습니다(창 4:21). 인간의 창작인 베르디의 오페라 〈나부코〉 중에서 '히브리 노예들의 합창'이나 헨델의 '할렐루야'와 같은 음악을 들을 때 사람들은 자기도 모르게 감격하여 눈물을 흘립니다. 하나님도 천사들도 인간도 자연도 다 음악성이 내재되어 있습니다. 성령이 충만하면 그 결과는 "시와 찬미와 신령한 노래"로 주님께 찬송합니다(엡 5:19-20). 하나님을 향한 감사는 항상 찬양으로 표현됩니다. 감사와 찬양은 형제지간과 같습니다. 150편이 들어 있는 시편은 유대인들의 찬송가가 아닙니까?

그 많은 찬양에 대한 성경의 교훈들을 김명환 박사님이 찬양신학으로 조직해 누구나 알아듣게 유튜브에서 강의한 내용을 출판사의 권유에 따라 책으로 출간하게 되었습니다. 그리하여 목회자들과 교회음악가들과 성도들이 성서적 찬양신학의 종합적인 가르침을 쉽게 배울 수 있게 되었으니 참으로 감사한 일이 아닐 수 없습니다.

김명환 박사님은 본래 서울대 치과대학을 졸업한 치과 의사였습니다. 그러나 음악의 은사가 더 강해서 오스트리아에서 작곡을 공부하시고 미국 남침례신학교에서 목회학 석사와 음악 박사를 취득하신 뒤 목사 안수를 받고 캄보디아 선교사로 섬기신 지 벌써 십 년이 넘었습니다. 한국에 계실 때는 대학에서 강의하셨고 할렐루야교회의 남성성가대를 지휘하시면서 '오늘의 양식' 등 많은 곡을 지으셨고 특히 저희 할렐루야교회에서 교회 전체의 찬양사역을 담당하셨을 때, 전국 어린이 찬송가 피아노 경연대회를 시작하셨지요. 그때가 2001년이니 벌써 이십여년이 지났습니다. 그 대회를 통해 많은 아이들이 어려서부터 찬송으로 피아노를 배우는 특권을 누리게 되었고, 부모들은 자기 자녀들이 피아노를 위해 편곡된 찬송가를 매일 연습하는 것을 들으며 많은 은혜와 축복을 받았습니다. 그 후 몇 년 지나지 않아 그 대회는 모든 악기와 성악을 포함한 새찬양축제로 거듭나게 되었지요. 저는 2001년 첫 대회부터 십 년 동안 대회장으로 섬기며, 최선을 다해 하나님을 찬양하는 많은 아이들을 보아왔는데요, 제게는 잊지 못할 기쁨이요 감동이었습니다. 김 박사님의 많은 피아노 찬양곡들과 새찬양축제가 어우러져 만들어내는 잔잔한 물결은 이제는 어린이들뿐만이 아니라 중고등학생 및 대학생들에게까지 이르게 되어 찬송의 큰 파도를 일으키고 있습니다. 이 대회의 영향력은 해를 거듭할수록 증폭되었고 최우수상을 받은 아이들이 미국에 유학까지 가는 놀라운 일들이 일어났으며 심지어 세계 최고의 무대인 뉴욕 카네기홀에서 연주를 하기도 했습니다. 그리고 모든 것이 불가능해졌던 코비드 시절에 오히려 글로벌 동영상찬양대회로 거듭나, 금년엔 전 세계 90개 도시에서 수백 명의 참가자들이 나왔다고 하니, 이 모든 것은 과연 하나님께서 하신 일입니다. 할렐루야!

이 국제적인 찬송가 연주운동의 바탕에는 김 박사님이 깨달은 확고한 성경적 찬양신학이 있습니다. 바로 말씀에 대한 온전한 이해와 가르침이 있기 때문에 이와 같이 놀라운 일들이 일어나고 있으며, 오늘날 우리는 이를 목도하고 있고 함께 기도하고 있습니다. 그 찬송신학을 담은 김명환 박사님의 이 책을 저는 기쁨과 감사로 높이 추천합니다.

추천사

김승욱 목사

(할렐루야교회 담임목사/ 엘에이 사랑의 교회 담임목사 역임)

김명환 선교사님은 오래전부터 선교지 학생들에게 클래식 음악을 통해 하나님을 찬양할 수 있도록 이끌어주신 분입니다. 또한 '새찬양축제'라는 플랫폼을 열어 전 세계 도시에 있는 학생들에게 찬양곡을 연주하며 선한 경쟁을 할 수 있도록 자리를 마련해 주셨습니다.

이렇게 찬양과 선교를 창의적으로 엮어 선교하신 주의 종이 이번에 『찬양신학 쉽게 듣기』라는 책을 발간하게 되어 기쁩니다. 이 책을 통해 독자들의 가슴이 찬양의 열기로 더욱 타오를 수 있기를 바랍니다.

추천사

조성환 목사

(사랑의교회 음악목사/ 엘에이 사랑의 교회 음악목사 역임)

세상이 감당하지 못하는 김명환 박사님을 존경합니다. 수십 년 전 대학 캠퍼스에서부터 만나 뵈었던 김 박사님은 복음에 삶을 걸고 상황과 환경에 결코 좌우되지 않던 하나님 앞에 예배자이셨습니다. 실력으로 하면 아마도 가장 큰 대학에서 교회음악을 가르쳐야 하는 분인데… 겸손히 주님께서 이끄시는 곳으로 항상 순종하며 그 삶으로 주님을 예배하기에 세상이 감당치 못하는 분입니다. 끊이지 않는 영감과 나눔이 하나님의 말씀 안에서 나오기에 『찬양신학 쉽게 듣기』 1권을, 찬양인도자들을 포함하여 모든 교회음악인들이 반드시 읽어야 하는 책이라고 믿습니다.

부르신 그곳에서 예배자로 서기 원하시는 김명환 박사님을 존경하며 『찬양신학 쉽게 듣기』 1권을 강추합니다.

추천사

박신화 장로
(이화여대 음악대학장/ 안산시립합창단 지휘자 역임/ 세계합창연맹 예술위원)

김명환 목사님은 대학생 때 같은 성가대에서 잠시나마 함께 찬양했던 친구였으며, 유학을 마치고 우연히도 같은 대학 강사로 만나 반가웠던 친구, 안산시립합창단을 지휘할 때는 좋은 찬양곡을 통해 만났던 작곡가 친구였는데, 어느덧 나이 60이 넘어 이제는 찬양신학 서적의 저자로 만나게 되니 만감이 교차합니다. 현재 목사로, 교회음악 박사로, 그리고 선교사로 캄보디아 영혼들에게 찬양을 가르치며, 캄장신 교수로 후학양성에 힘쓰는 김명환 친구 목사님의 삶을 이해하기에, 이 영적 혼돈의 때에, 예배와 찬양의 성서적 회복을 위한 횃불과도 같은 이 책을 한국교회에 적극 추천합니다.

추천사

하재송 교수
(총신대학교 교회음악과)

『찬양의 성전』 저자이신 김명환 목사님께서 찬양에 대한 새로운 저서를 출간하시게 된 것을 진심으로 축하드립니다. 미국 남침례신학교(SBTS)에서 몇 년간 함께 공부하고 교제하면서 '찬양에 대한 열정과 사명감이 정말 특별한 분이다'라는 생각을 늘 했었습니다. 그러한 사명감으로 그동안 찬양에 대해 연구하시고 사역 가운데 실제적으로 경험하신 소중한 내용들이 이 책 안에 보물처럼 담겨 있습니다. 『찬양신학 쉽게 듣기』라는 저서명에 함축되어 있듯이 '찬양에 대해 신학적인 접근을 해야 한다'는 목사님의 신념은 이 책의 기초라고 할 수 있습니다. 그러한 관점에서 목사님께서는 찬양에 대한 성경 원어적 고찰과 찬양에 관련된 성경 본문들에 대한 깊이 있는 묵상과 연구의 열매들을 이 책에서 나누고 있습니다. 이 책을 읽을 때 찬양에 대한 새로운 열정이 일어나는 것은 아마도 이 책에서 다루어진 성경 말씀들로 인한 감동의 자연스러운 귀결일 것입니다. 이 책이 한국교회의 수많은 성도들에게 찬양의 소중함을 다시금 일깨우고 '인생의 목적'인 찬양의 삶을 살도록 이끄는 길잡이가 되리라 확신하며 기쁜 마음으로 이 책을 추천합니다.

추천사

정선영 목사
(서울 영광성서침례교회 담임목사/ 미국 군목(Army Chaplain) 역임)

2018년 어느 날 제가 섬기는 교회의 음악목사님이 김명환 목사님과 "새찬양후원회"에 대해서 알려 주셨습니다. '치대를 졸업하신 분이 오스트리아로 유학을 가서 작곡을 공부하고, 또 미국에서 신학과 교회음악을 공부하셨다'라고요. 하지만 여기까지 들었을 때, '아, 경력이 흥미로운 분이다'라는 정도에 그쳤었지요. 그러나 이런 분이 '캄보디아에 자리를 잡고, 찬양을 만들어 불교의 나라에서 자라는 아이들과 어른들이 하나님을 경배하는 찬양을 부르도록 일하고 계시다'라는 이야기를 들었을 때, 제 마음에 김 목사님을 더 알고, 교제하고 싶다는 생각이 자리 잡았습니다. 그리고 얼마 후 하나님의 허락하심에 따라 김 목사님을 만나 대화를 나누게 되었을 때 제 마음에 감사가 넘쳤습니다. 특히 우리의 찬양과 경배를 받으시기에 합당하신 분은 오직 하나님 한 분이시라는 "골방의 찬양"에 대한 목사님의 생각을 들었을 때는 큰 감동을 받았습니다. "인간중심"의 노래를 부르면서도 하나님께 찬양을 드린다고 생각하는 이 시대의 흐름에 저도 지쳐 있었는데, 오직 "하나님 중심"의 찬양을 마음에 두고, 실천하는 목사님의 섬김과 사역이 제 마음을 울렸던 것이었지요.

이런 면에서, 이 책은 인본주의가 지배하는 시대적인 조류에 휩쓸려 -어떤 면에서는 인본주의를 조장하는 주체가 이미 되어버린- 떠내려가는 현대 교회와 성도들이 "하나님께만 영광을 올려 드리는 찬양"을 회복하도록 여러 가지로 도움을 줍니다.

그중에서 몇 가지만 소개하자면, 먼저, 이 책은 찬양을 신학적으로 접근해야 하는 이유를 성경에 근거하여 설명함으로, 독자들로 하여금 하나님께서 받으시는 "신령한 노래"를 찬양하도록 도움을 줍니다. 둘째, 제가 가장 좋아하는 부분인데요, 이 책은 "복음을 전하는 목적"과 "구원의 목적"에 대해서 성경적으로 올바로 구분함으로써, 독자들이 하나님께 영광을 올려 드리는 찬양을 하도록 도움을 줍니다. 셋째, 이 책은 기독교 신앙의 시작과 완성이신 "예수님의 찬양론"에 대해 성경적으로 설명함으로써, 독자들이 예수님께 더욱 많은 관심을 두도록 돕습니다.

마지막으로, 이 책은 저자가 "하나님 중심의 찬양"을 드림으로 인해 실제 삶에서 체험한 하나님의 능력을 생생하게 나눔으로써, 독자들에게 "말씀이신 예수님을 주님과 하나님으로 믿는" 기독교 신앙은 현실의 삶에서도 누려지는 실제적인 신앙임을 알도록 도와줍니다.

모쪼록 이 책의 모든 독자들이 성령님의 역사로 하나님께서 받으시는 경배와 찬양을 올려 드림으로, 부활이요 생명이신 승리의 예수님을 실제 생활에서 날마다 누리고, 이 책의 후반부도 속히 출간되기를 기도하며 이 책을 추천합니다.

추천사

이상일 교수
(장로회신학대학교 교회음악학/ 한국교회음악학회 회장)

최근에 목회자들에게, 코로나19 사태를 겪으며 한국교회가 가장 관심을 가져야 할 주제가 무엇인지 물었을 때, '예배의 본질에 대한 정립'이 단연 1위로 꼽혔습니다. 예배의 본질에 대한 올바른 신학뿐만 아니라, 찬송의 본질에 대한 올바른 신학을 정립하는 것도 포스트 코로나 시대에 특별히 중요한 과제입니다.

예배 관련 서적은 매년 쏟아져 나오지만 찬양신학에 관한 책은 거의 없어서 매우 아쉬웠었는데, 김명환 목사님의 책을 보고 매우 반가웠습니다. 이렇게 읽기 쉽도록 짧게 나눠서, 그것도 동영상과 함께 읽을 수 있는 책은 이제껏 없었던 것 같습니다. 찬양과 관련된 여러 성경 말씀에 관한 친절한 설명과 김명환 목사님의 통찰력이 놀랍습니다. 그리고 여러 학술서적의 내용과 참고자료도 포함되어 있어서 더 좋습니다. 구어체로 되어 있고 간증이 많이 들어있어서 읽기 편하면서도, 내용이 깊이 있습니다. 수십 년에 걸쳐 연구하시고 강의하신 내용의 핵심이 이 책에 담겨 있습니다. 찬양신학의 다양한 주제가 아주 잘 정리되어 있어서 감탄하며 읽었습니다. 이보다 좋은 찬양 개론서를 보지 못했습니다. 신학교에서 교회음악을 가르치는 저로서는 김명환 목사님이 이렇게 좋은 책을 써 주셔서 참 고맙습니다.

이 책은 찬양으로 섬기는 이들의 필독서입니다. 찬양에 관한 설교를 하려는 목회자는 이 책을 통해 많은 정보와 통찰력을 얻을 수 있을 것입니다. 찬양대나 찬양팀뿐만 아니라 일반 교인들을 위한 훈련 교재로도 좋습니다. 이 책은 모든 이에게 유익합니다. 호흡이 있는 자는 누구나 찬양해야 하기 때문입니다. 이 책을 읽은 사람은 생각이 달라지고 찬양의 자세가 달라지고 삶이 달라질 것입니다. 이 책을 읽으면 다양한 주제의 찬양세미나 10번을 들은 것이나 마찬가지입니다. 찬양신학 과목을 한 학기 수강한 것과 마찬가지입니다. 꼭 읽어 보세요.

추천사

최성은 목사
(분당 지구촌교회 담임목사/ 타코마 제일침례교회 담임목사 역임/
뉴올리언즈 및 미드웨스턴 신대원 겸임교수)

이 책을 통해 찬양 신학의 필요성을 깨닫게 되어 무척 기쁘고 가슴이 벅차오릅니다. 하나님을 향한 믿음의 고백 정도로만 여겼던 찬양이 신학을 품을 때 그 의미가 얼마나 더 깊어질 수 있는지를 느꼈기 때문입니다. 그 진한 여운만큼이나 이 책을 읽는 독자들도 찬양이 의미하는 바를 다시 새기고 하나님께서 기뻐하시는 찬양이란 무엇인지 깨닫게 되길 바랍니다.

김명환 목사님은 신학과 교회음악의 권위자로서 그 토대 위에 집을 지었습니다. 동시에 지난 10년간 캄보디아에서 선교 사역을 감당하면서 찬양을 통해 복음을 증거한 필드 경험자입니다. 때문에 이 책은 여타의 서적에서 볼 수 없는 음악적 전문성과 신학적 지성, 그리고 실천적 선교의 균형을 두루 갖춘 책이라고 생각합니다. 총 33개로 구성된 강의는 짜임새를 높였고, 찬양의 다양한 히브리적 함의부터 신, 구약에 걸쳐 펼쳐진 승리의 기록은 마치 우리가 현장에 있는 듯한 생생함을 전해줍니다. 또 찬양의 장르마다 흐름을 익히도록 돕는 시의성은 본문 이해를 증진시킵니다.

이를 종합할 때, 찬양의 소중한 가치를 무심하게 쉬이 지나치는 분들, 찬양을 여전히 자기가 은혜 받은 것으로 족하는 분들, 찬양의 유구한 역사를 알고 싶은 모든 분께 이 책을 강력히 추천합니다. 이 책을 통해 날마다 샘솟는 찬양의 기쁨이 넘쳐나서 다시 한번 예배의 부흥이 불길처럼 일어나길 소망합니다.

차례

프롤로그   5
추천사   8

제1강   성경에서 말하는 찬양은 무엇인가요? - 인사 및 개요   20

제2강   인간 창조의 목적   25

제3강   할렐루야는 명령이다   33

제4강   본질적으로 찬양받으시는 하나님   42

제5강   찬양의 육하원칙   53

제6강   할랄과 야다 - 찬양 히브리 원어 1   63

제7강   쉬르와 자마르 - 찬양 히브리 원어 2   71

제8강   바라크와 샤바흐 등 - 찬양 히브리 원어 3   82

제9강   아이네오 - 찬양 헬라어   92

제10강   들리지 않는 찬양 - 찬양과 음악 1   104

제11강   삶으로 찬양? - 찬양과 음악 2   114

제12강   예배의 절정 - 찬양과 음악 3   122

제13강   찬양과 축복 - 찬양과 음악 4   133

제14강   찬양의 다이어그램 - 찬양과 음악 5   142

제15강   Patoka 호수에서 - 찬쉼카페   150

제16강   인생의 목적 - 이사야 43:21 (1)   156

제17강   음악적 존재 - 이사야 43:21 (2)   163

제18강	찬양의 목적 - 시편 69:30-31 (1)	178
제19강	황소보다 노래로 - 시편 69:30-31 (2)	188
제20강	구원의 목적 - 에배소서 1:3-6	196
제21강	우주의 존재 목적 - 시편 148:1-5	206
제22강	찬미의 제사 - 히브리서 13:15 (1)	216
제23강	입술의 열매 - 히브리서 13:15 (2)	226
제24강	찬양의 성전 - 시편 22:3	234
제25강	함부르크 특집 - 찬쉽카페	245
제26강	극진히 찬양하라 - 역대상 16:25 (1)	255
제27강	메오드 찬양 - 역대상 16:25 (2)	267
제28강	전쟁의 선봉 - 역대하 20:22 (1)	277
제29강	전쟁 승리의 비결 - 역대하 20:22 (2)	288
제30강	노래의 내용 - 역대하 20:21	311
제31강	예수님의 찬양론(1): 예수님의 성경삼분법 - 누가복음 4:44	330
제32강	예수님의 찬양론(2): 어린이 찬양 - 마태복음 21:16	339
제33강	예수님의 찬양론(3): 찬양의 큰 그림 - 마태복음 23:39	357

에필로그　처음이자 마지막 안식년을 보내며⋯　374

참고문헌　378

<참고> 또는 긴 미주 목록

- 참고에 관하여　　24
- 나는 누구인가?　　31
- 스바왕의 여정 지도　　69
- "자마르"와 "나간"　　78
- 고난 중의 찬양　　88
- "독사조"　　101
- 옥시린쿠스 찬미가 (가사 및 악보)　　101
- 루터의 음악신학과 예배에서의 음악사용이
  오늘날 한국교회의 예배와 음악에 관해 주는 교훈 (이상일 교수 논문에서 발췌)　　131
- 루터의 음악에 대한 이해 요약 (홍정수저 교회음악개론에서 발췌)　　149
- 찬양카페 시리즈를 시작하며…　　155
- 우리가 하나님을 위한, 그리스도를 위한 존재임을 알려주는 말씀들　　164
- 테힐라티(나의 찬송)에 대한 간증　　172
- 시편 69편 서문 (매튜 헨리 주석에서 발췌)　　186
- 시편 69편에 대한 다른 신학자들의 견해　　187
- 계시록의 찬양 모습　　208
- 히브리서 저자는 누구인가?　　224
- 호세아 14:2에 관한 소고　　232
- 시편 22:3과 새찬양사역의 핵심가치　　243
- 레퀴엠 소개　　253
- 메오드 찬양을 이루는 세 단추　　264
- 예술적 평등주의(Aesthetic Egalitarianism) 비판　　274
- 성가대인가 찬양대인가?　　285
- 사랑하는 젊은 찬양사역자들에게 편한 마음으로 쓰는 편지　　297
- 오르간곡 〈예수께로 가면〉 세계초연에 관한 간증　　318
- 시편 118편 곡목 해설 및 악보 첫 페이지　　324
- 2000만 원짜리 선물 (간증)　　350
- 마지막 새벽기도 (간증)　　368

찬양신학 쉽게 듣기 1

1-33 강

제1강 영상

제1강

인사 및 개요

성경에서 말하는 찬양은 무엇인가요?

샬롬! 안녕하세요?

교회음악작곡가 김명환 목사입니다. 저는 10년 전 미국에서 섬기던 교회에서 찬양 사역을 위해 캄보디아로 파송을 받은 선교사이며, 동시에 십여 년째 여러 나라에서 어린이 찬양사역과 찬양신학 강의를 해온 찬양선교사이기도 합니다. 프놈펜에 거주하며 주로 아이들에게 찬양을 가르치고, 여러 찬양곡들, 특별히 합창곡들과 교육적으로 필요한 기악 찬양곡들을 작곡하고, 몇몇 합창단들을 지도하고, 신학교에서는 찬양신학을 강의해왔는데요, 지금(2021)은 미국 켄터키주 루이빌에서 안식년으로 머무르고 있습니다.[1]

사실 제 인생의 목표는 요한 제바스티안 바흐(J. S. Bach)처럼 찬양곡을 작곡하는 것이었어요. 그런데 약 30년 전 제가 비엔나에서 작곡 공부를 마치고 한국에 돌아오자, 모 대학에서 교회음악사 강의를 맡기는 거예요. 사실 서양음악사의 많은 부분이 교회음악사이기도 하고 너무나 관심 있던 내용이라서 기쁜 마음으로 부지런히 강의 내용을 준비했지요. 관련 서적들과 찬양에 관한 성경 말씀과 비엔나 국립음대에서 깊이 있게 배운 서양음악사를 바탕으로 준비했는데, 주님께서 부족한 저를 대학 강단뿐만 아니라 차츰차츰 여기저기에 세워주셨습니다. 처음엔 두세 시간의 찬양세미나로 시작했는데, 시간이 점점 늘어나 결국 찬양신학 일주일 집중강의, 또 캄보디아 장로교신학대학에서는 찬양신학 두 학기 강의로 발전했어요. 그리고 감사하게도 최근 십여 년간 한국어 또는 영어로 찬양신학 강의를 여러 나라에서 하기에 이르렀습니다.

그동안 제가 강의한 동영상들을 유튜브에 올리기도 했지만, 좀 더 잘 정리해서 주제별로 쉽게, 더 많은 사람들에게 찬양을 성경적으로 전하고 싶은 마음이 있었습니다. 그러던 차 마침 주님께서 안식년이라는 시간을 허락하셔서, 드디어 인터넷 강의를 시작하게 되었어요. 여기는 아름답게 초록으로 덮인 제 모교인 남침례신학교(The Southern Baptist Theological Seminary in Louisville, KY) 캠퍼스에 있는 선교사 아파트입니다. 이 모든 것을 허락하신 주님께 감사드립니다. 저는 강의를 통해 주로 성경 이야기를 하겠지만, 부족하나마 저의 삶과 하나님께서 행하신 일도 함께 전할 것입니다.

자, 여러분이 항상 주님께 찬양을 드리고 있는데, 찬양신학이 왜 더 필요할까요? 사실 찬양이란 주제는 친근한 것 같으면서도 무척 어려운 주제입니다. 예수님을 알아도 말씀을 더 배울수록 더 깊이 알아가는 것처럼, 찬양도 성경에서 배워야 할 내용이 참 많습니다. 부족한 저는 오직 성령에 의지하여 한 걸음 한 걸음 나아가고자 합니다만, 때로 실수도 있을 것입니다. 그러니 혹시 제 강의를 듣게 된다면 부족한 저를 위해 기도해주시기를 바라며, 더 좋은 의견도 부탁드립니다.

저는 저의 강의 전체의 제목을 이렇게 정했습니다. "찬양신학 쉽게 듣기!" 무언가 느낌이 오나요? 찬양은 신학적 접근이 필요합니다. 찬양에 대한 신학적 접근이란, "찬양은 성경에서 무엇인가?"라는 질문에 대한 답을 찾아가는 것이지요. 많은 경우 찬양을 음악으로만 접근하려 하니 곧 한계가 느껴지고 결국 자기 의견으로 끝나게 됩니다. 찬양은 음악 이전에 말씀의 가르침이요, 그 가르침이 매우 방대하며 구약과 신약 전체에 걸쳐 나타나는 중요한 주제입니다.

저는 우선 성경 전체에 흐르는 찬양이란 주제를 여러 각도에서 설명할 것인데요, 대략 15강 정도까지 이어질 것 같습니다. 이 과정은 찬양신학의 기초를 다지는 과정이라 할 수 있어요. 찬양신학이 던지는 질문들, 찬양에 관련된 원어들, 또 찬양과 음악과의 관계 등을 살펴보는 시간이 될 것입니다. 사실 이 앞부분에 대해 약간의 우려도 있습니다. 왜냐하면 "찬양신학 쉽게 듣기"라고 해 놓고는, 다소 어렵고 딱딱한 내용도 나올 테니까요. 하지만 그 이후에는 찬양에 관한 중요한 성경 구절들을 하나씩 차근차근 풀어갈 것입니다. 사실 저는 아직 이 강의가 몇 강에서 끝을 맺을지 잘 모릅니다. 언제까지 계속될지는 오직 주님만 아시겠지요.

자, 이제 찬양신학 쉽게 듣기, 줄여서, "찬쉽!" 그 첫걸음을 떼어 보겠습니다. 우리가 찬양에 왜 신학적으로 접근해야 하는가에 대해 최소한 일곱 가지 이유가 있습니다.

> 첫째, 왜냐하면 성경에서 찬양에 대해 매우 자세히 방대한 양을 가르치고 있기 때문이지요.
> 둘째, 찬양은 하나님의 인간창조의 목적, 즉 나의 본질에 해당하기 때문이요,
> 셋째, 찬양은 구원의 목적이기 때문이요,
> 넷째, 찬양은 예배의 중심에 있기 때문이며,
> 다섯째, 찬양은 성경에 역사적인 수많은 예와 실행방법이 묘사되어 있기 때문이며,
> 여섯째, 찬양은 많은 경우 우리에게 주어진 명령이기 때문이며,
> 일곱째, 찬양은 하나님의 본질과 연결되어 있기 때문입니다.

자, 여기까지 따라오신 분들은 아마 문제의 심각성을 상당히 크게 인식하게 될 것입니다. 그러나 만약 찬양을 여전히 '자기가 은혜받는 것으로 족하다'라

고 생각하는 분들이 있다면, 그런 분들은 혹시 자신의 신앙이 하나님 중심의 신앙인지, 아니면 자기만족을 위한 자기중심적 신앙인지를 심각하게 고민해 봐야 합니다.

제가 앞으로 하게 될 강의는 무슨 신학적 훈련을 받은 사람, 또는 원어성경을 읽을 수 있는 사람만 이해할 수 있는 것이 아닙니다. 그래서 "찬양신학 쉽게 듣기"입니다. 누구나 한 강의씩 잘 따라오면, 잘 이해할 수 있습니다. 그러나 그 내용은 매우 철학적이기도 하고 때로 깊은 진리를 담고 있습니다.

우리의 믿음은 말씀에 근거해야 합니다. 어거스틴은 말합니다, "성경이 말씀하는 곳에서, 하나님이 말씀하신다."(Where Scripture speaks, God speaks)라고. 이와 같이 우리의 찬양 또한 성경 여러 곳에 나타나는 성경적인 찬양의 본을 따라야 합니다. 이제 찬양을 성경적으로 자세히 배우고자 하는 여러분들을 축복합니다. 찬양의 의미를 깊이 있게 알아감에 따라 이 땅에서 더욱 아름다운 찬양을 드리며 천국의 삶을 살아가시기를 예수님의 이름으로 축원합니다.

기도하겠습니다.
고마우신 아버지 하나님, 찬양이 얼마나 아름다운지요! 그런데 이 찬양의 깊이가 얼마나 깊은지요! 주님, 저희들의 눈을 열어주시고 귀를 열어주시옵소서. 또 마음을 열어주시옵소서! 이제 하나님의 말씀을 따라 한 걸음 한 걸음 나아가고자 합니다. 부족하고 부족한 종에게 기름을 부어주시고 지혜를 칠 배나 더하여 주시고 성령으로 함께 하여주시사 오직 주님이 원하시는 그 말씀만 증거하게 하여 주시옵소서. 이 말씀을 듣는 모든 주님의 백성들에게도 동일한 은혜로 역사하여 주시옵소서. 감사하옵고 예수 이름으로 기도합니다. 아멘.

〈참고〉

보통 신학을 이론신학과 역사신학, 실천신학으로 나누는데, 이론신학에 조직신학, 성서신학 등이 속하며, 역사신학에는 교회사, 교리사 등이 속하며, 예배학, 설교학, 기독교교육학 등은 실천신학에 속합니다. 이런 분류법에서 본다면 찬양신학은 실천신학에 해당할 것입니다. 그러나 엄밀하게 말하자면 찬양신학은 이론신학, 역사신학, 실천신학 모두에 해당합니다. 왜냐하면 찬양신학은 찬양받으시는 하나님, 즉 하나님의 속성으로서의 "찬양받으시는 하나님"이 그 핵심이므로 조직신학의 핵심에 해당하는 신론에 그 자리가 만들어져야 합니다. 또한 찬양은 교회사와 함께 발전해왔으니 역사적 고찰을 통해 배울 것이 많습니다. 나아가 찬양신학은 실제 교회에서 특히 예배 가운데서 어떻게 실행되어야 하는지가 가장 중요한 과제이므로 실천신학에서도 충분히 다루어져야 할 것입니다. 미국의 침례교 목사인 Jack R. Taylor 목사님은 어느 날 찬양에 관한 시리즈 강의를 부탁받아 이를 준비하면서 자기 자신이 찬양에 대해 얼마나 모르는지를 깨닫고 큰 충격을 받게 되었다고 합니다. 그래서 이를 성경 전체를 통해 연구하고 잘 모르는 원어해설은 전문가에게 부탁하여 마침내 훌륭한 강의를 할 수 있었고, 그것을 책으로 낸 것이 바로 『Hallelujah Factor』(할렐루야 요소) 입니다. 저는 30여 년 전 만난 이 책을 통해 많은 깨달음을 얻을 수 있었습니다. 그렇습니다. 찬양신학은 그렇게 어려운 분야가 아닙니다. 좋은 책들이 여기저기 있습니다. 어떤 목사라도 깊이 연구하면서 성령의 인도하심을 구한다면 찬양신학은 쉽게 문을 열어 줄 것입니다. 어떤 의미로는 요즈음에는 예배와 찬양에 대한 책이 너무 많고 그 가르침도 너무 다양하여, 어떤 것이 가장 성서적인 가르침인가 아는 것이 힘들 정도입니다. 그래서 저는 이 시리즈를 통해 무엇보다 기본에 충실하고자 합니다. 그래서 많은 이야기들은 여러분이 이미 아는 이야기일 것입니다. 그러나 조금만 인내를 갖고 읽어나가시면 과연 그동안 보지 못하던 것이 조금씩 보일 것이요, 이 책에만 있는 특별한 내용도 마음에 들어올 것입니다.

* 참고에 있는 내용은 시간관계상, 또는 다른 이유로 동영상에는 실리지 못한 내용이지만 그 해당 동영상의 주제를 좀 더 깊이 다루는 내용, 또는 그 주제를 이해하는 데 도움을 주는 내용들입니다. 이 책을 처음 읽을 때는 그냥 건너뛰고 두 번째 읽을 때 함께 보면 좋을 것입니다. 아울러 이 책의 원고는 구어체를 문어체로 바꾸는 등 간단한 수정을 거쳤으므로 동영상 원고와 약간 다를 수 있습니다.

1 미국 켄터키주 루이빌(Louisville)에는 남침례교신학대학원(Southern Baptist Theological Seminary)가 있으며, 김명환 목사는 이 학교에서 목회학석사학위(M. Div.) 및 교회음악박사학위(D. M. A.)를 취득하였다. 그는 여기서 신학을 공부하는 동안 이 도시에 있는 포도원길침례교회(Vine Street Baptist Church)에서 예배목사(Worship pastor)로 약 7년간 섬겼는데, 바로 이 교회가 2012년에 김 목사 부부를 캄보디아로 파송했다.

제2강

인간 창조의 목적

오늘은 서론으로, 찬양에 왜 신학적으로 접근해야 하는가에 대해 지난 강의에서 말씀드린 일곱 가지 이유 중 세 가지를 설명해드리겠습니다.

첫째, 왜냐하면 성경에서 찬양에 대해 매우 자세히 방대한 양을 가르치고 있기 때문이지요. 성경은 중요한 이야기만 기록된 책입니다. 다시 말하면 성경의 내용 중 중요하지 않은 내용이 없다는 말씀이지요. 물론 모든 말씀이 동일하게 중요한 것은 아닙니다. 그런데 성경에서 많은 구절이 어떤 주제를 이야기하고 있다면 그것은 그 주제가 매우 중요하다는 것입니다.

성경에 찬양에 관한 구절만 수백 구절입니다. 그러나 이런 방대한 분량의 말씀에 대해 신학적 정리가 제대로 되어있지 않은 것이 현실입니다. 신학교에서 가장 중요하게 가르치는 과목 중 하나인 조직신학은 성경을 체계적으로 정리한 것으로, 성경, 성부, 성자, 성령, 인간, 교회, 구원, 말세, 천사 등 성경의 가장 중요한 주제를 다루고 있으나 안타깝게도 찬양에 대해 정리가 되어있지 않습니다. 그리고 그 결과는 오늘날의 찬양신학에 대한 교회의 무지로 나타나고 그러다 보니 교회사적으로 찬양에 대한 불필요한 논란과 싸움이 많았으며, 사실 눈에는 잘 보이지 않지만 현재에도 그런 논란과 갈등은 계속되는 중입니다. 그러나 그 많은 찬양에 관한 말씀들이 잘 정리되어 찬양신학이 회복된다면 교회는 새로운 힘을 얻을 것이요, 보다 높은 차원에서 하나님을 섬길 수 있게 될 것입니다. 특히 성서적 찬양의 회복을 위해서는 찬양신학의 정립이 필수적이지요.

둘째, 찬양은 하나님의 인간 창조의 목적에 해당하기 때문입니다. 즉, 찬양은 나의 존재의 본질에 해당합니다. 이사야 선지자는 다윗처럼 특별히 찬양만 기록한 것이 아니라 예언자로서 이스라엘과 그 주변국가의 흥망성쇠에 대해, 심지어 인류의 종말에 관해서도 많은 것을 이야기했습니다. 그런데 그런 가운데 아주 특별한 이야기를 했는데요, 바로 하나님께서 사람을 지으신 목적에 대한 말씀을 기록했습니다. 그리고 그 목적이 하나님을 찬양하기 위한 것이라고 분명히 기록했습니다. 바로 이사야 43:21 말씀입니다.

> 이 백성은 내가 나를 위하여 지었나니 나의 찬송을 부르게 하려 함이니라
> (사 43:21)

제가 처음 이 말씀에 대해 충격을 받았을 때는 아마도 이사야서를 최소한 열 번 이상 읽은 후였을 것입니다. 여러분도 성경을 반복해서 읽다가 어느 날 깨달음이 오지 않습니까? 약 40년 전쯤 제게 그런 일이 일어났습니다. 그리고 그 후로 이 말씀은 제 삶의 중심에 있습니다. 왜냐고요? 하나님께서 저를 만드신 이유를 이렇게 분명히 가르친 말씀이 별로 없기 때문입니다.

물론 하나님은 사랑이십니다. 그래서 우리 모두를 그 사랑의 대상으로 창조하셨습니다. 그래서 기본적으로 하나님과 우리와의 관계는 사랑의 관계입니다. 그런데 그 사랑이 하나님 편에서는 예수 그리스도로 나타나고 우리에게서는 찬양으로 나타난다는 뜻입니다. 물론 우리는 우리의 사랑을 수많은 다른 것으로 표현할 수 있습니다. 교회의 여러 봉사로, 불쌍한 이웃을 향한 사랑

의 수고로, 또는 순교를 통해서도 우리의 하나님 사랑을 나타낼 수 있습니다. 그런데 그 많고 다양한 사랑의 표현은, 천국에서는 우리가 모르는 또 다른 여러 가지 다양한 모습으로 나타나겠지만, 분명한 것은 우리 모두의 찬양으로 영원히 계속된다는 사실입니다. 천국에서는 순교할 수도 없고, 전도나 건축 헌금을 통해, 또는 병든 자, 가난한 자들에게 사랑을 베풂으로써 우리의 하나님 사랑을 표현할 수는 없기 때문입니다. 그래서 영원한 천국을 생각한다면 하나님께서 우리를 영원히 찬양하는 자로 지으셨다는 말씀이 이해가 됩니다.

또 이런 생각을 해봐야 합니다. 우리는 본질적으로 죄인이기에 구원이 필요합니다. 예수 그리스도의 보혈의 공로로 죄를 용서받고 구원을 받는 것은 우리에게 그 무엇보다 중요합니다. 그런데 그렇다고 해서 우리가 구원받기 위해 창조된 것은 아닙니다. 구원은 우리에게 반드시 필요한 것이지만 우리가 구원을 위해 지어진 것이 아니라 어떤 다른 목적을 위해 지음 받았는데, 그것이 바로 찬양이라는 뜻이지요. 만약 우리가 구원을 받기 위한 존재로 지음 받았다면 신학적으로 큰 문제가 발생하는데요, 만약 그렇다면 우리는 구원을 필요로 하는 자가 되기 위해 죄로 인해 타락해야만 하는 문제가 생깁니다. 결국 그렇다면 우리의 타락도 하나님께서 반드시 일어나도록 미리 정하신 것이 되므로 이는 신학적인 큰 오류를 범하는 것입니다. 그래서 더더욱 우리가 지음 받은 목적이 찬양이라는 것은 중요합니다.

우리가 무엇을 위해 지음 받았는지를 아는 것은 우리에게 참으로 중요합니다. 만약 의자가 생각이 있다고 가정해봅시다. 그런데 그 의자가 자기의 존재 목적에 대해 아무리 생각해도 답을 못 찾다가 결국 자기를 만든 분에게 가서 "나는 무엇을 위한 존재인가요?"라고 묻는다면, 그 제작자는 "너는 사람들이 네 위에 앉아 편히 쉬고 공부도 하고 밥도 먹고 친구들과 이야기도 하는 등 사람들이 편하게 살도록 만들어졌단다. 네가 그 일을 잘 감당하면 사람들이 네게 고마워하고 너를 깨끗이 닦아주고 보관도 잘 할 거야" 라고 대답했겠지요? 그 의자는 아마 그다음부터 사람들이 자기 위에 앉는 것을 자기의 존재 목적으로 알고 그 일을 기뻐하였을 것입니다. 이것은 제가 지어낸 작은 이야기지만, 깊은 의미가 있다고 생각됩니다.[1]

세상은 사람들에게 반복해서 말합니다. "네가 하고 싶은 일을 해라, 네 꿈을 이루어라, 그 일이 어떤 일이든 열정을 가지고 열심히 해봐라, 필요하다면 기도도 하면서…" 그러나 성경은 말합니다. "너는 나의 찬송을 위해 지음 받은 자다." 그리고 그 뒤에 감춰진 메시지가 있습니다. "네가 이 땅에서 그 목적과 상관없이 산다면, 나를 실망시키는 일이 될 것이다"라고 말입니다. 그래서 찬양은 신학적으로 매우 심각하게 접근해야 합니다.

셋째, 찬양은 구원의 목적이 되기 때문입니다.

> 3 찬송하리로다
> 하나님 곧 우리 주 예수 그리스도의 아버지께서
> 그리스도 안에서 하늘에 속한 모든 신령한 복을 우리에게 주시되
> 4 곧 창세전에 그리스도 안에서 우리를 택하사
> 우리로 사랑 안에서 그 앞에 거룩하고 흠이 없게 하시려고
> 5 그 기쁘신 뜻대로 우리를 예정하사
> 예수 그리스도로 말미암아 자기의 아들들이 되게 하셨으니
> 6 이는 그가 사랑하시는 자 안에서
> 우리에게 거저 주시는 바 그의 은혜의 영광을 찬송하게 하려는 것이라
> (엡 1:3-6)

우리는 복음의 목적이 사람을, 영혼을 구원하는 것이라는 것을 잘 배웠습니다. 그런데 우리는 구원의 목적은 무엇인가에 대해서는 별로 배운 일이 없습니다. 물론 여러분은 이렇게 생각할 것입니다. "구원받아서 천국 가는 것이 목표인데, 또 구원받아 영생하는 것이 목표인데, 다른 어떤 목적이 있단 말인가?"라고 말입니다. 그런데 그렇게 똑같이 생각하고 살던 저에게 어느 날 놀라운 말씀이 다가왔습니다. 우리가 구원받은 목적이 하나님의 은혜의 영광을 찬송하게 하려는 것이라는 이 말씀이 눈앞에 펼쳐졌습니다. 약 30년 전의 이야기입니다. 그리고 이 말씀은 평생 저와 함께하고 있습니다. 나중에 이 구절을 자세히 공부하게 될 것입니다만 여기에 대해 조금만 함께 생각해보도록 하지요.

어떤 복잡한 문장을 잘 이해하기 위해서는 주어와 동사, 그리고 목적어가 무엇인가를 살펴보면 도움이 됩니다. 엡 1:3-6을 정리해보면 하나님께서 우리에게 복을 주셨는데 그 복은 우리로 하나님의 아들들이 되게 하신 것이었으며, 그 목적은 그 은혜의 영광을 찬송하게 하려는 것이라는 뜻입니다. 여기서 구원이라는 단어는 나오지 않았지만, 5절에 "우리를 예정하사 예수 그리스도로 말미암아 자기의 아들들이 되게 하셨다"라는 말씀에 구원이 들어있습니다. 즉, 우리가 구원을 받은 증거는 바로 하나님의 자녀가 된 것이기 때문입니다. 그런데 문제는 5절과 6절이 연결되었다는 사실입니다. 그것도 6절은 5절의 목적절이 되는 것입니다. 즉, 5절에 이루어진 일의 목적이 바로 6절이라는 사실입니다. 그러므로 만약 6절을 잘라낸다면 5절에 이루어진 일의 목적을 알지 못하게 되는 것입니다. 제가 이 말씀을 보다가 5절에 6절이 연결된 것을 깨닫고는 깜짝 놀랐습니다. 당시 저는 신학생이 아니었기에 원어에 대한 지식이 없었는데, 너무 궁금하고 또 이것이 너무 중요한 내용이라는 것을 직감했기에 결국 원어를 배워야만 했습니다. 혼자 독학하다가 감사하게도 성서 헬라어를 가르쳐주시는 목사님을 만나게 되어 열심히 배웠고 이 구절의 관계에 대해 확실하게 알게 되었습니다.

구원의 목적이 천국에서 영생복락하는 것이라고 아는 신앙과, 구원의 목적이 하나님의 은혜의 영광을 찬양하는 것이라고 아는 신앙은 근본적인 차이가 있습니다. 그래서 우리는 이 말씀을 더욱 자세히 공부해야 합니다. 또 이 말씀 외에 다른 말씀이 이 말씀의 가르침을 보완하고 지지하는지도 알아봐야 합니다. 우리는 나중에 여기에 대해 공부하게 될 것입니다. 그러나 우선 여기까지만 보더라도 찬양이 구원의 목적이 된다는 것을 알 수 있을 것이며, 그만큼 중요하게 느껴질 것입니다. 바로 여기에 찬양의 신학적 접근의 필연성이 있습니다.

기도하겠습니다.
하나님 아버지, 오늘 주님 귀한 말씀 주셔서 감사합니다. 이 말씀에 있는 깊은 내용을 주의 성령께서 열어주시고 깨닫게 하여 주시옵소서. 예수 이름으로 기도합니다. 아멘.

1 "나는 누구인가?"라는 질문은 아마도 인류 역사상 가장 오래된 질문 중 하나요, 인생의 가장 근본적인 질문일 것입니다. 소크라테스 이래로 수많은 철학자들이 이 질문에 대한 답을 얻으려고 평생을 고민했지요. 이 질문은 "나는 무엇을 위한 존재인가?"로 바꾸어 생각할 수도 있어요. 이 중요한 질문에 대해 세상은 모범답안을 갖고 있지 못합니다. 당연하지요, 세상은 우리를 만든 자가 아니니까요. 문제는 세상이 마치 모범답안을 갖고 있는 것처럼 이야기하고 있다는 것, 그리고 사람들도 마치 그것을 알고 있는 것처럼 태연하게, 그저 하루하루의 자신의 생각과 욕망을 위해 살고 있다는 것입니다. 그것이 자기의 당연한 권리라도 되는 것처럼.

신앙의 첫걸음은 하나님의 것을 하나님의 것으로 인정하는 것입니다. 즉 진정한 소유권자가 누군가를 아는 것이지요. 워낙 자본주의 세계에서 살다 보니 우리는 거의 자동적으로 남의 것과 내 것을 구분합니다. 그리고 내 것은 내 마음대로 해도 되는 것이라 생각합니다. 그런데 신앙인들은 내 것이라고 생각하는 것들, 나의 물질, 내 시간, 내 노력, 내 건강 등이 내 것이 아니고 하나님의 소유라는 사실을 깨닫게 됩니다. 문제는, 적지 않은 크리스천들이 여전히 "내 것을 축복해주시는 하나님"을 섬기는 삶을 산다는 것이지요. 그것은 참된 신앙이 아니라 겉만 변한 것입니다. 성경은 고전 3:23절에서 소유권에 대해 분명히 가르칩니다. "너희는 그리스도의 것이요 그리스도는 하나님의 것이니라"라고. 그 바로 전에 보면 세상 모든 것이 우리 것이라고 가르칩니다. 그러니까 이 말씀은 우주 전체의 소유에 관한 질서를 가르칩니다. 우리가 별을 탐구하고 거기에 깃발을 꽂고 그것이 내 별이라 해도 좋다는 뜻입니다. 그런데 한 가지! 그와 마찬가지로 우리가 주님의 소유임을 인정하고, 그리스도께서 우리를 주님 뜻대로 하실 수 있음을 인정해야 하는 것이 신앙입니다. 성경은 창세기로 시작합니다. 왜입니까? 여러 가지 이유가 있겠지만 중요한 것은, 바로 창조주 하나님이 모든 만물의 당연한 소유주임을 보여주는 것입니다. 그러니까 하나님께서 "나는 여호와니 이는 내 이름이라 나는 내 영광을 다른 자에게, 내 찬송을 우상에게 주지 아니하리라"(사 42:8)고 말씀하시는 것이 당연합니다. 하나님이 무슨 욕심쟁이가 아니라 그분이 당연히 유일하고 합법적인 소유자요, 세상의 모든 것은 그분에게 속했다는 것은 엄연한 사실입니다. 나아가 고전 3:23 말씀은 영적 질서를 보여줍니다. "그리스도는 하나님의 것"이란 무슨 뜻입니까? 물론 그 자체로도 당연히 맞는 말이지만, 예수께서 하나님께 절대적으로 순종하고 그분의 뜻을 위해 이 땅에서 사셨던 삶이 바로 그 말씀의 참 의미를 보여줍니다.

어찌 보면 우리가 누구의 소유라는 사실이 무언가 우리 자유를 침해하는 것 같기도 하고 '그럼 내 것은 무언가'라고 의문이 들 수도 있습니다. 그런데 정말 중요한 것은 우리가 하나님의 소유라는 것보다 더 큰 축복이 없다는 사실입니다. 우리가 왕의 왕 되신 하나님의 소유라면, 그리고 그분이 내 아버지라면, 적어도 이는 몇 가지 중요한 뜻을 내포합니다. 첫째, 하나님은 나를 지켜주신다. (그분의 소유니까) 둘째, 하나님은 나를 인도하신다 (그분의 소유니까) 셋째, 하나님은 내가 필요한 것을 공급해주신다. (그분의 소유가 아니라면 그럴 이유는 없다.) 넷째, 내가 좀 부족해도 용서해주시고 사랑해주신다. (그분의 자녀니까) 뭐, 이렇게 계속 더 나아갈 수 있습니다. 얼마나 감사합니까? 우리도 우리 소유를 얼마나 아낍니까? 개 한 마리도 내 것은 아끼지 않습니까? 하나님은 우리를 소유하시되 피조물로도 소유하시고 자녀로도 소유합니다. 그러니 이 무가치한 죄인들을 얼마나 귀하게 아끼시겠습니까? 하나님께서 야곱에게 "너는 내 것이라(사 43:1)"고 말씀하셨을 때, 여기에는 "그러므로 내가 너를 아끼리라, 지키리라, 복 주리라" 등의 내용이 다 들어있는 것입니다. 할렐루야!

우리가 살고 있는 이 시대를 흔히 포스트모더니즘의 시대라고 합니다. 여기에는 어떤 절대적인 개념이 없고 모두 상대적입니다. 절대적인 하나님을 모실 공간이 없다는 뜻이지요. 그러니 절대적인 하나님께 속한다고 하는 소속감이 있을 수가 없습니다. 그래서 많은 젊은이들이 방황합니다. 그들의 삶을 지탱해줄 절대적인 것은 아무것도 없습니다. 그래서 많은 사람들이 목적 없는 하루하루의 삶을 살아갑니다, 마치 하루살이처럼…

미국의 현대작곡가 찰스 아이브스(Charles Ives)의 작품 〈대답 없는 질문〉(The Unanswered Question)에서 화성적인 현악기 앙상블의 양탄자 위에 트럼펫이 비화성적인 선율로 "지속적인 존재의 질문"을 던지지만 아무 답을 찾을 수 없는 상황이 반복되듯이… 많은 사람들이 그런 삶을 살고 있습니다. 하나님의 소유를 인정하지 않는 순간, 사람들은 결국 아무 데도 소속되지 않은 채 홀로 살아가야 합니다. 참으로 불쌍한 처지로 전락하는 것입니다. 그리고 그들을 기다리는 것은 결국 영원한 형벌입니다.

그러나 하나님은 우리를 그렇게 만드시지 않았습니다. 오히려 영원한 가치를 위해 일관되게 그 삶을 살아가도록 하셨습니다. 그래서 우리를 당신의 형상을 따라 지으셨습니다. 바로 영원한 하나님을 닮아 그렇게 살라는 뜻입니다. 물론 때로 우리는 훈련도 받습니다. 인내의 시험도 거쳐야 합니다. 정말 믿음의 용사가 되어 큰일을 할 수 있도록! 그런데 그것이 바로 주님의 사랑입니다. 우리 소유자로 우리를 더욱 강하게 키우시려는 주님의 열심입니다.

그리고 그렇게 하나님의 소유 된 자들이 그 깊은 주님 사랑에 감격하여 "주님, 내가 주를 사랑하나이다, 찬양하나이다"라고 고백하며 그분께 나아갈 때, 그분은 홀로 영광 받으시고 기뻐하시며 우리를 받아주십니다. 우리 모습 그대로… 아멘!

> 오직 너희는 택하신 족속이요 왕 같은 제사장들이요 거룩한 나라요
> 그의 소유된 백성이니 이는 너희를 어두운 데서 불러내어
> 그의 기이한 빛에 들어가게 하신 자의 아름다운 덕을 선전하게 하려 하심이라 (벧전 2:9)

성경에서 "너희는 …이다"라고 말할 때, 이것은 하나님, 즉 창조주의 입장에서 우리 존재에 관한 가르침입니다. 제가 지어낸 의자 이야기에서도 그렇듯이, 우리는 우리 창조자를 만나기 전까지는 우리 존재에 관한 질문의 정답을 알 수 없습니다. 아무리 철학적으로 뛰어난 인간이 사람은 어떤 존재라고 정의를 내리더라도, 그 자신도 창조자를 만나 자신이 어떤 존재인가를 물어봐야 하는 자임을 우리는 잊지 말아야 합니다. 자신이 어떤 존재인가에 대해 깊이 깨닫는 순간, 그 가치관이 달라지고, 삶이 달라지고, 비록 잠깐밖에 살지 못하는 연약한 죄인이지만, 마침내 자신의 창조자를 기쁘시게 할 수 있는 열매를 맺게 될 것입니다. 할렐루야!

할렐루야는 명령이다

샬롬! 오늘은 지난 시간에 이어서 "찬양에 왜 신학적으로 접근해야 하는가"에 대해서 계속 알아보겠습니다.

넷째, 찬양은 예배의 중심에 있기 때문에 신학적으로 접근해야 합니다.
예배는 크리스천의 삶의 중심에 있습니다. 여러분의 삶을 가만히 생각해 보세요. 예배가 그 중심에 있지 않습니까? 특히 교회에서 작은 직분이라도 맡은 사람이라면 일주일 내내 주일예배를 준비하고 그날의 사역을 위해 기도하지 않습니까?

하나님께서 이스라엘을 애굽에서 구해내실 때 모세에게 이렇게 말씀하셨습니다.

> 바로에게 이르기를 히브리 사람의 하나님 여호와께서 나를 왕에게 보내어 이르시되 내 백성을 보내라 그러면 그들이 광야에서 나를 섬길 것이니라 하였으나 이제까지 네가 듣지 아니하도다
> (출 7:16)

여기서 나를 섬기리라는 말, 즉, "하나님을 예배하라!"는 것이 이스라엘 백성을 노예로부터 해방시켜 가나안으로 인도하는 목적이 되는 것입니다. 자, 이 문장은 그 후에 계속 반복됩니다. 8장 1절, 20절, 9장 1절, 13절. 그런데 이 "섬

기다"라는 단어는 원어로 "아바드"라고 하는데요, 이것이 바로 "예배"로 번역되는 중요한 두 개의 히브리 단어, "아바드(עָבַד/ 섬기다)"와 "하바, 또는 히슈타하바(הִשְׁתַּחֲוָה/חוה/절하다)" 중 하나입니다.

이 홍해사건은 우리에게 매우 중요한 가르침을 줍니다. 홍해를 구원에 비유합니다. 그런데 그 구원 자체가 목적이 아니지요? 목적지는 가나안이요, 목적사역은 바로 예배인 것입니다. 구원은 그 첫 과정에 불과합니다. 구원받은 자들은 자신이 무엇을 위해 구원받았는가 하는 것을 잘 알아야 합니다. 구원의 목적은 예배요, 찬양입니다. 앞으로 공부하게 될 여러 성경 말씀들이 이를 증거하고 있습니다. 혹시나 영생복락을 위해, 자신의 행복만을 위해 구원을 사모하신다면 어쩌면 기독교의 구원은 여러분이 원하는 구원과 다를지도 모릅니다.

예배의 중심에 찬양이 있습니다. 찬양에 관하여 역대기를 자세히 연구한 신학자 John W. Kleinig 교수는 이렇게 말합니다.[1]

> "역대기에서 제사가 드려지는 동안 항상 찬양이 울려 퍼졌다.
> 제사는 찬양 없이는 온전한 것으로 여겨지지 아니하였다."

바로 우리가 찬양을 신학적으로 접근해야하는 중요한 이유인 것입니다.

다섯째, 찬양은 역사적인 수많은 예와 실행방법이 성경에 쓰여 있기 때문에 신학적으로 접근해야 합니다.

찬양은 이스라엘의 역사의 매우 중요한 한 부분입니다. 그들이 점차적으로 하나님을 깊이 알아가면서 그들의 찬양 또한 달라졌습니다. 처음엔 그저 자발적인 찬양밖엔 없었으나, 다윗왕 때에 이르러 엄청난 발전과 변화를 거듭하게 됩니다. 그리하여 레위 성가대가 조직되고 그 대원들은 레위 족장, 즉 레위의 우두머리들이라 했으니 그 의미가 대단히 큽니다. 오늘날 우리가 생각하는 찬양대원들이 아니라는 뜻입니다. 그 당시 찬양대원들은 영적 지도자들이었습니다. 아삽과 헤만과 여두둔은 찬양대의 우두머리인 동시에 왕의 선견자들이었습니다. 안타깝게도 한국어 성경에 좀 잘못된 번역들이 있는데, 역대상 25:1이 그러합니다.

> 다윗이 군대 장관들로 더불어 아삽과 헤만과 여두둔의 자손 중에서 구별하여 섬기게 하되 수금과 비파와 제금을 잡아 신령한 노래를 하게 하였으니 그 직무대로 일하는 자의 수효가 이러하니라
> (대상 25:1)

여기서 "신령한 노래를 하게 하였다"로 나오는 부분은 영어성경만 보아도 무언가 다르다는 것을 알 수 있습니다. NIV 번역을 보겠습니다.

> David, together with the commanders of the army,
> set apart some of the sons of Asaph, Heman and Jeduthun
> for the ministry of prophesying, accompanied by harps, lyres and cymbals.
> Here is the list of the men who performed this service:
> (1 Chr 25:1)

여기서는 ministry of prophesying, 즉 '예언하는 사역을 했다'라고 번역되었습니다. 신령한 노래를 불렀다는 것과 예언하는 사역을 했다는 것은 상당히 다른 내용입니다. KJV에 보면 "who should prophesy with harps, with psalteries"라고 번역되어 있는데, 이는 여기서 쓰인 히브리어 "나비"(נְבִיא)가 "예언을 하다, 또는 대언을 하다"라는 뜻이기 때문입니다.

이와 같이 역사는 찬양사역자들이 영적 지도자였다는 것을 분명히 증거하고 있으며, 그 찬양사역의 현장을 이스라엘의 역사의 시간표에 따라 생생히 보여주고 있습니다. 출 15장에 모세가 홍해를 갈랐을 때, 역대상 13장, 15장에 다윗이 언약궤를 예루살렘으로 모실 때, 역대하 5장에 솔로몬 성전 봉헌식 때, 20장에 유다왕국 4대째 여호사밧왕의 찬양으로 승리한 전투, 역대하 29장의 히스기야왕의 율법갱신 등 이스라엘 역사의 중요한 페이지마다 찬양이 어떻게 준비되어 드려졌는지 자세히 기록되어 있습니다.

왜입니까? 바로 찬양은 그냥 이론이 아니라는 것입니다. 찬양을 신학적으로 접근한다니까 관련된 논문 몇 편만 잘 읽으면 찬양을 이해할 수 있을 것처럼 생각하신다면, 이는 큰 오해입니다. 찬양이 말씀에서 비롯되었기에 찬양에 그렇게 접근한다는 뜻이지, 찬양의 완성은 성서적 지식과 역사적인 모든 자료를 바탕으로 실제로 하나님을 극진히 찬양하는 그 사역에 있는 것입니다. (그래서 찬양신학은 이론신학, 역사신학, 실천신학 모두의 관점에서 접근해야 합니다.)

모든 세대는 각자의 찬양의 역사를 쓰고 있는 것입니다. 구약이 그랬고 초대교회가 그랬으며 종교개혁 당시의 교회가 그랬습니다. 그때마다 성경의 가르침이 있었고 찬양의 가르침이 있었고 찬양사역자들이 있었습니다. 오늘날 우리는 어떤 신학을 바탕으로 찬양의 역사를 쓰고 있습니까?

여섯째, 찬양은 많은 경우 우리에게 주어진 명령이기 때문에 신학적인 접근이 필요합니다.

신앙생활에 있어서 하나님의 명령과 이에 순종하는 삶은 가장 중요한 뼈대를 이룹니다. 만약 어떤 사람이 하나님을 믿는다 하면서 그 명령을 무시한다면, 이는 그 믿음이 잘못된 것이거나 그가 거짓말을 하고 있는 것입니다.

찬양에 대해 많이 오해하고 있는 점이 바로 이 점이 아닌가 생각되는데요. 찬양은 하나님의 명령이 아니라 그저 우리의 자발적인 행위라고 생각하는 것입니다. 물론 우리의 자발적인 찬양이 있음은 감사한 일이요 당연한 일입니다. 오히려 그렇지 않으면 이상한 일이지요.

마틴 루터도 "복음에 관하여 노래하고 싶지 않은 사람은 이를 믿지 않고, 새롭고 즐거운 언약 가운데 있지 않고, 낡고 썩은 즐겁지 않은 언약 가운데 산다는 표시이다."라고 말했으니까요. 그런데 중요한 것은 그것이 다가 아니라는 것입니다. 성경에는 하나님을 찬양하라는 명령이 수십 번 반복되고 있으며 어떻게 찬양해야 하는가도 자세히 나와 있습니다. 문제는 사람들이 그런 말씀을 명령이 아니라고 생각한다는 점, 그리고 그보다는 찬양에 관한 자기 생각을 더 중요하게 여긴다는 점입니다.

예를 들어, **할렐루야**라는 말을 우리는 참 자주 하고 또 즐겨 합니다. 그런데 그 말의 뜻이 "하나님을 찬양하라"라는 것을 알지라도, 실제로 명령이라는 것을 아는 사람들은 그리 많지 않은 것 같습니다. 게다가 그 말 안에 있는 "야"라는 단어가 찬양의 목적이 되시는 "여호와, 또는 야훼"를 의미한다는 것을 별로 인식하지 않는 듯합니다. 그리고 그 명령이 남녀노소를 불문하고 모두에게 해당된다는 것을 아는 사람은 더욱 적을 것입니다. 이 단어가 아마도 시편에만 나오기 때문에, 이 명령을 그저 시에서 반복되는 시어 또는 감탄사 정도로 생각하는 사람들도 있을 것입니다.[2] 그 외에도 시편 33:3에선 "새 노래로, 즐거운 소리로, 또 공교히 찬양하라"라는 구체적인 명령도 있습니다.

한편 이 명령은 사회적 문화적 상황을 고려하여 이해하는 것이 중요합니다. 예를 들어 시편 150편에 "수금과 비파로 찬양하라, 나팔로 찬양하라"라고 했을 때 그것은 꼭 그 당시 이스라엘의 수금과 비파로 나팔로 찬양하라는 뜻은 아닙니다. 하나님께서는 인간에게 지혜를 주셔서 역사적으로 악기 제작에 많은 발전이 있었습니다. 처음에는 몇 음밖에 없었던 악기들이 점점 음역이 넓어지고, 작은 소리밖에 내지 못하던 악기들이 점점 큰 소리를 내게 되고, 소리도 더욱 아름다워졌습니다.[3] 또 오르간, 피아노 같은 새로운 악기도 등장했습니다. 시편 150편을 자세히 보면 거기에는 현악기, 관악기, 타악기가 다 나온다는 사실을 알 수 있습니다.[4] 즉, 모든 악기를 동원해서 하나님을 찬양하라는 뜻입니다. 그리하여 150편의 시편 대단원은, 호흡이 있는 자는 호흡이 다하는 그날까지 어떤 식으로라도 하나님을 찬양하라는 명령으로 마칩니다.[5]

저는 세계 여러 나라에서 어린이 청소년 찬양축제를 열고 있습니다.[6] 어릴 때부터 아이들이 하나님을 찬양하도록 격려해주고 상을 주고 무대를 만들어주는 것은 매우 중요한 일이지만, 생각처럼 쉬운 일은 아닙니다. 그러나 이것은 생각보다 더더욱 강력한 신앙교육방법입니다. 몇 년 전 캄보디아에서 새찬양축제를 열었을 때 캄보디아 전통 하프로 찬양을 준비했던 학생들이 있었습니다. 저는 그때 얼마나 기뻤는지 모릅니다. 그 악기는 지난 수백 년간 이방신을 섬기는 데 쓰였을 것인데, 이제 그 악기가 비로소 하나님을 찬양하는 일에 쓰이게 되었으니 얼마나 감사한지요!

찬양을 명령으로 받아들이는 순간, 우리의 눈이 열리고 비로소 찬양의 깊은 세계가 열리기 시작합니다. 할렐루야라는 말 이외에도 찬양에 관한 다른 여러 단어들이 하나님을 찬양하라는 명령형으로 쓰였고 그런 예는 시편 외에 다른 책에도 많이 나옵니다. 그러므로 우리가 조금 더 성경을 자세히 읽는다면 찬양하라는 명령을 만나게 될 것입니다. 우리 모두가 그 명령에 순종하는 삶을 살도록 예수 이름으로 축원합니다.

기도하겠습니다.

아버지 하나님, 찬양에 대해서 우리가 알면 알수록 정말 많은 말씀들이 우리에게 하나님 원하시는 찬양이 무엇인가를 증거하고 있음을 보게 됩니다. 주님, 감사합니다. 그 모든 말씀에 따라서 우리가 찬양을 드릴 수 있도록 도와주시옵소서. 예수 이름으로 기도합니다. 아멘.

1   John W. Kleinig, *The Lord's Song: The basis, function and significance of choral music in Chronicles* (England: JSOT Press, 1993), 21.

2   할렐루야는 히브리어(הַלְלוּיָהּ)로는 시편에만 23번 나오는데, 신약의 계시록 19장에서 헬라어 음역(ἀλληλουϊά)으로 네 번 나오며 (1, 3, 4, 6절), 5절에는 "하나님께 찬송하라"에서 헬라어 번역(Αἰνεῖτε τὸν θεὸν)으로 나온다.

3   고대 그리스에서는 네 음(E, D, C, B / 미, 레, 도, 시)이 음악의 기본을 이루었다. 이를 테트라코드(Tetrachord)라 하는데 이는 "네 개의 줄"이라는 뜻이다. 당시 대표적인 악기가 수금이었는데, 네 줄에서 각각 다른 네 음을 내서 연주하도록 되어있어 그런 이름이 유래하였다. 이 네 음은 곧 완전5도 내려와 새로운 테트라코드를 형성하며(A, G, F, E / 라, 솔, 파, 미), 이는 원래의 테트라코드와 하나를 이루어 한 옥타브를 형성하며 음계가 확장되었다. (미레도시라솔파미) 그리고 마침내 이 옥타브는 한 옥타브 아래로 내려와, 결국 두 옥타브 음계가 완성되는데, 그리스인들은 이를 "완전한 시스템"(Systema Teleion)으로 불렀다. 첫 네 음만 있었던 시절에서 본다면 네 배 확장된 것으로 당시 사람들은 이것만 있으면 모든 음악을 다 연주할 수 있다고 생각했던 것이다. 그 후로 인류는 발전을 거듭하여 현대의 피아노는 그보다 여섯 배나 많은 12옥타브에 네 음을 추가하여 모두 88음을 갖고 있으며 이는 통상적인 오케스트라가 낼 수 있는 모든 음을 포함한다.

• 고대 그리스 음체계

4   기록된 악기군들을 대강만 보아도 현대 오케스트라의 네 가지 악기군이 모두 존재한다는 것을 알 수 있다: 현악기(3절: 수금(Nevel), 비파(Kinnor)/ 4절: 현악기(Minim)), 목관악기(4절: 퉁소(Ugab)), 금관악기(3절: 나팔(Shofar)), 타악기(4절: 북(Tof) / 5절: 작은 제금(Tzitzlei Shama), 큰 제금(Tziltzelei Terua)). 대략 쇼스타코비치와 스트라빈스키 이래로 피아노는 점차 오케스트라의 새로운 식구가 되어 새로운 악기군, 즉 건반악기군을 이룬다. 여기서 쇼파르는 진정한 금관악기는 아니지만 무엇보다 그 소리가 크므로 금관악기에 견줄 수 있다.

5   시편 150편은 그 구조가 음악적으로 매우 잘 짜여 있어 이 시편만 자세히 공부해도 찬양사역의 거의 모든 면들을 다 알 수 있을 정도다. 이 짧은 시편에 "찬양하라"는 명령이 모두 13번 나온다는 것 또한 잊지 말아야 할 것이다.
1절: 찬양의 목적 되시는 하나님, 그분의 거룩하심과 능력과 그 창조된 우주를 언급
2절: 찬양의 이유 두 가지, 그분의 하신 일(능하신 행동)과 그분의 속성(지극히 광대하심)
3-5절: 다양한 기악찬양
6절: (기악도 포함하지만 특히) 성악찬양

6 2001년 분당 할렐루야교회에서 "전국 어린이찬송가피아노콩쿠르"로 시작된 새찬양사역은 첫 회부터 전국에서 60팀이 참가하여 큰 성황을 이루었고, 그 후 2004년 미국 버지니아에서, 2007년 중국 북경과 상해에서, 2008년 중국 광저우에서 시작되어 점점 개최도시가 많아졌다. 2012년에 이르러서는 브라질 리우데자네이루(Rio de Janeiro)가 추가되었고 2013년부터는 캄보디아 프놈펜이 추가되었으며, 2015년부터는 아프리카 케냐에서, 또 인도 아쌈 지역(비스와나 차리알리)에서 열리게 되었다. 이후 2019년까지 약 30개 도시까지 확장되었으나 갑작스러운 팬데믹으로 모든 대면대회가 중단되었는데, 놀랍게도 주님께서 동영상축제의 새로운 비전을 주셔서 2020년부터 Global New Praise Video Festival, 즉 전세계새찬양동영상축제로 더욱 확장되었다. 그리하여 2020년에는 전 세계적으로 60개 도시가 참가했고, 2021년에는 70개 도시에서 500명이 넘는 아이들과 청소년들이 참가하여 주님께 큰 영광을 돌리게 되었다.

제4강

제4강 영상

본질적으로 찬양받으시는 하나님

샬롬!

오늘 강의는 좀 어렵고 딱딱한 강의입니다. 강의하는 제게도 무척 어려운 내용이지요. 하지만 이 강의는 찬양신학의 가장 핵심에 있습니다. 혹시 조금 들으시다가 너무 재미가 없으면 다음 강의로 가셨다가 나중에 다시 들으셔도 됩니다. 오늘은 찬양에 신학적으로 접근해야 하는 일곱 번째이자 마지막 이유입니다.

일곱째, 찬양은 하나님의 본질과 연결되어 있기 때문에 신학적 이해가 필요합니다. '하나님의 본질은 무엇인가'에 대한 질문을 아마 들어보신 적이 있을 것입니다. 그리고 그 정답은 바로 사랑이라고 들으신 적도 있을 것입니다. 그 이유는 요일 4:8절에서 하나님은 사랑이라고 했기 때문이며 성경 전체가 바로 구주 예수를 보내시는 하나님의 사랑으로 가득하기 때문입니다.

사실 하나님의 본질(헬라어로 ousia)은 초대교회 이후에 큰 문제가 된 개념입니다. 예수 그리스도가 본질적으로 하나님과 비슷하지만 다르다는 아리안주의(Arianism)가 기독교의 진리를 혼동케 한 것이 아마도 가장 큰 이슈일 것입니다. 이들의 입장을 대변하는 단어가 호모이우시오스(Homoiousios)라는 단어인데, 이는 "유사한, 비슷한 본질"이라는 뜻입니다. 즉 예수는 본질적으로 하나님과 비슷한 존재이지만 같지는 않다는 뜻입니다. 다행히 A.D. 325년에 열렸던 니

케아 종교회의 때 아리안주의가 이단으로 확정되고 하나님과 예수는 본질적으로 동일하다는 것이 신학적으로 확정되면서 우리가 현재 아는 삼위일체론이 확정됩니다. 이때 쓰인 단어가 호모우시오스(homoousios), 즉 "동일본질적"이라는 형용사입니다. 그만큼 하나님과 예수님을 이해할 때 그 본질을 이해하는 것이 중요합니다.

그런데 하나님의 본질, 즉 엣센스(essence)를 생각할 때 함께 생각해야 할 단어가 있는데요, 하나님의 속성(attribute)입니다. 보통 사람들이 들으면 본질이나 속성이나 별 차이가 없는 것 같을 수도 있습니다. 사실 신학자들 중에도 본질과 속성이라는 단어의 뜻에 대한 이해가 조금씩 다르기도 하고 심지어 이 둘을 거의 같다고 이해하는 분들도 있습니다. 신학자 티쎈(Henry Clarence Thiessen, 1883-1947)은 이 두 단어의 차이를 다음과 같이 설명합니다.[1]

> "본질은 모든 외적으로 나타나는 모든 것 밑에 있는 것,
> 물질이나 비물질의 실제, 어떤 사물의 근저에 있는 것,
> 어떤 성질이나 속성이 기인하는 것이다."

『하나님의 본질과 속성』의 저자 조셉 폴레(Joseph Pohle, 1852-1922) 박사는 다음과 같이 말합니다.[2]

> "우리가 어떤 사물의 본질을 말할 때
> 물리적인 면을 의미하기보다는 형이상학적인 독립체를 의미한다.
> 속성은 본질의 존재론적 원칙이 나타난 것이다."

저는 이 표현을 참 좋아하는데요, 제가 생각하는 본질이란 단순히 그 존재의 어떤 특성을 넘어서 그 존재의 존재 이유라든지, 의지, 또는 어떤 추구하는 목

적까지도 담을 수 있는 것입니다.

하나님의 본질은 그가 영이라든가 또는 창조자라든가 하는 표현보다 더 깊은 내용을 담고 있습니다. 예를 들어 그가 영이라고 했을 때, 100% 맞는 말이지만 거기에는 그분의 어떤 생각이나 그가 원하는 것이 전혀 들어있지 않습니다. 또 본질이 창조자라고 한다면 그가 무엇을 왜 창조하는가는 나타나있지 않습니다. 그러나 하나님의 본질이 사랑이라고 한다면 우리는 그분의 가장 핵심을 볼 수 있습니다. 그분이 왜 천지를 창조하며, 왜 그렇게 모든 것을 아름답게 지으셨고, 왜 우리 죄인들을 용서하시고 아들 예수를 보내주셨는가가 다 들어있습니다. 그래서 그분이 전지전능하다고 하는 것은 속성 중의 하나이지만 그 본질은 사랑이요, 이 사랑이야말로 우리가 그분을 이해하는 핵심이 되는 것입니다.

하나님의 속성에 해당하는 신학용어인 attribute의 사전적인 뜻은 "특성, 성격, 성질, 속성" 등입니다. 하나님의 속성에 대해 집중적으로 가르치는 과목이 조직신학입니다. 그런데 재미있는 것은 하나님의 속성에 대해 역사적으로 또 신학자마다 매우 다른 견해를 갖는다는 것입니다.

예를 들어 그루뎀(Wayne Grudem, 1948-) 같은 현대 개혁주의 신학자는 하나님의 속성을 '우리가 공유할 수 없는 속성(Incommunicable attribute)'과 '우리가 공유할 수 있는 속성(communicable attribute)'으로 구분한 다음, 공유할 수 없는 속성에는 하나님의 무한하심, 변하지 않음, 무소부재함 등이 있다고 구분했고, 공유할 수 있는 속성에는 하나님의 사랑, 지혜, 자비로우심, 공의로우심 등 그의 도덕적 속성이 있다고 기록합니다.[3] 그런데 이러한 구분이 어느 정도 도움은 되지만, 완벽하지 않은 면이 있음을 덧붙입니다. 마틴 루터(Martin Luther)는 숨겨진 하나님과 나타난 하나님, 둘로 나누어 하나님의 속성을 구분합니다. 스웨덴의 신학자 안더스 니그렌(Anders Nygren, 1890-1978)은 중심 되는 속성으로서의 아가페로 하나님을 설명합니다. 물론 이외에도 여러 신학자들이 여러 가지 방법으로 하나님을 설명하는데요, 제가 이런 내용을 말씀드리는 이유는 단 한 가지… 바로 하나님이 이렇게 크시다는 것을 보이기 위함입니다. 평생을 하나님 연구에만 매달려온 신학자들이 이렇게 하나님을 설명하는 것이 다르다는 것은 역설적으로 "과연 하나님이 얼마나 광대하신 분인가" 하는 것을 보여주는 것입니다.

그런데 우리가 과연 하나님을 아는 것이 그렇게 중요합니까? 성경에서 구원을 받고 축복받고, 기도응답 받으면 다 된 거 아닙니까? 이 역시 관점의 차이입니다. 만약 여러분이 성경을 단순히 여러분의 구원과 축복을 위한 책이라고 생각한다면 아마 거기까지만 알아도 될 것입니다. (사실 옳은 것은 아니지요.) 그러나 만약 우리가 성경을 하나님께서 우리에게 보내신 편지로 생각하고 그 안에 있는 모든 내용은 다 중요하다고 생각하며, 특별히 성경의 가장 중요한 주제는 무엇인가를 찾는 마음이 있다면, 좀 더 깊이 있는 안목이 필요합니다. 특히 인생의 의미를 찾고, 자신의 삶이 무엇을 위해 드려져야 하는가에 대해 관심이 있다면 말이지요.[4]

성경은 구원에 관한 책이기도 하고 복에 관한 책이기도 하지만 보다 정확히는 예수님에 관한 책이요, 하나님에 관한 책입니다. 즉 성경의 주제는 구원이 아니라 그 구원을 주시는 사랑의 하나님이라는 말입니다. 제가 퀴즈를 하나 내겠습니다. 성경에서 가장 중요한 단어가 무엇일까요? 한번 깊이 생각해보시기 바랍니다. 단 한 단어입니다. 제가 여러 나라를 다니며 찬양 세미나를 하고 찬양신학을 가르치고 찬양 마스터클래스를 열고, 찬양에 관한 설교를 하며 이따금 이 질문을 해봅니다. 그러면 과연 여러 답이 나옵니다. 그러나 여기까지 강의를 잘 들으신 분들은 답이 머리에 떠오를 것입니다. 네, 정답은 "하나님"입니다. 여기서 하나님은 삼위일체 하나님을 의미합니다. 그러므로 예수님이라는 답도 가능합니다. 그러나 그보다는 삼위일체 하나님이 더 정확하다고 생각합니다.

어떤 책을 볼 때 그 주제를 알아야 하지 않겠습니까? 성경의 주제는 축복이 아닙니다. 구원이 아닙니다. 죄 용서함이 아닙니다. 그 모든 것이 중요하기는 하지만 그것은 하나님이 누구신가를 설명하는 재료들입니다. 만약 그 재료가 너무 아름다워서 거기에만 집중한다면 하나님을 보지 못하는 것입니다. 안타깝게도 그런 사람들이 많이 있습니다. 찬양도 하나님을 설명하는 한 단어일 뿐입니다. 성경의 주제는 "하나님"이십니다.

그런데 제가 왜 찬양은 하나님의 본질과 관계가 있다고 했을까요? 사실 얼마 전까지만 해도 저도 거기까지는 생각하지 못했습니다. 찬양을 열심히 아름답게 극진히 공교하게 전심으로 드려서 하나님을 기쁘시게 하면 된다는 생각으로 삼십 년 이상을 보내왔습니다. 그런데 몇 년 전에 역대상 16:25을 영어로 읽다가 엄청난 사실을 발견했습니다.

> 여호와는 광대하시니 극진히 찬양할 것이요
> 모든 신보다 경외할 것임이여
> For great is the LORD, and greatly to be praised;
> He also is to be feard above all gods.
> (대상 16:25)

그것은 하나님에 관한 것인데 바로 하나님은 찬양받으시는 분이라는 것입니다. 아마 여러분들은 그렇게 생각할 것입니다. '그 정도는 이미 시편에서 읽어서 다 알고 있는데 그게 뭐가 새롭다는 거지?'라고 말입니다. 그런데 저는 좀 다른 이야기를 하고 있는 것입니다. 그것이 하나님의 본질과 관련 있다는 것을 발견한 것입니다. 그 차이를 말씀드리겠습니다. 사람들은 보통 이렇게 생각할 것입니다. '우리가 또는 천사가 하나님을 찬양하면 하나님이 찬양받으시는 것이요, 만약 우리나 천사 중 아무도 하나님을 찬양하지 않는다면 하나님은 찬양받지 않으신다.'라고 말입니다. 그러나 제가 하나님의 본질이 "찬양받으시는 분"이라고 하면 이것은, 설사 우리나 천사들이나 우주 만물의 그 어떤 것도 하나님을 찬양하지 않는다 해도, 하나님은 본질적으로 찬양받으시는 분이라는 뜻입니다. 그러니까 누가 찬양을 하든 안 하든 그분의 본질에는 변함이 없습니다.

우리가 하나님의 본질이 찬양받으시는 분이라고 인정하는 것은 단순히 한두 구절 때문이 아닙니다. 앞으로 더 자세히 살펴보겠지만 그분은 찬양받으시기 위해서 인간을 창조하셨고, 찬양받으시기 위해서 우주 만물을 지으셨으며, 인간구원의 목적도 찬양받으심이요, 율법이 명한 어떤 제물보다 찬미의 제물을 기뻐 받으시며, 영원부터 영원히 찬양 받으시는 분이라고 성경은 창세기부터 계시록까지 수백 구절을 통해 지속적으로 반복적으로 증거하고 있습니다. 이 모든 증거들을 통해 분명히 보여지는 하나님이 바로 찬양받으시는 분이기에 그가 본질적으로 그렇다는 것입니다. 찬양신학의 제일 중요한 목적은 바로 하나님의 본질이 그렇다는 것을 증명하는 것이라고 할 수 있습니다.

스웨덴의 신학자 안더스 니그렌(Anders Nygren)이 하나님을 설명할 때 아가페를 그 중심속성이라고 했음을 제가 말씀드렸지요? 바로 그것이 하나님의 본질에 관한 이야기입니다. 우리는 그 하나님의 사랑을 예수님의 십자가에서 이미 목도하지 않았습니까? 사람들은 하나님이 자기를 사랑하지 않는다고 생각하면 시험에 듭니다. 그러나 그것은 그 사람이 하나님의 본질이 사랑임을 이해하지 못해서 그런 것입니다. 우리는 하나님께 매료된 사람들입니다. 그분이 우리를 위한 사랑의 행위를 많이 해서라기보다 그분이 사랑 자체이기에 영원히 변치 않은 사랑이시기에 그분을 사랑하고 찬양하는 것입니다. 처음에는 물론 그분의 사랑을 받는 자체가 너무 행복합니다. 그러나 시간이 지나면서 그분 자신의 모습을 사모하게 되는 것입니다. 그래서 때로 우리는 마치 그분이 우리를 사랑하지 않는 듯한 고난의 시간과 방황의 과정 가운데서도 여전히 그분을 사모하며 그분을 사랑할 수 있는 것입니다.

그래서 우리가 하나님의 본질이 찬양받으시는 분인가를 아는 것이 중요합니다. 그분이 본질적으로 찬양받으시는 분이라면, 그분은 찬양받기 위한 일들을 해나가실 것이요, 누구도 막지 못할 것입니다. 그리고 반드시 그렇게 될 것입니다. 자, 이제 그것을 이해하고 성경을 보면, "아하, 그래서 하나님께서 찬양을 위해 우리를 만드셨구나! 그래서 하나님께서 찬양을 위해 우리를 구원하셨구나! 그래서 하나님께서 우주 만물이 주님을 찬양하도록 만드셨구나!"라고 깨닫게 되는 것입니다. 그리고 그런 깨달음 위에서 우리는 그분과 관계를 맺을 수 있습니다. 관계란 서로가 서로를 알고 이해하는 것을 전제로 합니다. 하나님의 중심을 깨닫기 원합니까? 먼저 그분이 어떤 분인가를 깨달아야 합니다.

오늘 역대상 16:25 본문의 한국어 번역은 "극진히 찬양할지어다"라는 명령형이고 영어성경은 "greatly to be praised" 즉 "크게 찬양받으시는 분"으로 수동태를 썼습니다. 과연 어떤 것이 원문에 가까울까요? 원문에 쓰인 단어는 메훌랄(מְהֻלָּל)이라는 히브리어인데, 이는 우리가 곧 공부하게 될 할랄 동사, 즉 "찬양하다"라는 동사의 수동태입니다. 그러므로 영어번역이 더 원문에 충실합니다. 즉 원문은 하나님이 "찬양받으시는 분"이라는 것을 설명하는데, 한국어는 이를 "찬양하라"는 명령으로 번역했으므로 관심이 하나님께 있는 것이 아니라 찬양해야 할 우리에게 향했습니다. 이는 올바른 번역은 아닙니다. 메훌랄은 성경에 모두 일곱 번 나옵니다. 삼하 22:4, 대상 16:25, 시 18:4, 48:2, 96:4, 113:3, 145:3 등 이 구절들을 자세히 공부해보시면 찬양받으시는 하나님에 대해 더 많은 것을 알 수 있습니다.

그런데 하나님이 찬양받으시는 분이라는 것을 하나님의 속성으로 이해한다면, 한 가지 문제를 야기합니다. 하나님은 모든 것의 시작이자 근원이시요 모든 것을 스스로 이루시는 분입니다. 그분은 아무것도 필요한 것이 없고 누가 무엇을 해줘야하는 그런 분이 아닙니다. 그런데 그분이 "찬양받으시는 분"이라고 정의된다면, 마치 그분은 스스로 완전하신 분이 아니라 무언가 더 필요한 분, 그래서 혼자서는 완전하지 못한 분처럼 보여질 수 있기 때문입니다. 토마스 아퀴나스가 하나님을 증명하기 위한 다섯 개의 길을 제시했는데, 그 첫째가 바로 Prime mover 즉, 모든 움직임의 첫 시작이라고 하나님을 설명했습니다. 아마도 그래서 신학적으로 그분의 속성에 "찬양받으시는 분"이라는 내용이 들어간 적이 없는 것 같습니다. 그러나 성경이 분명히 가르치는 것은, 다른 모든 것은 그분이 홀로 능동적으로 시작하셨고 행하셨지만, 그분은 본질적으로 찬양받으시는 분이라는 것이며 이는 그분을 찬양하는 어떤 개체(천사나 사람, 또는 만물)가 있어야 함을 전제하고 있으며, 그 관계 속에서 그 개체의 찬양의 행위가 있어야 함을, 또 그 찬양을 수동적으로 받으시는 하나님을 전제하고 있다는 사실입니다.(물론 그렇다 해도 성령께서 능동적으로 믿는 자들에게 찬양의 감동과 영감을 주시사 찬양하게 하시니, 사람의 언어가 정의하는 그런 뜻에서의 수동적인 하나님을 말하는 것은 아닙니다.) 이는 그분의 완전함이 인간의 논리의 세계에서 정의되는 그런 "아무 필요도 없고 스스로 완전히 만족하고 변함이 없는" 하나님이 아니라 인간의 논리를 초월하여, "아무것도 필요하지 않고 스스로 완전하지만, 그분은 피조물과의 관계 속에서 그들과 대화하고 그들을 사랑하고 그들을 야단치기도 하고 용서하기도 하면서 그들이 자신에게 영광을 돌리고 찬양 돌리는 것을 기뻐하시는(시 69:30-31) 그런 하나님이심을 보여줍니다.

이 모든 것을 생각할 때 "찬양받으시는 하나님"은 그분의 한 속성이라기보다는 차라리 그분의 본질이라고 이해하는 것이 쉽습니다. 그분은 본질적으로 영원부터 영원까지 찬양받으시는 분이시므로 그가 행하신 모든 일은 궁극적으로 찬양과 연관되어 있습니다. 바로 이 점이야말로 찬양신학의 핵심입니다. **메훌랄** 이외에도 몇몇 다른 히브리 단어들이 하나님의 찬양받으시는 수동성에 대해 언급하고 있지만 여기서는 생략하도록 하겠습니다.

만약 하나님이 어떤 분이신가를 보다 깊이 이해한다면 우리의 예배는 진정 그분을 기쁘시게 하는 찬양으로 가득할 것이요, 하나님의 기쁨이 온 교회에 가득할 것입니다. 그리고 어쩌면 우리는 불필요한 수많은 영적 오해와 교단 간의 싸움과 신학적 논쟁을 줄일 수 있을 것입니다. 그리고 그 에너지를 보다 창조적이고 효과적인 곳에 사용할 수 있을 것입니다. 저와 여러분의 삶이 그렇게 되기를 예수 이름으로 축원합니다.

기도하겠습니다.

고마우신 아버지 하나님, 우리가 무엇이기에 우리 죄인들의 찬양을 기다리십니까? 우리를 예수님의 보혈로 깨끗이 씻어주셔서 거룩하게 만드신 다음, 하나님의 자녀로 삼으신 다음, 우리 자녀들의 찬양을 받기를 원하십니까? 우리가 주님 원하시는 것을 꼭 해드릴 수 있기를 원합니다. 아버지 하나님, 오늘 어려운 강의였지만, 여기까지 함께 온 우리 모든 귀한 주님의 사람들을 기억하여 주시고, 지혜를 주시고 또 그 삶 가운데 위로하여 주시옵소서. 예수 이름으로 기도합니다. 아멘.

1   The terms "essence" and "substance" are practically synonymous when used of God. They may be defined as that which underlies all outward manifestation; the reality itself, whether material or immaterial; the substratum of anything; that in which the qualities of attributes inhere. Both of these terms refer to the basic aspect of the nature of God; if there were no essence or substance, there could be no attributes. To speak of God, is to speak of an essence, a substance, not of a mere idea or that personification of an idea.
    Henry C. Thiessen, *Lectures in Systematic Theology* (Grand Rapids, MI: Wm. B. Eerdmans Publishing Company, 1979), 74.

2   When we speak of the essence of a thing, we commonly mean not its physical but its metaphysical entity, as expressed in its definition ($\tau\grave{o}\ \tau\acute{\iota}\ \mathring{\eta}\nu\ \epsilon\mathring{\iota}\nu\alpha\iota$), giving the proximate genus and the specific difference; e. g., "homo est animal rationale." With the essence thus constituted we contrast the essential properties or attributes of the thing, which emanate from the essence as their ontological principle.
    Joseph Pohle, *God: His Knowability, Essence, and Attributes: A Dogmatic Treatise* (CrossReach Publications, Kindle Edition) 2466-2471.

3   Wayne Grudem, *Systematic Theology: An Introduction to Biblical Doctrine* (Grand Rapids, MI: Zondervan Publishing House, 1994), 156-225.

4   이와 관련하여 다음 말씀들을 보라.

    그러므로 우리가 여호와를 알자 힘써 여호와를 알자 그의 나오심은 새벽 빛 같이 일정하니
    비와 같이, 땅을 적시는 늦은 비와 같이 우리에게 임하시리라 하리라 (호 6:3)

    여호와를 경외하는 것이 지혜의 근본이요 거룩하신 자를 아는 것이 명철이니라 (잠 9:10)

    나의 거룩한 산 모든 곳에서 해됨도 없고 상함도 없을 것이니
    이는 물이 바다를 덮음 같이 여호와를 아는 지식이 세상에 충만할 것임이니라 (사 11:9)

    내 백성이 (하나님을 아는) 지식이 없으므로 망하는도다 네가 지식을 버렸으니 나도 너를 버려
    내 제사장이 되지 못하게 할 것이요 네가 네 하나님의 율법을 잊었으니
    나도 네 자녀들을 잊어버리리라 (호 4:6)

    모든 이론을 파하며 하나님 아는 것을 대적하여 높아진 것을 다 파하고
    모든 생각을 사로잡아 그리스도에게 복종케 하니 (고후 10:5)

    주께 합당히 행하여 범사에 기쁘시게 하고 모든 선한 일에 열매를 맺게 하시며
    하나님을 아는 것에 자라게 하시고 (골 1:10)

제5강

찬양의 육하원칙

샬롬! 모두 평안하신지요? 특별히 코로나로 온 세상이 어려운 요즈음 찬양신학을 공부하는 우리 모두에게 주님의 특별한 은혜가 함께하기를 기도합니다. 지난 시간까지 우리는 "왜 찬양은 신학적 접근이 필요한가?"에 대해 배웠습니다.

오늘은 찬양신학의 중요한 질문들에 대해 생각해보고자 합니다. 찬양신학은 어떤 질문들을 갖고 있을까요? 사실 질문을 갖는다는 것은 매우 중요합니다. 만약 질문이 없다면 답도 없을 것이며 결국 아무것도 배우지 못할 것입니다. 예를 들어 어떤 사람이 "난 왜 살아야 하는가?"라는 질문을 하게 된다면 그 답을 얻기 위해 책도 보고 깊이 생각도 하면서 나름 삶의 의미를 찾아가게 될 것입니다. 사실 예수님을 만난 많은 사람들이 그런 질문을 갖고 고민하던 사람들입니다. 그래서 오늘은 우리가 잘 아는 육하원칙에 따라서 찬양신학의 질문들을 해보겠습니다.

육하원칙이란 누가, 언제, 어디서, 무엇을, 어떻게, 왜 했는가 하는 내용인데요, 그렇다면 우리는 찬양에 대해 이렇게 질문을 해볼 수 있습니다.

1. 누가 찬양하는가?
2. 언제 찬양하는가?
3. 어디서 찬양하는가?

4. 무엇을 찬양하는가?
5. 어떻게 찬양하는가?
6. 왜 찬양하는가?

만약 우리가 이 여섯 가지 질문에 대해 성경에서 확실하고도 충분한 답을 얻을 수 있다면, 그것으로 찬양신학의 토대가 마련된다고 말할 수 있을 것입니다.

1. "찬양은 누가 합니까?" 찬양을 위해 만들어진 모든 존재, 즉 우리도 찬양하고, 천사도 찬양하고, 온 우주가 찬양합니다. 성경은 말씀하십니다.

> 1 할렐루야 하늘에서 여호와를 찬양하며 높은 데서 찬양할지어다
> 2 그의 모든 사자여 찬양하며 모든 군대여 찬양할지어다
> 3 해와 달아 찬양하며 광명한 별들아 찬양할지어다
> 4 하늘의 하늘도 찬양하며 하늘 위에 있는 물들도 찬양할지어다
> 5 그것들이 여호와의 이름을 찬양할 것은 저가 명하시매 지음을 받았음이로다
> (시 148:1-5)

즉 우주 만물의 존재이유가 바로 찬양이라는 뜻입니다. 우주 만물에 당연히 인간이 포함됩니다. 그런데 우리가 찬양을 위해 지음 받았음은 당연하면서도 더 깊은 뜻이 있으니, 우리의 특별한 찬양에 대해서는 앞으로 더 자세히 말씀 드리겠습니다.

2. "찬양은 언제 합니까?" 다음 성경 말씀이 그 답입니다.

> 여호와 이스라엘의 하나님을 영원부터 영원까지 찬양할지어다
> 모든 백성들아 아멘 할지어다 할렐루야
> (시 106:48)

사실 이 말씀은 참 신비로운 말씀입니다. 이제부터 영원히 하나님을 찬양한 다는 것은 천국에서 영원히 하나님을 찬양한다는 것이고, 또 나중에 다루겠지만 계시록에서도 잘 나와 있으니 그래도 좀 상상하기 쉬운데, '영원부터 찬양할지어다'라는 말은 그 문맥을 볼 때 영원한 과거로 보아야 하는데 그렇다고 우리가 과거로 돌아가서 찬양할 수도 없고 또 천사들이 영원 전부터 어떻게 하나님을 찬양했는가 하는 것을 정확히 알 수가 없으니 여전히 베일에 가려져 있습니다. 그러나 욥기 38:4-7 말씀이 한 가지 단서를 제공하고 있습니다.

4 내가 땅의 기초를 놓을 때에 네가 어디 있었느냐 네가 깨달아 알았거든 말할지니라
5 누가 그 도량을 정하였었는지, 누가 그 준승을 그 위에 띄웠었는지 네가 아느냐
6 그 주초는 무엇 위에 세웠으며 그 모퉁이 돌은 누가 놓았었느냐
7 그때에 새벽 별들이 함께 노래하며 하나님의 아들들이 다 기쁘게 소리하였었느니라
(욥 38:4-7)

하나님께서 자신이 의롭다고 주장하는 욥과 변론하시는 장면인데요, 여기서 하나님은 의도적으로 천기를 누설하십니다. 바로 천지창조 때 천사들이 찬양했다는 사실을 말입니다. 여기서 새벽 별들이 나오는데, 여러 신학자들의 공통된 의견에 의하면, 이들은 아마도 창세 이전에 이미 지음 받은 천사들일 것입니다.[1] 또 그것이 복수로 쓰였으니 많은 숫자의 천사들이 찬양했던 것을 알수 있습니다. 그럼 그다음에 나오는 하나님의 아들들이라는 표현은 무엇을 뜻할까요? 성경에는 천사를 그렇게 표현하기도 합니다.[2] 그래서 이는 또 다른 천사의 무리를 의미한다고 보면 될 것입니다. 자, 그렇다면 이 천사들이 창세 이전에도 분명 하나님을 찬양하는 사역을 하고 있었을 터이고, 드디어 창조가 시작되자 너무 기뻐서 아마도 더 큰 소리로 특별한 찬양을 준비해서 하나님께 영광을 돌렸겠지요. 이와 같이 창세 이전에 이미 시작된 천사들의 찬양과 구원 받은 우리들의 찬양은 계시록에 기록되었듯이 영원히 지속될 것입니다.

3. "어디서 찬양하는가?"에 대한 문제는 사실 언제 찬양하는가와도 연관되어 있습니다. 결국 우주가 창조된 후에는 우주 전체가 찬양의 무대가 된다는 것은 쉽게 이해가 되는데요, 천지창조 전부터 이제까지 우주 밖에서도 찬양이 계속 드려진다는 것 또한 잊지 말아야 할 것입니다. 한편 찬양의 장소는 때로 그 자체가 믿음의 간증이 되기도 합니다. 역대하 20장에서 보듯 여호사밧왕의 드고아 벌판 전투 때에 레위 합창단은 군대 앞에서 적진을 바라보며 나아가며 찬양했습니다. 그것은 목숨을 다한 찬양이었습니다. 바울과 실라는 어둡고 냄새나는 빌립보 감옥(행 16:25-26)에서도 하나님을 찬양했습니다. 사실 어디서 찬양하는가 하는 문제는 어디서 예배드리는가 하는 문제와 같습니다. 구약시대에는 이스라엘이 예루살렘 성전에서만 예배드리며 찬양하는 것으로 알고 있었는데… 예수께서 사마리아 여인에게 "이 산에서도 말고 예루살렘에서도 말고 너희가 아버지께 예배할 때가 이르리라"(요 4:21)라고 하셨으니… 이것은 사실 당시로서는 이해가 되지 않는 파격이었습니다. 하나님은 오직 성전에만 계신데, 어찌 아무 데서나 예배드리고 찬양드릴 수 있단 말인가요? 그러나 우리는 그 답을 알고 있지요. 바로 곧 오실 성령께서 우리 가운데 거하사 우리가 어디서 찬양드리든지 기뻐 받으실 것이라는 뜻입니다. 사실 이것은 찬양드리는 우리에겐 너무 큰 선물입니다, 너무 쉬워진 것이니까요. 이제는 그 머나먼 예루살렘 성전까지 가지 않아도 주님을 예배하고 찬양할 수 있으니까요. 그렇다면 성령께서 오신 것도 어디서나 찬양받으시기 위해서 오시는 이유도 있을 것입니다. 하지만 그보다는 성령 하나님은 주로 우리를 찬양하도록 감동하사 하나님 아버지께 영광과 찬양을 돌리도록 하시니… 성령님이 얼마나 겸손한 분인가 하는 것을 다시 생각해봅니다. 그러므로 하나님은 우리가 어디에서 찬양하는지를 늘 보고 계십니다. 우주에 충만한 하나님께서 그 찬양을 받으시고 기뻐하십니다.

4. "무엇을 찬양하는가?"라는 질문을 "찬양이라는 동사의 목적어가 무엇인가"로 이해할 때에 답은 "하나님"이라고 쉽게 대답할 수 있습니다. 그런데 그 질문은 하나님은 누구신가 하는 문제와 연결되어 있으므로 지난번 하나님의 본질에 대한 강의가 그 이해에 도움이 될 것입니다. 앞으로도 좀 더 체계적으로 공부하게 될 것입니다.

5. "찬양을 어떻게 해야 하는가?" 즉, 찬양의 방법론 역시 성경에 풍부한 예가 있으므로 자세히 살펴보면 성서적인 찬양의 방법을 알 수 있습니다. 그 찬양의 방법 중에는 "새 노래로, 즐거운 소리로, 공교하게" 찬양하라는 시편 33:3절 말씀과 같이 오늘날도 똑같이 적용할 수 있는 것이 있습니다. 또한 어떤 구절은 현재 우리의 상황에 맞추어 적용해야 하는 것도 있습니다. 예를 들어 시편 150편에 "수금과 비파로 찬양하라"라고 했는데 우리에게는 당시의 수금과 비파는 없고 대신 피아노와 기타가 있습니다. 그래서 우리가 가진 것으로 찬양을 하라는 말씀으로 받아들입니다. 그런가 하면 다음의 말씀처럼 쉽게 적용하기 힘든 성경 장면도 있습니다.

> 히스기야가 명하여 번제를 단에 드릴쌔
> 번제 드리기를 시작하는 동시에 여호와의 시로 노래하고 나팔을 불며
> 이스라엘 왕 다윗의 악기를 울리고 온 회중이 경배하며
> 노래하는 자들은 노래하고 나팔 부는 자들은 나팔을 불어
> 번제를 마치기까지 이르니라
> (대하 29: 27-28)

여기에서 보듯 구약에서 제사드릴 때 보통 번제가 몇 시간에서 거의 종일 걸린다는 것을 고려하면 나팔소리가 온종일 계속 울려 퍼졌다는 이야기인데요. 이것을 우리가 현대교회에서 어떻게 적용해야 하는가는 쉬운 문제가 아닙니

다. 물론 신약교회는 번제 자체를 드리지 않으니 이런 염려는 하지 않아도 될 것입니다. 그러나 이 예를 통해 오늘날에도 예배 내내 찬양이 지속되어야 한다고 생각하지는 말아야 한다는 뜻입니다. 중요한 것은 교회가 사람에게 감동을 주기 위한 사람의 방법이 아니라, 하나님의 방법대로 찬양하겠다는 의지입니다.

6. "찬양은 왜 하는가?" 즉, 찬양의 이유에 대한 질문 역시 성경에 있는 모든 답을 다 생각해봐야 합니다. 많은 답이 있겠지만, 저는 가장 중요한 찬양의 이유가 바로 하나님을 기쁘시게 하는 것이라고 생각합니다. 다음 시편에 잘 나와 있습니다.

> 내가 노래로 하나님의 이름을 찬송하며 감사함으로 하나님을 광대하시다 하리니
> 이것이 소 곧 뿔과 굽이 있는 황소를 드림보다
> 여호와를 더욱 기쁘시게 함이 될 것이라
> (시 69:30-31)

이 말씀을 잘 생각해 보면 황소로 대표되는 율법 아래의 제물도 결국 하나님을 기쁘시게 하려는 목적으로 드려지는 것이라는 점이 암시되어 있습니다. 다윗은 그 누구보다도 하나님의 마음에 합한 자였습니다. 그의 삶은 부족함도 있었지만 한마디로 하나님을 기쁘시게 하려는 삶이었습니다. 그와 같은 삶의 태도는 그가 하나님을 찬양하는 이유와 다르지 않습니다. 찬양신학의 중심은 하나님을 기쁘시게 하는 찬양입니다.

여기까지 찬양을 육하원칙에 따라 설명해 보았습니다. 찬양의 입체적인 그림이 좀 쉽게 그려졌나요? 아마도 이 강의를 듣는 분 중에 이렇게 하나님을 기쁘시게 하는 아름다운 찬양을 이미 드리는 분들도 많이 계시리라 믿습니다. 그

런 여러분께 감사하다는 말씀을 드리고 싶습니다. 그런데 보다 더 성경적인 찬양을 드리기 위해서 제 강의가 조금이라도 도움이 되기를 바라며, 앞으로 배워야 할 내용들을 미리 말씀드리겠습니다.

가장 중요한 것은 우선 원문의 뜻을 잘 이해하는 것입니다. 성경에는 찬양이라는 단어가 많이 나오는데 그 원어가 무척 다양합니다. 사랑이라는 단어도 우리말로 하나지만 원어로 보면 여러 개가 있지 않습니까? 그래서 목사님들이 늘 그것을 풀어서 자세히 가르쳐주시니까 성도들이 더 깊이 하나님의 뜻을 이해할 수 있지요? 마찬가지입니다. 찬양으로 번역되거나 찬양의 뜻을 갖고 있는 원어 단어가 넓게는 수십 개에 이른다는 책도 보았습니다. 미국 침례교 목사인 테일러(Jack R. Taylor) 목사님이 쓴 『할렐루야 요소(The Hallelujah Factor)』라는 책이 있어요. 그 책은 그런 단어들을 잘 정리해서 설명해주는 책으로 제게도 큰 도움을 주었습니다. 제 생각에 그렇게 많이는 아니더라도 적어도 열 개 정도의 원어들의 의미를 자세히 공부하는 것은 매우 중요합니다. 저는 사실 이 과정이 찬양신학에 있어서 절대적이라고 생각합니다. 이런 원어에 대해 배우면서 그 의미를 생각하면서 저의 찬양신학의 체계가 조금씩 세워졌으니까요. 다음 시간부터는 원어 공부를 시작하겠습니다. 물론 세상에서 가장 쉬운 방법으로 하게 될 것입니다.

성경을 공부하는 데에 여러 가지 방법이 있는데, 미시적인 방법, 거시적인 방법, 또 연역적인 방법, 귀납적인 성경공부 등 많은 방법이 있습니다. 모두가 필요한 방법이지요. 그런데 신학교에서 가르치는 가장 기본적인 성경을 이해하는 대표적인 두 가지 방법이 있는데요, 하나는 조직신학적 방법, 다른 하나는 성서신학적 방법입니다. 예를 들어서 하나님이라는 주제를 놓고 생각할 때 조직신학적 방법이란 성경에 나타난 모든 하나님에 관한 정보를 다 늘어놓고 거기서 하나님의 성품과 특성 등을 하나하나 정리하여 뼈대를 세우는 것입니다. 반면에 성서신학이란 성경 66권에 각각 나타난 하나님, 역사적인 흐름을 따라 나타난 하나님을 연구하며 하나님을 이해하는 것입니다. 두 방법 모두 너무나 중요한 관점입니다. 우리가 찬양을 제대로 알기 위해서는 결국 이 두 가지 관점이 다 필요합니다.

그런데 찬양은 과연 그 말씀이 인류역사를 통해 어떻게 이루어져왔는가를 생각해야 하기에, 역사적, 또 문화적 관점도 추가되어야 합니다. 예를 들어 성경의 찬양에 대한 많은 말씀들이 신약교회 이후에 아무것도 이루어지거나 행해진 것이 없었다면, 연구자로서 참 난감할 것입니다. 그러나 찬양에 대한 많은 예가 신약교회 이후부터 이제까지 풍부합니다. 그래서 하나님께서 과연 그 명령을 주실 뿐만 아니라 찬양의 재능도 주시고 영감도 주시고 이를 통해 영광을 나타내심을 알 수 있고, 과연 찬양에 관한 말씀들이 진실되고 살아있음을 알게 되는 것입니다. 제가 많이 부족하지만 앞으로 이런 여러 가지 관점으로 찬양을 풀어보려고 합니다.

그리고 이 모든 것을 통해 마침내 우리는 찬양신학적인 관점에서 찬양의 정의가 무엇인가를 알게 되는 것입니다. 즉, "찬양은 무엇인가"에 대한 성서적인 대답을 갖게 되는 것입니다. 그리고 그럴 때 비로소 찬양사역을 논할 수 있고, 찬양의 회복을 이야기할 수 있으며, 예배에서의 찬양의 역할도 알 수 있고, 예배갱신의 가장 중요한 열쇠가 무엇인지도 알 수 있을 것입니다. 마침내 우리의 예배가 진정 하나님 기뻐하시는 예배가 되어, 교회뿐 아니라 그 지역에 거대한 기름부음으로 나타나게 되기를 축원합니다.

기도하겠습니다.

하나님 아버지, 오늘도 우리와 함께해 주신 주님을 찬양합니다. 찬양의 의미가 너무나 깊어서 우리가 다 알 수 없을지라도 이제 한 걸음 한 걸음씩 나아갈 때에 우리 눈을 열어 주시고 우리 귀를 열어 주시옵소서. 예수 이름으로 기도합니다. 아멘.

1   Let him repeat, if he can, the songs of praise which were sung at that solemnity (v. 7), when the morning-stars sang together, the blessed angels (the first-born of the Father of light), who, in the morning of time, shone as brightly as the morning star, going immediately before the light which God commanded to shine out of darkness upon the seeds of this lower world, the earth, which was without form and void.

(하나님 말씀하시기를) 욥아, 네가 새벽별들이 노래했을 때, 그 엄위로운 시간에 불렸던 노래를 부를 수 있겠느냐? 그들은 빛의 아버지의 첫 번째 자녀들로 축복받은 천사들이요, 시간의 아침에 새벽별처럼 밝게 빛났으며, 하나님이, 형태도 없고 공허했던 이 땅, 즉 낮은 세상의 씨앗 위의 어둠을 향해, 빛이 있으라 하신 그 빛 바로 전에 즉시 나갔던 자들이라. (필자 번역 / 매튜 헨리 주석서)

Matthew Henry, *Matthew Henry's Commentary on the Whole Bible: Complete and Unabridged in One Volume* (Peabody: Hendrickson, 1994), 732.

2   They were the sons of God, who shouted for joy when they saw the foundations of the earth laid, because, though it was not made for them, but for the children of men, and though it would increase their work and service, yet they knew that the eternal Wisdom and Word, whom they were to worship (Heb. 1:6), would rejoice in the habitable parts of the earth, and that much of his delight would be in the sons of men, Prov. 8:31. The angels are called the sons of God because they bear much of his image, are with him in his house above, and serve him as a son does his father.

그들은 하나님의 아들로 이 땅의 기초가 놓이는 것을 보았을 때 기뻐 외쳤던 자들이다. 그들은 그것이 자신들을 위해 만들어진 것이 아니라 사람을 위해 만들어졌고, 그것으로 인해 그들이 더 섬기고 일해야 함을 알고 있었지만, 그들은 그들이 예배드려야 할 분(히 1:6), 영원한 지혜와 말씀 되신 분이 땅의 거하실 만한 곳에서 기뻐하실 것과, 그만큼 인자(사람의 아들 예수)로 인하여 기뻐하실 것을(잠 8:31) 알고 있었기에 기뻐 외쳤던 것이다. 천사들은 하나님의 아들들이라 불렸는데, 이는 그들이 많은 부분 하나님의 형상을 입었고, 하나님과 천국에서 함께 있으며, 아들이 아버지를 섬기듯 하나님을 섬기기 때문이다. (필자 번역 / 매튜 헨리 주석서)

Matthew Henry, Ibid., 732.

제6강

찬양 히브리 원어 1

할랄과 야다

찬양에 관한 원어를 공부한다는 것은 정말 흥분되는 일이 아닐 수 없습니다. 어쩌면 여기에 찬양에 관한 많은 비밀과 단서들이 들어있을 테니까요. 물론 성경에 많이 나타나는 찬양의 역사적인 모습들과 시편과 같은 찬양 작품들도 우리에게 정말 많은 것을 가르쳐줄 것이지만, 보다 근본적으로는 한 단어 한 단어를 공부함으로써 더 깊은 뜻을 알 수 있게 되는 것이지요. 예를 들어 하나님의 사랑도 예수 십자가의 죽음을 묵상할 때 깨달아지지만 사랑이라는 단어를 공부할 때 또 많은 것을 배울 수 있는 것과 같은 이치입니다.

이번 시간과 다음 시간은 구약에 나타난 중요한 몇 개의 히브리어 단어를 소개해드리고, 그 후에 신약의 헬라어 단어들도 소개해드리겠습니다. 사실 신학의 가장 중요한 분야가 원어공부입니다. 원어는 마치 마르지 않는 우물과 같이 계속 우리에게 새로운 지식을 가르쳐주지요. 집을 짓는 데 가장 기본적인 벽돌에 비유할 수 있다고 할까요? 벽돌 하나하나가 튼튼해야 집이 튼튼하듯, 원어 하나하나에 대한 이해가 충분해야 그 성경 원문의 뜻을 잘 알 수 있고, 그래야 그 주위의 맥락, 또 역사적 배경 등을 토대로 더욱 깊은 뜻을 찾아갈 수 있는 것입니다.

그런데 원어 공부를 하기에 앞서 한 가지 말씀드릴 것이 있는데요, 우리말 신구약 성경에 번역된 "찬양, 찬미, 찬송, 송축, 노래" 등 여러 다른 단어들은 각각 원어의 의미의 차이에 따라 정확히 다르게 번역된 단어들은 아닙니다. 예를 들어 같은 원어라 할지라도 찬송 또는 찬양으로 번역된 경우가 있습니다. 즉, 히브리어 할랄 동사가 시편 150편에서는 "찬양"으로 번역되어 있고, 역대하 5:13에서는 "찬송"으로 번역되어 있습니다. 또한 신약의 헬라어의 경우, 누가복음 1:46에 메갈뤼노(μεγαλύνω), 로마서 9:5에 율로게오(여기서는 형용사 율로게토스/εὐλογητός), 로마서 15:11에 아이네오(αἰνέω), 골로새서 3:16에 나오는 아도(ᾄδω)는 모두 우리말 "찬양"으로 번역되었습니다. 그러므로 이제 원어 강의에서는 우리말과 상관없이 전체적으로 찬양의 다양한 뜻을 여러 원어 단어들을 통해 배우겠습니다. 구약에서 꼭 알아야 할 찬양과 관련된 원어는 **할랄, 야다, 바라크, 자마르, 샤바흐, 룸, 쉬르** 정도입니다.

할랄(הלל)은 '찬양하다'로 번역되는 단어 중 아마도 가장 중요한 단어라고 할 수 있는데요, 특히 할렐루야라는 명령형으로 24번 정도 나타납니다. 이 단어는 여러 형태로 구약에 215번 나타나는데, 시편에 119번, 역대상과 하에 각각 11번, 13번씩 나타나며, 주로 노래, 또는 악기와 함께 나타나는 음악적 단어입니다.

> 또 레위 사람을 세워 여호와의 궤 앞에서 섬기며
> 이스라엘 하나님 여호와를 칭송하며 감사하며 **찬양하게[할랄]** 하였으니
> (대상 16:4)

> 히스기야왕이 귀인들로 더불어 레위 사람을 명하여
> 다윗과 선견자 아삽의 시로 여호와를 **찬송하게[할랄]** 하매
> 저희가 즐거움으로 찬송하고 몸을 굽혀 경배하니라
> (대하 29:30)

이 단어는 사람의 아름다움(창 12:15)이나 거짓 신들을 찬양할 때도(삿 16:24) 사용되는 일반적인 단어입니다. 즉, 이 단어는 유대인들의 삶 가운데서 항상 들을 수 있는 단어이며 이는 하나님 찬양이 어떤 매우 어려운 개념이 아니라 우리 삶 가운데 늘 존재하는 개념이라는 것을 암시합니다.

이 단어의 중요한 뜻은 "자랑하다"입니다. 사실 성경에서 가장 중요한 찬양에 관한 단어가 "자랑하다, 빛나게 하다"라는 뜻이 있다는 것은 찬양의 본질이 무엇인가 하는 것을 시사합니다. 찬양은 "자랑하는 것"입니다. 그런데 누구를 자랑합니까? 바로 하나님을 자랑하는 것입니다. 이것은 모든 기독교인들, 특히 모든 찬양사역자들이 깊이 새겨야 할 말입니다. 왜냐하면 모든 사람은 본질적으로 죄로 오염되어 교만하고, 그 교만은 무엇보다 자기 자랑으로 나타나기 때문입니다. 그리고 교회의 많은 갈등과 싸움은 자기 교만 때문에 시작됩니다. 예를 들어 어떤 모임에서 제가 "여러분 중에 자기 자랑하는 것 절대로 하지 않는 사람 있으면 손 들어 보세요"라고 했을 때 누가 손을 든다면 여러분은 어떻게 생각하시겠습니까? 그 사람이야말로 자기 자랑하는 사람이라고 생각하지 않겠습니까? 우리는 천국 갈 때까지는 누구나 이 문제에서 벗어날 수 없다고 생각합니다. 그저 바울이 말하듯 자아가 매일 죽는 것 외에는 방법이 없을 것입니다. 할랄 동사, 또 할렐루야는 "찬양은 하나님을 자랑하는 것이다"라는 가르침을 넘어서 "우리 모든 삶도 오직 하나님을 자랑하는 삶을 살아야 한다"라고 가르치고 있습니다.[1]

여러분, 남들에게 무엇을 자랑할 때 기분이 어떻습니까? 참 좋지 않습니까? 아이들은 그래서 그 좋은 기분을 더 오래 누리려고 자랑하려는 것을 뒤로 감추고 친구들에게 물어봅니다. "나 뭐 갖고 있는데… 뭐게?" 이렇게 친구들에게 물어보는 아이들의 표정은 보나마나 웃음으로 가득합니다. 아주 으스대지요.

우리도 그렇게 하나님을 자랑하는 삶을 산다면 늘 즐거울 것입니다. 바로 찬양의 본질입니다. 중요한 것은 자기를 자랑하는 것을 포기해야 비로소 이 기쁨을 알 수 있다는 것입니다. 그런데 가만 보면 제 마음에도 하나님을 빙자해서 나를 자랑하려는 마음이 있어요. 참 문제가 아닐 수 없습니다. 그런데 죄인이 뭘 자랑한단 말입니까? 그런데 하나님께서는 우리로 하나님을 자랑하라 하셨습니다. 할랄 찬양을 통해 우리 모두가 더욱 낮아지고 겸손해지는 축복이 있기를 소원합니다.

야다(ידה)는 "찬양하다, 감사하다, 고백하다"의 세 가지 뜻이 동시에 나타나는 단어로 찬양의 영적 본질은 감사와 고백임을 보여줍니다. 그러므로 이 단어의 명사형인 **토다**(תודה)는 주로 감사로 번역되지만 "찬양" 또는 "고백"으로 번역되어도 무리가 없습니다.

> 너희가 여호와께 감사[토다] 희생을 드리거든 너희가 열납되도록 드릴지며
> (레 22:29)

특히 **토다**는 "감사의 제물"이라는 뜻으로도 쓰이는데, "찬양의 제물"로도 번역될 수 있음을 생각하면 히브리서 13:15절의 "찬미의 제사"와 완벽한 짝을 이룹니다.

> 이러므로 우리가 예수로 말미암아 항상 찬미의 제사를 하나님께 드리자
> 이는 그 이름을 증거하는 입술의 열매니라
> (히 13:15)

세 가지 뜻을 가진 **야다**가 쓰인 성경 말씀들을 각각 소개합니다.

> 그런즉 내가 하나님의 단에 나아가 나의 극락의 하나님께 이르리이다
> 하나님이여 나의 하나님이여 내가 수금으로 주를 찬양[야다]하리이다
> (시 43:4)

> 감사[토다]로 제사를 드리는 자가 나를 영화롭게 하나니
> 그 행위를 옳게 하는 자에게 내가 하나님의 구원을 보이리라
> (시 50:23)

> 만일 주의 백성 이스라엘이 주께 범죄하여 적국 앞에 패하게 되므로
> 주께로 돌아와서 주의 이름을 인정[야다]하고 이 전에서 주께 빌며 간구하거든
> (왕상 8:33)

그래서 독일의 신학자 베스터만(Claus Westermann)은 그의 저서 『시편의 찬송과 애가(The Praise and Lament in the Psalms)』에서 이와 같이 말합니다. "이런 사실에 비춰 볼 때, 구약성서는 감사하는 것에 대한 독립적인 개념을 갖고 있지 않음이 분명하다. 하나님께 대한 감사의 표시는 찬양에 포함되어 있다. 이것은 찬양의 한 방식이다.[2]"라고 말입니다. 생각할수록 참 깊은 뜻이 느껴지는 말이 아닐 수 없습니다.

저는 부족하나마 여러 나라를 두루 돌아다니며 찬양신학을 가르쳤고 여러 나라 사람들과 교제할 기회가 있었습니다. 저는 그들에게 이런 질문을 했었어요. "성경의 단어인 야다는 그렇게 세 가지 뜻이 동시에 들어있는데, 여러분 언어 가운데 그런 단어가 있는가요?"라고요. 물론 당연히 없다고 대답을 듣게 됩니다. 왜냐하면 그렇게 한 단어가 세 가지의 다른 뜻을 갖게 되면 의사소통에 어려움을 겪게 되기 때문입니다. 그러니 차라리 한두 단어를 더 만들어서 뜻을 구별해서 쓰는 것이 훨씬 쉬울 테니까요.

그런데 제가 에티오피아에서 찬양신학을 가르쳤을 때 그곳 찬양사역자들이 그들의 언어인 암하릭어(Amharic)에 그와 비슷한 단어가 있다고 해서 제가 좀 놀란 적이 있습니다. 에티오피아는 유대의 영향이 매우 강합니다. 스바여왕이 솔로몬을 만나고 돌아올 때 이스라엘의 많은 악기를 들여와서 유대음악의 전통이 세워지게 되었고 그가 솔로몬의 아들을 낳아서 대대로 유대의 혈통이 이어졌고 에티오피아의 왕들은 거의 유대혈통이었다고 합니다.

저는 실제로 에티오피아 국립박물관에서 거기에 관한 많은 그림과 악기들을 볼 수 있었습니다. 참으로 놀라운 일이었습니다. 그런데 사도행전 8장에 갑자기 이사야를 읽으며 나타난 에티오피아의 내시를 생각하면 그 모든 그림이 마치 퍼즐이 맞춰지는 것같이 이해가 됩니다. 그러니 그 언어에도 유대의 언어가 영향을 미쳤을 것입니다.

자, 이제 오늘 배운 **할랄**과 **야다**의 뜻을 기억하며, 하나님을 자랑하며, 감사하며, 주의 이름을 인정하며 찬양하는 여러분이 되기를 축원합니다.

기도하겠습니다.
하나님 아버지, 오늘 우리에게 여러 가지 원어를 통해서 하나님을 어떻게 찬양해야 하는 것을 가르쳐 주심에 감사합니다. 우리가 배운 대로 그렇게 하나님을 찬양할 때 하나님 기뻐하시고 또 그 하나님의 기쁨이 우리의 기쁨이 되는 놀라운 일들이 일어나게 되기를 우리 주 예수 이름으로 기도합니다. 아멘.

〈참고〉

역대하 9:1-12 말씀을 자세히 읽어보면 스바여왕 또한 매우 지혜롭고 용맹스럽고 뛰어난 왕이었다는 것을 알 수 있습니다. 스바(Sheba)는 현재 에티오피아의 수도인 아디스아바바(Addis Ababa)가 있는 지역의 이름입니다. 아디스아바바에서 예루살렘까지의 거리가 약 3900 km 정도 되니 당시 얼마나 오랜 기간 걸려서 솔로몬 왕을 만나러 왔는지 생각하면, 그것도 오직 그 지혜를 듣기 위함이었음을 생각하면 정말로 대단한 왕이라는 것을 알 수 있습니다.

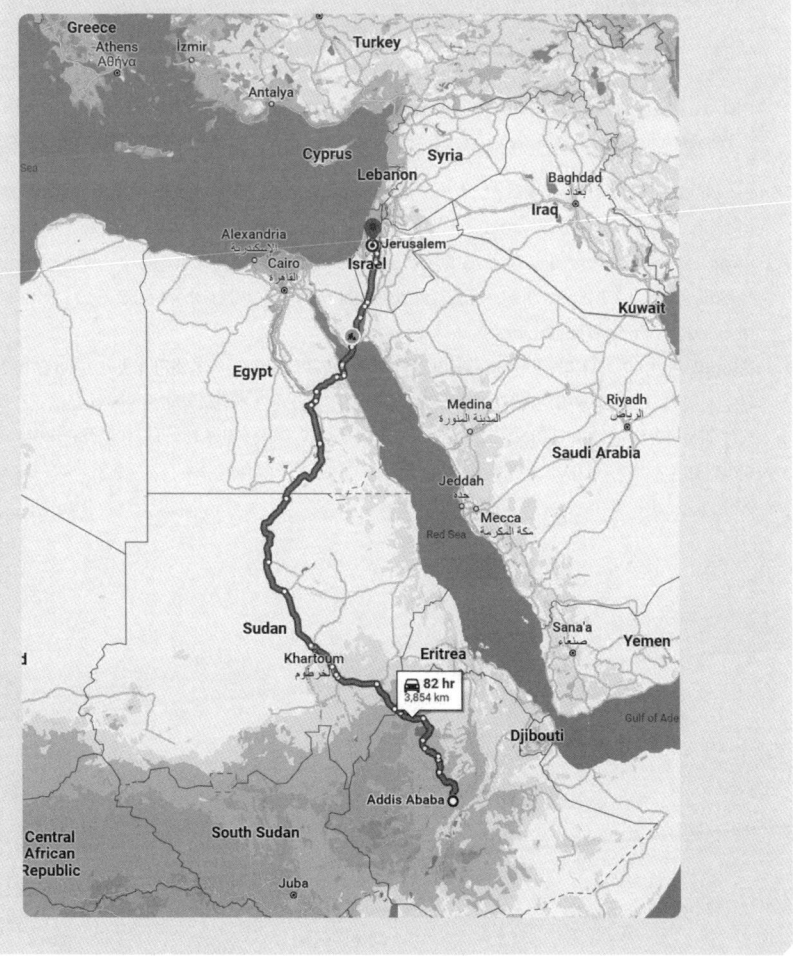

1 할랄동사 부연설명 (파생어)

마할랄(מְהֻלָּל: 찬양) 사람이 다른 사람을 칭찬하는 데 사용. (잠 27:21)

힐룰(הִלּוּלִים): 즐거워함, 찬양) 축제의 기쁨으로 하나님께 찬양 드리는 것을 나타낸다. (레 19:24)

한편 문법적으로 '할랄'과 동족어 관계에 있는 단어로는 '아틀랄루'(외치다, 자랑하다), '술룰루'(환호하다, 소리치다) 등이 있다. 재미있는 것은 이런 단어들의 발음이 거의 모두 '룰루, 랄라' 등과 비슷하다는 점이다. 세상에 너무나 상이한 언어들이 있어 서로 통하지 않으나, 즐거움, 기쁨 등을 나타낼 때 쓰는 '랄랄라, 룰룰루' 등의 표현은 아마도 세계적으로 공통인 듯하다. 그리하여 '할렐루야'는 어떤 나라 사람이라도 별 어려움 없이 말할 수 있고 쉽게 이해할 수 있어 따로 번역되지 않으니, 이 발음을 생각하면 이 단어가 갖고 있는 즐거움과 기쁨을 알 수 있으리라.

김명환, *찬양의 성전* (서울, 새찬양후원회, 2004), 36.

2   In view of these facts, it is clear that the O.T. does not have our independent concept of thanks. The expression if thanks to God is included in praise, it is a way of praising.

C. Westermann, *Praise and Lament in the Psalms* (Atlanta, GA: John Knox Press, 1981), 27.

In relation to God, the concept of thankfulness and that of giving thanks are liable to be misunderstood when they are divorced from the concept of praise. The vocabulary of praise never expresses anything like an attitude or a feeling of gratitude. Where a worshiper in the Psalms says, "I will praise the Lord...," he does not mean, "I will be thankful to God," but, "I will respond to him for what he has done for me."

하나님과 관련하여, 감사나 고마움의 개념이 찬양의 개념과 분리될 때 오해의 소지가 있다. (영어 단어) 찬양은 감사의 태도나 감정을 표현하지 않는다. 예배인도자가 "내가 주를 찬양하리라"고 할 때 그는 "내가 하나님께 감사하리라"는 것을 의미하는 것이 아니라 "주께서 내게 행하신 일에 대해 내가 응답하리라"는 뜻을 이야기하는 것이다. (필자 번역)

Ibid., 29.

제7강

찬양 히브리 원어 2

쉬르와 자마르

샬롬!

구약에서 꼭 알아야 할 찬양과 관련된 원어 쉬르(שיר)는 "노래하다, 또는 노래"라는 원어로 다른 원어에 비해 그 뜻이 단순하고 분명합니다. 이 단어는 성경에 약 177번 나오는데 "노래하다," 또는 "노래 부르는 사람"이라는 뜻으로 87번, "노래"라는 명사로 90번 정도 쓰였습니다.

> 내가 노래[쉬르]로 하나님의 이름을 찬송하며
> 감사함으로 하나님을 광대하시다 하리니
> (시 69:30)

위 말씀에서 노래가 바로 쉬르입니다. 인간의 삶에서 노래는 우리가 보통 생각하는 것보다 훨씬 중요한 의미를 갖습니다. 여러분이 늘상 부르는 노래는 여러분이 어떤 사람인가를 말해줍니다. 나아가 우리가 부르는 노래는 우리의 생각과 삶에 큰 영향을 미칩니다. 우리의 매일매일의 삶이 찬양의 노래로 가득할 때 하나님께서 우리의 삶을 아름답게 변화시켜 주실 것입니다.

이제 그다음 단어인 자마르(זמר)에 대해 말씀드리겠습니다. 자마르는 성서적 찬양의 음악적 다양성을 보여주는 단어입니다. 그냥 "찬양하다"라고 번역되기도 하는 이 단어는 원래 "손가락으로 현을 뜯는 것"을 의미하며, "악기로 찬양하다"라는 뜻을 갖는 단어입니다. 그래서 영어로는 "make music"으로 번역

제7강 71

되기도 합니다. 물론 성경의 여러 단어들은 야다에서 보듯 몇 가지 의미가 섞여있는 경우가 많습니다. 그래서 자마르는 기악찬양만을 의미하는 것이 아니라 노래로서의 찬양도 의미할 수 있습니다. 그러나 그 맥락을 보면 자마르의 특별한 뜻이 강조되는 경우를 볼 수 있습니다.

한편 쉬르와 자마르 두 단어가 만들어내는 그림은 참으로 음악적입니다. 시편에 각각 제목들이 있는데 그중 "쉬르"라는 제목이 30번, 그리고 "미즈모르"라는 제목이 57번입니다. 미즈모르는 발음만 들어도 자마르에서 나온 명사인 줄 알겠지요? 이는 "현악으로 곡조를 낸다는 뜻으로 현악에 맞추어 노래하는 시편"이라는 뜻이지요. 그런데 이 두 단어가 동시에 쓰인 시편 제목이 있습니다. 시편 30, 67, 68, 87, 92편은 제목이 "미즈모르-쉬르"이고, 48, 66, 83, 88, 108편은 "쉬르-미즈모르"입니다. 이를 보면 시편 작곡자가 찬송가를 지을 때 어떤 음악적 아이디어를 가지고 그 노래를 만들었는지 상상해볼 수 있습니다. 사실 이 두 단어는 오늘날도 여전히 쓰입니다.

이와 같은 구조는 사사기 5:3에도 나타납니다.

> 너희 왕들아 들으라 방백들아 귀를 기울이라
> 나 곧 내가 여호와를 노래할[쉬르] 것이요
> 이스라엘의 하나님 여호와를 찬송하리로다[자마르]
> (삿 5:3)

여기서 앞부분의 "노래할 것이요"에는 '노래하다'라는 뜻인 쉬르가 쓰였고 뒤에 "찬송하리로다"는 자마르입니다. 그러니까 이 구절도 앞부분은 성악찬양, 뒷부분은 기악찬양이 강조된 형태로 보입니다. 이 구절을 다른 나라 성경으로 보면 재미있는 것을 발견하게 됩니다. 우선 영어를 보면 흠정역, NIV, NAS 등주요 영어 성경들은 **쉬르**와 **자마르**의 차이가 거의 없이 그냥 sing, sing praise 등으로 번역했습니다. 그런데 독일어 성경은 상당히 다릅니다. 루터성경에, 또 원어에 충실하기로 정평이 있는 Elberfelder 성경에 모두 **쉬르**는 singen(징엔), 즉 "노래하다"로 번역했고 **자마르**는 spielen(슈필렌), 즉 "악기를 연주하다"로 번역했습니다. 독일어 spielen(슈필렌)은 오직 악기 연주에만 사용되는 단어로 성악에는 전혀 사용되지 않습니다. 그러니까 독일 사람들이 이 성경을 읽을 때와 우리가 이 성경을 읽을 때의 이해가 다른 것입니다. 독일 사람들이 원문에 더 가깝게 이해하고 있는 것이지요. 그리고 그들의 교회음악 역사를 볼 때 그런 성경 번역이 그들의 교회음악관에 어떤 영향을 미쳤을까 생각해 보는 것은 가치가 있는 일일 것입니다. 놀랍지 않습니까?

루터(M. Luther)는 구약학 교수이면서도 음악에 매우 조예가 깊었습니다. 여북하면 자신이 작곡까지 했겠습니까? 그가 르네상스 시대 중기의 대가였던 프랑스 작곡가 조스캥(Josquin des Prez)의 음악을 평가한 글을 보면 그가 얼마나 음악을 깊이 이해하고 있었는지를 알 수 있습니다.[1]

> "조스캥은 음악의 대가이다. 그는 자기가 원하는 대로 음을 쓴다.
> 반면에 다른 작곡가들은 음이 원하는 대로 따라가야 한다."
> "Josquin is master of the notes, which must express what he desires;
> on the other hand, other composers must do what the notes dictate."

당시는 르네상스 시대로 대위법의 시대였습니다. 대위법이라 함은 아직 화성법이 정립되지 않았을 때 생긴 작곡기법으로, 어떤 선율에 대선율을 붙여서

제7강 **73**

음악을 보다 예술적으로 만드는 기법입니다. 그런데 이 대위법은 지켜야 할 법칙이 너무 많고 까다로워서 작곡이라기보다는 마치 문제를 푸는 듯한 느낌으로 곡을 써야 하지요. 헌데 조스캥의 음악을 들어보면 그 모든 법칙을 다 지키면서도 너무 자연스럽고 아름다워서, 루터는 위와 같은 극찬을 아끼지 않은 것입니다. 조스캥은 죽은 후 전설로 남게 된 첫 작곡가라고 인정받는 작곡가입니다. 이런 것을 볼 줄 아는 루터였으니 그가 얼마나 음악에 깊은 조예를 갖고 있었는지 알 수 있습니다.

그래서 그는 이 말씀(삿 5:3)을 번역할 때 각 단어의 뜻을 살려서 번역했던 것입니다. 그리고 엘버펠더 성경 역시 그것을 인정한 것이지요. 이와 같이 원어를 조금만 알아도 찬양의 비밀들이 눈에 마치 3차원 그림처럼 드러나기 시작합니다.

그런데 안타깝게도 루터와 동시대에 살았던 종교개혁가 칼뱅(J. Calvin)과 츠빙글리(U. Zwingli)는 교회음악에 대해 그런 깊은 관점을 갖지 못했어요. 그 결과 신약에는 악기가 나오지 않는다는 이유로 악기를 금지하고 구약의 악기를 동반한 제사는 율법하의 것이므로 신약에는 지켜서는 안 된다는 논리로 심지어 오르간을 부수고 제네바 호수에 수장시키는 일도 있었으니… 참으로 안타까운 일이 아닐 수 없습니다. 그 결과 독일은 루터 이후 교회음악의 꽃을 피우고 그 음악은 전 세계의 모델이 되었는데, 프랑스는 칼뱅 이후 그의 신학적 주장에 따라 그의 시편가는 왕성하게 되었으나 예술적 교회음악, 특히 기악음악은 오히려 축소되었습니다.

음악사적으로 종교개혁은 르네상스 후기와 겹치는데, 르네상스 이전에는 파리의 노트르담성당을 중심으로 찬양음악이 크게 발전했고 르네상스 시대에는 북프랑스와 이태리를 중심으로 음악이 발전합니다.[2] 사실 그 당시 독일은 음악사적으로 그리 중요한 나라가 아니었습니다. 그러나 종교개혁 이후에는 입장이 반대로 바뀝니다. 칼뱅이 스위스와 프랑스에서 활동하며 교회음악을 여러 가지로 제한하고 예배에서 악기를 제한하는 등 그러한 일을 하는 동안, 독일은 마르틴 루터가 교회음악을 격려하고 예배에서 회중찬송을 회복하고 스스로도 새 노래를 작곡해서 개신교에 큰 찬양의 회복을 일으킵니다.[3]

교회음악사를 보면 하나님께서 루터의 찬양의 회복을 위한 기도를 어떻게 들어주셨는지를 알 수 있는 증거들이 있습니다. 그가 종교개혁을 시작한 것이 1517년인데 그로부터 약 70년 후인 1585년 독일 교회음악의 아버지라고 여겨지는 하인리히 쉬츠(Heinrich Schütz)가 태어납니다. 그리고 그로부터 백 년 후 바흐(J. S. Bach)와 헨델(G. F. Handel)이 태어나 바로크 시대의 교회음악뿐 아니라 그 이후의 모든 시대의 가르침이 될 만한 불후의 명작들을 쓰게 됩니다. 결코 우연이 아니지요. 그리고 바흐의 최대 걸작이라 여겨지는 "마태수난곡"은 라이프치히에서 1727년에 초연되었는데, 약 백 년 후인 1829년에 당시 20세 약관이었던 독일 작곡가 멘델스존(F. Mendelssohn)에 의해 발굴되어 베를린에서 연주되었습니다. 그때부터 바흐의 작품들의 재발견이 이루어졌고 바흐의 수많은 교회음악 작품들이 연주되기 시작했는데, 바로 이러한 모든 것들이 마르틴 루터의 기도의 연장선상에 있다고 저는 믿습니다.

신학이 잘못되면 그 결과가 얼마나 수백 년 동안 나쁜 영향을 미치는지 모릅니다. 그만큼 신학은 중요합니다. 물론 칼뱅이 시편가를 통해 교회음악에 오히려 크게 이바지했다는 입장도 있습니다. 또 종교개혁가들은 목숨을 걸고 당시 거대한 가톨릭 신학과 싸우느라 모든 것을 다 새로 정립할 수는 없었을 것입니다. 사실 칼뱅의 공로로 우리가 구원에 대한 신학을 정립할 수 있었다고 할 수 있으니 그에게 감사해야 합니다. (그러나 그렇다고 그가 잘못한 것까지 미화시키는 태도 또한 올바른 것은 아닙니다.)

제가 찬양신학 쉽게 듣기 강의를 시작한 것도 사실 불필요한 갈등을 멈추고 또 교회음악에서 도외시되고 있는 부분들의 중요성에 대한 주의를 환기시키기 위한 목적이 있습니다. 그리스 정교회에서는 기악찬양은 가사를 노래할 수 없으므로 영감이 없다고 생각되어 예배에서 제외됩니다.(요즘은 교회마다 달라서 오르간을 쓰는 정교회도 더러 있습니다.) 그러나 이는 성경에 기록된 기악찬양의 역사와 성악찬양이 가지지 못하는 기악찬양의 기능을 좀 더 깊게 생각할 때에 참으로 안타까운 일입니다. 요즈음도 예배 관련 책에 보면 "예배 전쟁"이라는 말이 나오지 않습니까? 그래서 성서적으로 올바른 찬양신학이 어느 때보다도 절실합니다. 그러나 제가 그 모든 답을 갖고 있다고 생각하지는 않습니다. 저는 단지 제가 아는 작은 부분, 주님께서 보여주신 부분에 대한 책임을 다하려는 것뿐입니다. 바라건대 저보다 훨씬 많이 공부하고 주의 영으로 충만한 후학들이 보다 체계적인 찬양 신학을 발전시켜주기를 소망합니다.

오늘은 **자마르**에 대해, 즉 기악찬양에 대해 주로 이야기했습니다. 그래서 여러분에게 제가 작은 선물을 드리고자 합니다. 20여 년 전에 만들게 된 악보집인데요, 『어린이 찬송가 피아노 교본』이라는 책입니다. 제목이 말하듯 어린이들이 찬송가로 피아노를 배울 수 있도록 만들어진 책인데요. 찬송가로 즐겨 부르는 찬양, 가사에 복음이 담겨진 찬송가들을 골라서 피아노곡으로 쉬운 수준부터 어려운 수준까지, 또 독주곡뿐만 아니라 연탄곡도 만들었으므로 아이들에게 여러 가지로 도움이 될 것입니다. 물론 어른도 사용할 수 있고요. 새 찬양후원회 홈피(newpraise.org)로 가시면 무료로 출력해서 사용하실 수 있습니다. 사실 거기엔 그 책과 함께 그 이후에 제가 출판한 찬송가피아노변주곡집도 몇 권 더 있습니다. 모두 무료로 출력해서 사용할 수 있습니다. 이 책은 감사하게도 전 세계 여러 나라 사람들이 이미 다운로드해서 사용하고 있습니다. 몇 년 전에는 찬양신학 강의차 케냐에 갔었는데요, 거기서 이 악보를 내려받아 연습하는 케냐 사람을 만나기도 했지요. 참 놀라운 일이었습니다. 이 작은 책을 통해 자마르 찬양이 회복되고 우리 아이들 영혼에 예수 그리스도의 은혜가 넘치기를 소원합니다.

기도하겠습니다.
아버지 하나님, 우리에게 목소리를 주셔서 하나님을 찬양할 수 있도록 귀한 재능을 주심을 감사합니다. 아울러서 우리에게 손가락을 주셔서 이 손가락으로 악기를 퉁기면서 주님을 찬양할 수 있는 놀라운 재능을 주셔서 감사합니다. 우리 몸 전체를 하나님 찬양받으시기 위해서 신묘막측하게 지으신 하나님, 우리 몸 모든 것을 다 사용해서 주님께 찬양드리고 영광 돌리는 우리의 모두의 삶이 되게 하여 주시옵소서. 예수 이름으로 기도합니다. 아멘.

〈참고〉

자마르와 관련하여 조금 더 공부해 보겠습니다.

시를 읊으며 소고를 치고 아름다운 수금에 비파를 아우를지어다
(시 81:2)

한국어로 "시를 읊으며"로 번역된 것이 사실 **자마르**의 명사형 **짐라**인데요, 이는 "손으로 악기의 줄을 퉁기다"라는 동사의 뜻을 생각하면 "악기로 연주된 소리"가 원래의 뜻에 가깝습니다. 그래서 NIV는 이렇게 번역합니다.

Begin the music, strike the timbrel, play the melodious harp and lyre.
(Ps. 81:2)

그래서 시 81:2는 다음과 같이 번역하는 것이 더 원문에 가깝습니다.

"악기 소리를 울려라, 소고를 쳐라, 아름다운 수금과 비파도 함께!"

또한 **자마르**와 비슷한 뜻의 단어가 있어 소개합니다. **나간**이라는 단어인데 "현악기를 연주하다" 또는 "현악기 연주자"를 의미합니다. 이 단어는 아람어로도 같은 단어로 있는데 "음악을 연주하다"라는 뜻이 있습니다. **나간**은 다음 성경 구절에서 쓰입니다.

하나님의 부리신 악신이 사울에게 이를 때에
다윗이 수금을 취하여 손으로 탄즉[**나간**]
사울이 상쾌하여 낫고 악신은 그에게서 떠나더라
(삼상16:23)

새 노래로 그를 노래하며 즐거운 소리로 공교히 연주[**나간**]할지어다
(시 33:3)

오래전 이야기지만 미국에서는 장로교가 약 100년간 찬양 문제로 싸우다가 결국 남장로교회와 북장로교회로 나누어진 사건이 있지요. 그 핵심은 칼뱅의 가르침대로 교회에

는 오직 시편만 찬양해야 한다는 쪽과 새 노래로 찬양해도 된다는 쪽과의 갈등이었습니다. 칼뱅의 가르침을 절대적으로 신봉하던 사람들에게는 그 가르침을 무시하고 새 노래로 찬양한다는 것은 불가능한 일이었습니다. 지금 생각하면 참 안타까운 일이지요. 아무쪼록 이 원어공부 과정이 하나님 뜻대로 찬양드리고자 하는 독자 여러분이 올바른 찬양 신학을 가지는 데에 도움이 되기를 바랍니다.

1 https://www.britannica.com/biography/Josquin-des-Prez

2 노트르담악파: 12세기 후반에서 13세기에 걸쳐 파리의 노트르담 대성당을 중심으로 발달했던 폴리포니악파로 레오냉(Leonin)과 페로탱(Perotin)이 그 중심에 있는 작곡가이다. 이를 고딕음악(Gothic music)이라고도 한다. 한편 르네상스음악이란 15-16세기에 북프랑스, 네덜란드 및 이태리를 중심으로 발전한 음악으로 주로 성악 다성부음악(Vocal polyphonic music)을 말한다. 16세기 대위법이 그 대표적 작곡기법인데 이는 바흐로 대표되는 18세기 대위법보다 더 엄격하고 법칙이 많아 엄격대위법(strict counterpoint)으로 불리기도 한다.

3 교회사를 살펴보면 교회가 새로워지려는 노력을 했거나 종교개혁이 일어났거나 새로운 교파가 생겼던 일들을 볼 수 있는데 그때마다 한 가지 공통점은 찬양이 새로워졌던 것이다. 그러므로 서로마 교회는 그레고리안 성가를 만들었고, 동로마 교회는 트로파리온, 콘타키온 등의 찬미가를, 감리교의 찬양의 뿌리를 찾아 올라가면 만날 수 있는 얀 후스의 뒤를 이은 모라비아 교회는 이미 1501년에 복음적인 찬송가를 만들어 내었고 심지어 교회음악에 상당히 제한적이었던 칼뱅조차 제네바 시편가를 만들었다. 이런 예는 현대에 오면 더욱 자주 발견할 수 있다. 감리교의 찬양이 그렇고 무디의 복음전도사역이 그랬다. 그리고 최근의 오순절 운동 역시 예외는 아니다. 다시 말해 말씀의 개혁, 내지는 신학의 개혁이 일어난 곳에 찬양의 개혁이 반드시 일어나고 있다는 사실이다. 이런 맥락에서 볼 때 루터가 새 찬양을 만들었다는 것은 별로 특별한 일이 아니었다고 혹자는 말할지 모른다. 그러나 좀 더 자세히 본다면 우리는 엄청난 위상의 차이를 발견하게 된다. 위에 열거한 몇 가지 예와 루터의 경우와의 큰 차이점은, ① 그의 개혁은 비교할 수 없을 만큼 근본적이었다는 것과 ② 말씀개혁과 찬양개혁이 모두 성서적으로 옳았고 서로 조화를 이루었을 뿐만 아니라 ③ 개혁, 내지는 혁명에서 성공함으로 이후의 인류의 역사의 전반적인 분야(정치, 사회, 문화, 종교 등)에 골고루 거대한 영향을 미쳤다는 것이다. 그리고 이는 찬양 개혁을 성공으로 이끌면서 하나님께 대한 이스라엘의 두려움을 기쁨으로 바꾼 다윗왕과도 당연히 비견될 만하기에, 필자는 감히 마르틴 루터를 넓은 의미의 신약시대의 다윗으로 불러본다. 그의 개혁의 여파가 얼마나 컸던지, 당시 하나님께서 보낸 관리이자 교회의 감독으로 자처했던 황제는, 이 때문에 국민의 기독교적 신앙이 분열되지 않도록 고심해야 했을 정도였다. 왜냐하면 당시는 백성들의 하나님을 믿는 신앙이 그들의 삶을 지탱하고 있었기 때문이다. 그들의 삶은 그토록 힘든 상황이었다.

루터는 찬양의 능력을 누구보다도 잘 알고 있었으며, 신앙 개혁은 찬양의 개혁 없이는 불가능하다는 것 또한 잘 알고 있었다. 어떤 음악이론가는 '만약 루터가 교회음악에 대한 풍부하고도 대담한 지식과 응용이 없었다면… 과연 종교개혁에 성공할 수 있었을까'라고 반문할 정도로 종교개혁에 있어서의 교회음악의 중요한 역할을 강조한다. 그래서 옛날 어느 가톨릭 신학자는 루터를 비판하기를 '루터의 찬송가는 그의 책이나 설교보다 더 많은 영혼을 지옥에 가게 했다'고 했으니 이는 다시 말하면 '그의 찬송이야말로 그의 책이나 설교보다 더 많은 영혼을 개신교 교회로 가게 했다'는 뜻이 아닌가!(Rev. David J. Susan, *루터와 음악*, *루터선집*(컨콜디아사), 523./ 김철륜, *교회음악론*(호산나음악사, 1992), 103. 에서 재인용)

그러나 요즘 가톨릭교회는 루터의 찬송가를 부르고 있으니 이는 참으로 재미있는 현상이요, 또는 찬양이 갖고 있는 놀라운 '하나 되게 하는 능력'의 한 증거라 하겠다. 루터의 교회음악관 및 음악 활동을 대체로 다음과 같이 요약할 수 있다.(김철륜, op. cit.에서 재인용.)

① 찬송은 하나님이 인간에게 주신 최고의 선물이다.
② 찬송으로 단지 하나님 이외의 그 어떤 것도 찬양하지 말아야 한다.
③ 음표가 가사를 살아 있는 것으로 만든다.
④ 이미 잘 알려진 노래의 멜로디를 창작에 응용해서 사용한다.
⑤ 한 음표에 한 음절씩 가사를 붙였다.
⑥ 모든 성도들은 모국어로 찬송을 부르며, 성경을 읽어야 한다.
⑦ 찬송은 기쁨으로 불러야 한다.
⑧ 그는 많은 독일어 찬송과 노래를 지었고, 또 다른 음악가들에게 의뢰했고, 라틴어 노래들을 번역했다.
⑨ 그는 특히 젊은이들의 성가대 음악교육에 지대한 관심을 가지고 열의를 다했다.
⑩ 루터는 학교의 음악교육 과정에 최초로 '찬송'을 넣은 교회음악 교육자였다.

루터는 스스로 새로운 작사, 작곡을 통해 매우 대중적인 노래를 만들었고 여러 교회음악 작곡가들도 그를 도와 회중을 위한 곡을 출판한다. 그러나 이는 회중 찬양만을 주로 만들었다는 뜻은 아니다. 당시의 찬양집에서는 오히려 찬양의 주체가 분명히 나뉘고 그에 따라 전문성 역시 구별된다. 예를 들어 슈팡엔베르그의 '교회노래'(1545). 책이나 롯시우스의 '시편노래'(1553) 책은 성직자, 교인, 성가대의 세 부분으로 편집되어 있다. 루터 자신 또한 가톨릭 미사를 수정하는 과정에서 찬양에 매우 세심한 관심을 기울인다. 그는 시편을 포함한 입당송 대신에 시편가 또는 제1선법의 독일어 시편 하나 전체를 권한다. 글로리아(영광송)는 생략되며 사도서신을 위해서 그는 가톨릭적이 아닌 옛 교회 낭송 방식에서 따온 제8선법의 노래를, 복음서를 위해서는 제5선법을 제의한다.

루터가 회중 찬송을 예배의 필수적인 요소로 정한 것은 회중이 예배에 직접 참여할 수 있도록 하기 위함이요, 이는 다시금 그의 신학적 입장인 '만인제사장설'에서 비롯된다. 그러므로 우리는 '회중 찬양'이 얼마나 귀한 것인가 하는 것을 잘 알아야 한다. 회중 찬양을 단지 예배의 한 순서로서 수동적으로 부르는 것은 잘못된 일이며 매우 안타까운 일이다. 루터와 그의 동역자들은 회중 찬송가의 수가 충분하지 못하다고 보고 이의 창작에 힘을 기울였다. 이들은 라틴어 시를 번역하였고 세속적, 종교적 옛 노래들을 선택, 변형시켜 찬송가의 수를 늘린다. 이렇게 해서 나온 책들은 '여덟 개의 노래책', '에르푸르트 노래책', '스트라쓰부르크 교회예배' 등이다. 1526년에 발행된 '독일어 미사'는 개혁된 교회의 예배절차를 확정한다. 음악 부분의 초안은 루터의 의사에 따라 루프쉬와 요한 발터에 의해 이루어진다.

김명환, *찬양의 성전(개정판)* (서울, 새찬양후원회, 2004), 288-292.

제8강

찬양 히브리어 3

바라크와 샤바흐 등

할렐루야!

오늘은 바라크(ברך)라는 단어에 대해 나누어보겠습니다. 이 놀라운 단어는 학자들에 따라 조금 이견이 있지만 "찬양하다, 축복하다, 무릎 꿇다"의 세 가지 의미가 있는 단어입니다. 경우에 따라서는 "무릎 꿇다"를 아예 다른 단어로 여기기도 하지요. 저는 이 세 가지 의미가 바라크에 모두 들어있다고 생각하는데요, 왜냐하면 찬양의 정신을 잘 배울 수 있기 때문이죠. 이 단어를 통해 우리는, 찬양은 하나님을 노래로 축복하는 것, 즉 송축하는 것이요, 또 하나님 앞에 무릎 꿇는 겸손함으로 그분 앞에 나아가는 것, 그것이 바로 찬양의 태도라는 것을 배우게 됩니다. 이 단어는 구약에 443번 정도 나오는데요, "축복하다, 송축하다, 즉 노래로 축복하다"라는 뜻으로 327번, "축복"이라는 명사로 71번, 바룩이라는 선지자 이름으로 26번 쓰였고 "무릎 꿇다"라는 의미로 세 번 쓰였습니다. 특히 욥기에서 모든 것을 잃은 욥이 하나님을 송축하리라는 고백은 유명합니다. 여기에 바로 이 단어가 쓰였습니다.

> 가로되 내가 모태에서 적신이 나왔사온즉 또한 적신이 그리로 돌아가올지라
> 주신 자도 여호와시요 취하신 자도 여호와시오니
> 여호와의 이름이 찬송을 받으실지니이다[바라크] 하고
> (욥 1:21)

사람으로서 그런 고통 가운데 어떻게 그런 찬양의 고백, 그것도 하나님을 노래로 축복한다는 고백을 할 수 있을까 생각해보면, 정말 그 앞에서는 두려운 마음이 듭니다. 나는 그렇게 할 수 있겠는가? 자식을 잃고, 가진 모든 것, 심지어 건강도 순식간에 잃어버렸는데, 정신을 잃지 않은 것만 해도 대단한 것인데, 하나님을 찬양하다니… 정말 상상할 수조차 없는 찬양을 욥은 마지막 숨결에 담아 주님께 올려드렸습니다. 이 단어를 볼 때마다 저도 "욥과 같은 절체절명의 찬양을 드릴 수 있어야 하는데…" 하고 늘 마음을 다잡습니다.

그런데 이 단어는 구약시대의 전무후무한 승리와 관계가 깊습니다. 바로 역대하 20장 여호사밧왕의 전쟁 이야기지요.

> 백성으로 더불어 의논하고 노래하는 자[쉬르]를 택하여
> 거룩한 예복을 입히고 군대 앞에서 행하며
> 여호와를 찬송하여[할랄] 이르기를 여호와께 감사하세[야다]
> 그 자비하심이 영원하도다 하게 하였더니
> (대하 20:21)

이 구절에 원어 단어, 노래하다[쉬르], 찬양하다[할랄], 감사고백 찬양하다[야다]가 쓰였으니 참 대단한 구절이지요? 헌데 바라크는 쓰이지 않았네요? 그런데 이 놀라운 승리의 결과가 바로 바라크와 관련이 있습니다.

> 여호사밧과 그 백성이 가서 적군의 물건을 취할쌔
> 본즉 그 가운데에 재물과 의복과 보물이 많이 있는고로 각기 취하는데
> 그 물건이 너무 많아 능히 가져갈 수 없을 만큼 많으므로 사흘 동안에 취하고
> 제사일에 무리가 브라가 골짜기에 모여서 거기서 여호와를 송축한지라
> 그러므로 오늘날까지 그곳을 브라가 골짜기라 일컫더라
> (대하 20:25-26)

여기서 브라가(בְּרָכָה) 골짜기라는 지명이 나오는데, 가만 보면 원래 지명이 아니라 이스라엘 백성들이 그 놀라운 승리를 축하하며 하나님께 송축[바라크] 했으므로 그곳 이름이 브라카로, 즉 "송축의 골짜기"로 정해진 것이라는 뜻입니다. 우리가 역대하 20장의 전쟁 이야기는 나중에 따로 다루게 될 것인데요, 이것만 해도 바라크 단어는 절대 잊지 못할 것입니다.

그 외에 샤바흐(שבח)는 "큰 소리로 외치다"라는 뜻인데, 찬양의 감탄사적 형태입니다.

> 너희 모든 나라들아 여호와를 찬양하며[할랄]
> 너희 모든 백성들아 저를 칭송할지어다[샤바흐]
> (시 117:1)

라틴어로 "Laudamus te (라우다무스테)"를 들어보셨지요? 가톨릭 통상미사의 Gloria 가사 중에 나오는 말인데, "우리가 당신을 찬양, 경외, 칭찬합니다"라는 뜻이지요. 바로 샤바흐에 해당하는 라틴어가 laude입니다. 샤바흐 찬양은 큰 소리로 찬양하여 다른 사람들 앞에서 하나님 하신 일, 그분이 누구신가를 자랑하는 그런 의미가 있다고 이해하면 될 것입니다.

이 단어와 비슷한 뜻의 단어가 린나(רנן)인데, "크게 부르다, 즐거워하다, 기뻐하다" 등을 의미합니다.

> 무리가 소리를 높여 부를 것이며[린나]
> 여호와의 위엄을 인하여 바다에서부터 크게 외치리니[짜할]
> (사 24:14)

영어로는 "they shout for joy"라고 번역되는데, 이는 찬양이 우리의 기쁨을 표현하는 매우 중요한 방법임을 가르칩니다. 맨 마지막의 짜할 역시 린나와 비슷한 뜻입니다. 시 33:3에도 "새 노래로 공교하게 즐거운 소리로 찬양하라"고 명하고 있지요. 헌데 여기서 즐거운 소리라는 원어는 테루아라는 단어로 이 단어는 "나팔을 불어, 나팔소리, 큰 소리로, 즐거운 소리로" 등의 뜻을 갖고 있는 단어입니다. 즐거운 소리로 크게 찬양하라는 것을 여러 단어로 표현하는 것을 보면 문학적으로 매우 풍부한 표현임을 알 수 있으며, 이는 우리가 하나님을 찬양할 때 다양한 방법으로 하나님의 아름다움을 표현하는 것이 하나님을 기쁘시게 하는 일이라는 것을 보여줍니다. 사실 그렇게 하는 것이 맞는 이유는, 하나님의 풍성함, 하나님의 영광, 하나님께 드리는 찬양의 언어를 인간의 어떤 한 단어로 다 표현할 수는 없기 때문이지요.

마지막으로 룸(םוּר)은 "높이다"라는 뜻으로 찬양이란 하나님을 높이는 것이라는 찬양의 정신을 잘 나타냅니다.

> 여호와는 생존하시니 나의 반석을 찬송하며[바라크]
> 내 구원의 하나님을 높일지로다[룸]
> (시 18:46)

여기서 찬송하다는 바라크, 높이다는 룸입니다. 룸은 원래 "높다"는 뜻으로 실제적인 높음을 나타내기도 하지만 영광 및 존귀와 같은 긍정적인 개념들의 상징으로서의 높음, 또는 오만 및 교만과 같은 부정적인 개념의 상징으로서의 높음을 나타내기도 합니다.

이 단어에서 생각할 두 가지가 있습니다. 우선 찬양은 나를 높이는 것이 아니라 하나님을 높이는 것이라는 사실입니다. 제가 이 당연한 말씀을 왜 드리겠습니까? 안타깝게도 찬양하는 사람들이 자기도 모르게 자기 자신을 높이는 경우가 있다는 것입니다. 하나님을 높이는 것, 즉 **룸**의 정신은 우리의 매순간의 삶에 나타나야 합니다. 또 삶에서 그런 훈련을 해야 예배 때에도 그렇게 예배드릴 수 있습니다.

또 하나 생각해야 할 것은, "이 단어가 꼭 음악과 연결되어 있는가" 하는 점입니다. 이 단어는 구약에서 738번 쓰였는데요, "높다, 높이 들리다, 일어나다, 일으키다, 세우다" 등의 뜻으로 일상생활에서도 많이 사용되는 단어입니다. 그래서 이 단어는 음악과 비음악의 중간지대에 있는 단어라고 할 수 있습니다. 찬양은 먼저 마음에서 신앙고백과 하나님에 대한 감격과 감사함으로 시작되어야 하는데 **룸**은 여기에 해당한다고 볼 수 있습니다. 그렇다면 그런 마음 자체가 이미 찬양인 것입니다. 저는 이것을 내적 찬양, 또는 마음의 찬양이라고 불러봅니다. 물론 이것은 영혼의 찬양이라고 표현해도 무리가 없습니다. 우리가 원어를 공부하는 큰 이유 중의 하나가 바로 내적 찬양은 어떤 것인가를 배우기 위함입니다. 그런 의미에서 음악으로서의 찬양은 하나님을 찬양하는 마음이 사람의 귀로 들을 수 있도록 표현된 것이라고 볼 수 있겠습니다.[1] 또한 이 마음의 찬양이 몸으로도 표현될 수 있는데, 예를 들어, 손을 들거나 춤추며 찬양할 수 있습니다. 출애굽 한 뒤 소고 치며 춤추며 찬양한 미리암(출 15:19-21)과 언약궤가 다윗성에 들어올 때에 춤추며 찬양한 다윗왕(대상 15:27-29) 등 춤추며 찬양한 예들이 성경에 있습니다.

이제까지 구약에 나오는 찬양과 관련된 단어들을 공부했습니다. 다 기억하시죠? 어떻게 찬양할지를 마음에 새기며 복습해 보겠습니다.

할랄, 하나님을 자랑하며 찬양합니다.
야다, 하나님께 감사하며 고백하며 찬양합니다.
쉬르, 노래로 찬양합니다.
자마르, 악기로 찬양합니다.
바라크, 무릎을 꿇고 하나님을 송축하며 찬양합니다.
샤바흐, 큰 소리로 외치며 찬양합니다.
린나, 하나님을 기뻐하며 찬양합니다.
룸, 하나님을 높이며 찬양합니다.

오늘은 특별한 찬양으로 강의를 마무리하고자 합니다. 여러분이 잘 아시는 할렐루야 코러스인데요, 헨델의 오라토리오 〈메시아〉에 나오는 너무나 유명한 곡이지요. 이 영상은 캄보디아 역사상 처음으로 할렐루야를 캄보디아어, 즉 크메르어로 부른 실황녹화입니다. 이것은 2019년 12월 프놈펜에서 열렸던 빌리그래함 전도대회의 마지막 날에 연주되었습니다. 부족한 제가 지휘를 맡게 되어, 제게는 큰 영광이며 평생 잊지 못할 기쁨이었습니다. 감사합니다.

〈참고〉

고난 중의 찬양

오늘 강의 맨 앞에 잠깐 나누었던 욥의 찬양에 대한 생각입니다. 성경은 이 말씀을 통해 우리에게 무엇을 보여주는 것일까요? 사실 욥의 이야기는 너무 극단적이라서 과연 욥이 실제로 있었던 사람인지, 아니면 어떤 문학의 주인공인지 의심하게 할 정도입니다. 또 이 책의 저자가 모세라는 의견이 있고, 어떤 이는 원래 아랍어로 쓰인 것을 솔로몬이 히브리어로 번역했다고도 합니다. 영어단어에 "Controversial"(논란이 많은)이라는 단어가 있는데, 아마 이 단어에 가장 걸맞은 성경이 욥기일 것입니다. 칼뱅은 욥기를 "몇몇 위로자들에게는 오직 이 한 노래가 있을 뿐이며, 그것은 누구를 위한 것이든 상관없다, 즉 모든 경우에 다 해당한다."(Some comforters have but one song to sing, and they have no regard to whom they sing it. David J. A. Clines, Job 1 - 20, vol. 17, Word Biblical Commentary (Dallas: Word, Incorporated, 1989), ix.)라고 말했으며, 독일 낭만주의 문학가 하이네(Heinrich Heine)는 이 책에 대해 "이 책은 회의론적 노래 중의 노래요, 그 속에는 무서운 독사가 영원히 "왜(Why?)"라는 질문으로 쉭쉭거린다."(The Book of Job is the Song of Songs of skepticism, and in it terrifying serpents hiss their eternal question: Why? Ibid, ix.)라고 했습니다. 성경은 하나님께서 욥을 노아, 다니엘과 같은 실존인물과 함께 언급하는 말씀을 두 번(겔 14:12-20) 기록하며, 욥의 인내를 칭찬하며 그 결말을 정리해주는 말씀도(약 5:11) 기록하고 있어 정경에서의 욥기의 위치를 분명히 인정하고 있습니다. 그렇다면 욥의 이야기의 주제는 무엇일까요? 물론 사탄의 존재, 고난의 의미, 복의 의미, 신앙적 교만과 진정한 겸손, 하나님과의 관계, 불필요한 악(gratuitous evil) 등 여러 가지 주제가 얽혀있다고 생각됩니다. 매튜 헨리는 이 오래된 책이 교회에 최소한 다섯 가지의 가르침을 준다고 말합니다: 1) 원시적 신학의 기념비로서 자연종교의 성격을 알려준다. 2) 이방인들의 경건이란 무엇인가? 3) 하나님의 섭리에 관한 주해, 4) 인내에 대한 놀라운 예, 5) 예수의 예표(욥이 심한 고난을 받았으나 결국 그것은 더욱 큰 영광을 위한 것이라는 대강)

저는 거기에 더하여 고난 중의 찬양이라는 것도 따로 생각해야 할 큰 가르침이라고 믿습니다. 이미 살펴보았지만 "고난 중에서 하나님을 바라크(송축)한다"는 것은 "고난 중에서 하나님을 야다(고백, 감사)로 찬양한다"는 것과는 또 다른 뜻이 있지요. 저는 여기서 찬양이 근본적으로 갖고 있는 몇 가지 의미를 봅니다.

1) 찬양은 우리의 형편과 처지와 상관없이 하나님께 드리는 것입니다. 다시 말하자면 이것은 우리 존재의 이유에 관한 것이지, 우리 마음이 기쁠 때는 하고, 마음이 하고 싶지 않을 때나 여러 사정이 있을 때는 안 하는 그 어떤 것이 아니라는 것이지요. 그러니까 기쁠 때도 하고 고난 중에도 찬양드리는 것이라는 말이지요. 왜냐하면 우리는 찬양을 위해 지음을 받았으므로(사 43:21).

2) 고난 중의 찬양은 과연 그 사람의 진실된 신앙을 보여줍니다. 우리는 즐거울 때, 만사형통할 때 찬양합니다. 그런데 그것은 너무 당연하지만 그것이 진정 그 사람의 신앙을 보여주지는 않습니다. 사실 모든 것이 잘되고 내가 행복하면 저절로 흥이 나고 노래가 나옵니다. 그런데 내가 진정 하나님을 섬기는 사람이고 그분의 영광을 위해 살기 원한다면, 고통 가운데 그 신앙이 나타납니다. 바울이 빌립보감옥에서 찬양했을 때(행 16), 그도 고통 가운데 있었고 당장 내일 아침에 무슨 일이 일어날지 모르는 불안한 가운데 있었지만, 뜨겁게 주를 찬양했지요. 왜 그것이 중요합니까? 만약 그가 감옥에서 스스로 생각하기를 "내가 이렇게까지 복음 전하려고 애쓰는데 하나님은 나를 지켜주시지도 않고, 이게 뭔가? 과연 하나님이 살아계시는가?"라고 생각하여 찬양은커녕 그 후부터 전도하기를 그쳤다면, 우리는 그가 진정 하나님을 믿는 자인지 의심하게 될 것입니다. 아브라함이 이삭을 바치는 이야기도 그런 측면에서 이해할 수 있지요. 결국 고난 중의 찬양이란, 어쩌면 가장 진실되고 순수한 찬양일 수 있습니다, 마치 죽기 전의 사랑의 고백이야말로 가장 진실된 사랑의 표현일 수 있듯이…

3) 바라크(노래로 축복한다)라는 단어가 여기서 쓰인 것은, 고난이 우리가 하나님을 노래로 축복하는 것을 막을 수는 없다는 뜻으로 이해됩니다. 아쉬운 점이 있다면 여러 주석서에서 여기에 대해 좀 더 자세히 관심을 가졌으면 하는 마음입니다. 사실 여기에 욥기의 핵심이 들어있을 수도 있으니까요. 이 단어는 그 송축의 내용을 빛나게 합니다: "가로되 내가 모태에서 적신이 나왔사온즉 또한 적신이 그리로 돌아가올지라 주신 자도 여호와시요 취하신 자도 여호와시오니 여호와의 이름이 찬송을 받으실지니이다 하고"(욥 1:21). 즉 성경은 그냥 욥이 하나님을 송축했다는 것을 이야기한 것이 아니라 구체적으로 무엇 때문에 그가 찬양했는가를 보여줍니다. 그런데 그 내용은 참으로 당연한 듯한 내용이면서도, 어찌 보면 너무나 처절한 내용입니다. 신앙이란 한마디로 하

나님의 소유권을 인정하는 것이지요. 세상 모든 것 중 하나님이 지으시지 않은 것이 없으니 모든 것은 하나님 것입니다. 그러나 그렇게 온 우주의 소유권은 하나님께 있음을 인정하기는 쉬워도 내 시간, 내 작은 물질은 그렇게 하기가 쉽지 않습니다. 아마 신앙생활은 결국 나의 모든 것, 내 삶의 모든 부분에 하나님의 소유권을 인정하는 훈련이라고 하면 맞을 것입니다. 그런데 이것이 왜 그렇게 처절합니까? 이것은 때로 우리가 모든 것을 잃어버린 다음에야 비로소 깨닫게 되는 경우가 많기 때문이지요. 그래서 우리는 아직 잃어버리지 않았더라도 하나님의 소유를 인정하는 훈련을 해야 합니다. 욥은 아마도 성경에서 가장 철저하게 그런 훈련을 받은 사람일 것입니다. 겉으로는 하나님께서 사탄의 부탁을 들어주신 것 같으나, 더 깊은 차원에서, 하나님은 사랑하는 아들 욥에게 이런 훈련의 시간을 주신 것이라 볼 수 있습니다.

4) 고난 중의 찬양은 사탄이 틀렸다는 것을 선포합니다. 하나님과 사탄의 대화를 보면 재미있는 것을 발견하게 됩니다.

> 이 여호와께서 사탄에게 이르시되 "네가 내 종 욥을 유의하여 보았느냐 그와 같이 순전하고 정직하여 하나님을 경외하며 악에서 떠난 자가 세상에 없느니라"
> 사탄이 여호와께 대답하여 가로되 "욥이 어찌 까닭 없이 하나님을 경외하리이까
> 주께서 그와 그 집과 그 모든 소유물을 산울로 두르심이 아니니이까
> 주께서 그 손으로 하는 바를 복되게 하사 그 소유물로 땅에 널리게 하셨음이니이다
> 이제 주의 손을 펴서 그의 모든 소유물을 치소서 그리하시면
> 정녕 대면하여 주를 욕하리이다" (욥1:8-11)

여기서 보면 사실 욥을 먼저 언급하신 분은 하나님이었습니다. 문맥을 보자면, 하나님은 욥에 대해 매우 자랑스러우셨던 것 같습니다. 그래서 사탄이 마침 세상을 두루 돌아보았다기에, 욥을 자랑하셨는데… 사탄은 그것을 기회로 잡아 그동안의 자신의 생각을 말씀드린 것이지요. 그 내용은 한마디로 "하나님이 복을 내리셨으니 욥이 하나님을 섬기지, 뭐 그게 대수입니까?"라는 것이었고 그 이면에는 "그것은 뭐 그리 대단한 것이 아니요, 하나님께서 그렇게 자랑하실 만한 것이 아닙니다."라는 것인데, 놀라운 것은 사탄이 "진정한 신앙이란 심지어 고난 중에도 하나님을 섬기는 것"임을 알고 있었다는 사실입니다.

자 이쯤 되면 하나님께서 사탄에게 욥을 괴롭히도록 허락하신 이유도 분명합니다. "네 생각이 맞는지 아니면 욥의 신앙이 네가 생각하는 그런 것이 아니라 진정한 신앙인지 시험해보라"라는 것이 바로 그 이유였습니다. 그런데 과연 사탄의 생각이 전혀 틀렸다는 것이 분명해진 사건이 있었는데, 바로 욥이 하나님을 찬양한 것이었습니다. 사탄은 그 입에서 저주가 나올 줄 알았기에 잔뜩 기대하고 있었는데…

이 이야기는 천상에서 일어난 일이 어떻게 우리 삶에 절대적인 영향을 미치는가 하는 것을 보여줍니다. 매튜 헨리의 말처럼 하나님의 섭리가 이 우주를 움직이고 있다는 사실을 우리는 보게 됩니다. 그 가운데 영적 싸움이 있는데, 하나님의 말씀을 우습게 여기고 사람들로 하여금 하나님에게서 떠나도록 하려는 사탄이 있고, 하나님은 사탄을 직접 공격하시지 않고 오히려 스스로 틀렸다는 것을 알도록 인도하십니다. (하나님은 마귀와 싸우시는 분이 아닙니다. 그렇게 생각한다면 그것은 하나님에 대해 지극히 무지하거나 심지어 신성모독에 가깝습니다. 단지 마귀는 자신의 꾀에 빠져 멸망하는 자에 불과하며 하나님은 그 크신 섭리 가운데 그분의 정하신 때에 마귀를 완전히 멸하십니다.)

5) 고난 후의 영광은 이 땅에서 꼭 누려야 하는가? 이 질문은 아마가 가장 심각한 질문일 것입니다. 욥은 그의 살아생전에 그 모든 것이 회복되고 하나님의 영광을 체험했습니다. 그러나 이 이야기는 매튜 헨리의 말처럼 그리스도의 영광을 암시합니다. 그리고 나아가 우리가 어떤 소망으로 살아야 할지를 가르칩니다. 우리는 복음을 전하다가 핍박받고 순교한 분들의 이야기를 듣습니다. 그들은 고난을 많이 받고 아무 영광도 누리지 못했습니다. 어떻게 된 것입니까? 바로 우리의 소망은 이 땅이 아닙니다. 하나님께서 그분의 사명을 감당하다가 고난받고 아무런 보상도 받지 못한 채 억울하게 세상을 떠난 자들에게 무어라 말씀하십니까? "성도의 죽는 것을 여호와께서 귀중히 보시는도다" (시 116:15)라고 말씀하시지 않습니까? 그리고 마침내 그분은 이 세상 끝날 그들의 피를 신원해주십니다. (계 6:10) 그래서 우리는 어떤 성도가 잔인하게 죽임을 당했을 때 하나님께서 그를 보호하지 않으셨다고 쉽게 판단하지 말아야 합니다. 그리고 하나님께서 너무 자비가 없다고 생각하지도 말아야 합니다. 그분의 자비가 끝없다고 하는 것은, 바로 그 영혼에게 영원한 안식을 주시고 그 눈물을 씻겨주시는 하나님이시기 때문이요, 그 아들을 값없이 내어주신 그 사랑 때문입니다. 아멘!

---

1   여기에 대한 보다 자세한 내용은 제14강 "찬양의 다이어그램"을 참조하라.

제9강 영상

제9강

찬양 헬라어

아이네오

샬롬!

오늘은 신약에 나타난 찬양에 관한 단어 몇 가지를 공부하고자 합니다. 신약에도 찬양의 명령과 찬양의 모습들, 그리고 찬양에 대한 가르침이 풍부합니다. 구약만큼 많지는 않지만 구약이 담지 못하는 찬양에 관한 새로운 내용들이 있어서 매우 중요하게 다루어야 합니다.

아이네오(αἰνέω)는 구약의 할랄과 야다에 해당하는 단어로 "하나님께 대한 찬양"의 뜻으로만 사용되었습니다. 구약의 단어들은 하나님을 찬양할 때, 또 사람을 칭찬할 때 별 구분 없이 쓰이는데, 신약에 오면 찬양의 개념이 더 분명해져서인지 이 단어는 하나님께만 쓰입니다. 모두 여덟 번 사용되었는데, 개인이나 공동체, 또는 천사들이 하나님을 찬양하는 것을 나타냅니다.

> 목자가 자기들에게 이르던 바와 같이 듣고 본 그 모든 것을 인하여
> 하나님께 영광을 돌리고 찬송하며[아이네오] 돌아가니라
> (눅 2:20)

이 단어의 명령형인 아이네이테(αἰνεῖτε)는 신약에서 두 번(롬 15:11, 계 19:5) 나오는데 이 단어의 목적어인 "주를(롬 15:11)", 또는 "하나님을(계 19:5)"과 함께 쓰여, 구약의 할렐루야와 거의 같은 뜻을 나타냅니다. 이 단어의 명사형은 아이노스(αἶνος)로 역시 신약에서 중요하게 쓰입니다.

> 예수께 말하되 저희의 하는 말을 듣느뇨
> 예수께서 가라사대 그렇다 어린 아기와 젖먹이들의 입에서 나오는 찬미[아이노스]를
> 온전케 하셨나이다 함을 너희가 읽어 본 일이 없느냐 하시고
> (마 21:16)

> 곧 보게 되어 하나님께 영광을 돌리며 예수를 좇으니
> 백성이 다 이를 보고 하나님을 찬양[아이노스]하니라
> (눅 18:43)

세계 여러 나라에 '아이노스 합창단'이 있는데 바로 찬양 합창단이라는 뜻입니다. 그런데 아이네오의 의미가 강조된 단어가 있는데 바로 에파이네오입니다. 즉 아이네오 앞에 엪이라는 접두어가 붙어서 소리도 강조되었는데요, 이는 그 의미를 강조하기 위함입니다. 에파이네오는 무엇을 잘한 사람에 대한 하나님의 인정하심을 의미하기도 하고, 하나님께 대한 찬양을 뜻하기도 합니다. 특히 이 단어는 나중에 엡 1:3-6을 공부할 때 자세히 다루게 되겠지만, 구원의 목적이 찬양임을 가르쳐주는 매우 중요한 단어입니다. 또한 그리스도인의 유일한 가치가 사람의 인정을 받는 것이 아니라 하나님의 인정을 받는 것임을 말하고 있습니다.

> 종말로 형제들아 무엇에든지 참되며 무엇에든지 경건하며
> 무엇에든지 옳으며 무엇에든지 정결하며 무엇에든지 사랑할 만하며
> 무엇에든지 칭찬할 만하며 무슨 덕이 있든지
> 무슨 기림[에파이노스]이 있든지 이것들을 생각하라
> (빌 4:8)

율로게오(εὐλογέω)는 "말하다"의 로게오에 "좋은"이라는 뜻의 접두사 유가 붙어서 "좋게 말하다"라는 의미로, "축복하다, 칭찬하다" 등의 뜻을 갖고 있으며, 구약의 **바라크**와도 비슷합니다. 여러분이 잘 아시는 **로고스**라는 단어가 말씀

이라는 뜻이지요? 로고스의 동사가 바로 로게오입니다. 그래서 율로게오는 "찬양이란 좋게 말하는 것이다"라고 쉽게 해석해주는 동사지요. 물론 나쁜 것을 좋게 말하는 것은 거짓말입니다. 그런데 모든 좋은 것의 근원 되시는 하나님, 우리를 가장 좋은 길로 인도해주시는 하나님을 좋게 말하지 않는다면 그것도 옳지 않지요. 사실 인생을 살다 보면 우리가 좋게 이야기했던 사람들이나 사물의 실상을 나중에 알고 나서 그렇게 이야기했던 것을 후회하게 되는 경우가 있습니다. 하나님은 어제나 오늘이나 영원히 변치 않는 분이시기에 우리가 아무리 좋게 이야기해도 후회할 일이 없습니다. 오히려 그렇게 이야기할 기회를 놓쳤다면 나중에 후회하게 될 것입니다.

> 이에 그 입이 곧 열리고 혀가 풀리며 말을 하여 하나님을 찬송하니[율로게오]
> (눅 1:64)

> 그 어린아이들을 안고 저희 위에 안수하시고 축복하시니라[율로게오]
> (막 10:16)

> 찬송하리로다[율로게오] 하나님 곧 우리 주 예수 그리스도의 아버지께서 그리스도 안에서 하늘에 속한 모든 신령한 복으로 우리에게 복 주시되
> (엡 1:3)

휨네오(ὑμνέω)는 "찬송을 부르다, 합창으로 신들을 찬양하다, 찬양하다"의 뜻으로 신약에 4번 나옵니다. 우리가 보통 찬송가를 영어로 "HYMN"이라고 하는데, 바로 이 단어의 명사형인 **휨노스**에서 나온 말입니다. 이 단어는 특히 히브리서 2:12에서 예수께서 하나님을 찬양할 때에 사용되었습니다.

> 이르시되
> 내가 주의 이름을 내 형제들에게 선포하고
> 내가 주를 교회 중에서 찬송하리라[휨네오] 하셨으며

He says,
"I will declare your name to my brothers;
in the presence of the congregation I will sing your praises." (NIV)
(히2:12)

한편 이 말씀은 요한복음 17:4의 예수님의 기도와 연관 지을 수 있는데요. 복음을 이 세상에 선포하는 예수님의 공생애 전체의 목적이 하나님을 영화롭게 하는 것이요, 이는 찬양으로 완성되는 것으로 이해할 수 있습니다.

아버지께서 내게 하라고 주신 일을 내가 이루어
아버지를 이 세상에서 **영화롭게 하였사오니**
(요 17:4)

우리가 예수님을 닮는 것이 삶의 중요한 목표라고 생각할 때, 하나님을 찬양하고[휨네오] 그분에게 영광을 돌리는 성자 예수님의 모습은 영원히 우리의 모범이 됨을 고백하지 않을 수 없습니다.

메갈뤼노(μεγαλύνω)는 "크게, 위대하게, 길게 만들다" 혹은 "확대하다"라는 의미입니다. 이 말은 성경에서 "찬양, 높임, 존귀히 여김"으로 번역되었으며, 구약의 단어 중 "높이다"는 뜻의 **룸**, 또 "크게 찬양하다"의 **샤바흐**와도 흡사할 것입니다.

내 영혼이 주를 찬양하며[메갈뤼노] 내 마음이 하나님 내 구주를 기뻐하였음은
(눅1:46 마리아의 찬양)

이는 방언을 말하며 하나님 높임[메갈뤼노]을 들음이러라
(행10:46)

> …살든지 죽든지 내 몸에서 그리스도가 존귀히 되게[메갈뤼노] 하려 하나니
> (빌1:20)

요즘 우리가 잘 쓰는 컴퓨터 전문용어 메가바이트의 메가가 바로 이 단어와 연관이 있습니다. 메갈뤼노라는 단어는 찬양이란 우리의 삶 가운데 하나님이 크게 되시고 나는 작게 되는 것을 의미합니다.

엑쌍게일레테(ἐξαγγέλλω)는 베드로전서 2:9에 단 한 번 나오는 단어로 "음모를 널리 알림, 비밀스러운 것을 공포함, 능력 있는 행위들을 찬양함, 공식적인 발표를 하다" 등의 뜻이 있습니다.

> 오직 너희는 택하신 족속이요 왕 같은 제사장들이요
> 거룩한 나라요 그의 소유된 백성이니
> 이는 너희를 어두운 데서 불러내어 그의 기이한 빛에 들어가게 하신 자의
> 아름다운 덕을 선전하게[엑쌍게일레테] 하려 하심이라
> (벧전 2:9)

여기서 "선전하게"로 번역된 원어가 엑쌍게일레테입니다. 그러므로 이 구절은 "우리가 구원받은 목적이 하나님의 선하심을 찬양하게 하심"이라는 뜻도 포함하고 있지요. 그래서 엡 1:3-6과 함께 복음의 목적이 하나님 찬양에 있음을 암시합니다.

엑쏘몰로게오(ἐξομολογέω)는 "고백하다, 약속하다, 찬양하다"라는 뜻의 호몰로게오에서 파생한 말로서 접두어 엑쓰는 그 뜻을 더 강렬한 것으로 만듭니다. 이 단어는 "고백하다, 감사하다"라는 뜻이 있어 구약의 야다에 해당하는 단어로 볼 수 있습니다.

> …천지의 주재이신 아버지여 이것을 지혜롭고 슬기 있는 자들에게는 숨기시고
> 어린아이들에게는 나타내심을 감사하나이다[엑쏘몰로게오]
> (마11:25)

> 이러므로 내가 열방 중에서 주께 감사하고[엑쏘몰로게오]
> 주의 이름을 찬송하리로다[ㅍ살로]
> (롬15:9)

마지막으로 ㅍ살로(ψάλλω)라는 단어가 있는데, 이는 "악기를 연주하다, 찬양하다"의 뜻입니다. 원래는 "ㅍ살모이라는 악기를 연주하다"라는 뜻인데, 이 단어가 시편의 원래 히브리 제목인 테힐림의 헬라어 번역으로 쓰였습니다. 이것이 결국 영어 단어인 Psalm으로 발전된 것입니다. 이 단어는 신약에서도 그와 같은 용법으로 쓰이기도 했는데, 엡 5:19이 그 대표적인 예입니다.

> 시[ㅍ살모스]와 찬미[휨노스]와 신령한 노래들[오데]로 서로 화답하며
> 너희의 마음으로 주께 노래하며[아도] 찬송하며[ㅍ살로]
> (엡 5:19)

> Speak to one another with psalms, hymns and spiritual songs.
> Sing and make music from your heart to the Lord.
> (Eph. 5:19 NIV)

사도 바울은 이 놀라운 구절의 첫 부분에서 "시와 찬미와 신령한 노래"라는 세 개의 명사를 소개하는데 이는 당시 찬양곡의 대표적인 세 가지 장르입니다. 여기에 관해서 많은 논문이 쓰였을 정도로 이 구절은 중요한 내용인데요, 나중에 좀 더 자세히 다루게 될 것입니다. 이 구절의 후반부에는 두 가지 동사가 나오는데 그 구조가 사사기 5:3의 후반부와 거의 일치합니다. "노래하며"로

번역되는 헬라어 단어 아도는 히브리 단어 쉬르와 같은 의미입니다. 마찬가지로 여기서 "찬송하며"로 번역된 ㅍ살로는 히브리 단어 **자마르**와 뜻이 일치합니다. 즉 한국어 성경과는 달리 많은 성경이 ㅍ살로를 "기악찬양"으로 번역하고 있습니다. (영어성경: KJV, NAS, NAB, NET, NIV/ 독일어 성경: LUT, ELB 등)

ㅍ살로는 70인역에서 구약의 "현을 퉁기다"라는 뜻의 **자마르**를 번역할 때 쓰인 헬라어 단어로 그 뜻에 맞게 번역이 되었으나, 70인역이 시편의 제목을 이 단어의 명사형인 ㅍ살모이로 붙이는 바람에 원래 히브리 제목 테힐림이 갖고 있던 "찬송가집"이라는 의미가 희석되었고, 게다가 동양에서는 "시편"으로 번역되어서 그 찬송가집이 무슨 기독교 시집과 같은 의미로 변했습니다. 사실 예수님은 아마도 분명히 시편, 즉 ㅍ살모이라는 헬라어를 사용하지 않았을 것입니다. 왜냐하면 당시 아람어권이었던 유대에서 예수님은 아람어를 쓰셨기 때문입니다. 테힐림의 아람어 번역은 **마주무르**인데 이는 히브리어 **미즈모르**와 거의 일치합니다. 신학자 브랫처(R. G. Bratcher)는 시편 전체의 제목의 올바른 번역에 대해 『시편에 대한 번역자의 핸드북』에서 다음과 같이 말합니다.[1]

> 대부분의 번역자들은 누가복음이나 사도행전의
> "psalms"라는 단어를 번역하게 될 것이다.
> 그런데 번역자들은 시편 전체의 의미 있는 제목에 관해 생각해야 한다.
> 왜냐하면 그것은 이제까지 제2언어로 번역되어 알려졌을 그 제목이
> 교회에 매우 중요한 역할을 하게 될 것이기 때문이다.

즉, 이 말은 신약에 나오는 Psalm이라는 단어를 각 나라말로 번역할 때, 원제목인 테힐림과 같은 의미가 있는 단어를 붙이도록 생각해야 한다는 것이지요. 왜냐하면 그 제목 자체가 그 책의 성격을 말하고 있으므로 교회가 그 책을 이해하는 데 매우 중요한 역할을 한다는 것입니다.

한 가지 이런 질문이 있을 수 있어 미리 답을 드립니다. "만약 시편이 찬송가집이라면 왜 악보가 없는가?"라는 생각을 해보셨겠지요? 아마 그래서 더더욱 사람들이 시편을 신앙시집으로 생각하는지도 모르겠습니다. 시편이 쓰였을 때는 아직 기보법, 즉 음악을 기록하는 방법이 없었습니다. 시편은 길게는 모세부터 바벨론포로 이후까지 약 천 년을 그 쓰인 기간으로 보기도 하는데요, 그 당시는 기보법이 없었기에 악보가 없는 것이 정상입니다. 기보법은 그리스에서 발전했는데 그것도 B.C. 6세기경 시작되었습니다. 그것이 이스라엘로 알려지기까지는 약 300년 정도가 걸렸지요. 대충 알렉산더 대왕이 예루살렘을 침공하던 때, 그러니까 기원전 331년 이후로 헬라문화가 유대에 퍼졌을 때를 생각하면 그 정도 시간이 걸린 것으로 추측할 수 있습니다. 사실 유대인들은 우리나라 선조들이 그랬던 것처럼 구전으로, 즉 입에서 입으로 음악을 전했습니다. 그러므로 악보가 별로 필요가 없었을 것입니다. 그러다가 헬라의 기보법을 접하게 되면서 차츰차츰 음악을 악보로 기록하게 되었을 것입니다.

1918년 이집트의 고대도시인 **옥시린쿠스**(Oxyrhynchus)에서 아주 오래된 악보가 발견되었는데, 약 2-3세기경 바로 이 헬라 기보법으로 기록된 현존하는 가장 오래된 찬양곡이었습니다. 그래서 그 찬양곡을 그 발견된 도시 이름을 따서 "옥스린쿠스 찬미가"라고 부릅니다. 당시의 기보법이란 오늘날 사용되는 오선 기보법이 아니라 그리스 알파벳 주위에 특별한 표시를 해서 음높이를 기록하는 정도였습니다.[2] 그런데 그 가사는 삼위일체 찬가이며 매우 문학적입니다. 그러니까 이 찬양곡은 당시 유식한 헬라 기독교인의 작품이라고 추정됩니다. 그런 역사를 생각할 때 **테힐림**, 즉 시편에는 가사만 있고 악보가 없는 것이 당연하다는 것을 잘 알 수 있습니다.

우리는 이제 비록 제한적이기는 하지만 성경에 나오는 찬양에 관한 중요한 단어들을 알아보았습니다. 이것은 앞으로 우리가 찬양에 대해 생각하는 데 이정표가 될 것이며 큰 도움을 주게 될 것입니다. 이제까지 배운 신약에 나오는 찬양과 관련된 그리스어 단어들의 뜻을 생각하며 찬양의 구체적인 의미를 복습해 보겠습니다.

    아이네오, 하나님을 음악으로 찬양합시다!
    율로게오, 하나님을 자랑하며 찬양합시다!
    휨네오, 하나님을 합창으로 찬양합시다!
    메갈뤼노, 하나님의 광대하심을 찬양합시다!
    엑쌍게일레테, 하나님을 선포하며 찬양합시다!
    엑쏘몰로게오, 하나님을 고백하며 찬양합시다!
    프살로, 하나님을 악기로 찬양합시다!

기도합시다.
하나님 아버지, 오늘 저희들에게 가르쳐주신 원어 성경에 대해서 생각해 봅니다. 감사합니다. 이것을 우리가 완전히 알지는 못하더라도 이러한 단어들을 통해서 하나님을 찬양하는 그 표현이 얼마나 풍부한지를 배웠습니다. 우리 삶 가운데서 그와 같은 고백들이 나타났으면 좋겠다는 마음으로 살기를 원합니다. 감사하며 예수 이름으로 기도합니다. 아멘.

〈참고 1〉

이외에 "영광을 돌리다"의 의미인 동사 **독사조**(δοξάζω) 역시 찬양의 의미가 포함된 것으로 이해된다.

무리가 보고 두려워하며 이런 권세를 사람에게 주신 하나님께 **영광을 돌리니라** (마 9:8)
목자가 자기들에게 이르던 바와 같이 듣고 본 그 모든 것을 인하여
하나님께 **영광을 돌리고** 찬송하며 돌아가니라 (눅 2:20)

〈참고 2〉

Hymn to the Holy Trinity(삼위일체찬가), 또는 Oxyrhynchus Hymn (옥시린쿠스 찬미가) 가사

Let it be silent
Let the luminous stars not shine
Let the winds and all the noisy rivers die down;
And as we praise the Father, the Son, and the Holy Spirit
Let all the powers add "Amen, Amen"
Empire, praise always, and glory to God
The sole giver of good things
Amen, Amen

모두 잠잠하라
저 밝은 별들도 빛나지 말고
바람도 강에 흐르는 물소리도 조용하라
성부 성자 성령님께 우리 모두 찬양드릴 때
모든 권세들도 아멘 아멘
왕국도 항상 주께 찬송과 영광을 돌릴지어다
모든 좋은 것 주시는 하나님 오직 한 분
아멘 아멘

(http://chantblog.blogspot.com/2011/03/oxyrhynchus-hymn.html / 필자 직역)

* 이 곡은 유튜브에서 "Hymn to the Holy Trinity," 또는 "Oxyrhynchus Hymn"을 치면 들을 수 있다. 이 노래는 1800년 이상 된 매우 오래된 노래로 단선율이며 몇몇 악기들이 함께 연주한다. 김명환은 이 곡을 여성 3부와 플루트를 위한 새로운 곡으로 편곡하였다. 위 단어를 넣으면 찾게 되는 동영상 중에서 그 곡을 루이빌여성합창단의 연주로 들을 수 있다. (구글에서 Hymn to the Holy Trinity arr. Johann Kim 으로 찾을 수도 있다.)

1 Most translators will have translated the word "psalms" in Luke and Acts. Now, however, the translator must think in terms of a meaningful title for the complete collection of the psalms, since these are bound to play an important role in the church, which until now may have known them, if at all, through a second language. In some languages "The Book of Psalms" is translated "Songs of worship," "Chanting for praising God," "Songs about God."
R. G. Bratcher & W. D. Reyburn, *A translator's handbook on the book of Psalms* (New York: United Bible Societies, 1991), xii-1.

2 이를 늄(neume), 또는 네우마(neuma)라고 하는데 이것은 현대 기보법의 기초가 된다.

제10강

찬양과 음악 1

들리지 않는 찬양

샬롬!

오늘 우리는 찬양신학의 핵심에 근접한 주제를 다룰 것입니다. 바로 찬양과 음악의 관계입니다. 서론 앞부분에서 찬양은 음악 이전에 신학이라는 말씀을 드렸습니다. 그러나 찬양은 신학적 정의만으로 다 된 것이 아닙니다. 오히려 신학적 지식은 우리를 음악적 찬양으로 자연스럽게 인도합니다.

오래전부터 인류는 음악에 대해 큰 가치를 부여했습니다. 인류 문화의 발상지에는 거의 예외 없이 악기가 포함되며 인류의 음악활동에 관한 기록은 인간의 역사처럼 오래전부터 존재합니다. 그런 관점에서 성경은 매우 중요한 문화적 음악적 기록의 보고(寶庫)이기도 합니다. 성경은 창 4:21에 유발을 수금과 퉁소를 잡은 모든 자의 조상으로 소개함으로 음악의 중요성을 암시하며, 성경 여러 곳은 물론, 성경의 마지막 책인 계시록에도 거문고(κιθάρα 키타라/ 구약의 킨노르(수금), 또는 네벨(비파)에 해당)라는 악기가 반복적으로 등장하여 음악이 천국에서도 중요한 것임을 나타냅니다. 성경은 심지어 하나님께서 (음악으로) 하나님 자신을 찬양하도록 인간을 지으셨다고(사 43:21) 가르치고 있으니, 아마도 분명히 성경은 인류가 가진 그 어떤 책이나 어떤 다른 종교의 가르침에서보다 음악을 중요시합니다. 아마도 그래서 마르틴 루터는 "음악은 하나님의 가장 뛰어나고 영광스러운 선물 중 하나이다."라고 말했습니다.[1]

우선 우리가 아는 몇 가지 말씀들, 성서적인 지식을 생각해봅시다. 성경의 찬양 장면에는 거의 항상 음악이 동반됩니다. 또 합창단이 동원되는 여러 예가 있습니다. 특히 시편과 역대상에는 전문음악인들이 많이 등장합니다. 또 찬양하라는 명령에는 거의 노래나 악기들이 동반됩니다. 이를 볼 때 찬양은 음악으로 하나님께 영광을 돌리는 것이라는 자연스러운 결론을 얻게 됩니다.

문제는 "그렇다면 음악이 없다면 찬양이 아닌가?" 하는 것입니다. 특히 악기나 노래를 전혀 할 수 없는 자, 또 음악을 전혀 배우지 못하는 사람들에게는 이는 매우 심각한 문제가 아닐 수 없습니다. 또 "전혀 음악을 할 수 없는 상황에서는 찬양이 불가능한 것인가?"라는 질문도 해야 합니다. 이제 앞으로 찬양에 대해 여러 성경 말씀을 공부하다 보면 여러분 스스로 여기에 대한 답을 얻게 되겠지만 제가 미리 좀 쉽게 설명을 드리겠습니다.

찬양은 사실 가장 먼저 우리의 마음에서 시작됩니다. 물론 우리가 어떤 찬양을 들을 때 우리 마음이 뜨거워지기도 하고 또 함께 찬양하기도 합니다. 이것은 외부에서부터 찬양의 감동이 내 안으로 들어온 것입니다. 그것도 우리가 교회에서 함께 찬양하기 위해 필요한 과정입니다. 그러나 결국 가장 중요한 찬양은 내 마음 가장 깊은 곳에서, 즉 내 영혼에서 나오는 찬양이 되어야 합니다. 그것은 하나님이 누구신가에 대한 감격과 하나님께서 하신 일에 대한 감격에서 시작됩니다. 즉, 내가 하나님을 더 잘 알고, 또 그분의 하신 일을 더 잘 알 때에 내 마음에서 진정한 찬양이 우러나오게 된다는 뜻입니다.

우리가 외부에서 들리는 찬양에 감동을 받아 주님을 찬양할 수도 있지만 자칫하면 분위기로 끝날 수 있습니다. 물론 어떤 경우에 다른 사람의 찬양을 통해 큰 감동을 받아 우리가 찬양의 깊이에 들어갈 수도 있습니다. 그래서 감동적인 찬양은 마치 감동적인 설교와도 같습니다. 특히 그 가사가 복음적이고 문학적으로도 아름답다면 더욱 듣는 사람을 변화시키는 능력도 클 것입니다. 그러나 결국 자기 자신이 복음으로 변화되고 예수의 보혈로 죄 용서받은 감동을 체험하고, 예수님을 구주로 모시고, 하나님의 자녀가 된 기쁨을 맛보고, 주님과 개인적인 깊은 관계를 갖게 되어야 진정한 찬양이 자신의 영혼에서 시작됩니다. 그리고 그렇게 시작된 찬양은 자신을 더욱 깊은 영적 세계로 인도합니다. 그래서 영국의 유명한 설교자 스펄전은 우리 신앙생활을 다음과 같이 표현합니다.

> "기도와 찬양은 그리스도를 아는 지식의 깊은 바다로
> 배를 저어가는 두 개의 노(row)이다." [2]

칼뱅도 다음과 같이 말했습니다.

> "만일 기도 중에 말과 노래가 마음 속 깊이에서 우러나오지 않는다면
> 하나님 앞에 어떠한 가치나 유익도 있을 수 없다" [3]

결국 우리의 중심을 보시는 하나님께 드리는 찬양이 어떠해야 하는가를 깊이 생각해 보아야 할 것입니다.

여러분, 야다를 기억하시죠? "찬양, 감사, 고백"이라는 세 가지 뜻이 함께 있는 단어 말입니다. 즉, 이 세 가지 의미는 분리할 수가 없다는 뜻입니다. 다시 말해 입으로 찬양의 노래를 하고 있으나 그것이 자신의 믿음의 고백이 아니라면 찬양이 아니라는 뜻이요, 그 마음이 감사로 충만하지 않는다면 역시 찬양이 아니라는 뜻입니다. 그래서 고백적 찬양이 진실된 찬양이기에 찬양은 마음에서부터 시작된다고 말씀드린 것입니다. 또한 신약의 **엑쏘몰로게오도** 역시 "찬

양하다"와 "고백하다"의 의미가 함께 있는 단어로 우리에게 같은 메시지를 전달합니다.

그런데 우리 마음의 고백, 즉 하나님께 모든 영광을 돌리며 감사와 감격으로 가득 찬 고백, 즉 마음의 찬양은 한 가지 큰 약점이 있는데, 그것이 무엇인지 아십니까? 그것은 바로 다른 사람들이 그 찬양을 알 길이 없다는 것입니다. 물론 찬양은 하나님께 하는 것이니 하나님만 아시면 됩니다. 그런데 보세요, 우리의 믿음도 하나님만 아시면 되는데, 왜 구태여 입으로 시인하라고 하셨을까요? 입으로 시인하는 것이 얼마나 중요한지… 로마서 10:10에 "마음으로 믿어 의에 이르고 입으로 시인하여 구원에 이른다" 하지 않았습니까? 다음 구절들도 참고가 될 것입니다.

> 네가 만일 네 입으로 예수를 주로 시인하며
> 또 하나님께서 그를 죽은 자 가운데서 살리신 것을
> 네 마음에 믿으면 구원을 얻으리니
> (롬 10:9)

> 모든 입으로 예수 그리스도를 주라 시인하여
> 하나님 아버지께 영광을 돌리게 하셨느니라
> (빌 2:11)

이렇듯 입으로 시인하는 것은 우리 믿음에 있어서 대단히 중요합니다. 심지어 입으로 시인하는 것 때문에 모진 고문을 당하고 목숨을 잃어도 기꺼이 입으로 시인하지 않습니까? 그렇다면 우리의 마음의 찬양은 과연 그 자체로 충분한가요? 이 문제는 결코 쉬운 문제가 아닙니다. 물론 모든 것 다 아시는 하나님께서 우리 마음의 찬양을 그대로 받으시고 기뻐하실 것을 저는 믿어 의심치 않습니다. 또 철학자 키에르케고르의 말처럼 하나님만이 우리 찬양의 유일한 청중이십니다.

> 진정한 예배는…
> 회중이 연기자들이고, 목회자는 연기를 지도하는 감독이며,
> 하나님이 그들의 유일한 관객이다.[4]

그러나 찬양의 원어들을 자세히 보면 찬양은 본질적으로 소리를 내어 다른 사람들에게까지 들리는 면이 있습니다. 특히 할랄 동사의 중요한 뜻 "자랑하다"를 생각해보면 그 이유를 잘 알 것입니다. 그래서 이렇게 정리를 해보았습니다. 마음의 신앙고백적 찬양은 오직 하나님만 아시며 모든 것을 아시는 하나님께서 기쁘게 받으십니다. 그러나 그것은 아직 할랄 찬양, 즉 다른 사람에게 하나님을 자랑하는 찬양은 아니므로 그것이 노래로 나타나 만민이 들을 수 있는 찬양으로 열매 맺기를 하나님은 원하십니다.

이와 연관하여 이사야 43:21을 미리 보겠습니다. 미리 본다는 것은 나중에 자세히 나올 것을 미리 본다는 뜻인데요, 사실은 뒷부분에서 이 구절을 다룰 때 할 이야기가 많아서 제가 지금 드리는 이야기는 다시 반복하지 않을 것이므로 잘 들으시면 좋겠습니다.

> 이 백성은 내가 나를 위하여 지었나니 나의 찬송을 부르게 하려 함이니라
> (사 43:21)

여기서 맨 뒤의 "찬송을 부르게 하려 함"이라는 단어를 생각해보고자 합니다. 우리가 보통 생각하기에 단순히 "노래를 부르다"에 해당하는 쉬르 동사가 쓰였다고 추측할 수 있는데, 놀랍게도 여기서는 "선포하다"는 뜻의 **사파르**가 쓰였습니다. 이상하지 않습니까? 찬송이라는 단어는 테힐라로 "찬양의 노래"라는 뜻인데, 그것을 하나님께서 받으시려고 우리를 지으셨다고 하면 이해가 쉬운데… 찬양의 노래를 선포하도록 우리를 지으셨다니… 이는 무슨 뜻인가요? 사실 그래서 영어 성경에 보면 이 구절을 다음과 같이 번역합니다.

the people whom I formed for myself
that they might declare my praise.
(사 43:21 ESV)

여기서 찬양을 주님께만 부른다면 다른 사람은 필요 없을 것입니다. 그런데 찬양을 선포한다면 그 선포는 사람들에게 하는 것이 되므로 다른 사람이 필요합니다. 그래서 찬양은 두 가지 방향이 있습니다. 첫째, 찬양을 받으시는 분은 하나님 한 분이시므로 하나님께만 드린다. 즉, 이것은 제1계명인 "하나님을 사랑하라"에 해당됩니다. 둘째, 찬양은 "하나님을 자랑하다"라는 뜻이 있으므로 많은 사람들 앞에서 찬양을 선포한다. 이것은 이웃에게 하나님을 소개하는 기능도 있으므로, 제2계명인 "네 이웃을 사랑하라"에도 해당하겠지요?

물론 그 두 가지 방향 중에서 더 중요한 것이 있다면 바로 하나님을 향한 찬양이지요. 이미 공부했듯이 그분은 본질적으로 찬양 받으시는 분이시므로, 또 하나님께서 구약의 다른 제물보다도 찬양을 제일 기뻐 받으시므로 그러합니다. 그러나 찬양을 만민 중에서 선포하는 것 또한 우리의 사명임을 잊으면 안 됩니다. 찬양은 "하나님을 자랑하는 것"이기 때문입니다. 여기까지 오신 분들은 이제 마음의 찬양은 우리 찬양의 시작이요 아직 완성은 아니라는 것을 알 것입니다. 그 마음의 찬양이 하나님을 자랑하는 찬양, 즉 선포되는 찬양으로 표현되어야 합니다.

성경에는 그러므로 음악적 찬양이 여러 군데에 기록되어 있습니다. 그런데 음악적인 찬양으로 표현될 때에 성경에 기록된 장면이 매우 다양하지만, 크게 둘로 나누어 보자면, 즉각적인 기쁨과 고백으로 드려지는 연습되지 않은 하나님의 백성들의 찬양과 하나님께 음악적으로 아름답게 드려지는 예물과 같은 음악인들의 준비된 찬양이 있습니다. 이것을 저는 "만민의 찬양"과 "전문인의 찬양"이라 이름 붙였는데요, 나중에 더 자세히 말씀드리겠습니다.

어찌 되었든 모두 각자 부여받은 상황과 재능에 따라 **할랄과 사파르**의 찬양, 즉, 하나님을 자랑하며 선포하는 찬양이 드려져야 하는데요, 여기에 음악적 찬양의 중요성이 있습니다. 우주 만물을 지으신 창조주를 자랑하는 데, 만왕의 왕 하나님을 자랑하는 데, 어떠한 음악적 찬양이 선포되어야 할지 앞으로 우리는 더욱 진지하게 생각해 보아야 할 것입니다.

좀 더 범위를 넓혀, 우리가, 또 모든 피조물이 하나님의 영광을 나타내고 선포하는 것을 생각한다면 성경은 구약과 신약에 걸쳐 너무나 많은 말씀으로(출 14:4, 15:6, 29:43, 레 10:3, 수 7:19, 대상 16:24, 16:29, 시 8:1, 19:1, 79:9, 96:3, 115:1, 사 24:16, 43:7, 합 2:14, 요 13:31, 계 14:7 등) 거기에 대해 가르치고 있으며 개신교신앙의 근간이 되는 웨스트민스터 소요리문답(1문), 하이델베르크 요리문답(122문) 등에 잘 정리되어 있습니다.[5]

여호와의 이름에 합당한 영광을 그에게 돌릴지어다 예물을 가지고
그 앞에 들어갈지어다 아름답고 거룩한 것으로 여호와께 경배할지어다
(대상 16:29)

하늘이 하나님의 영광을 선포하고 궁창이 그 손으로 하신 일을 나타내는도다
(시 19:1)

우리 구원의 하나님이여 주의 이름의 영광을 위하여 우리를 도우시며
주의 이름을 위하여 우리를 건지시며 우리 죄를 사하소서
(시 79:9)

여호와여 영광을 우리에게 돌리지 마옵소서 우리에게 돌리지 마옵소서
오직 주의 인자하심과 진실하심을 인하여 주의 이름에 돌리소서
(시 115:1)

저가 나간 후에 예수께서 가라사대 지금 인자가 영광을 얻었고
하나님도 인자를 인하여 영광을 얻으셨도다
(요 13:31)

그가 큰 음성으로 가로되 하나님을 두려워하며 그에게 영광을 돌리라
이는 그의 심판하실 시간이 이르렀음이니
하늘과 땅과 바다와 물들의 근원을 만드신 이를 경배하라 하더라
(계 14:7)

그러므로 찬양을 선포하는 것은 하나님의 영광을 선포하며 그 이름에 합당한 영광을 돌리는 큰 그림에서 봐야 할 것입니다. 나중에 나누겠지만 **사파르**의 찬양이 잘 나타난 장면이 바로 역대하 20장의 여호사밧의 전쟁입니다. 적군 코앞에서 레위 합창단이 하나님을 찬양했습니다. 기가 막힌 하나님 자랑이요, 선포입니다. 그때 무슨 일이 일어났습니까? 바로 하나님께서 직접 전쟁에 개

입하셔서 승리로 이끄시지 않았습니까? 이스라엘 군대는 그냥 거저먹는 승리를 체험했고 단 한 사람도 부상을 입은 자조차 없었습니다. 저는 믿습니다, 오늘날도 이와 같은 승리가 가능하다고요. 성경에 비밀이 있습니다. 말씀에 열쇠가 있습니다. 믿으시기 바랍니다.

기도하겠습니다.
아버지 하나님, 오늘도 우리에게 승리를 주시는 주님을 믿습니다. 우리가 마음으로 찬양할 뿐 아니라 하나님을 자랑하고 선포하는 찬양도 늘 하는 삶을 살도록 도와주옵소서. 예수 이름으로 기도합니다. 아멘.

1 Music is one of the fairest and most glorious gifts of God.
Martin Luther, *The Familiar Discourses of Dr. Martin Luther*, tr. By H. Bell (1818) (Nabu Press, 2011), 428.

2 Prayer and praise are the oars by which a man may row his boat into the deep waters of the knowledge of Christ.
Charles Spurgeon, *The Complete Works of C. H. Spurgeon*, Volume 32: Sermons 1877-1937 (Delmarva Publications, Inc.), 852.

3 John Calvin, 기독교강요, 제3장 기도 편

4 Worship isn't God's show. God is the audience. God's watching. The congregation, they are the actors in this drama. Worship is their show. And the minister is just reminding the people of their forgotten lines.
Søren Kierkegaard, *Purity of Heart is to Will One Thing* (Start Publishing LLC, 2012)

5 **웨스트민스터 소요리문답 (1문)**
(문) 사람의 제일되는 목적이 무엇인가?
(답) 사람의 제일되는 목적은 하나님을 영화롭게 하는 것과 영원토록 그를 즐거워하는 것이다.

하이델베르크 요리문답 (122문)
(문) 첫번째 간구의 의미는 무엇입니까?
(답) '이름이 거룩히 여김을 받으시오며'라는 말의 뜻은 먼저 하나님 당신을 바르게 알고(출애굽기 34:5-8; 시편145편; 예레미야 32:16-20; 누가복음 1:46-55, 68-75; 로마서 11:33-36), 거룩하게 하며, 영광을 드리며, 당신이 하신 모든 일을 통하여 그의 전능과 지혜와 선과 의와 자비와 진리가 빛나도록 하라는 것입니다. (예레미야 9:23-24; 31:33-34; 마태복음 16:17; 요한복음 17:3) 또한 그 말의 뜻은 우리의 삶 곧 우리의 생각과 말과 행동을 지도하셔서 하나님의 이름이 우리로 인하여 더럽혀지지 않고 오직 존경과 찬양만 받으실 수 있도록 해 달라는 것입니다. (시편 115:1; 마태복음 5:16)
(https://m.blog.naver.com/jskim7296/221545739137)

제11강

찬양과 음악 2

삶으로 찬양?

할렐루야!

오늘은 찬양과 음악 그 두 번째 시간으로 찬양의 명령에 관해 생각해보고자 합니다. 성경에서 "찬양하라"는 명령은 거의 음악과 관련되어 나타납니다. 예를 들어 "그림을 그려 찬양하라"든가 "새 건물을 지어 찬양하라"든가 하는 식의 명령은 없다는 것이지요. 그림으로 복음을 전할 수도 있고 하나님께 큰 영광을 돌릴 수 있습니다. 새 건물을 지어 하나님께 큰 영광을 돌릴 수 있습니다. 그러나 그것을 찬양이라는 단어로 구태여 표현하지는 않는다는 것이지요. 성경의 수많은 찬양이 거의 항상 음악과 연관되어 있음을 기억한다면 말입니다. 예를 들어 조각에 뛰어난 사람이 조각으로 하나님께 큰 영광을 돌릴 수 있습니다. 그러나 꼭 그것을 찬양이라고 할 필요는 없는 것입니다.

이런 이야기를 여러 번 들어보셨을 것입니다. "찬양은 음악이 꼭 있어야 하는 것이 아니다. 우리 삶 자체가 찬양이 되어야 한다." 아주 멋있는 시적인 표현임에 틀림없습니다. 그러나 이것은 너무 간단히 말한 것이라 많은 부연설명이 필요합니다. 또 그리 정확한 표현도 아닙니다. 어떤 사람이 자기 삶이 찬양이 되도록 하라는 목사님 말씀에 힘입어 교회의 여기저기를 청소했다고 합시다. 그것을 하나님께 영광 돌리는 아름다운 삶이라고 말하는 것은 당연한데, 구태여 그것을 하나님을 찬양하는 일이라고 하는 것은 그리 정확한 표현이 아닙니다. 왜냐하면 성경이 그런 모든 일까지 하나님을 찬양한다고 하지도 않앉거니와, 그렇게 함으로써 음악을 통한 찬양이 갖는 특별한 의미가 희석되고 점점 불분명해지기 때문입니다.

물론 할랄이라는 단어는 사람을 칭찬하는 데도 쓰이는 단어입니다. 즉, 이스라엘의 삶 가운데 들어와 있는 단어지요. 그러나 하나님을 찬양하라는 뜻으로 쓰일 때 그것이 음악과 어떤 관계가 있는지를 보아야 합니다. 성경에서 "음악으로 찬양하라"는 말씀이 그렇게 많은데, 만약 우리의 모든 삶이 다 찬양이라고 가르친다면, 결국 음악으로 꼭 찬양해야 하는 이유는 없어집니다. 결과적으로 그런 가르침을 받은 자들은 아마도 음악으로 드려지는 찬양을 별로 중요하게 여기지 않을 수 있습니다.

바로 여기서 생각해봐야 할 성경이 있는데 이사야 43:7절과 43:21절 말씀의 관계입니다. 이 말씀은 너무나 중요한 말씀이기에 나중에 더 자세히 다루게 될 것이지만 오늘은 간단히라도 생각해 보면 도움이 될 것입니다.

> 무릇 내 이름으로 일컫는 자 곧 내가 내 영광을 위하여 창조한 자를 오게 하라
> 그들을 내가 지었고 만들었느니라
> (사 43:7)

> 이 백성은 내가 나를 위하여 지었나니
> 나의 찬송을 부르게 하려 함이니라
> (사 43:21)

이 두 말씀은 모두 하나님께서 우리를 왜 창조하셨는가, 즉 하나님의 인간창조의 목적을 분명히 가르쳐주고 있는 중요한 말씀입니다. 나아가 이 두 말씀의 관계를 잘 보시면 큰 깨달음을 얻을 수 있습니다. 7절에 하나님께서는 우

리를 당신의 영광을 위해 지으셨다고 말씀하십니다. 우리는 이 말씀을 믿습니다. 그리고 이 말씀에 부합한 삶을 살려고 심지어 목숨도 내어놓습니다. 수많은 믿음의 사람들이 이 말씀 하나 붙들고 평생을 건딥니다. 주를 섬기는 많은 사람들이 오직 주께 영광을 돌리는 목적으로 일생 동안 그리하지 않습니까? 참으로 위대한 말씀이요 위대한 신앙이 아닐 수 없습니다.

그런데 21절을 보면 특별히 하나님께서는 우리를 찬송을 부르도록 지으셨다고 하셨습니다. 자, 만약 21절 말씀을 몰라도 7절을 잘 안다면 우리가 하나님의 영광을 위해 사는 데는 아무 문제가 없습니다. 그렇다면 21절 말씀은 우리에게 어떤 의미가 있습니까? 이것은 바로 하나님께 영광을 돌리는 수많은 일 가운데 찬송을 부르는 것은 특별한 일이라는 것을 말하고 있는 것입니다. 만약 음악으로 드려지는 찬양이 하나님께 영광 돌리는 다른 모든 행위와 똑같은 의미가 있다면, 이 말씀은 우리에게 별로 필요한 말씀이 아닙니다. 왜냐하면 7절 말씀만 가지도고 우리는 평생 주님을 찬양으로 영화롭게 할 것이기 때문입니다.

이와 관련해서 볼 말씀이 있는데 에베소서 2:10 말씀입니다.

우리는 그의 만드신 바라
그리스도 예수 안에서 선한 일을 위하여 지으심을 받은 자니
이 일은 하나님이 전에 예비하사 우리로 그 가운데서 행하게 하심이니라
(엡 2:10)

이 말씀 역시 우리가 지음 받은 목적에 대해 말씀하고 있습니다. 그런데 여기에는 찬양에 관한 말이 들어있지 않고 단지 "예수 안에서 선한 일"을 위해 창조되었다고 기록되어 있습니다. 그렇다면 구약과 신약의 하나님의 인간창조 목적이 다르다는 뜻인가요? 성경은 오히려 모든 말씀은 짝이 있다고 말씀하고 있으니 구약과 신약의 가르침이 서로 보완함으로 진리를 말하는 것이 정상일진대, 우리는 이를 어떻게 이해해야 할까요?

> 너희는 여호와의 책을 자세히 읽어보라
> 이것들이 하나도 빠진 것이 없고 하나도 그 짝이 없는 것이 없으리니
> 이는 여호와의 입이 이를 명하셨고 그의 신이 이것들을 모으셨음이라
> (사 34:16)

이 두 말씀을 우리가 잘 이해하는 데 도움을 주는 말씀이 바로 시편 147편 말씀입니다.

> 할렐루야 우리 하나님께 찬양함이 선함이여
> 찬송함이 아름답고 마땅하도다
> (시 147:1)

약 30년 전 제가 이 말씀을 읽다가 깜짝 놀랐습니다. "하나님을 찬송하는 일이 아름답고 마땅한 것은 알겠는데, 선하다니?" 이런 질문이 제 머리를 스쳤습니다. 우리가 선하다고 하는 것은 보통 도덕적 개념입니다. 불쌍한 사람을 돕는다거나 자기가 손해 보더라도 올바른 일을 하는 것을 우리는 선하다고 합니다. 그런데 찬양이 선하다는 것입니다.

여기서 히브리 원어는 **토브**인데 구약에서 653번 쓰인 매우 중요한 단어입니다. 성경은 하나님의 관점으로, 하나님의 가치기준으로 쓰인 책입니다. 이 말씀은 찬양이 하나님 보실 때 선하다는 뜻입니다. 그런데 에베소서 2:10에서 우리가 선한 일을 위해 지음 받았다는 것입니다. 여기서 쓰인 단어는 **아가토스**로 구약의 **토브**에 해당하는 단어입니다. 그러므로 제가 만약 시편 147:1을

몰랐더라면 여기 선한 일에 하나님 찬양이 포함된다는 것을 모를 뻔했습니다. 사람들에게서는 들을 수 없는 말이 성경에 있습니다. 하나님을 찬양하는 것은 선한 일이라고, 그리고 아름답고도 마땅한 일이라고! 놀랍지 않습니까? 그래서 하나님께서 우리를 지으신 목적은 구약과 신약이 동일합니다. 단지 에베소서 2:10은 이사야 43:7과 43:21 모두를 포함하고 있습니다. 여기에 언급된 선한 일 가운데는 하나님께 영광을 돌리고, 또 하나님을 찬양하는 모든 일이 다 들어있기 때문입니다.

그렇다면 과연 음악으로서의 찬양은 하나님께 영광을 돌리는 다른 모든 사역과 비교할 때 어떤 특성이 있을까요? 어떤 차이가 있기에 이렇게 특별한 위치에 서게 되었을까요?
저도 다는 모르지만 몇 가지 분명한 차이를 말씀드리겠습니다.

<찬양사역의 특별한 점>

첫 번째, 하나님을 영화롭게 하는 거의 모든 행위가 간접적으로 하나님께 영광을 돌리는데, 찬양은 하나님을 직접적으로 영화롭게 합니다.
예를 들어 여러분이 하나님을 영화롭게 하고자 하여 복음도 전하고, 제자 삼고, 주일학교 교사로 봉사하고, 가난한 자를 돌보고, 병든 자를 주님의 심정으로 찾아가고, 심지어 새 예배당을 지어 주님께 봉헌했다고 합시다. 그 모든 것은 사실은 간접적으로 하나님께 영광을 돌리는 것입니다. 즉, 여러분이 다른 사람을 도움으로써 하나님께 영광을 돌린다는 것입니다. 새 예배당을 주님께 드리기 위해 만들 때도 결국 사람들이 편히 앉고, 소리가 잘 들리고, 화장실도 너무 먼 데 있지 않고, 설교자의 모습이 잘 보이는가 등을 생각하며 건물을 짓습니다. 결국 사람을 위해 짓는 것입니다. 그러나 찬양은 그 듣는 분이 하나님이시기에 직접 하나님께 영광을 돌리는 유일한 사역입니다. 만약 교인들이 예배 중에 찬양할 때 옆 사람에게 잘 보이기 위해 찬양했다면 그것은 이미 찬양이 아닌 것입니다. 이 좋은 예가 바로 역대상 9:33 골방의 찬양입니다.

> 또 찬송하는 자가 있으니 곧 레위 족장이라
> 저희가 골방에 거하여 주야로 자기 직분에 골몰하므로
> 다른 일은 하지 아니하였더라
> (대상 9:33)

레위지파의 지도자들로 이루어진 합창단이 밤낮으로 골방에서 찬양했다는 사실은 우리에게 찬양의 본질이 무엇인지 너무나 잘 보여주고 있습니다. 그들은 다른 청중을 필요로 하지 않았습니다. 오직 하나님께만 드려지는 찬양이기에 그분 한 분의 청중으로 족했습니다. 그러므로 그들은 이스라엘 백성들의 "여러분의 찬양에 오늘 큰 은혜 받았습니다"라는 식의 반응이 전혀 불필요한 자들입니다. 저는 여러분이 오직 하나님께만 찬양드리는 삶을 사시기를 예수 이름으로 축원합니다! 물론 이것은 성가대가 찬양할 때 교회가 하나님의 은혜와 감동을 체험하는 것이 잘못되었다는 뜻은 결코 아닙니다. 사실 그렇게 되는 것이 자연스럽고 당연합니다. 그러나 그 은혜는 하나님께서 주시는 것이지 성가대가 주는 것이 아닙니다. 성가대는 오직 하나님께만 찬양하면 그것으로 임무를 다 한 것이지요.[1]

두 번째로, 우리가 하나님께 영광 돌리는 모든 사역 가운데 찬양사역은 영원합니다. 교회에 하나님께 영광 돌리는 수많은 사역이 있는데, 다른 모든 사역은 예수님 오실 때까지만 하는 것이지만, 찬양은 그 이후에도 영원히 계속된

다는 뜻입니다. 그래서 저는 찬양사역은 천국의 사역을 미리 앞당겨서 하는 것이라고, 즉 천국을 맛보는 사역이라고 표현합니다. 또 많은 사람들이 그렇게 이야기하지요. 세상 모든 것에는 종말이 있습니다. 그러나 예배와 찬양은 영원합니다. (물론 하나님을 사랑하고 이웃을 사랑하는 것도 천국에서 계속될 것입니다.) 그러므로 음악으로써의 찬양 명령은 영원합니다.

오늘은 성경에서 "음악으로 찬양하라"는 말씀과 "찬송을 부르게 하기 위해 우리를 지으셨다"라는 말씀을 생각해 보았습니다. 여러분의 마음에서 음악으로 하나님께 직접 올려드리는 찬양이 천국에까지 그리고 영원히 이어질 것을 믿으며, 이 땅의 고단한 삶에서 천국을 누리시기를 예수님의 이름으로 축원합니다.

기도하겠습니다.
고마우신 아버지 하나님, 하나님께 찬양드리는 아름다운 삶이 우리 평생 지속되게 하여 주시옵소서. 찬양이 하나님 보시기에 특별한 것처럼 우리도 찬양에 대해서 더 깊이 이해하고 찬양의 특별한 면을 더 잘 이해할 수 있도록 우리 모두에게 지혜를 주옵소서. 예수 이름으로 기도합니다. 아멘.

1   이 말씀(대상 9:33)은 "골방의 찬양" 음악회의 근간이 됨. 이 음악회는 주로 전문음악인들이 말씀에 따라 극진한 찬양으로(대상 16:25), 찬미의 제사(히 13:15)를 드리기 위해 기도로 연습으로 잘 준비하여 모여서 드리는 음악회로, 청중을 초청하지 않는 특별한 음악회이다. 새찬양후원회 주최로 매년 여러 교회를 다니며 드렸지만, 몇 년 전부터 서울영광성서침례교회(담임목사 정선영)의 요청에 따라 그 교회에서 매년 열리고 있는데, 2021년부터는 Covid-19로 인해 동영상으로 음악회를 열고 있다. 음악회에는 청중이 초청되지 않으나 그 교회 교인들이 와서 함께 조용히 들으며 속으로 찬양하는 것을 막지는 않는다. 또 이 모든 실황은 녹화하여 후에 유튜브에 올리는데, 이는 사람들로 하여금 "골방의 찬양"의 의도를 알림으로써, 찬양의 본질을 일깨워주려는 것이요, 극진한 찬양, 즉 메오드찬양의 수준을 보여줌으로 성경이 말하는 극진한 찬양, 하나님의 이름에 합당한 찬양, 만왕의 왕, 만주의 주께 합당한 찬양이 어떤 것인가를 조금이라도 맛보게 하려 함이다. (안타깝게도 거의 모든 주석은 이 구절의 중요성에 대해 특별한 언급을 하지 않고 있다.)
"골방의 찬양"의 정신에 대한 김명환 목사의 설명을 다음 동영상에서 볼 수 있다.
https://youtu.be/miwyOFZjmWw (또는 유튜브에서 "2018 골방의 찬양 01"로도 찾을 수 있다.)

제12강 영상

제12강

찬양과 음악 3

예배의 절정

지난 시간에 이어 찬양과 음악이라는 주제로 오늘 말씀을 이어갑니다. "음악으로서의 찬양사역이 하나님을 섬기는 데 왜 특별한가" 하는 것을 이해하는 것은 매우 중요합니다.

<찬양사역의 특별한 점>

  첫째로, 찬양은 하나님을 직접 섬기는 유일한 사역이다.
  둘째로, 찬양은 예수님 오신 후에도 지속되는 영원한 사역이다.

오늘은 세 번째 찬양사역의 특별한 점입니다. 교회사역 중 목회사역을 제외한 대부분의 다른 사역들이 그 사역을 위한 많은 훈련을 필요로 하지 않는 데 반해, 찬양사역은 일정한 기간의 연습 혹은 전문적인 훈련을 필요로 한다는 사실입니다. 찬양사역에 속하는 직책을 교회마다 조금 달리 부르겠지만, 전통적 예배에서는 성가대 지휘자, 피아노 반주자, 오케스트라 반주자, 성가대 솔로이스트, 성가대원 등이 해당되고, 현대 예배에서는 찬양인도자, 찬양팀 등이 거기에 추가될 것입니다. 물론 찬양사역자는 음악 전공자도 비전공자도 할 수 있습니다. 예를 들어, 비전공자로서 음악적인 재능이 있는 자는 그리 길지 않은 준비 기간을 거쳐 찬양팀에 들어갈 수 있습니다. 그러나 일반적으로 교회 반주자, 지휘자 등의 음악 전공자들은 수년, 때로는 십여 년의 준비과정이 필요합니다.

그래서 대개 유럽과 미국의 전통적인 교회에서는 목회자와 성가대 지휘자와 반주자가 전임사역자로 전적으로 교회의 후원을 받고 오직 그 일에만 전념할 수 있도록 했던 것입니다. 유대교회에서 말씀을 전하는 **랍비**와 찬양을 전담한 **칸토르**도 그와 비슷한 예입니다. 가톨릭교회에서는 5세기경부터 **스콜라 칸토룸**(schola cantorum), 즉 음악학교를 설립하여 어린이와 수도사들에게 찬양을 가르쳤고, 그 결과 뛰어난 작곡가들과 교회음악가들이 배출되었고 무수한 교회음악 작품이 작곡되었습니다.

종교개혁 직후에도 마르틴 루터(Martin Luther, 1483-1546)는 동역자 음악가였던 요한 발터(Johann Walter, 1496-1570)에게 의뢰해서 개신교 최초의 성가대용 찬양집을 출판하게 됩니다.[1] 그때가 종교개혁이 시작된 지 7년 만인 1524년이었으니… 마르틴 루터가 삶과 죽음의 경계선에서 살았던 그 시기에도 얼마나 교회음악을 중요하게 생각했는지 잘 알 수 있습니다. 우리가 잘 아는 바흐(Johann Sebastian Bach, 1685-1750)도 루터교회의 칸토르로서 교회의 후원을 받아 성가대를 인도하며 많은 찬양곡을 작곡했습니다.

근자에 와서는 1850-1900년경의 미국의 제3기 대각성운동 시대의 무디(Dwight Lyman Moody, 1837-1899)와 생키(Ira David Sankey, 1840-1908)의 동역이 눈에 띕니다. 무디의 불같은 복음 증거 전후에는 거의 항상 생키의 뜨겁고도 단순한 복음 찬양이 있었습니다. 결국 그 놀라운 시너지효과는 미국을 변화시켰고 그 불길이 한국에까지 전달되어 교회가 시작되었으며 마침내 그 불은 여러 다른 나라에 우리 한국 선교사들에 의해 퍼지게 되었습니다.

『이스라엘의 음악(The Music of Israel by Peter Gradenwitz)』이라는 책이 있는데 거기 보니 구약시대에 레위합창단에 들어간 새 단원은 처음 들어가서 공적 예배에서 찬양하기까지 5년의 훈련기간을 필요로 했다고 합니다.[2] 요즘 신학대학이 4년인 것을 생각하면 그보다도 긴 세월 음악교육을 받아야 비로소 레위 합창단(성가대)에 서서 찬양할 수 있었다고 하니, 얼마나 찬양을 중요하게 여겼는가 하는 것을 알 수 있습니다. 구약시대에 아직 모든 체계가 잡혀있지 않았고 나라의 틀이 잡혀있지 않았을 때는 즉흥적으로 뛰어나와 찬양하는 모습들을 볼 수 있습니다. 그러나 성전이 세워지고 나라가 견고해진 후에는 아주 준비를 많이 하고, 아예 아삽, 헤만, 여두둔과 같은 전문음악인들과 그 가문이 대대로 찬양의 직무를 극진히 담당하는 예를 봅니다. 바로 극진한 찬양이란 어떠해야 하는가를 잘 보여주는 장면들입니다.

1 다윗이 군대 장관들로 더불어 아삽과 헤만과 여두둔의 자손 중에서
구별하여 섬기게 하되 수금과 비파와 제금을 잡아 신령한 노래를 하게 하였으니
그 직무대로 일하는 자의 수효가 이러하니라
2 아삽의 아들 중 삭굴과 요셉과 느다냐와 아사렐라니
이 아삽의 아들들이 아삽의 수하에 속하여 왕의 명령을 좇아 신령한 노래를 하며
3 여두둔에게 이르러는 그 아들 그달리야와 스리와 여사야와 하사뱌와 맛디디야
여섯 사람이니 그 아비 여두둔의 수하에 속하여
수금을 잡아 신령한 노래를 하며 여호와께 감사하며 찬양하며
4 헤만에게 이르러는 그 아들 북기야와 맛다냐와 웃시엘과 스브엘과
여리못과 하나냐와 하나니와 엘리아다와 깃달디와 로암디에셀과
요스브가사와 말로디와 호딜과 마하시옷이라
5 이는 다 헤만의 아들들이니 나팔을 부는 자며
헤만은 하나님의 말씀을 받드는 왕의 선견자라
하나님이 헤만에게 열네 아들과 세 딸을 주셨더라
(대상 25:1-5)

특별히 바흐는 이 역대상 25장을 교회음악의 근본 되는 장(chapter)이라고 이

야기합니다.³ 다윗, 루터, 바흐 시대의 찬양사역과 오늘날의 찬양사역을 비교할 때에 여러 가지 차이점을 볼 수 있습니다. 하지만, 이 모든 역사적인 사실들을 통해 우리가 배워야 할 점은 어떠한 환경에서라도(가능한 한) 찬양사역자 혹은 전문인들의 시간과 공을 들인 극진한 찬양이 하나님께 드려져야 한다는 것입니다.

네 번째로 다른 모든 사역은 예배를 준비하기 위한 사역으로 볼 수 있는데, 찬양사역은 예배의 중심에 있는 사역이라는 점도 크게 다른 점입니다. 예배는 우리 기독교 신앙의 중심입니다. 예배의 종류도 정말 많고 대부분의 예배는 매우 정성껏 준비됩니다. 특히 주일 예배는 우리 신앙의 절정이라고 여겨질 만큼 중요합니다. 우리가 가진 모든 것이 드려지고 하나님의 교회를 향하신 말씀이 선포되고 구원과 죄 사함과 새로운 은혜의 감격이 넘치는 시간입니다. 그래서 다른 모든 사역은 바로 이 예배를 위해 존재한다고 해도 과언이 아닙니다. 예를 들어 차량봉사는 말할 것도 없고, 불쌍한 사람을 돕는 사역도 결국 그들이 예배자가 되도록 돕는 사역이지요.

그런데 찬양은 얼핏 보면 예배를 위해 준비하는 것처럼 보이지만 찬양에 대해 조금이라도 공부한 사람은 찬양이 예배의 중심임을 알게 됩니다. 예배는 예물을 드리는 것이 그 절정인데, 구약시대에는 번제물을 드리는 것, 그리고 신약시대에는 자기 아들을 아끼지 않으시고 우리에게 대속물로 주신 하나님께 바로 우리의 모든 것과 더불어 찬미의 제사를 드리는 것이 그 절정인 것입니다.

> 이러므로 우리가 예수로 말미암아 항상 찬미의 제사를 하나님께 드리자
> 이는 그 이름을 증거하는 입술의 열매니라
> (히 13:15)

이 히브리서 말씀은 나중에 깊이 있게 다루게 될 것이지만 오늘 잠깐 맛을 보는 것도 좋겠습니다. 여기서 찬양의 정의가 나오는데요, 바로 찬양은 제물이라는 것입니다. 예배가 제물을 드리는 시간일진대, 하나님께서 가장 기뻐하시는 제물은 바로 우리가 정성껏 준비해서 드리는 찬양의 제물이지요. 왜냐하면 우리를 찬송을 부르게 하려고 지으셨기 때문입니다. 그리고 그 찬송과 함께 우리의 삶도 드려지는 것입니다.

옛 라틴어 문구에 Lex orandi, Lex credendi(The rule of prayer is the rule of faith)라는 말이 있습니다. 문자적으로는 "우리가 기도하는 대로 우리가 믿는다"라는 뜻인데요. 이는 다시 말하면 우리가 예배하는 방법이, 우리가 믿는 것을 규정한다는 뜻입니다. 이를 찬양에 적용해도 마찬가지입니다. "우리가 찬양하는 방식이, 우리가 믿는 것을 규정한다."고 말입니다. 어쩌면 이는 거꾸로 해도 뜻이 통합니다. "우리가 믿는 대로, 우리의 찬양이 규정된다." 그러므로 교회는 이런 질문을 할 필요가 있습니다. "우리가 진정 우리의 찬양을 받으시는 분이 창조주요, 만왕의 왕이요, 만주의 주라면, 과연 우리의 찬양이 지금과 같겠는가?"라는 질문 말입니다. 또 우리가 찬양하는 방식이 우리가 믿는 분이 누구인가를 규정한다면, 특별히 우리는 우리 다음 세대가 우리의 찬양을 통해 나타나는 하나님을 주시하고 있다는 사실을 간과해서는 안 됩니다. 아이들은 안 보는 것 같으면서 다 봅니다. 안 듣는 것 같으면서 다 듣습니다. 아이들을 키워본 사람들은 이 말이 무슨 뜻인지 잘 알 것입니다. 그들은 우리의 찬양을 통해서 우리의 하나님이 어떤 분인지 보고 있습니다. 그리고 아마도 그런 정도로 그들도 하나님을 인식하고 섬기게 될 것입니다. 교회가 온전한 찬미의 제사를 드릴 때 사람들은 우리의 하나님을 제대로 보게 될 것입니다.

다섯 번째로, 특히 회중찬양은 모든 성도가 한 입으로, 한 호흡으로, 한 고백으로, 한마음으로, (때로) 같은 감동으로 하나님께 영광을 돌리는 놀라운 일입니다. 우리가 하나님의 영광을 위해 여러 가지 다른 사역을 합니다. 그러나 한 입으로 한 호흡까지 맞춰, 같은 고백으로 주께 영광 돌리지는 못합니다. 그것은 함께 노래할 때 가능합니다. 하나님께서 우리를 자녀 삼으셨습니다. 그런데 자녀들이 부모를 위해 이 일 저 일을 하는 것도 부모 입장에서 보기 좋겠지만, 모두 한 입으로 부모님을 위해 노래할 때의 부모의 마음은 완전히 다른 것입니다. 자녀들이 보통 때는 서로 의견충돌도 있고 갈등도 있을 수 있지만, 그렇게 한목소리로 마음을 모아 아버지를 찬양할 때, 아마도 가장 아름답게 하나가 되지 않을까요? 예를 들어 하나님 영광을 위한다고, 내 생각이 더욱 하나님 영광을 위하는 길이라고 당회에서 싸우고 노회에서 싸우고 하는 것도 하나님께서 그 진심을 보시고 이해는 해주시겠지만, 그리 기쁘시지는 않을 것입니다. 그러나 그런 것 다 뒤로하고 한목소리로 아버지를 찬양할 때, 그것이 그냥 예배 순서에 있기 때문에 하는 것이 아니라, 진정 아버지 하나님을 사랑하여 드리는 찬양이라면 한목소리, 한마음으로 드리는 그 찬양은 하나님의 마음을 참으로 기쁘시게 할 것입니다.

음악으로 드리는 찬양의 특별한 점은 또 있습니다. 이것은 우리로 하여금 눈에 보이지 않는 하나님의 아름다움에 대해 생각하게 하며, 심지어 우리의 인격까지 변화시키는 힘이 있습니다. 여기에 대해서는 후에 자세히 다루게 될 것입니다.

마지막으로 제가 그림 하나를 보여드리고자 합니다.

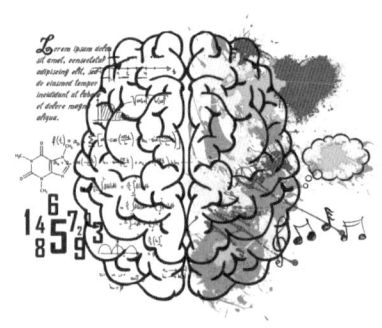

자, 바로 우리의 뇌입니다. 물론 의학강의나 구강보건에 관한 이야기는 아닙니다. 뇌는 경이로운 하나님의 걸작입니다. 그 속의 신경세포가 약 1000억 개가 있다고 하는데 학자에 따라서는 860억 개 정도밖에 없다는 사람도 있습니다. 우리는 그저 하나님의 엄청난 창조의 신비 앞에서 더욱 작아질 뿐입니다. 1kg이 좀 넘는 우리의 뇌는 우리의 모든 생각들, 과거의 기억과 현재의 고민과 미래의 비전이 차곡차곡 보관되어 있는 곳입니다. 그래서 뇌를 우리 자신이라고 해도 과언이 아닐 것이며 우리 영혼도 아마 그곳에 자리 잡고 있을 것이라 생각됩니다.

그런데 잘 보시면 뇌는 좌반구와 우반구로 나눠져 있고 그 각각의 기능도 다릅니다. 로저 스페리(Roger W. Sperry)는 바로 이 뇌의 기능을 연구한 과학자였는데, 그의 공로가 인정되어 1981년 노벨의학상을 받게 됩니다.[4] 그의 연구를 간단히 말씀드리자면, 좌반구는 논리 영역이고 우반구는 감성영역이라는 것입니다. 그래서 언어는 좌반구, 음악은 우반구에서 관리합니다. 그러니까 여러분이 설교를 들으면 그것은 좌반구에서 이해하고 이에 대한 반응을 하게 됩니다. 그러나 음악을 연주하고 듣고 그 아름다움을 감상하는 일은 우반구에서 관리합니다.

자, 그렇다면 만약 우리가 찬송가를 부른다면, 이것은 좌반구의 영역인가요 우반구의 영역인가요? 네 정답은 바로 양반구, 즉 양쪽 모두가 쓰인다고 하는 것입니다. 찬송가의 가사를 생각하는 것은 좌반구이고 그 선율과 리듬, 화성을 느끼는 것은 우반구입니다. 즉, 여러분이 어떤 신앙시를 써서 그 시로 하나님께 영광을 돌린다면 좌반구만 일하는 데 반해, 찬송가로 찬양을 한다면 여러분의 뇌의 모든 부분이 다 열심히 일해서 하나님을 높이는 일입니다. 놀랍지 않습니까?

유명한 오르가니스트이자 신학자인 도날드 휴스태드(Donald Paul Hustad, 1918-2013)는 그의 저서 『진정한 예배(True Worship)』에서 이와 같은 지식에 기반하여 예배를 둘로 나눕니다. 인간의 언어에 기반을 둔 이성적이고 인식적인 예배는 좌반구의 예배이고 음악에 기반을 둔 직관적이고 감정적인 예배는 우반구의 예배라고 말입니다.[5] 즉, 이 두 예배가 함께 드려지는 것이 하나님을 가장 높이는 예배라는 것은 두말할 필요가 없을 것입니다.

진정한 사랑은 내 모든 것을 다 주는 것이며 동시에 상대방의 모든 것을 원하는 것입니다. 하나님은 우리를 사랑하시기에 자신의 모든 것을 아끼지 않으시고 우리에게 주셨습니다. 바로 그 하나님은 같은 이유로 우리의 모든 것을 원하십니다. 우리의 모든 것이 다 드려질 때, 즉 우리 자신이라고 할 수 있는 뇌의 모든 영역이 하나님께 영광을 돌리는 일에 참여하게 될 때는 바로 우리가 하나님을 입술로 노래하며 찬양할 때입니다. 하나님께서 우리를 지으실 때 우리를 찬양하도록 지으셨음을 생각하면 바로 그때가 하나님의 꿈이 이루어질 때라고도 할 수 있겠지요?

다윗은 하나님께서 우리를 참으로 신묘막측하게 지으셨다고 시편 139:14에 고백하고 있습니다. 그는 하나님의 우리를 창조하신 목적이 찬양인 것을 누구보다 잘 알고 있었을 터이니, 그 평생에 얼마나 하나님을 찬양하려고 노력했겠습니까? 그가 이룬 많은 열매들을 우리는 성경에서 자세히 볼 수 있지 않습니까? 그는 심지어 하나님을 찬양하기 위해 새로운 악기까지 만들었습니다. 분명 그때 있었던 악기들이 자신이 체험한 하나님의 영광을 표현하기에는 너무 부족하여 새로 만들게 된 악기였을 것입니다.

사천은 문지기요
사천은 다윗의 찬송하기 위하여 지은 악기로 여호와를 찬송하는 자라
(대상 23:5)

그의 형제들인 스마야와 아사렐과 밀랄래와
길랄래와 마애와 느다넬과 유다와 하나니라
다 하나님의 사람 다윗의 악기를 잡았고 학사 에스라가 앞서서
(느 12:36)

이와 같은 일이 음악사적으로도 있습니다. 독일 낭만파 오페라 작곡가로 잘 알려진 리하르트 바그너(Richard Wagner, 1813-1883)는 그의 음악적인 아이디어를 채우기에는 당시에 있었던 악기로는 부족하여 악기를 새로 만들게 되는데, 이를 바그너 튜바라고 합니다. 튜바는 원래 있는 악기인데, 높은 음역의 튜바가 필요했던 그가 악기 제작자에게 주문하여 만들게 되면서 튜바 가족에 포함된 악기지요.

다윗은 그보다 수천 년 전에 하나님의 영광을 위해 새 악기를 만들었으니 놀랍지 않습니까? 그가 하나님의 찬양에 대한 뜻을 깊이 이해할수록 하나님께서 그를 더욱 놀랍게 사용하셨고 그 삶이 완전히 달라졌던 것입니다. 저와 여러분이 그런 삶을 살 수 있기를 소망합니다!

〈참고〉

루터의 음악신학과 예배에서의 음악사용이 오늘날 한국교회의 예배와 음악에 관해 주는 교훈

1. 예배에서 음악의 역할이 크고 중요하며, 그렇기 때문에 더욱 음악을 잘 사용해야 함을 가르쳐준다.
2. 음악신학이 중요함을 가르쳐준다. 루터가 예배에서 음악을 그렇게 사용한 것은 그의 음악신학 때문이다.
3. 목회자의 음악 훈련이 중요함을 가르쳐준다. 루터는 음악 훈련을 받지 않은 사람을 목회자로 세워서는 안 된다고 강조했다. /.../ 루터의 영향으로 적어도 200년 동안 독일에서는 목회자가 음악을 공부하는 것이 필수였다.
4. 교회 안에 음악전문가가 있어야 함을 가르쳐준다. 루터는 뛰어난 음악성을 지녔지만, 『독일어 미사』를 만들 때 음악가들과 상의하고 실험하며 그들의 도움을 받았다.
5. 회중을 배려하는 회중찬송이어야 한다는 것을 가르쳐준다. 천 년 이상 동안 공식적으로 예배에서 회중이 노래할 수 없었다가 루터를 비롯한 종교개혁가들이 등장하면서 회중찬송이 부활했다. /.../ 루터 당시의 회중이 예배에 적극적으로 동참할 수 있었던 것은 찬송가의 가사와 곡조가 쉬웠기 때문이다.
6. 다양한 교회음악을 사용하는 것이 바람직함을 가르쳐준다. 루터는 찬송가의 소재로 종교개혁 이전의 가톨릭 음악뿐만 아니라 전통적인 독일 민요나 국민가요의 가사와 곡까지도 모두 자료로 사용했다.
7. 옛것과 새것의 좋은 점을 받아들이는 태도를 가져야 함을 가르쳐준다. 당시 다른 종교개혁가들과 달리, 루터는 가톨릭 미사를 폐지하지 않았다. 문제가 되는 일부분만 잘라버리고 미사의 형태를 거의 대부분 유지했다. 그는 전통을 무시하고 업신여기거나 송두리째 내버리지 않았다.
8. 예배갱신에 대해서도 중요한 가르침을 준다. 루터가 두 예전의 설명에서 거듭 강조했듯이 유일하게 올바른 예배순서는 없다. 그는 자유와 포용성을 강조했다.

이상일, "루터의 음악신학과 예배에서의 음악사용." 『장신논단』 Vol.48 No.4 (2016. 12), 112-115에서 발췌.

1. Geystliche Gesangk Buchleyn (Wittenberg, 1524)은 38개의 독일찬송모텟(German Hymn motets)과 다섯 개의 라틴 모텟(Latin motets)을 포함하고 있으며 1551년 판에는 74개의 독일찬송모텟과 47개의 라틴 모텟으로 확장된다. (https://www.cpdl.org/wiki/index.php/Geystliche_Gesangk_Buchleyn)

그리스도가 관에 누워있도다(Christ lag in Todesbanden)의 테너 악보로 당시는 이와 같이 각 파트가 파트보를 보며 노래했다.

2. "The singers had passed through five years of training and usually performed their Temple service between the ages of thirty and fifty. Boys of the Levites often joined the choir "to add sweetness to the sound, " but they were placed outside the estrade."
   Peter Gradenwitz, *The Music of Israel: From the biblical era to modern Times* (Portland, Oregon: Amadeus Press, 1996), 61.

3. 바흐가 자신이 늘 애용하는 칼로브 성경주석의 역대상 25장 첫 머리에 기록한 글:
   Dieses Capital ist das wahre Fundament aller gottfälliger Kirchen Music. (This chapter is the true foundation of all God-pleasing church music.)
   Robin A. Leaver, *J. S. Bach and Scripture: Glosses from the Calov Bible Commentary* (Saint Louis: Concordia Publishing House, 1985), 93.

4. https://www.nobelprize.org/prizes/medicine/1981/sperry/facts/

5. In worship, left-brain knowing and responding happens mostly in understanding words spoken in Scripture lections, prayers, the sermon, baptism, the Lord's Supper and words sung in hymns and other vocal pieces. Right-brain knowing and responding happens through hearing the music which accompanies hymn and vocal texts; through purely instrumental music; through seeing banners, architecture, narrative windows, and sanctuary furniture; through feeling and tasting the bread and wine of Communion; through standing, kneeling, walking, shaking hands, and other physical acts.
   Donald P. Hustad, *True Worship: Reclaiming the Wonder and Majesty* (Wheaton, IL: Hope Publishing Company, 1998), 61.

제13강

찬양과 음악 4

찬양과 축복

샬롬!

얼마 전에 제가 찬양은 명령이라는 말씀을 드렸지요? 물론 자발적인 찬양도 있습니다만 찬양신학에서는 "명령으로서의 찬양"에 집중합니다. 찬양이 만약 하나님의 행하신 일에 대한 우리의 자발적인 반응이라면 찬양에 대해 어떻게 해야 한다거나 언제 해야 한다거나 무슨 악기를 사용해야 한다거나 하는 이야기는 무의미할 것입니다. 심지어 자발적으로 찬양을 하지 않아도 거기에 대해 뭐라고 할 말도 없겠죠. 그런데 찬양은 일차적으로 명령이며 모두 음악으로서의 찬양에 대한 명령이라고 말할 수 있습니다.

할렐루야는 할랄 동사의 명령형인데요, 오직 시편에, 즉 찬송가집에만 24번 나타납니다. 그중 한 번은 할렐리야ㅡ내 영혼, 즉, 단수에게 명령할 때 쓰임ㅡ로 나타납니다. 즉, 음악으로, 노래로 찬양하라는 뜻입니다. 이미 노래의 가사로 불리고 있으니까요.[1]

야다의 명령형인 호두는 시편에 11번, 그 밖에 5번(역대상 16:8, 34, 역대하 20:21, 이사야 12:4, 예레미야 33:11) 사용됩니다. 할렐루야의 예가 그렇듯이 시편에 쓰인 호두 역시 이미 찬송가 가사로 쓰이고 있어 음악 찬양에 대한 명령이 분명합니다. 그런데 역대상 16장은 다윗이 법궤를 자신의 궁으로 옮긴 날 기쁘게 찬양하는 장면인데요, 특히 음악가 아삽과 그의 친척에게 명하여 아주 정성스럽게 성대하게 찬양하는 장면입니다. 여러분 아시다시피 아삽, 헤만, 여두둔은 다윗시대부터 시작된 찬양의 가문입니다. 그 가문은 대대로 노래와 악기로 하나님을 섬기게 됩니다. 심지어 이스라엘이 바벨론 포로였다가 70년 만에 돌아올 때 찬양하는 자들의 명수까지 정확히 성경은 기록하고 있습니다. (슥 2:1, 40-42)

자마르의 명령형 잠루는 모두 17번 쓰이는데 거의 시편에서 나타나며 역대상 16장의 찬양축제 장면에, 또 찬송시와 방불한 이사야 12장에 나타납니다. 이 단어의 뜻이 "손으로 악기의 줄을 뜯다," 영어로 prune임을 생각하면 이 단어는 악기연주에 대한 명령으로 생각하면 될 것입니다.

바라크의 명령형 바르쿠, 또는 바라키도 시편에서 볼 수 있습니다.

> 여호와께 노래하여 그 이름을 송축하며[바라쿠]
> 그 구원을 날마다 선파할지어다
> (시 96:2)

> 내 영혼아 여호와를 송축하라[바라쿠]
> 여호와 나의 하나님이여 주는 심히 광대하시며 존귀와 권위를 입으셨나이다
> (시 104:1)

이 단어는 시편 이외에도 몇 구절 쓰이는데요, 음악과 그리 관계없이 쓰이는 경우도 있습니다. 이는 이 단어가 "축복하다"라는 뜻으로 쓰일 때입니다.

> 그가 가까이 가서 그에게 입 맞추니
> 아비가 그 옷의 향취를 맡고 그에게 축복하여[예바라케] 가로되
> 내 아들의 향취는 여호와의 복 주신 밭의 향취로다
> (창 27:27-28)

또한 쉬르, 즉 노래하다의 명령형 쉬루는 구약에 모두 17번 정도 쓰였는데, 당연히 모두 음악 찬양에 대한 명령이지요.

여기까지 함께 오신 분들은 찬양이 음악이라는 것이 어떤 의미인지 좀 더 이해하셨을 것입니다. 우리의 행위로, 우리의 삶 전체를 통해 주님께 영광을 돌리는 것은 지극히 당연한 생각입니다. 단지 우리는 음악으로 드리는 찬양의 특별함을 이해하는 것이 중요하며, 이를 잘 준비하여 하나님께 제물로 드리면 되는 것이지요.

자, 그런데 찬양하라는 명령, 즉 노래와 음악으로 하나님께 영광을 돌리라는 명령이 율법의 다른 모든 명령과 구별되는 매우 큰 차이가 있습니다. 찬양의 명령은 놀랍게도 그것을 지키지 않았을 때의 형벌이 없습니다. 율법의 모든 명령은 그 명령에 대한 순종의 복과 불순종의 저주가 함께 기록되어 있습니다. 왜냐하면 만약 그 명령에 대한 불순종에 어떤 형벌이 없다면 그것은 어떤 권위도 없고 결국 아무도 안 지키게 될 것이기 때문입니다. 명령이 중할수록 그 불순종의 형벌은 더 커집니다. 특히 그 명령이 하나님과 우리와의 관계에 절대적이라면, 그 명령에 불순종했을 때 목숨까지도 잃게 됩니다. 그래서 이스라엘은 두려움과 떨림으로 그 명령에 순종했으며, 혹 그 가운데 불순종한 자들은 하나님의 경고대로 죽음을 면치 못했습니다.

그런데 찬양의 명령은 그것이 이토록 막중한 명령임에도, 또 하나님께서 우리를 지으신 목적이 바로 그것임에도 불구하고, 이를 어겼을 때 저주는커녕 어떠한 불이익도 기록된 바 없습니다. 더더욱 흥미로운 점은 찬양의 명령은 그것을 지켰을 때의 어떠한 복도 기록되지 않았다는 것입니다. 제가 꽤 열심히 이것을 찾아보았는데, 혹시 여러분, 찬양했을 때 복을 받는다는 구절이 있다면 제게 알려주시기 바랍니다.

만약에 시편 151:10에 "나를 극진히 찬양하는 자들은 만수를 누리며 그 자자손손 복을 받고 그 기도가 응답되지 않음이 없을 것이라, 나 여호와가 말하였으니 이제 이루리라"라는 단 한 구절이 있다고 합시다. 뭐 그렇다면 제가 이렇게 유튜브로 찬양신학을 강의할 필요는 전혀 없을 것입니다. 이미 유튜브는 찬양을 통해 복 받는 법에 대한 유명 강사들의 강의로 가득할 것이요, 사람들의 복 받은 엄청난 간증들이 쏟아질 것입니다. 그런데 안타깝게도 성경엔 찬양과 관련된 복이 기록되어 있지 않습니다.

자, 그럼 이 명령은 도대체 어떤 명령입니까? 지켜도 그만 안 지켜도 그만이라는 뜻일까요? 바로 다음 말씀은 우리에게 올바른 답에 대한 매우 중요한 단서를 제공합니다.

> 너희가 세상의 초등 학문에서 그리스도와 함께 죽었거든
> 어찌하여 세상에 사는 것과 같이 의문에 순종하느냐
> (골 2:20)

> 이같이 율법이 우리를 그리스도에게로 인도하는 몽학선생이 되어
> 우리로 하여금 믿음으로 말미암아 의롭다 함을 얻게 하려 함이니라

> 믿음이 온 후로는 우리가 몽학선생 아래 있지 아니하도다
> (갈 3:24-25)

신약은 우리에게 율법의 수준을 알려줍니다. 그것은 초보라는 것입니다. 초등학문이요 몽학선생(초등교사)이라는 것입니다. 우리가 아이들을 길러보면 잘 알 수 있습니다. 어린아이 때는 우리는 순종과 불순종의 결과를 가르쳐야 합니다. 그런데 아이가 자라서 청년이 되었다면 부모와의 관계는 달라져야 합니다. 그것은 진정 이해와 사랑의 관계입니다. 우리에게 주신 찬양의 명령은 바로 그와 같은 것입니다. 다윗이 하나님을 그렇게 생명을 다해 찬양했던 이유를 생각해보시기 바랍니다. 왜 우리가 시편을 보며 감동을 받습니까? 문학적으로 아름다워서입니까? 아니면 내가 원하는 말씀이 있어서입니까? 바로 다윗의 하나님을 향한 사랑이 느껴지기 때문이 아닐까요? 다윗의 이런 고백을 들어보시기 바랍니다.

> 나는 의로운 중에 주의 얼굴을 보리니
> 깰 때에 주의 형상으로 만족하리이다
> (시 17:15)

그는 오직 하나님의 형상으로 만족한 사람이었습니다. 그래서 시편은 읽고 또 읽어도 새롭고 감동이 됩니다. 바로 그런 사랑의 관계에서 찬양의 명령은 그 깊은 의미를 알게 되는 것입니다. 다윗의 시편은 그의 하나님 사랑이 예수를 믿고 하나님의 자녀가 된 우리의 하나님 사랑과 많이 다르지 않다는 것을 보여줍니다. 어떻게 그런 일이 일어날 수 있을까요? 아마도 그가 이스라엘의 찬송 중에 거하시는 하나님의 영광과 아름다움을 보았기 때문인지도 모르겠습니다. (시 22:3)

찬양의 명령이 복과 관계가 없는 이유는 또 하나 있습니다. 찬양은 본질적으로 우리의 모든 것이 하나님께 드려지는 것이요, 집중되는 것입니다. 만약 찬양하면 복을 받으리라는 말씀이 있다면, 우리는 왜 찬양하게 될까요? 하나님을 사랑해서일까요, 아니면 복을 받기 위해서일까요? 아마도 십중팔구는 복을 받기 위해 찬양을 하게 될 것입니다. 그렇다면 찬양하는 우리 마음과 머릿속엔 무엇이 있을까요? 하나님일까요, 아니면 그 찬양으로 받게 될 복일까요? 아마도 십중팔구는 그 복에 대한 생각일 것입니다. 그것은 이미 찬양이 아닌 것입니다. 그래서 하나님은 찬양과 복을 완전히 분리해놓으셨습니다. 하나님은 우리가 온전히 하나님에 대한 동경과 사랑만으로 가득 차서 그렇게 찬양하기를 원하십니다. 바로 그것이 찬양신학의 중심이요, 우리 믿음의 중심입니다.

이와 관련하여 제가 좀 두려운 이야기를 하나 해드리겠습니다. 시편, 즉 신을 위한 찬송가는 이스라엘에게만 있는 것이 아닙니다. 바벨론, 애굽 등 고대근동지방(Ancient Near East), 즉 구약시대에 이스라엘이 있었던 그 지역을 일컫는데요, 그곳의 여러 민족들은 나름 자신들의 신을 찬양하는 찬송가들이 있었습니다.

그 이방인들의 시편을 우리의 시편과 비교해서 연구한 신학자가 있는데요, 바로 베스터만(Claus Westermann, 1909-2000)입니다. 그분은 다른 나라, 즉 이방신을 섬기는 나라의 시편의 다음과 같은 구조를 발견했습니다.[2]

1. 그들의 신을 부름
2. 그들의 신을 칭찬하고 찬양함³
3. 자신의 어려운 형편을 토로함
4. 자기가 필요한 복을 요구함
5. 찬양으로 마무리

그런데 중요한 것은 이스라엘의 시편의 구조 자체가 바벨론의 시편과 크게 다르다는 것입니다. 바벨론 시편의 구조를 보면 결국, 그들이 자기 신을 찬양하는 것은 복을 얻기 위함이라는 것을 금방 알 수 있습니다. 그런데 이스라엘에는 그런 구조의 시편이 하나도 없다는 것입니다. 유대 시편가는 하나님의 도움을 체험한 기쁨과 간증으로 충만하며, 설사 도움을 청하는 간구의 기도라 할지라도 하나님을 찬양하는 요소가 반드시 있다는 것입니다. 그것은 기도의 응답을 받기 위한 방법이 아니라, 그 고통 가운데도 여전히 하나님을 바라보고 그 위대하심을 고백하는 진실된 신앙의 표현이라는 것이지요. 이 이야기가 왜 두려운가 하면, 만약 우리가 찬양을 어떤 복을 받기 위한 수단으로 하는 것이라면, 우리는 마치 바벨론이 이방신을 섬기듯 그렇게 하나님을 섬기는 것이 되기 때문입니다. 참 조심해야 합니다.

정확히 말한다면 찬양은 복을 필요로 하는 사람이 하는 것이 아니라, 이미 복을 받은 사람들에게 주신 명령이요 특권입니다. 우리는 극진한 찬미의 제사를 올리면 그것으로 끝입니다. 그것으로 감사할 일입니다. 그것이 우리의 특권이요 최고의 영광이요 최고의 행복입니다. 그 이상은 없습니다. 그러다가 천국에 가면 우리의 할 말은 하나밖에 없습니다. "주여, 저는 무익한 종이니이다." 아멘!

기도하겠습니다.

아버지 하나님, 찬양의 본질로 점점 깊이 들어가면서 또 그 속에 있는 메시지를 깨닫게 하시니 감사드립니다. 때로 우리가 찬양을 주님께 정성껏 드림으로 또 무엇인가를 원했다면, 주님 용서해 주시옵소서. 우리가 하나님을 찬양할 수 있는 그것이 우리에게 최고의 행복인 것을 우리가 깨닫게 하여 주시옵소서. 감사하오며, 예수 이름으로 기도합니다. 아멘.

1   헬라어로 음역된 할렐루야는 신약에 네 번 나온다. (제3강 미주 2 참조)

2   Basic to the Babylonian psalms is a structure in which five major parts may be recognized:
    I. Address
    II. Praise
    III. Lament
    IV. Petition
    V. Vow of praise
    Claus Westermann, *Praise and Lament in the Psalms* (Atlanta, GA: John Knox Press, 1981), 36.

3   칭찬의 내용은 크게 두 가지로 나뉘는데, 하나는 그냥 그분의 크심과 높으심을 나열하는 것, 다른 하나는 그분이 실제 나의 삶 가운데 간섭해서 이러이러한 놀라운 일이 일어났다는 것인데, 전자를 descriptive, 묘사적이라 하고 후자를 declarative, 선포적이라 한다. 바벨론의 시편은 당연히 전자, 즉 descriptive밖에는 없는데, 왜냐하면 우상이 실제 우리 삶 가운데 개입해서 역사할 수가 없기 때문이다. 반면에 시편은 이 두 표현이 풍부하며 특히 declarative, 즉 시편기자의 삶에 직접 개입하신 하나님의 역사에 대한 증거와 감사로 넘친다. (뒤에서 더 자세히 다룰 예정)

    The difference between the two groups lies in the fact that the so-called hymn praises God for his actions and his being as a whole (descriptive praise), while the so-called song of thanks praises God for a specific deed, which the one who has been delivered recounts or reports in his song (declarative praise; it could also be called confessional praise). The term "declarative praise" is simply a reproduction of that which actually lies before us in this group of Psalms. /···/ The other mode of praise, descriptive praise, corresponds to the Hebrew hillēl. It does not praise a unique act of God that has just occurred, but summarizes his activity in its fullness and praises God in the totality of his dealings with men and of his being.
    Claus Westermann, Ibid., 32.

제14강

찬양과 음악 5

찬양의 다이어그램

샬롬!

오늘은 "찬양과 음악" 마지막 시간입니다. 앞에서도 언급했듯이, "하나님께 영광을 돌리는 삶"과 "하나님을 찬양하는 삶"을 동일시하는 경우가 있습니다. 그런데 사실은 전자는 후자를 포함합니다. 즉, 찬양은 하나님께 영광 돌리는 삶의 일부분입니다. 단지 음악과 노래로 하나님께 영광 돌리는 것을 찬양이라고 좁혀서 생각한다면, 앞으로 찬양신학에 대해 생각하기가 좀 수월해집니다. 저는 이 강의를 통해 하나님께 영광 돌리는 삶 전체에 대한 강의를 하려는 것이 아니고, 찬양을 통해 하나님께 영광 돌리는 것에 대해 집중할 것입니다. 이제 우리가 드리는 찬양이 하나님 앞에서 온전해지려면 어떠해야 하는지 다이어그램과 함께 설명하겠습니다.

우선 세 개의 원(도해 1)을 설명해드리겠습니다.

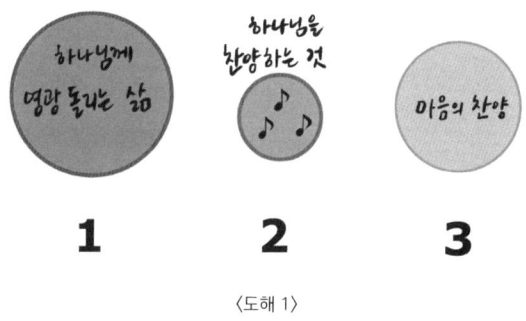

〈도해 1〉

첫 번째 원은 "하나님께 영광 돌리는 삶"입니다. 두 번째 음표가 있는 원은 "찬양"입니다. 그리고 세 번째 원은 아직 음악으로 나오지 않은 "마음의 찬양"입니다. 앞으로 보여드릴 다이어그램들은 완벽하진 않겠지만 대략적인 "찬양"과 "마음의 찬양"과 "하나님께 영광 돌리는 삶"의 관계를 보여줄 것입니다.

다음 두 개의 원(도해 2)은 하나님께 영광 돌리는 삶과 찬양의 관계를 보여줍니다.

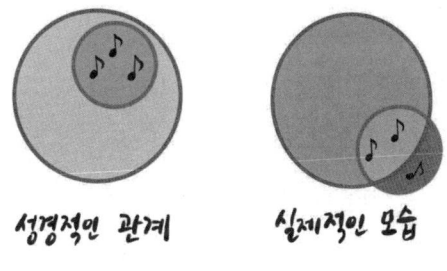

성경적인 관계   실제적인 모습

〈도해 2〉

첫 번째 그림은 이상적인, 즉, 성경적인 관계입니다. 여기서는 하나님께 영광 돌리는 삶에 찬양이 완전히 포함됩니다. 두 번째 그림은 우리의 삶에서 나타날 수 있는 실제적인 모습인데요, 거기에는 하나님께 영광 돌리는 삶에 포함되지 않는 온전치 못한 찬양이 있습니다.

앞에서 세 번째 원은 하나님께로 향한 우리의 "마음의 찬양"이라고 이름 붙였지요?
마음의 찬양이란 우리 마음속에 있는 신앙고백이요, 감사의 고백이요, 하나님의 사랑에 대한 우리의 사랑의 고백이며, 하나님을 우리의 모든 것 다해서 높여드리고 싶고 그 아름다움을 표현하고 싶은 마음입니다. 그래서 우리 마음에서는 이미 어떤 노래가 시작되고 있어요. 또 그것이 노래가 아니더라도 우리 마음이 하나님으로 가득 차서 그 감격이 밖으로 나가기 직전까지… 그것을 마음의 찬양이라고 정의해봅니다. 이것은 영혼의 고백이요 가장 깊은 찬양입니다. 이와 관련하여 마틴 루터가 한 말을 기억하며 우리의 마음을 살펴봅시다.

> "복음에 관하여 노래하고 싶지 않은 사람은 이를 믿지 않고,
> 새롭고 즐거운 언약 가운데 있지 않고,
> 낡고 썩은 즐겁지 않은 언약 가운데 산다는 표시이다"[1]

자, 마음의 찬양과 음악적 찬양의 관계를 그림(도해 3)으로 보겠습니다. 보시다시피 이 두 집합의 교집합, 그러니까 원과 음표가 겹치는 부분이 바로 하나님께 드려지는 찬미의 제사입니다. 여기서 마음이 겹쳐지지 않은 음악적 찬양, 즉 마음이 함께하지 않는 음악적 찬양은 "겉으로만 드러난 찬양"으로, 진정한 찬양이 아님을 보여줍니다. 그것은 오직 우리 마음을 보시는 하나님만이 아실 것입니다.

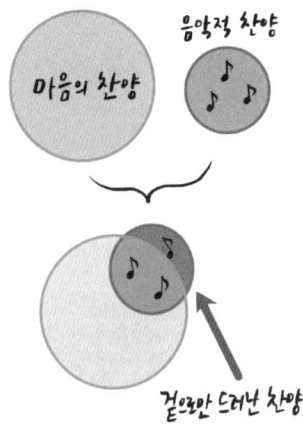

〈도해 3〉

마음의 찬양 없이 겉모습만 하나님께 영광 돌리는 척하는 사람들에 대해 우리 모두가 생각할 점이 있습니다. 저도 하나님을 사랑하는 마음 없이, 그냥 습관적으로 받은 직분 때문에 할 수 없이 예배를 인도하고 그저 남들에게 말 안 듣는 수준에서 교회를 섬겼던 적이 있습니다. 그것은 하나님 보시기에 하나님께 올바른 찬양이 아니므로 영광 돌리는 삶이 아니지요. 아마도 우리는 우리 마음 가장 깊은 곳을 보시는 하나님의 눈보다 겉으로 나타난 행동밖에 보지 못하는 사람들의 눈을 더 무서워했던 적이 있을 것입니다. 우리 모두 조심해야 합니다. 성경은 다음과 같이 말씀합니다.

> 그러나 관원 중에도 저를 믿는 자가 많되
> 바리새인들을 인하여 드러나게 말하지 못하니 이는 출회를 당할까 두려워함이라
> 저희는 사람의 영광을 하나님의 영광보다 더 사랑하였더라
> (요 12:42-43)

마르틴 루터는 마음의 찬양에 대해 다음과 같이 말합니다.

> "예배에서 찬양할 때,
> 사람들의 마음은 그들이 입술로 부르는 내용과 일치해야 합니다.
> 고린도전서 14:7에 "피리와 수금이 정확한 음을 내지 못하면
> 무슨 악기인지조차 알 수 없다"고 했는데,
> 사람들이 마치 그렇게 찬양하지 않도록, 가사에 대한 이해 없이,
> 그저 입술로만 찬양하지 않도록 조심해야 합니다."
> (Martin Luther)[2]

그러므로 중심을 보시는 하나님 앞에서 여러분 모두 시편 86:12 말씀과 같이 "전심으로 주를 찬송하고 영원토록 주의 이름에 영광을 돌리는" 아름다운 찬양의 삶이 되기를 주의 이름으로 축원합니다.

다음 그림(도해 4)은 하나님께 영광 돌리는 삶이 마음의 찬양과 겹칠 수도 있고 아닐 수도 있는 상태를 나타냅니다.

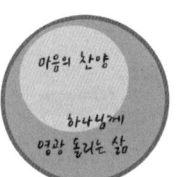

하나님께 영광 돌리는 삶,
그 가운데 마음의 찬양이
함께 자리함

〈도해 4〉

마음의 진정한 고백이 있고 그 마음에서 하나님을 사랑하고 그 이름을 높이고 자랑하고 싶을 때, 그 마음이 몸을 움직여 주께 영광 돌리는 삶을 시작합니다. 사람들에게 복음을 전하며, 불쌍한 사람들을 찾아갑니다. 또 어떤 방식으로든 자기가 할 수 있는 대로 주의 몸 된 교회를 섬기기 시작합니다. 바로 하나님을 섬기는 삶, 즉 하나님을 영화롭게 하는 삶이 시작되는 것입니다.

마지막으로 다음 그림(도해 5)은 이제까지 배운 것을 하나로 묶은 것입니다.

마음을 다해
찬양을 드려
하나님께 영광 돌리는 삶

〈도해 5〉

좀 더 복잡해진 것 같은데, 사실 우리 삶이 좀 복잡합니다. 여기서는 귀에 들리는 음악적 찬양과 눈에 보이는 하나님께 영광 돌리는 삶, 그리고 눈에도 안 보이고 귀로도 들을 수 없는 마음의 관계를 볼 수 있습니다. 마음의 찬양, 즉 마음이 음악적 찬양과 겹쳐지는 부분은 당연히 진정으로 하나님께 영광 돌리는 삶과 겹쳐집니다. 어떻게 그렇게 될까요? 자, 찬양의 원어 중 하나인 야다를 생각해보시기 바랍니다. 야다는 "찬양하다, 감사하다, 고백하다"라는 뜻이라고 누누이 말씀드렸지요? 여기서 고백에 대해 생각해봅시다. 고백이란 이미 진실된 고백이라는 뜻입니다. 거짓된 고백은 없습니다. 그것은 그냥 거짓말일 뿐입니다. 그렇다면 우리의 찬양이 진실된 고백일진대, 그것은 우리의 삶을 통해서도 나타나게 되어있다는 말입니다.

예를 들어 우리가 마음으로 진정 하나님을 찬양하고 사랑하고 그분의 말씀을 사랑하여 우리 속에서 찬양이 이미 시작되고, 그것이 우리 입술을 통해 노래로 나타나고 악기를 통해 아름다운 선율과 화음으로 나타난다고 생각해봅시다. 그런 찬양을 드린 사람의 삶이 과연 어떻겠습니까? 당연히 주님을 영화롭게 하는 삶을 살지 않겠습니까?

시편 148:1 강해에서 어거스틴은 이와 같이 말합니다.

> "당신의 혀와 목소리뿐만 아니라 당신의 양심,
> 그리고 당신의 삶과 행위 또한 하나님을 찬양해야 한다.
> … 우리의 귀가 우리의 목소리에 예민한 것처럼
> 하나님의 귀는 우리의 생각에 예민하시다."[3]

그래서 "음악으로 찬양하는 것보다 더 중요한 것은 삶을 통해 찬양하는 것이다"라고 누가 말한다면 사실 성경이 말하는 찬양에 대해 온전히 이해하지 못하고 있는 것입니다. 왜냐하면 진실된 음악적 찬양은 이미 신앙고백적 삶을 포함하고 있기 때문입니다. 다시 말해 진정한 의미에서 음악적 찬양과 하나님께 영광 돌리는 삶은 나눠서 생각할 수가 없다는 것이지요.

이것은 전문기독음악인들에게는 매우 큰 경종이 아닐 수 없습니다. 저 위의 다이어그램에서 두 원이 겹쳐지지 않는 부분, 즉, 겉으로 보이는 찬양을 보십시오. 만약 그 삶이 주님을 영화롭게 하지 못하는 경우, 설사 그가 아무리 아름다운 찬양으로 사람들의 심금을 울렸다 해도 주님은 그 찬양을 고백적 찬양으로 받지 않으실 것입니다. 이것과 연관하여 아모스 5장의 선지자의 경고가 떠오릅니다.

> 너희가 내게 번제나 소제를 드릴지라도 내가 받지 아니할 것이요
> 너희의 살진 희생의 화목제도 내가 돌아보지 아니하리라
> 네 노랫소리를 내 앞에서 그칠지어다 네 비파 소리도 내가 듣지 아니하리라
> 오직 정의를 물같이 공의를 마르지 않는 강같이 흐르게 할지어다
> (아모스 5:21-23)

우리가 온전할 수는 없겠으나, 찬양하는 자들은 특별히 자신의 삶을 하나님 말씀 앞에서 늘 살펴야 할 것입니다. 우리 모두 짧은 인생길에 오직 하나님을 진정 영화롭게 하는 삶을 살 수 있기를 소망합니다.

기도하겠습니다.
고마우신 아버지 하나님, 먼저 우리의 찬양을 들으시기 전에 우리의 마음에 있는 모든 고백을 들으신 줄을 믿습니다. 주님, 우리가 사람들에게 칭찬받는 찬양을 하는 것이 중요한 것이 아니라 먼저 하나님께 나 자신을 드리는 신앙고백으로서 찬양이 시작되게 하여 주시옵소서. 감사하옵고, 예수 이름으로 기도합니다. 아멘.

〈참고〉

루터의 음악에 대한 이해 요약

1. 음악은 하나님의 창조물이며, 인간의 예술을 통해 더욱 빛나게 되는 하나님이 인간에게 주신 위대한 선물이다.
2. 기악도 교회에서 허락될 수 있다.
3. 음악을 듣고 느끼는 기쁨은 죄가 아니며 음악은 마귀와 싸울 힘을 준다.
4. 음악은 신학과 매우 가까우며, 옛 예언자들은 하나님의 말씀과 음악이 가깝기를 바랐고 말씀을 음악화하도록 노력하여 수많은 노래와 시편을 남겼다.
5. 음악은 세상을 묶는 힘과 질서를 가져오며 이 질서는 동시에 신적인 질서이다.
6. 음악은 사람의 생각, 감각, 마음, 감정을 다스린다.
7. 하나님은 음악을 통해 복음을 선포하신다.
8. 음악은 인간의 깊은 내면에 있는 것을 불러일으키므로 인간이 말씀의 부름에 응할 수 있도록 돕는다. 그래서 음악은 신앙을 불러일으키며 음악은 성령의 도구이다.
9. 음악의 감정적 능력이 정신적, 영적 침체를 없앨 수 있다. 즉, 음악은 정신적 무감각, 게으름 등을 떨쳐버리고 인간을 생동케 하고, 신선케 하는 "타오르는 힘"이 있다.
10. 찬양은 언어를 뛰어넘어서 환성이나 외침과 비슷하게 될 수 있다. 이것은 세속음악에서도 있을 수 있는데 교회음악에서는 그 가능성이 더 크다. 그 이유는 하나님은 말로 표현할 수 없는 분인데, 침묵할 수는 없고 환성 이외에는 그 표현이 가능한 방법이 없다. 그래서 바로 이 환성이나 환호의 외침이 찬양의 추진력일 수밖에 없다.
11. 음악이 교육에 도움이 된다. 그러므로 성직자나 교사가 음악을 모르는 것은 큰 결함이요, 학교에서는 음악을 적극 장려해야 한다.

(홍정수, 교회음악개론, 29-34에서 발췌)

1 "But whoso will not speak and sing thereof, it is a sign that he doth not believe it, and doth not belong to the cheerful New Testament but to the dull and joyless Old Testament."
Martin Luther, from Valentin Bapst's Hymnbook, Leipzig, 1545.

2 정확한 출처를 찾지 못하였음.

3 Augustine, *Expositions of the Psalms*, vol. III/20.

제15강

찬쉽카페

Patoka 호수에서

할렐루야!

여기는 저희 집에서 약 한 시간 반 정도 떨어진 파토카 호수(Patoka Lake, Indiana)라고 하는 곳입니다. 지난 14강까지 여러분 모두 공부하시느라고 수고 많으셨죠? 그래서 오늘은 좀 쉴 겸해서 이렇게 멋진 곳으로 나왔습니다. 오늘은요, 어려운 성경공부보다 조금 재미있는 이야기들을 나누면서 마치 휴게소에 온 것같이, 또 찬양이 흐르는 카페에 온 것같이 여유 있는 시간을 가져보고자 합니다.

1. 로시니 이야기

여러분이 잘 아시는 오페라 작곡가 로시니(Gioachino Antonio Rossini, 1792-1868)는 약 40편의 오페라를 썼는데요. 그 이름은 잘 몰라도, "세빌리아의 이발사"는 누구나 알고 있을 것입니다. 그 로시니가 76세에 세상을 떠나게 되었는데, 죽기 전까지 약 40년 동안은(좀 과장하자면) 거의 곡을 쓰지 않고 대신 요리를 했습니다. 그래서 사람들이 물어봤어요. "당신은 작곡을 그렇게 잘하는데 어떻게 몇십 년 동안 그렇게 요리만 하세요?" 그랬더니 이 작곡가가 이렇게 이야기했답니다. "나는 사람들을 즐겁게 해주기 위해서 재미있는 오페라를 많이 썼는데, 나중에 알고 보니 맛있는 음식도 사람들을 아주 즐겁게 기쁘게 해주더라고요. 그래서 이렇게 요리를 하게 되었어요."라고요. 지금도 여러분이 이탈리아에 가시면 알라 로시니(alla Rossini)라고 하는 말이 붙은 메뉴들을 볼 수가 있을 텐데요, 한번 맛을 보시기 바랍니다.

제가 이 말씀을 드리는 이유는 우리 하나님께서는 우리에게 여러 가지 재능을 주셨다는 것입니다. 그래서 여러분이 음악의 재능을 받았다 하더라도 다른 재능도 있을 수가 있지요. 또 음악적인 재능이 별로 없다 하더라도 분명히 다른 재능이 있을 것입니다. 그 모든 것을 하나님을 위해서 잘 사용하신다면 하나님께서 기뻐하실 것입니다.

2. 장로님 권사님 이야기

제가 찬양신학이나 찬양세미나를 여러 나라에서 했는데요, 강의가 너무 길잖아요. 그래서 좀 지루하지 않도록 재미있는 이야기들을 생각해내기도 했어요. 그중에 권사님 시리즈, 또 장로님 시리즈⋯ 뭐 이런 게 있습니다. 그런데 이것은 제가 꾸며낸 이야기도 있고, 제가 들은 이야기도 있고, 정확한 이야기가 아닐 수도 있지만, 어떤 교훈을 우리에게 주고 있어서 한두 가지 나누고 싶어요.

두 장로님이 한 교회를 섬기고 계셨는데, 그 교회에 새로 그랜드피아노가 왔습니다. 그런데 그 피아노의 위치가 예배당에서 보기에 왼쪽이냐 오른쪽이냐 하는 문제가 있었던 것입니다. 한 장로님은 왼쪽에 놓아야 한다고 하고, 다른 장로님은 오른쪽에 놓아야 한다고 하고⋯ 그런데 서로 의견을 굽히지 않아서 결국은 한 장로님이 크게 상처를 받아 마침내 교회를 떠나게 되었다는 그런 이야기가 있었습니다. 자, 그런데 이 이야기가 여기서 끝이 아닙니다. 한 십년쯤 후에 시장에서 두 분이 만나게 된 것이에요. 서로 인사를 하면서, 한 장로님이 말했어요. "아유 내가 옛날에 그렇게 좀 고집을 피웠네요. 미안합니다. 그런데 내가 그때 오른쪽에 놓자 했나, 왼쪽에 놓자 했나? 생각이 잘 안 나네요."라고요. 무슨 이야기인가 하면, 우리가 진리가 아닌 것으로 교회에서 문제가 되어 싸우는 것이 많다는 것입니다. 그래서 우리가 자신의 자존심을 버리고, 하나님의 말씀을 잘 연구하자는 것이지요. 하나님 말씀대로 생각하려고 하면 많은 갈등의 문제들이 지혜롭게 해결될 것입니다.

권사님 시리즈 중 하나입니다. 한 권사님이 소망이 있었는데, 여전도회 회장을 하는 것이었습니다. 그런데 여전도회 회장은 누가 시켜줘야 하는데, 유감스럽게도 아무도 안 시켜줘서 열심히 봉사를 했건만 끝내 그 꿈을 이루지 못하고 세상을 떠나게 되셨습니다. 이 권사님이 눈을 떠보니까 천국에 와 계신 거예요. 그리고 그분 앞에 하나님께서 인자하게 바라보고 계셨어요. 그러시면서 "딸아, 잘 왔다…"라고 말씀하셨습니다. 자, 이 권사님이 하나님 은혜에 감사하고 감격했겠지요? 그런데 하나님께서 이렇게 물어보셨어요. "딸아, 네가 무슨 소원이 있느냐?" 이 권사님이 가만히 생각하다가, "아, 하나님, 저 소원이 있어요. 제가 사실 여전도회 회장을 한번 해보고 싶었는데… 그것 좀 시켜주세요." 자, 이 소원을 들으신 하나님께서 갑자기 난처한 표정을 지으시면서 뭐라고 하셨겠어요? "그런데 딸아, 천국에는 여전도회 자체가 없단다." 네, 무슨 말씀인지 아시겠지요? 제가 지어낸 이야기인데요, 바로 천국에서는 남전도회, 여전도회, 건축위원회, 군선교위원회… 뭐 이런 것 다 없습니다. 천국에서는 하나님을 찬양하고 예배하는 그러한 일만이 영원히 지속될 것입니다. 이 이야기는 찬양이 얼마나 특별한 사역인지를, 또 이것은 천국의 사역을 우리가 앞당겨서 하는 것임을 설명하기 위해 제가 좀 우습게 만든 것입니다.

3. 어린이 찬양 이야기

제가 어린이 찬양사역을 여기저기서 많이 하다 보면 때로 깜짝 놀랄 때가 있습니다. 하나님께서 믿음이 크게 성장한 장로님이나 권사님들의 믿음의 고백적 찬양을 더 기쁘게 받으시고 어린이들 찬양에는 별로 관심이 없으실 것 같지만, 사실 성경은 그렇게 말씀하지 않잖아요? 마태복음 21:16에 "어린아이와 젖먹이들의 찬양을 하나님께서 온전케 하신다"고 쓰여 있는데, 바로 하나님께서 어린아이들의 찬양을 얼마나 기뻐하시는지를 말씀하시는 것이죠. 한 십여 년 전에 제가 광저우에 새찬양축제 심사를 갔었는데, 그때 제가 큰 은혜를 받고 감동을 받은 간증이 있어 나누고 싶습니다.

그때 네 살짜리 아이가 찬양을 했는데, "참 아름다워라 주님의 세계는…" 이 찬송가를 불렀어요. 여러분께서 잘 아시는 찬송가입니다. 너무 어려서 "세계"라는 어려운 단어를 이해 못 하는 딸에게 그 엄마가 이렇게 가르쳤다고 합니다. "주님의 세계는" 대신 하나 둘 셋을 세며 "주님의 세 개는"으로 말입니다. 참 지혜로운 엄마 같았어요. 그래서 이 아이가 뜻도 잘 모르면서 순수하게 엄마가 가르쳐준 대로 찬양을 했어요. 그런데 제가 그 찬양을 심사할 때 순간적으로 "내가 평생토록 하나님을 찬양한 모든 찬양보다 하나님께서 이 어린아이의 그 순수한 찬양을 더 기뻐하시겠구나"라는 느낌이 온 거예요. 참 이상하죠? 그래서 저만 그런 느낌이 왔나 생각했는데, 끝나고 나서 보니까 그곳에 있었던 모든 사람이 너무나 큰 감동을 받았더라고요. 사실 그 광저우 한인교회는 대예배에 교인이 천 명 정도 모이는데, 대예배 때에는 어린이들을 세우지 않는 전통이 있었다고 해요. 그런데 이 네 살짜리 아이의 찬양에 너무나 감동하여, 권사님들과 여러 사람들이 목사님께 말씀을 드린 거예요. "이 아이를 대예배 때 꼭 세워주세요." 이렇게 여러 사람들이 부탁을 하니 목사님께서 이것이 무슨 일인가 하고 그 아이를 대예배 때 세우셨어요. 그런데 여러분, 그 아이의 찬양으로 말미암아 그 예배에 기름 부음이 나타난 것입니다. 온 교회가 큰 은혜와 감동을 받았다는 이야기를 제가 그다음 해에 새찬양축제 심사차 광저우에 갔을 때 들었습니다. 그 아이의 엄마를 만났는데, 제게 "요즈음 제가 구름 위에서 걸어 다니는 것 같아요."라고 간증했어요. 여러분 그렇습니다! 어린아이들이 찬양할 때 성령께서 역사하시고 하나님께서 기뻐하시는 것을 우리 교회가 같이 느꼈으면 좋겠습니다.

4. 찬송 작곡 이야기

얼마 전부터 제 아내와 같이 작정새벽기도를 하게 되었는데, 기도 후에 둘이 같이 부르는 복음성가가 있어요. 여러분이 잘 아시는 "우리에게 향하신 여호와의 인자하심이 크고 크도다 크시도다…"(김진호 작곡) 찬양입니다. 이 찬양을 늘 같이 부르고 기도를 끝맺는데, 하루는 제 아내가 제게 이렇게 이야기했어요. 역대상 16:25의 "여호와는 광대하시니 극진히 찬송할 것이요"라는 말씀이 참 좋은데, 그 말씀으로 단순하게 쉽게 누구나 부를 수 있는 간단한 멜로디를 만들어 주면 좋겠다고요. 그러면서 우리가 기도 끝난 다음에 그 노래도 부르면 좋겠다고요. 사실 제가 그렇게 이야기한다고 금방 멜로디가 떠오르거나 그러진 않거든요. 그런데 오늘 새벽에 역대상 말씀과 제 아내 이야기를 생각하며 이런저런 멜로디를 생각하다가 이런 간단한 멜로디가 떠올랐어요. 가사는 다음과 같습니다.

"여호와는 광대하시니 극진히 찬송 받으시리라."

참고로, 이 멜로디의 처음 시작은 완전4도와 완전5도가 순차적으로 나타나 완전8도를 이루는 형태로 되어있는데요, 이것은 완전하신 하나님을 나타냅니다. 이 선율에 마음을 담아 크신 하나님을 바라보며 반복해서 노래해 보세요. 찬송 중에 임하시는 하나님의 은혜가 함께하시기를 바랍니다.[1]

〈참고〉

찬양카페 시리즈를 시작하며…

찬쉽, 즉 '찬양신학쉽게듣기' 강의시리즈가 10회를 넘어갈 때쯤, 그런 생각이 들었어요. 찬쉽은 아무래도 신학과정이라 성경 말씀에 중점을 두어야 하니, 음악에 관한 이야기를 충분히 나눌 공간은 좀 아니라는 생각… 물론 꼭 필요하다면 당연히 말씀과 함께 음악에 관한 이야기를 해야 하며, 특히 성경에 나타난 음악에 관해서는 말씀과 거의 똑같은 중요성을 부여해야겠지요. 그런데 음악을 이야기하다 보면 신학과는 직접적으로 연관이 없는 듯하면서도 우리에게 가르침을 주고 어떤 의미를 찾을 수 있는 내용들이 있지요. 예를 들어 헨델이 오라토리오 〈메시야〉를 초연했을 때, 겨우 32명의 합창단으로 했었다는 이야기, 그중에서 16명은 소년들이었다는 이야기는 여자들이 교회에서 노래할 수 없었던 당시의 관습을 엿볼 수 있게 하지요. 그런 이야기를 통해 찬양이 어떻게 역사적으로 발전해 왔는가를 생각해보며 앞으로 우리의 나아갈 길은 무엇인가를 상상해 볼 수 있지요. 멘델스존이 그 할머니 사라(바흐의 아들 W. F. Bach의 하프시코드 제자)를 통해 바흐의 악보들을 접하게 되었고, 마침내 마태수난곡을, 라이프치히에서 초연된 지 100년이 넘어서 베를린에서 처음으로 연주할 때 그 20대 초반의 작곡가가 지휘봉을 잡았다는 이야기도 참 큰 의미가 있어요. 마태수난곡 입장에서 본다면 100년 이상을 인내하며 기다린 셈이니까요. 이런저런 이야기들을 찬양카페에서 좀 자유롭게 나누면 좋겠지요? 그래서 이름도 찬양카페… 무언가 여유가 느껴지나요? 찬양카페는 찬양신학 강의 아홉 개를 할 때 한 번 하는 것으로 생각해요. 그러니까 마치 십일조처럼 되네요, ㅎㅎㅎ. 그런데 찬양카페에도 심각한 이야기들이 좀 나올 거예요. 우리가 다루는 음악은 세상의 가벼운 오락용 음악이 아니라 왕의 왕을 찬양하는 음악이니까요. 이 시리즈가 강의를 듣고 보는 분들에게 마치 카페에 와서 여유를 부리는 사람처럼 머리도 식히는 동시에 새로운 음악의 세계를 체험해보는 유익한 시간이 되기를 바라며, 그렇게 되도록 노력하겠습니다. 감사합니다.

---

1 이 곡의 가사는 한글성경과 조금 다르다. 성경에는 "극진히 찬송할지어다"라고 명령형으로 되어있는데 여기서는 "극진히 찬송 받으시리라"로 되어있어, 문법적으로 수동태이다. 이것은 성경 원문이 수동태라서 그렇게 바꾼 것이다. (4강 참조)

제16강

이사야 43:21 (1)

인생의 목적

샬롬!

오늘부터는 말씀 강론인데요, 찬양과 관련된 말씀을 바탕으로 조금씩 찬양신학의 뼈대를 세워나가게 될 것입니다. 또한 그것이 우리 삶 가운데 어떻게 적용될 수 있는가에 대해 나누어보고자 합니다.

이제 이사야 43:21을 본문으로 인생의 목적에 대해 말씀을 나누겠습니다.

> 이 백성은 내가 나를 위하여 지었나니 나의 찬송을 부르게 하려 함이니라
> The people whom I formed for Myself, Will declare My praise.
> (사 43:21)

인생에게 있어서 가장 중요한 질문이 있다면, 또 인류가 생긴 이래로 가장 절대적인 질문이 있다면 그것은 "나는 누구인가?"라는 질문일 것입니다. 수많은 사람들이 이 질문에 대한 답을 찾으려고 노력했고 철학자들 중에는 평생을 여기에 바친 사람도 있을 것입니다. 그리스의 철학자 소크라테스의 "너 자신을 알라"라는 말은 아마 모르는 사람이 없을 것입니다. 그러나 자신을 안다는 것은 쉬운 일이 아니지요. 여러분은 자신이 누구라고 생각합니까?

우리 자신이 누구인가를 올바로 알기 위해 반드시 만나야 할 분이 있는데 바로 저와 여러분의 창조자이십니다. 그분은 우리의 설계도를 갖고 계실 뿐만 아니

라 우리 한 사람 한 사람을 위한 계획도 갖고 계신데요, 특별히 우리를 지으신 목적도 당연히 갖고 계십니다. 그래서 그분의 이야기를 들을 때 비로소 우리는 우리가 누구인지 또 무엇을 위해 지음 받은 존재인지를 알게 되는 것입니다.

우리의 창조자 하나님은 감사하게도 우리를 지으신 목적을 매우 분명히, 그리고 누구라도 이해할 수 있도록 성경 말씀에 기록하여 가르쳐주셨습니다. 첫째, 우리는 하나님을 위해 지음 받았다는 것, 그리고 둘째, 그 구체적인 사명은 하나님을 찬양하는 것이라고 말입니다.

제가 제2강에서 찬양에 신학적으로 접근해야 하는 두 번째 이유가 "찬양은 인간창조의 목적, 즉 나 자신의 본질에 관한 것이기 때문"이라고 말했을 때, 바로 이 구절을 이야기한 것 기억하시죠?

먼저 우리가 하나님을 위해 지음 받은 존재라는 것을 생각해 보고자 합니다. 전통신학적으로 인간을 규정한다면 인간은 하나님의 피조물로 죄로 인해 타락하였고 영원한 저주 가운데 있게 된 죄인입니다. 그래서 구원을 위해 절대적으로 메시야, 구세주가 필요한 존재입니다. 이는 인간의 상황을 가장 잘 표현한 것이라고 생각합니다. 아무리 부유하고 행복하게 살았다 해도 그리스도를 만나지 못했다면 여전히 죄로 인한 저주 가운데 있는 불쌍한 삶에 불과합니다.

그런데 이와 같은 인간에 대한 규정은 본래 인간이 무엇을 위해 지음 받았는가에 대해서는 아무런 언급이 없습니다. 그렇다고 인간이 구원을 받기 위해 지음을 받은 것도 아닙니다. 인간은 죄를 지었으므로 구원이 필요하게 된 것이지, 에덴동산에서 아직 죄를 짓기 전에는 하나님과 막힌 담도 없었고 구원도 필요 없는 존재였습니다.

찬양신학은 바로 여기서 우리에게 놀라운 사실을 보여줍니다. 하나님께서 우리를 애당초 하나님을 위한 존재로, 또 하나님을 찬양하도록 지으셨다는 것입니다. 그렇다면 인류가 죄를 지었으므로 하나님께서 우리를 지으신 목적이 변했겠습니까? 그렇지 않습니다. 이사야 43장은 아담이 범죄한 한참 후에 쓰였고 바로 거기에 하나님의 인간창조 목적이 정확히 나와 있기 때문입니다.

구원이란 죄로 인해 단절되었던 하나님과 우리와의 관계 회복입니다. 우리가 예수 그리스도로 말미암아 하나님의 자녀가 되었다는 것이 바로 그것을 의미합니다. 물론 아담이 원래 하나님과 갖고 있었던 관계와 우리가 하나님의 자녀로서 하나님과 갖게 된 관계는 달라졌습니다. 왜냐하면 이제는 하나님의 사랑이 나타난 십자가의 예수님이 우리의 구세주가 되었기 때문입니다. 그래서 이전보다 우리는 하나님과 더 깊은 관계를 갖게 되었습니다. 그러나 그렇다고 애당초 하나님께서 우리를 지으신 목적이 변한 것은 아닙니다. 우리는 여전히 하나님을 위한 존재입니다.

인생을 긴 여행에 비유한다면 목적지 없는 여행을 생각할 수 없듯이 목적 없는 인생도 생각할 수 없을 것입니다. 그런데 인생의 목적을 알기 위해서는 자

신이 누군지를 반드시 알아야 합니다. 오늘 본문 말씀은 분명히 가르칩니다. 인간은 하나님을 위하여 창조되었다고!

많은 사람들이 인생의 목적을 자기 자신을 위한 어떤 것이라고 생각합니다. 사람들은 행복이 인생의 목적이라고 말합니다. 자식이 잘되는 것이 인생의 목적이라고 말하기도 합니다. 하도 많은 사람들이 그렇게 생각하다 보니 그것이 당연한 줄 여깁니다. 그러나 하나님은 말씀하십니다. "너는 나를 위해 내가 창조하였다"고 말입니다. 우리가 자신을 위한 존재인가 하나님을 위한 존재인가를 아는 것은 인생에 있어서 가장 중요한 지식입니다. 내가 나를 위한 존재라고 아는 순간, 하나님은 내가 섬겨야 할 대상이 아니라 나를 돕는 신으로 전락하고 맙니다. 교회에 나온 것도 그 근본적인 목적이 하나님을 섬기는 것이 아니라 결국 그분 비위를 잘 맞춰서 그분으로 하여금 내 가정을 지키고 사업을 번창케 하며 건강을 지켜주시도록, 복을 내려주시도록 하는 것이 되고 맙니다. 그러나 내가 하나님을 위한 존재로 창조되었다는 것을 아는 순간, 나는 하나님을 섬기는 것 자체로 감사할 수 있고 부족한 물질도 하나님께서 주신 풍성한 은혜라고 만족할 수 있으며, 내 삶을 주님께 드리는 것이 희생이 아니라 행복이 되는 것입니다. 그리고 바로 여기에 진정한 예배와 찬양의 시작이 있습니다.

세상은 쉴 새 없이 우리에게 말합니다. "네 꿈을 펼쳐라, 무엇이든 네가 원하는 것을 열심히 하는 것이 가장 아름다운 삶이다." 그러나 하나님은 말씀하십니다. "너는 내가 나를 위해 만들었다. 그러므로 너는 나의 꿈을 펼쳐라, 내가 하고 싶은 바로 그것을 하라, 무엇이든 내가 기뻐하는 것을 충성으로 하는 것이 가장 복 받은 삶이다!" 아마 몇몇 분들은 하나님께서 이렇게 말씀하시니 좀 섭섭한 마음이 들지도 모르겠습니다. 그러나 여러분이 하나님을 위하여 만들어진 존재라는 것을 인정하고 받아들이는 순간, 여러분의 삶의 가치는 놀랍게 변합니다.

여러분 옆에 어떤 화분이 있는데 알고 보니 그것이 어떤 왕이 자신을 위해 직접 만든 화분이라는 것을 알게 되었다면 어떻겠습니까? 갑자기 그 화분이 귀해 보이고 절대로 깨지 않으려고 아주 조심할 것이며 그 아름다움에 대해 이해하려고 노력할 것입니다. 지금 여러분 옆 사람을 보세요! 바로 그 사람이 창조주 하나님께서 자신을 위해 직접 만드신 걸작입니다. 놀랍지 않습니까? 갑자기 그 사람을 대하는 데 조심스러운 마음이 들지 않습니까?

사실 그 사람은 하나님께서 자기 자신을 위해서 만드셨으므로 우리 마음에 맞을 필요는 없는 것입니다. 마치 그 화분이 내가 원하는 모습이 아니라도 내가 아무 불만이 없어야 하는 것과 마찬가지입니다. 그런데 우리는 누가 우리 마음에 안 든다고 얼마나 많이 불평하였습니까? 우리가 하나님을 위해 만들어진 존재라는 것을 아는 순간, 우리 이웃과 함께 우리 자신의 존재가치는 말할 수 없이 높아집니다. 왜냐하면 그것을 알게 된 여러분의 이웃 또한 여러분을 그렇게 귀하게 대할 것이기 때문입니다. 바로 거기에 대한 감사가 우리 찬양의 동기입니다. 그리고 그 이웃은 더 이상 내 인생의 잠재적 경쟁자가 아니라, 함께 하나님을 섬기는 진정한 동역자가 되는 것입니다. 그러므로 그 사람을 마치 왕이 만드신 화분을 조심스럽게 다루듯, 그렇게 대해 보세요! 바로 이것이 진정한 관계 회복의 열쇠입니다.

미국의 찬양사역자 켄 메데마(Ken Medema, 1943-)는 다음과 같은 말을 했습니다.

"예배는 하나님께서 그 백성을 위해 행하신 은혜롭고 능력 있는 행위에 대한 이야기를 하는 것이요, 그 이야기 가운데 우리의 위치를 발견하는 것이다."[1]

이는 예배에 대한 참으로 탁월한 정의가 아닐 수 없습니다. 그렇습니다. 하나님의 위대한 이야기 가운데 우리의 역할이 있고 우리의 위치가 있는 것이 우리의 가장 큰 복일 것입니다.

그리고 우리가 삶을 드리기를 원했던 그 어떤 목적이라도 하나님을 위한 존재로 사는 삶보다 더 숭고할 수는 없습니다. 왜냐하면 하나님께서는 하나님을 위한 삶이 동시에 우리 자신을 위한 최선의 삶이 되도록 정해놓으셨으니까요. 그러므로 하나님의 목적을 위해, 그 광대한 이야기의 한 역할로 우리를 지으셨다는 사실은 더 이상 기쁠 수 없는 소식입니다. 바로 영원한 복음입니다! 할렐루야!

이사야 43:21 말씀은 참으로 엄청난 무게의 말씀입니다. 저는 이 말씀을 깊이 묵상하면서 신앙의 성장이란 결국 "나를 위한 하나님"이 "하나님을 위한 나"의 자각으로 바뀌는 것을 의미하는 것이라고 깨닫게 되었습니다. 찬양신학의 궁극적 목표는 바로 성서적 깨달음이 우리 삶을 변화시키는 것입니다. 우리 한번 이렇게 기도해봅시다. "주여, 나는 당신의 것이요, 오직 당신을 위해 존재합니다. 그리하여 내 것은 아무것도 없었으면 좋겠습니다! 아멘!"

〈참고〉

우리가 하나님을 위한, 그리스도를 위한 존재임을 알려주는 말씀들

야곱아 너를 창조하신 여호와께서 이제 말씀하시느니라 이스라엘아
너를 조성하신 자가 이제 말씀하시느니라 너는 두려워 말라
내가 너를 구속하였고 내가 너를 지명하여 불렀나니 너는 내 것이라 (사 43:1)

세상 중에서 내게 주신 사람들에게 내가 아버지의 이름을 나타내었나이다
저희는 아버지의 것이었는데 내게 주셨으며 저희는 아버지의 말씀을 지키었나이다
지금 저희는 아버지께서 내게 주신 것이 다 아버지께로서 온 것인 줄 알았나이다 (요 17:6, 8)

너희도 그들 중에 있어 예수 그리스도의 것으로 부르심을 입은 자니라 (롬 1:6)

우리가 살아도 주를 위하여 살고 죽어도 주를 위하여 죽나니
그러므로 사나 죽으나 우리가 주의 것이로라 (롬 14:8)

그런즉 누구든지 사람을 자랑하지 말라 만물이 다 너희 것임이라
바울이나 아볼로나 게바나 세계나 생명이나 사망이나 지금 것이나 장래 것이나
다 너희의 것이요 너희는 그리스도의 것이요 그리스도는 하나님의 것이니라 (고전 3:21-23)

저가 모든 사람을 대신하여 죽으심은 산 자들로 하여금 다시는 저희 자신을 위하여 살지
않고 오직 저희를 대신하여 죽었다가 다시 사신 자를 위하여 살게 하려 함이니라 (고후 5:15)

내가 그리스도와 함께 십자가에 못 박혔나니 그런즉 이제는 내가 산 것이 아니요
오직 내 안에 그리스도께서 사신 것이라 이제 내가 육체 가운데 사는 것은 나를 사랑하사
나를 위하여 자기 몸을 버리신 하나님의 아들을 믿는 믿음 안에서 사는 것이라 (갈 2:20)

1　Worship is telling the story of God's mighty acts on behalf of his people, with each believer finding his or her place in the story. God's actions in history began with Creation and will close when all believers are gathered in God's eternal Presence.
Donald Hustad, *True Worship* (Weaton, IL: Hope Publishing Company, 1998), 273.

제17강

이사야 43:21 (2)

음악적 존재

샬롬!
오늘은 지난 시간에 이어 이사야 43:21 말씀의 후반부에 대해 생각해보겠습니다.

> 이 백성은 내가 나를 위하여 지었나니 나의 찬송을 부르게 하려 함이니라
> The people whom I formed for Myself, Will declare My praise.
> (사 43:21)

사람은 어떤 목적을 위한 삶을 삽니다. 우리의 삶이 가치 있는 것은 사실 그 목적이 가치 있기 때문입니다. 우리는 어떻게 해야 삶을 허비하지 않고 귀한 목적을 위해 살 수 있을까요?

지난 시간에 우리는 우리가 창조주 하나님, 우주의 주인이신 하나님을 위한 존재로 지음 받았다는 축복의 메시지를 들었습니다. 오늘 하나님은 같은 구절을 통해 더욱 구체적인 우리의 존재이유에 대해 말씀하십니다. 바로 여러분과 저는 하나님의 영광을 위해, 구체적으로 하나님을 찬양하기 위해 지음 받았다는 것입니다. 그런데 언뜻 보면 잘 이해가 되지 않을 수도 있습니다. '하나님께서 우리를 지으실 때 뭔가 더 높고 위대한 목적을 위해, 예를 들어 세계 평화라든지, 인류의 영혼구원이라든지, 그런 것을 위해 만드셨다고 하면 더 잘 이해가 될 텐데'라고 생각될지도 모르겠습니다.

그런데 우리가 숭고하다고 생각하는 목적들은 대부분 사람을 위한 것입니다. 인류를 위한 희생, 국가를 위한 봉사 등은 모두 사람을 위한 것이지요. 이와는 달리 교회에서 하는 많은 사역들은 하나님의 영광을 위한 것입니다. 사람을 섬기고 돕는 것도 사실 궁극적으로는 하나님을 섬기는 마음으로 하는 것이지요. 그런데 교회가 사람에게만 너무 치중하게 되면, 교회가 자칫 인본주의적인 단체가 될 수도 있습니다. 그러나 하나님께서 우리로 하나님을 찬양하도록 지으셨다고 할 때, 우리의 눈은 오직 하나님만 바라보게 됩니다.

그러므로 찬양사역은 신본주의를 지키는 마지막 보루와도 같습니다. 교회가 다른 인류애적인 단체와 근본적으로 다른 점은, 저들에게는 인간을 돕는 것이 가장 높은 목적이지만 교회는 하나님을 찬양하고 예배하는 것이 지고의 목적이며 존재 이유라는 사실입니다. 그래서 미국 베들레헴 침례교회의 존 파이퍼(John Piper, 1946-) 목사님은 다음과 같은 유명한 말을 합니다.

"Missions exists because worship doesn't."
"예배가 존재하지 않기에 선교가 존재한다."
(존 파이퍼)

다시 말해 선교의 목적은 단순히 인간 구원이 아니라, 구원받은 인간들이 하나님을 예배하고 찬양하는 그것이라고 말입니다.[1]

본문에 쓰인 **테힐라**라는 단어는 찬양의 노래라는 음악적 용어입니다. 즉 하나님께서는 우리를 하나님을 찬양하는 노래를 부르도록, 그것을 중요한 목적으로 지으셨다는 말입니다. 꼭 기억해두시기 바랍니다. 이것은 **할랄** 동사의 명사형인데 할랄은 "찬양하다"라는 동사입니다. 성경에서 찬양에 관한 가장 중요한 단어가 있다면 바로 이 단어일 것입니다. 이 단어는 특히 악기 또는 노래와 결합하여 많이 나타나므로 음악적인 용어입니다. 다음은 테힐라가 쓰인 구절들의 예입니다.

> 그 노래와 **찬송[테힐라]**이 시작될 때에 여호와께서 복병을 두어
> 유다를 치러 온 암몬 자손과 모압과 세일산 사람을 치게 하시므로 저희가 패하였으니
> (대하 20:21)

역대하 20장은 여호사밧왕이 레위 찬양대를 통해 도무지 이길 수 없는 전쟁을 완전한 승리로 이끈 유명한 이야기입니다. 찬양의 능력을 이야기하는 데 반드시 공부해야 할 성경이지요. 그런가 하면 시편 22:3은 하나님이 이스라엘의 찬송 중에 거하신다는 말씀으로 찬양의 신학적 정의를 연구하는 데 결정적으로 중요한 말씀입니다.

> 이스라엘의 **찬송[테힐라]** 중에 거하시는 주여 주는 거룩하시니이다
> (시 22:3)

시편 22:25, 40:3은 하나님께서 우리에게 찬양의 노래를 주신다고 하는, 즉 하나님의 영감으로 새 노래를 만든다는 중요한 말씀이지요.

> 대회 중에 나의 **찬송[테힐라]**은 주께로서 온 것이니
> 주를 경외하는 자 앞에서 나의 서원을 갚으리이다
> (시 22:25)

> 새 노래 곧 우리 하나님께 올릴 **찬송[테힐라]**을 내 입에 두셨으니
> 많은 사람이 보고 두려워하여 여호와를 의지하리로다
> (시 40:3)

또한 이 단어의 복수형인 테힐림은 시편 전체의 제목이라고 말씀드렸지요? 물론 이 단어의 동사형인 할랄이 명령형으로 쓰인 할렐루야까지 생각한다면 이 단어의 중요성은 그 크기를 다 알 수 없을 정도입니다. 바로 이 중차대한 찬양을 위해 하나님께서 우리를 만드셨다면 우리의 가치는 또한 얼마나 크겠습니까?

오늘은 특별히 창조의 합목적성에 대해 이야기를 나누고자 합니다. 창조의 합목적성이라 함은 우리가 그 목적에 부합하도록 지음을 받았다는 뜻입니다. 우리가 의자를 만들 때 사람이 앉기에 편안하게 만드는 것이 합목적성에 부합하는 것이요, 앉으면 몸이 아프고 매우 불편한 의자를 만들었다면 이는 합목적성에 부합하지 않은 것이지요. 하나님께서 우리를 찬양을 부르도록 지으셨다면, 우리의 몸이 과연 그렇게 지어졌겠지요? 그래서 우리 몸을 자세히 살펴보면, 거꾸로 하나님께서 우리가 어떻게 찬양드려야 기뻐하실지 알 수 있을 것입니다.

그러면 인간은 과연 얼마나 음악적인 존재일까요? 한마디로 인간은 놀라울 정도로 음악적인 존재입니다. 세상에 수많은 민족이 있고 각각 다른 문화적 배경이 있는데, 모든 민족은 각각의 악기가 있고 고유의 노래가 있습니다. 또 아시다시피 모든 아기는 정도의 차이는 있겠지만 선천적으로 음악적인 능력을 가지고 태어납니다. 즉, 인간은 선천적으로 기본적인 음악성을 가지고 있으며, 후천적으로 이를 보다 높은 수준으로 발전시킬 수 있지요. 왜 그런 능력이 주어졌을까요?

저는 음악적인 존재로서의 인간의 몸을 살펴보며 감탄을 금치 못합니다. 일반적으로 사람은 소리를 아주 잘 들을 수 있습니다. 심지어 태에서부터 음악에 반응하는 기가 막힌 음악적인 능력이 주어졌습니다. 또 어릴 때부터 그 소리를 감상할 수도 있고 모방해서 노래할 수도 있습니다. 인간의 귀에는 듣는 데 관여하는 신경이 있는데요, 그 신경이 뇌로 연결되어 있습니다. 그래서 우리가 귀에서 듣는 소리가 뇌로 전달되어, 비로소 우리가 그 소리를 이해할 수 있고 때로 감상할 수도 있고 기억할 수도 있는 것이지요. 이것을 청신경(Auditory nerve)이라 하는데, 그 신경에는 신경섬유가 한쪽 귀에 약 3만 개가 있습니다. 그러니까 우리가 소리를 듣는 데 관여하는 신경섬유가 모두 6만 개입니다.[2] 그리고 그 많은 청신경섬유로 아주 자세히 소리를 들을 수 있고 특히 음의 높낮이를 잘 구별할 수 있습니다. 그리고 소리를 잘 들으면 잘 노래할 수도 있습니다. 음악은 높낮이가 다른 여러 음으로 구성되어 있지 않습니까? 그래서 이 소리를 잘 구별해서 듣는 능력이 필수적입니다. 그런데 하나님께서는 우리에게 그토록 많은 신경섬유가 이 일을 담당하도록 하셨습니다. 놀랍지 않습니까? 또한 하나님께서는 인간에게 동시에 여러 음을 들을 수 있는 능력도 주셨습니다. 그래서 우리는 화성의 아름다움에 눈물을 흘리기도 하는 존재가 되었습니다.

게다가 인간의 목소리는 아주 다양합니다. 여자는 높은 소리를 낼 수가 있고 남자는 낮은 소리를 낼 수 있도록 만들어졌습니다. 여자 중에는 높은 소리를 내는 소프라노도 있지만 꽤 낮은 소리를 낼 수 있는 알토도 있습니다. 남자 중에는 낮은 소리를 낼 수 있는 베이스도 있고, 높은 소리를 낼 수 있는 테너도 있습니다. 그래서 우리는 소프라노, 알토, 테너, 베이스의 4성부를 갖게 되었습니다. 바로 사람의 목소리의 이와 같은 특성을 그대로 사용한 것이 4성부 성악곡입니다. 우리가 전통적으로 부르는 찬송가가 이런 구조를 가지고 있습니다. 그런데 만약 하나님께서 애당초 화성적 음악을 싫어하셨다면, 구태여 사람의 목소리를 그처럼 다양하게 만드시거나, 사람들에게 아름다운 화성을 듣고 노래할 능력을 주실 필요가 있었을까요? 이런 모든 주어진 능력으로 음악인들은 놀라운 수준의 예술적 찬양을 하나님께 드릴 수 있지요. 인류역사를 보면 과연 수많은 예술적 찬양곡들이 만들어졌고 하나님의 영광을 위해 연주되었습니다. 바로 하나님께서 만드신 인간의 몸의 놀라운 능력이 합목적적으로 사용된 것입니다. 마찬가지로 하나님께서 예술적 찬양을 싫어하신다면 인류에게 구태여 천재적인 재능을 주실 필요가 없었을 것입니다.

또한 저는 인간의 손을 볼 때마다 놀라움을 금치 못합니다. 손과 손가락의 작고 큰 관절들과 근육들이 여러 모양으로 쓰이고 있지요. 그런데 손은 또한 음악적으로도 놀라운 능력을 발휘합니다. 성경에 수많은 악기들이 나오는데요, 악기는 바로 손으로 하나님을 찬양하도록 지어진 도구입니다. 흔히들 기악찬양을 가사가 없는 찬양이라고 좀 경시하는 경향이 있는데, 이는 잘못된 태도라고 생각합니다. 성악찬양이 우리의 목소리를 사용해서 찬양하는 것이라면 기악찬양은 우리의 손을 사용해서 찬양하는 것이고, 또 오르간 페달이나 베이스드럼처럼 필요하면 발도 사용해서 드리는 찬양입니다. 결국 하나님께서 찬양받으시고자 만드신 우리 몸을 그 목적대로 사용해서 찬양하는 것이니 그런 의미에서는 기악찬양과 성악찬양이 똑같이 중요합니다. 잘 훈련된 악기 연주자들의 손이 얼마나 민첩하게 돌아가는지요![3] 바로 하나님께서 주신 능력입니다. 우리 손도 하나님의 찬양을 위해 지어졌으니 우리 손의 모든 가능성을 다 사용해서 하나님을 찬양하는 것이 당연한 도리겠지요? 또 우리의 폐는 성악뿐만 아니라 관악기를 연주하기에 적합하게 지어졌습니다.

이와 관련하여 중세의 철학자 보에티우스(Boethius, c. 477 - 524 AD)의 음악관에 대해 생각해 봅니다. 그는 『음악의 가르침(De institutione musica)』이라는 책을 썼는데 이는 중세시대의 음악이론 정립에 매우 큰 기여를 하게 됩니다. 그는 헬라어에 능통하여 고대 그리스의 음악과 수학에 관한 저서들을 공부하였고 음악은 숫자의 과학이라는 생각을 정립하게 됩니다. 이를 바탕으로 한 그의 음악에 대한 가장 중요한 생각은 음악은 하나님의 우주적인 질서를 나타낸다는 것입니다. 그는 음악을, 우주의 음악, 인간의 음악, 그리고 도구적 음악으로 분류합니다.[4]

1. 우주의 음악(Musica mundana): 이것은 우주 전체의 하모니, 즉 별들의 움직임, 계절의 변화 등이 여기에 속합니다. 우주의 음악은 시편 19:1-6을 생각나게 하는데요, 이 시편에서는 마치 장엄한 우주의 음악이 들리는 듯합니다.

> 하늘이 하나님의 영광을 선포하고 궁창이 그 손으로 하신 일을 나타내는도다
> 날은 날에게 말하고 밤은 밤에게 지식을 전하니
> 언어가 없고 들리는 소리도 없으나
> 그 소리가 온 땅에 통하고 그 말씀이 세계 끝까지 이르도다
> 하나님이 해를 위하여 하늘에 장막을 베푸셨도다
> 해는 그 방에서 나오는 신랑과 같고 그 길을 달리기 기뻐하는 장사 같아서
> 하늘 이 끝에서 나와서 하늘 저 끝까지 운행함이여
> 그 온기에서 피하여 숨은 자 없도다
> (시 19:1-6)

2. 인간의 음악(Musica humana): 이것은 소우주로서의 인간 몸 각 부분의 조화, 또 몸과 영혼의 조화를 의미하며, 인간의 귀로 들을 수 있는 음악은 아닙니다. 아마도 보에티우스는 이런 개념을 시편 139:13-14에서 찾지 않았을까요?

> 주께서 내 장부를 지으시며 나의 모태에서 나를 조직하셨나이다
> 내가 주께 감사하옴은 나를 지으심이 신묘막측하심이라
> 주의 행사가 기이함을 내 영혼이 잘 아나이다
> (시 139:13-14)

3. 도구적 음악(Musica instrumentalis): 이것은 악기와 인간의 목소리를 통해 우리가 귀로 들을 수 있는 음악입니다. 이 도구적 음악이 가장 잘 나타난 성경이 아마 시편 150편일 것입니다. 시편 전체의 절정이자 결론이라 할 수 있는 이 시편은 현악기, 관악기, 타악기 등 모든 악기와 사람의 목소리를 사용해서 하나님을 찬양하라고 명령합니다. 바로 보에티우스가 말한 도구적 음악입니다.

여기에서 인간의 신체와 악기를 하나로 묶어 도구적인 음악으로 생각한 것이 인간이 찬양을 위해 지어졌다는 사실을 자연스럽게 보여줍니다. 가톨릭에서 순교 성인으로 존경받는 보에티우스에게는 성악과 기악의 차이가 중요하지 않다는 것이죠. 그의 동일한 저서에서 그는 이렇게 말했다고 합니다:

> "인간은 너무나 음악적이라서
> 그가 아무리 음악으로부터 도망가려 해도 절대로 그렇게 하지 못한다."[5]
> (보에티우스, 『음악의 가르침』)

하나님께서 인간을 찬송을 부르게 하시려고 지으셨음이 분명할진대, 그가 한 이 말도 분명히 맞을 것입니다.

결국 저는 우리 몸 전체가 매우 음악적으로 지어졌다고 생각합니다. 이는 과연 이사야 43:21 말씀이 얼마나 놀라운 말씀인가를 다시금 확인시켜줍니다. 그래서 여러분 한 사람 한 사람은 엄청난 가치를 가지고 있는 존재입니다. 음악적인 능력의 차이는 있겠지만, 여러분 모두는 하나님을 찬송하도록 지음 받으셨습니다. 안타까운 것은 이 놀라운 음악적 능력을 많은 사람들이 하나님과 무관하게 사용하고 있다는 것입니다. 우리 모두 이 말씀 앞에서 더욱 겸손히 진실된 음악적 고백을 할 수 있기를 바랍니다.

마지막으로 오늘은 강의 후에 찬양을 한 곡 듣겠습니다. 동영상 마지막에 링크를 만들어놓았습니다. 바로 오늘 말씀으로 만들어진 곡인데요, 캄보디아에서 코로나 시대에도 불구하고 작년(2019)에 새로 만들어진 테힐라 여성합창단을 위해 쓰게 된 곡입니다. 중간에 히브리어 원문이 나오는데 이는 성경의 원문을 존중하고, 있는 그대로 전달하려는 제 마음이라고 생각해주시면 좋겠습니다. 이사야 43:21 말씀에 담긴 깊은 뜻을 찬양과 함께 묵상하는 뜻깊은 시간이 되시기를 바랍니다. 감사합니다.

〈참고〉

테힐라티(나의 찬송/ 사 43:21/ 여성합창곡)에 대한 간증

새벽에 일어나 며칠 전 시작한 피아노 찬양곡을 마무리하고는, 피곤한 눈을 감고 이 곡을 두 번 들었다. 마치 일로 지친 심령이 쉼을 찾듯이… 그러나 또 듣고 싶은 마음을 달래며 나의 한쪽 마음은 글을 쓰고 있었다. 며칠 전 이 곡을 들은 어떤 선교사가 "곡을 들으며 마치 다른 데 갔다 온 것 같다"고 해서 "저도 이 곡 들으면 천국 가는 중간 휴게소쯤에 갔다 온 느낌"이라고 우스갯소리를 했다. 하기야 전혀 빈말은 아닌 것이, 나도 이 곡 첫 부분을 어느 날 새벽 비몽사몽간에 어디선가 들려오는 듯한 소리를 듣게 되어 작곡을 시작했으니 말이다. 이런 생각을 하면 한 프랑스 작곡가가 떠오른다.

프랑스에서도 독일에서도 별로 사랑받지 못하는 작곡가가 있으니 바로 낭만파 작곡가 베를리오즈(Hector Berlioz / 1803-1869)이다. 그는 분명히 프랑스 작곡가인데 그 음악은 지극히 독일적이라 프랑스에서는 별로 환영을 못 받고, 그렇다고 독일어권에서도 슈만, 브람스, 멘델스존, 슈베르트, 브루크너, 바그너 등 기라성 같은 낭만파 작곡가들이 넘치는데 구태여 프랑스 작곡가의 독일적 음악을 좋아할 이유가 없는 것이다. 게다가 그의 오페라 〈트로이 사람들〉(Les Troyens)에서 보듯 —5시간이나 걸리고 팀파니 주자가 세 명이나 필요하며 8대의 하프가 필요함— 너무 과장된 면이 있고 무신론자에 가까우면서도 종교곡을 썼으니 나로서도 별로 좋아할 이유가 없는 작곡가이다. (한국에서는 다행히 "환상교향곡," 파가니니가 작곡을 의뢰했던 "이탈리아의 헤럴드" 등의 작곡가로 고정팬을 확보하고 있다.) 그런데 이 작곡가가 참 묘한 말을 했다. "음악이 있는 현실은 음악이 없는 현실보다 더 현실적이다"라고. 이 무슨 수수께끼 같은 말인가? 우리는 음악회의 마지막 울림이 끝나고 막을 내리면 이제 다시 건조하고 팍팍한 현실로 돌아간다고 생각하는데, 그는 거꾸로, 음악이 흐르는 오페라나 음악회야말로 진정한 현실이라는 것이다… 아마 여기에 아무도 동의하지 않을 것이다.

그러나 음악가나 작곡가라면 그것을 좀 이해할 수 있으리라, 왜냐하면 그들은 거의 언제나 마음에서 음악이 흐르므로… 그리고 음악회란 그들이 늘 듣는 음악을 단지 모든 사람들이 들을 수 있도록 해주는 공간에 불과하다. 좀 다르게 설명해보자. 우리는 영화를 볼 때 큰 감동을 받는 경우가 많은데, 이미 알려진 사실을 영화로 만들어도 사실보다 더 감동적이다. 그리고 거기에는 반드시 음악의 큰 역할이 있는 것이다. 이에 관하여 생각할 성경 말씀이 있다.

> 만군의 여호와께서 이같이 말씀하시되 너희는 잘 생각하고 곡하는 부녀를 불러오며 또 보내어 지혜로운 부녀를 불러오되 그들로 빨리 와서 우리를 위하여 애곡하게 하여 우리의 눈에서 눈물이 떨어지게 하며 우리 눈꺼풀에서 물이 쏟아지게 하라 (렘 9:17, 18)

예레미야는 흔히 눈물의 선지자로 알려져 있다. 곧 다가올 예루살렘의 멸망을 선포해야 하는 선지자의 심정을 누가 이해할 수 있으랴! 그런데 하나님께서 왜 곡하는 부녀를 불러서 애곡하라고 하셨을까? 사실 그런 비참한 현실은 곡소리가 나지 않는 것이 오히려 비현실적인 것이리라. 하나님께서는 곡하는 여인들을 통해 현실이 얼마나 슬픈 것인가를 실제보다 더 현실적으로 나타내시려는 것이었다. 이와 비슷한 내용을 다음에서 볼 수 있다.

> 너는 이스라엘 방백들을 위하여 애가를 지어 부르기를 네 어미는 무엇이냐 암사자라 그가 사자들 가운데 엎드리어 젊은 사자 중에서 그 새끼를 기르는데 그 새끼 하나를 키우매 젊은 사자가 되어 식물 움키기를 배워 사람을 삼키매 /···/ 이방이 둘려 있는 지방에서 그를 치러 와서 그의 위에 그물을 치고 함정에 잡아 갈고리로 꿰고 철롱에 넣어 끌고 바벨론 왕에게 이르렀나니 그를 옥에 가두어서 그 소리로 다시 이스라엘 산에 들리지 않게 하려 함이니라 (겔 19:1-9)

선지자 에스겔의 일 중 하나는 애가를 만드는 것이었다. 하나님의 명령에 따라 애가를 만들었는데… 애가란 무엇인가? 슬픈 노래이다. 하나님께서 왜 애가를 지어 부르라 하셨나? 원래 슬프지도 않은 현실을 일부러 애가를 통해 슬프게 만드시려는 것인가? 오히려 현실이 얼마나 슬픈 것인지 모르는 우매한 백성들에게 현실을 제대로 가르쳐주시기 위함이 아닌가? 멸망하는 이스라엘의 현실은 슬픈 노래를 부를 때 비로소 그 고통과 절망감이 현실로 다가온다는 것이다.

이를 생각하면 베를리오즈의 그와 같은 말이 상당히 수준 높은 지혜임을 깨닫는다. 게다가 이런 생각을 해보자. 영원히 찬양이 흐르는 천국이 현실인가, 아무 음악소리도 들리지 않는 현세의 삶이 현실인가? 현세의 삶이란 마치 꿈처럼 잠깐이면 지나가는 것 아닌가? 그러나 저 천국의 찬양소리는 영원히 변치 않는 진정한 현실이 아닌가? 누가 잠깐 있다

사라지는 꿈을 현실이라 하는가? 물론 이 고난의 바다 같은 세상을 잠깐 피하고자 현실도피적인 마음으로 음악을 듣는 사람들이 왜 없겠는가? 그러나 사실 그들에게도 음악으로 인한 보다 나은 세상이 잠깐의 현실이 되어준다는 점에서도 베를리오즈의 말은 그리 틀리지 않은 것이다.

몇 달 전, 새로 시작하는 여성합창단의 이름을 지어달라는 부탁을 받았을 때, 기도하던 중 테힐라(사 43:21에 나오는 단어로 "찬양, 찬미의 노래"라는 뜻의 히브리어)가 떠올라 이를 추천했고 단원 모두가 좋게 여겨 그 이름으로 새로운 여성합창단이 탄생하게 되었으니, 이름하여 "프놈펜 테힐라 여성합창단." 이 단어의 막중한 의미를 생각할 때, 과연 주께서 이 마지막 때에 이 작은 합창단을 통해 큰일 행하실 것을 기대하며 축복하는 마음으로 이 곡을 쓰게 되었다. 사실 그럴 계획은 없었는데, (거의 항상 그렇듯이) 어느 날 새벽에 이사야 43:21 말씀이 조용하며 평화로운 동양적인 선율을 입고 나타나 이를 재료로 곡을 쓰게 되었으니… 아마도 주께서 이들에게 주시는 선물이라 생각되었다. 아울러 이 말씀의 뜻 그대로 주를 찬양하기 원하는 전 세계의 모든 여성합창단, 중창단도 주께서 이 곡을 통해 품으심을 믿는다. 주여 홀로 영광 받으소서! (악보 곡목해설 중에서)

글머리에 "또 하나의 이적"이라 했으니 좀 설명이 필요할 것이다. 사실 지난 20여 년을 달려오는 동안 나를 인도한 몇 개의 말씀 중 가장 중요한 말씀이 바로 이사야 43:21이다. "이 백성은 내가 나를 위해 지었나니 나의 찬송을 부르게 하려 함이니라" 참 짧은 말씀인데 약 40년쯤 전인가 이 말씀은 내 영혼에 청천벽력처럼 강하게 들려왔고 그 후로 단 한 순간도 잊은 적이 없는, 나를 인도하는 말씀이 되었다. 이 말씀으로 찬양세미나를 하게 된 것이 30년 정도 되는데 점점 분량이 늘어나, 이제는 신학교에서 두 학기를 가르치는 "찬양신학" 과정이 되었고, 세계 여러 나라에서 인도하는 찬양신학 일주일 집중과정이 되었다. 그동안에 "찬양의 성전"이라는 교회음악이론서도 이 말씀을 중심으로 펴냈고, 그 책은 중국어로 번역되어 많은 중국 목사님들께 공급되었다. 여름에도 밤이면 추운 볼리비아의 고산도시 코차밤바에서도, 겨울에도 여전히 더운 캄보디아에서도 이 말씀은 나의 강의의 중심이 되었고, 흙길을 꼬불꼬불 한참 달려야 도착하는 우간다의 시골마을에서도, 인도에서 제일 못사는 지역 중 하나인 아쌈 지역 교회의 찬양세미나에서도, 케냐 나이로비 근교 마차코스의 한 신학교에서도, 미국 플로리다의 한인침례교목회자 리트릿에서도, 캄보디아 깜뽕짬 지역 목회자 모임에서도, 남미 아르헨티나의 목회자 위한 찬양 신학과정에서도 이 말씀은 증거되었다. 그러니 이 말씀은 지난 20년의 새찬양사역을 한 마디로 압축한 말씀이라고 할 수 있을 것이다.

그런데 돌아보니 이 귀한 말씀으로 만든 곡이 특별히 생각나지 않았다. 약 20년 전에 쓴 "하나님을 찬양하는 삶"이라는 곡이 있다. 이는 "찬양의 성전"을 읽고 감동을 받은 한 자매의 독후감에 감동해 그것을 가사로 쓰게 된 것이며, 거기에 "아마도 내가 그렇게 지어졌기에 찬양하는 삶은 참으로 행복하다"라는 가사가 나온다. 그러나 딱히 이 말씀 자체로 곡을 쓴 것은 없었다. 그런데 위에 썼듯 몇 달 전 창립된 테힐라 여성합창단의 이름을 지어주는 것부터 시작해서 조금씩 이 합창단에 관여하게 되더니 마침내 이 곡을 쓰게 된 것이었다. 그것도 어느 날 새벽에 갑자기…

곡이 완성되어 합창단에게 악보를 직접 만들어 선물을 하니 모두들 얼마나 좋아하는지! 그래서 열심히 연습을 시작한 것까지는 좋았는데… 문제는 그 합창단 반주자(비전공자)에게 그 곡이 너무 어렵다는 것이었다. (참고로 피아노 파트는 그냥 반주가 아니라 합창과 똑같은 무게를 가진 찬양 파트! 그러니 음악적 영적으로 전공자 수준의 실력자가 많은 준비를 해야 하는 파트. 그런데 여기는 선교지라 그런 준비된 사람을 찾기가 너무 어려운 현실!) 그래서 몇 개월 연습을 하고 연주날짜도 잡아놨는데 피아노 파트가 제일 근심이 되었다. 그래서 결국 컴퓨터로 그 반주를 녹음해서 그것으로라도 연주하려고 다 준비를 해놨는데… 그 얼마 전 딸 한나가 휴스턴에서 엄마 전시회를 도와준다고 프놈펜으로 와 있었다. 그런데 코로나로 다시 미국에 가지 못하고 있던 차, 한나의 잠재력을 아는 아내가 한나에게 피아노 파트를 부탁했다. (한나는 디자인 전공이지만 어릴 때부터 새찬양축제로 다져진 피아노 실력이 있기에, 또 찬양에 열심이 있기에 주님께서 이 일을 위해 부르신 것이라고 믿는다.)

드디어 연주는 11월 21일로 다가왔는데… 놀랍게도 그날은 새찬양축제 20주년 기념 감사찬양 동영상음악회를 시작하는 날! 그날 한국시간으로 저녁 8시에 시작된다고 전 세계의 새찬양가족들이 알고 있었다. 그런데 바로 그날 프놈펜 해맑음교회에서 11시 예배에서 테힐라 합창단이 이 찬양으로 특별찬양을 하게 되었으니…! (이것은 전적으로 교회 사정에 따라 테힐라 지휘자가 결정한 것임) 이를 생각할 때 "아, 주님께서는 새찬양축제 20주년 기념음악회에 이 곡을 넣기를 원하시는구나!" 하는 확신이 왔고, 그날 드디어 주님

은혜로 잘 연주하고 녹화한 뒤 오후에 편집해서 프놈펜 시간으로 저녁 6시경인가 겨우 시간에 맞춰 그 곡을 동영상으로 올릴 수 있었다. 할렐루야!

휴유! 이 곡의 동영상을 올리고 나니 마치 한 편의 스릴이 넘치는 영화를 찍은 기분이었고 20년을 달려온 마라톤을 겨우 끝낸 기분이었다. 지난 20년의 대단원을, 지난 20년간 이와 같은 놀라운 열매를 맺도록 인도하신 이 위대한 말씀을 노래하며 마치도록 인도하신 주님께 모든 영광을 돌리며 특별히 감사와 찬양을 돌립니다!

베를리오즈의 말처럼 음악이 있는 현실이 더 현실적이라면… 이 찬양을 통해 천국을 조금이나마 더 현실적으로 체험하는 축복이 듣는 모두에게 있기를… 그리고 이 곡이 이 죄악세상에 지친 심령들에게 하나님의 시은좌로 나아가는 비밀통로가 되기를… 그리고 여성3부, 즉 세 성부의 아름다운 하모니를 통해 성삼위의 아름다운 대화를 상상할 수 있기를! (작곡자 / 프놈펜에서)

김명환, "비전 60/2020, 그 시작과 성취" 중에서

1. "Missions is not the ultimate goal of the Church. Worship is. Missions exists because worship doesn't. Worship is ultimate, not missions, because God is ultimate, not man. When this age is over, and the countless millions of the redeemed fall on their faces before the throne of God, missions will be no more. It is a temporary necessity. But worship abides forever.
선교는 교회의 궁극적 목표가 아니다, 예배가 궁극적 목표이다. 선교는 예배가 없는 곳이 있기에 존재한다. 사람이 아니라 하나님이 궁극적이기에 선교가 아니라 예배가 궁극적이다. 이 세대가 지나가고 셀 수 없는 구원받은 자들이 하나님의 보좌 앞에 엎드릴 때, 선교는 더 이상 존재하지 않는다. 그것은 잠시 필요할 뿐이다. 그러나 예배는 영원하다. (필자 번역)
John Piper, *Let the Nations Be Glad! The Supremacy of God in Missions* (Grand Rapids: Baker, 2003), 17.

2. Murray Campbell and Clive Greated, *The Musician's Guide to Acoustics* (New York: Schirmer Books, 1987), 50.

3. 예를 들어 아래 곡(쇼팽 연습곡 제2권 1번)을 피아니스트가 연주할 때 속도를 메트로놈 104대로 한다면 이는 1분에 한 박자가 104번 들어있다는 뜻이니 한 박자의 길이는 60/104 = 0.577초. 그렇다면 0.577초 안에 연주자는 왼손 여섯 음, 오른손 여섯 음을 합해서 열두 개의 음을 연주해야 한다. 만약 빠르기를 좀 올려서 메트로놈 120으로 하면 정확히 0.5초 동안에 열두 개의 음, 그러니까 1초 동안에 24개의 음을 연주해야 하며 그러면서 멜로디 라인(머리가 큰 음표)을 살려줘야 하고 동시에 베이스 라인도 생각해야 하고, 동시에 화음이 바뀔 때마다 페달을 바꿔줘야 하고, 동시에 이음줄(Slur)을 보면서 프레이즈를 만들어줘야 하면서, 동시에 전체적인 다이내믹을 표현해야 하면서, 동시에 자신만의 노래를 부르며 새로운 예술적인 해석을 해야 한다. (물론 이보다 더 빠른 손놀림을 요구하는 곡들도 많이 있다.)

4. dtv-Atlas zur Musik: Tafeln und Texte, (Deutscher Taschenbuch Verlag GmbH & Co. KG, München und Bärenreiter-Verlag Karl Vötterle GmbH & Co. KG, 1986), 303.

5. "…ita nobis musicam naturaliter esse coniunctam, ut ea ne si velimus quidem career possimus."
Boethius, *Fundamentals of Music*, 8. (cited from the footnote of Thomas J. Mathiesen, *Apollo's Lyre: Greek Music and Music Theory in Antiquity and the Middle Ages* (Lincoln and London: University of Nebraska Press, 1999), 631-2.)

제18강

시편 69:30-31 (1)

찬양의 목적

제18강 영상

할렐루야!
오늘 본문 말씀을 읽습니다.

> 내가 노래로 하나님의 이름을 찬송하며
> 감사함으로 하나님을 광대하시다 하리니
> 이것이 소 곧 뿔과 굽이 있는 황소를 드림보다
> 여호와를 더욱 기쁘시게 함이 될 것이라
> I will praise the name of God with song,
> And shall magnify Him with thanksgiving.
> And it will please the LORD better than an ox
> Or a young bull with horns and hoofs.
> (시 69:30-31)

성경 전체를 통하여 찬양의 정수를 꿰뚫는 말씀들이 몇 안 되는데 이 말씀이 바로 그 말씀 중 하나입니다. 찬양을 하는 사람은 많습니다. 찬양 듣기를 좋아하는 분도 많습니다. 많은 분들이 은혜받기 위해 찬양하며, 또 기쁨을 얻거나 위로받기 위해 찬양합니다. 그런데 성경은 찬양의 목적을 무어라 했을까요? 오늘 말씀은 바로 찬양의 목적에 관한 말씀입니다. 찬양은 바로 하나님을 기쁘시게 하는 목적으로 하는 것입니다. 다시 말해 찬양은 나를 기쁘게 하기 위한 것이 아니라는 뜻입니다. 내가 위로받기 위해, 내가 은혜받기 위해 하는 것이 아니라, 하나님을 기쁘시게 하기 위한 것이라는 뜻입니다.

물론 하나님은 여러분의 여러 모양의 찬양을 다 받으십니다. 그러니 여러분이 찬양을 하는 동안 은혜받은 것이 문제가 있다는 뜻이 아닙니다. 기쁨을 얻은 것이, 위로를 체험한 것이 문제라는 뜻이 결코 아닙니다. 오히려 그렇지 않으면 문제일 것입니다. 대표적인 찬양집인 시편과 찬송가의 가사들을 살펴보면 고달픈 세상을 살면서 하나님께 드리는 고백적인 기도가 많이 있습니다. 상처받고 죄인 된 우리 영혼은 찬양을 오로지 하나님을 기쁘시게 하기 위해 드리기까지 시간이 좀 걸리기도 합니다. 개인적인 차이는 있겠지만, 우리는 마음에 와닿는 찬양을 부르는 가운데 시편 22:3 말씀과 같이 찬양 중에 거하시는 하나님을 만나게 될 것입니다. 즉, 은혜나 위로는 우리가 만들어내는 것이 아니라 찬양 중에 거하시는 하나님께서 우리에게 주시는 것이라는 뜻이지요. 찬양 중에 하나님의 임재를 느낄 때에 우리는 "하나님의 이름을 찬송하며 감사함으로 하나님을 광대하시다"라는 영혼의 고백을 하게 되며 하나님을 기쁘시게 하는 최고의 찬양에 다다르게 될 수 있을 것입니다. 중요한 것은 찬양의 궁극적인 목적이 하나님을 기쁘시게 섬기는 것이라는 사실입니다.

오늘 말씀은 찬양사역이 구체적으로 무엇인가를 가르칩니다. 찬양이란 노래로 하나님의 이름을 찬송하며 감사함으로 하나님을 광대하시다고 하는 것입니다. 여기에 보면 우리에 관한 내용이 없고 모두 하나님께 대한 내용입니다. 우리의 문제, 우리의 감정, 우리가 좋아하는 찬양스타일이 중요하지 않다는 뜻입니다. 하나님의 이름이 중요하고 하나님의 광대하심이 중요하다는 말씀입니다. 하나님의 이름은 하나님의 명예이며, 영광입니다. 하나님의 광대하심은 그분의 속성입니다.

우리가 하나님과 하나님의 속성을 모른다면 그 이름에 합당하게 찬양할 수 없습니다. 그래서 하나님께서는 우리를 하나님을 찬양하는 존재로 지으셨을 뿐 아니라 우리에게 당신이 어떤 분인지를 성경 전체를 통해 계시하십니다. 바로 하나님을 알라는 것입니다. 그리고 그 광대하심에 합당한 영광을 돌리라는 것입니다. 사람들은 하나님을 섬긴다고 하며 주님밖에 없다고 하면서도 자기의 생각, 자기의 감정의 노예가 되어있는 경우가 많습니다. 주님의 명예만 높아지면 된다고 하면서도 누가 자신을 욕하면 용서하지 못합니다. 찬양은 모든 관심을 하나님께로 향하는 것입니다.

이 말씀이 한 가지 더 시사하는 중요한 메시지가 있는데 바로 우리의 신앙생활 전체의 목표입니다. 물론 이것을 한두 마디로 정의하기는 어렵습니다. 어떤 사람은 하나님을 위해 많은 열매를 맺는 것을 목표로 삼고 한 사람이라도 더 복음을 듣도록 애씁니다. 또 어떤 사람은 비록 한두 명이라도 확실한 그리스도의 제자를 키워내는 것이 목표라고 생각합니다. 저는 개인적으로 겉으로 나타난 열매도 중요하지만 우리가 예수님을 닮는 것이 더 중요한 목표요, 또 그렇게 되어가는 삶의 과정 자체가 참 중요하다고 생각합니다. 그런데 신앙생활의 목표를 각각 다르게 정해놓을 수는 있지만 그 근본은 같아야 하는데, 바로 하나님을 기쁘시게 하는 것입니다. 하나님의 기쁨은 구약과 신약을 꿰뚫는 중요한 주제입니다. 구약의 율법에서 가장 중요한 것이 제사인데 그 제사의 목적도 역시 하나님을 기쁘시게 하는 것이었습니다.

> 그 수양의 전부를 단 위에 불사르라
> 이는 여호와께 드리는 번제요
> 이는 향기로운 냄새니 여호와께 드리는 화제니라
> … and burn the whole ram on the altar.
> It is a burnt offering to the LORD.
> It is a pleasing aroma, a food offering to the LORD. (ESV)
> (출 29:18)

신약에서도 이와 비슷한 표현을 발견할 수 있습니다.

> 우리는 구원 얻는 자들에게나 망하는 자들에게나
> 하나님 앞에서 그리스도의 향기니
> For we are to God the pleasing aroma of Christ… (NIV)
> (고후 2:15)

이 말씀에서 "향기로운 냄새"라는 표현이 나오는데요, 영어로는 pleasing aroma, 즉 "기쁨을 주는 향기"라고 번역됩니다. 즉 "제사는 하나님께 기쁨을 드린다"라는 뜻이지요. 여기서 "기쁨을 드리다"라는 단어는 원어로 니호아흐(נִיחֹחַ)입니다. 이것은 영어로 좀 더 정확히 이야기하면 soothing, 즉 "상처를 아물게 하는, 상처를 보듬는" 그런 뜻이 있습니다. 또 appeasement, 즉 "비위를 맞추는" 등의 뜻입니다. 그런데 이것은 사람에게 그렇다는 뜻이 아니고 하나님께 그렇다는 뜻입니다. 이 표현이 구약에 약 36번 정도 나옵니다. 이는 모세의 율법이 명하는 수많은 제사의 근본적인 목적을 말하고 있습니다. 바로 하나님을 기쁘시게 하려는 것입니다. 그렇다면 왜 하나님을 기쁘시게 해야 합니까?

그것은 제사를 누가 드려야 하는가를 보면 그 답을 알 수 있습니다. 제사는 바로 죄를 지은 자들이 드립니다. 하나님의 권위에 도전함으로 하나님과의 관계를 망가뜨린 죄인들이 제사를 드림으로 즉, 하나님을 기쁘시게 함으로, 죄 용서를 받도록 길이 열린 것입니다. 바로 죄를 범하는 것은 어떤 의미로 하나님께 상처를 주는 것이기에 죄인들은 제사를 드림으로 하나님의 마음의 상처를 감싸드려야 한다는 것입니다.

그런데 여기서 한 가지 질문이 떠오릅니다. 왜 우주 만물을 지으시고 소유하시고 운행하시는 크신 하나님께서 이 작은 죄인이 또 한 번 죄를 더하는 것에 상처를 입으신다는 말입니까? 저도 여기에 모든 정답을 다 알지는 못하지만 한 가지 분명한 것은 하나님께서 우리를 사랑하시기에 그렇다고 생각합니다. 아무리 왕이 모든 것을 소유하고 마음대로 할 수 있어도 그 사랑하는 자녀들이 자기 말을 안 듣고 자기를 사랑하지 않으면 마음이 무겁고 힘들지 않겠습니까? 하나님께서 우리를 사랑하신다는 것은 전인격적인 사랑을 의미합니다. 그냥 관념적인 사랑이 아닙니다. 우리가 만약 사랑하는 친구의 마음을 아프게 했다면, 그래서 관계가 소원해졌다면, 그 관계를 회복하기 위해 어떻게 하겠습니까? 아마도 그 마음을 기쁘게 하는 선물을 준비해서 찾아가지 않겠습니까? 제사는 하나님 마음을 기쁘시게 하여 그분과의 관계를 회복하려는 것입니다. 그래서 구약 내내 제사가 드려졌고 하나님은 이스라엘의 죄악을 용서하셨습니다.

그런데 번제로 하나님을 기쁘시게 할 때는 "상처를 아물게 하는"이라는 뜻의 위에서 말씀드린 원어 **니호아흐**를 쓰는 반면에, 시편 69편의 '찬송으로 하나님을 기쁘시게 한다'는 본문에서는 다른 원어가 쓰였는데, 그것은 "**야타브(יטב)**"라는 단어입니다. 그것의 뜻은 "기쁘게 하다, 선을 베풀다" 등입니다. 자, 이렇게 다른 단어가 쓰인 이유가 무엇일까요? 아마 짐작하셨겠죠? 번제를 드림으로 인한 기쁨은 상처를 보듬어드리는 것인 반면, 찬양을 드림으로 인한 기쁨은 이미 죄 용서함 받은 자들이 하나님을 기쁘시게 섬기는 것이므로, 이것이야말로 진정 하나님의 기쁨이 될 것입니다. 그러므로 히브리서 13:15은 예수로 말미암아 날마다 찬미의 제사를 드리라고 명하고 있습니다.

신약에 와서도 하나님을 기쁘시게 하는 것은 여전히 중요한 주제입니다. 이와 관련해서 갈라디아서 1:10을 보겠습니다.

> 이제 내가 사람들에게 좋게 하랴 하나님께 좋게 하랴
> 사람들에게 기쁨을 구하랴
> 내가 지금까지 사람의 기쁨을 구하는 것이었더면
> 그리스도의 종이 아니니라
> For am I now seeking the approval of man, or of God?
> Or am I trying to please man?
> If I were still trying to please man,
> I would not be a servant of Christ. (ESV)
> (갈라디아서 1:10)

사도바울의 삶을 한마디로 보여주는 말씀이 바로 이 말씀인데요, 이 말씀은 한국어 번역보다는 영어 번역이 더 쉽게 이해가 되는 면이 있습니다. 바울이 사람들에게 복음을 전하고 교회를 위로하며 갖은 핍박 중에서도 형제들을 돌보는 일을 하는 것을 볼 때, 사람들이 그를 오해했습니다, 그가 사람들을 기쁘게 하려고 한다고 말입니다. 그것을 알았을 때 바울은 무척 화를 내며 그의 본심을 드러냅니다. "내가 사람을 기쁘게 하려는 것이 아니라 하나님을 기쁘시

게 하려고 이러는 것이다!"라고 말입니다. 사도 바울은 이와 같이 고백하며 권면합니다.

> 그런즉 우리는 거하든지 떠나든지 주를 기쁘시게 하는 자 되기를 힘쓰노라
> (고후 5:9)

> 주께 기쁘시게 할 것이 무엇인가 시험하여 보라
> (엡 5:10)

또한 믿음 장으로 유명한 히브리서 11장은 우리에게 중요한 가르침을 주지요?

> 믿음이 없이는 기쁘시게 못하나니
> 하나님께 나아가는 자는 반드시 그가 계신 것과
> 또한 그가 자기를 찾는 자들에게 상 주시는 이심을 믿어야 할지니라
> (히 11:6)

이 말씀은 우리가 하나님을 믿음으로 하나님을 기쁘시게 할 수 있다는 사실을 알려줍니다. 신약에 이와 같이 "하나님을 기쁘시게 한다"라는 표현이 적어도 13번이 나오는 것을 보아도 하나님을 기쁘시게 하는 것의 중요성을 알 수 있습니다.

이 모든 말씀들은 찬양과는 무관한 말씀 같지만 찬양신학의 입장에서는 매우 중요합니다. 찬양은 궁극적으로 하나님의 기쁨을 위한 것인데, 하나님의 기쁨이 구약과 신약에서 동일하게 중요하다는 모든 말씀은 다시금 찬양의 중요성을 증거하기 때문에 그렇습니다.

사람은 본능적으로 자신의 기쁨을 위한 존재입니다. 큰 집을 사고 비싼 차를 사는 것도 그렇게 하면 마음이 기쁘리라고 믿기에 하는 것입니다. 그러나 그 본능이 신앙으로 바뀌면 나의 이전의 기쁨은 별로 중요하지 않게 됩니다. 그 보다는 나를 지으시고 나를 사랑하시는 그분, 하나님의 기쁨을 귀중하게 여기게 됩니다. 바로 여기에 찬양의 정수가 있습니다. 오늘 본문 메시지의 결론은 아마도 바로 그다음 절 32절이 될 것입니다. 그 맥락을 위해 31절부터 봅니다.

> 31 이것이 소 곧 뿔과 굽이 있는 황소를 드림보다
> 여호와를 더욱 기쁘시게 함이 될 것이라
> 32 온유한 자가 이를 보고 기뻐하나니
> 하나님을 찾는 너희들아 너희 마음을 소생케 할지어다
> (시 69:31-32)

자, 여기서 온유한 자의 기쁨의 근원이 무엇입니까? 그가 기뻐한 유일한 이유는 바로 하나님의 기쁨이었습니다. 귀한 찬양을 받으신 하나님께서 진정으로 기뻐하시는 것을 볼 때 마음이 온유한 자는 기뻐했다는 것입니다. 즉, 하나님의 기쁨으로 기뻐했다는 것입니다. 놀랍지 않습니까? 여러분 모두도 하나님의 이름을 높이며 하나님께 감사와 찬송을 올려드림으로 하나님을 기쁘시게 하며, 하나님의 기쁨으로 기뻐하는 삶을 사는 온유한 자가 되시기를 축원합니다.

기도하겠습니다.
고마우신 아버지 하나님, 찬양을 주님께서 명하실 때 하나님을 기쁘게 섬기는 찬양을 명하셨습니다. 그동안 우리가 다른 목적으로 찬양했다면, 우리 마음을 이제 주님께 드립니다. 이제부터는 하나님을 기쁘시게 하는 찬양으로, 또 우리 삶 전체도 하나님을 기쁘시게 하는 삶으로 그렇게 살도록, 주님, 도와주시옵소서. 예수 이름으로 기도합니다. 아멘.

〈참고 1〉

시 69편 서문 (매튜 헨리)

다윗은 그가 고통 중에 있을 때 이 시편을 썼다. 1) 그는 그가 처한 큰 고난을 하나님께 호소하며 구조를 요청하였다 (1-21절). 2) 그는 하나님께 그를 박해하는 자들을 심판해 주실 것을 간구했다 (22-29절). 3) 그는 하나님께서 그를 (그리고 교회를/ 신약교회의 관점) 구원해주실 것에 대한 확신으로 그를 즐거이 찬양하며 결론을 맺는다. 여기서 다윗은 그리스도의 표상이고, 이 시편의 여러 구절은 신약의 그리스도에 적용되며 그 안에서 성취된다고 말할 수 있다 (4, 9, 21절), 그리고 22절은 그리스도의 적에 관련된다. (시편 23편과 마찬가지로) 이 시편은 굴욕으로 시작하나 그리스도에 대한 찬양으로 끝나는데, 그 내용 중 하나는 그를 핍박한 이유로 인해 유다왕국이 멸망당한 것으로, 이 간구에 의해 예측될 수 있는 것이다. 이 시편을 노래할 때 우리는 그리스도의 고난과 그 이후의 영광을 볼 수 있어야 하며, 기독교인들의 고난과 그들이 장차 받을 영광 또한 잊으면 안 될 것이다. 왜냐하면 그렇게 함으로써 이 시편은 우리로 핍박하는 자들을 위해 예비된 멸망과 핍박당하는 자들을 위한 안식을 생각하게 할 것이기 때문이다. (필자 번역)

David penned this psalm when he was in affliction; and in it, I. He complains of the great distress and trouble he was in and earnestly begs of God to relieve and succour him (v. 1–21). II. He imprecates the judgments of God upon his persecutors (v. 22–29). III. He concludes with the voice of joy and praise, in an assurance that God would help and succour him, and would do well for the church (v. 30–36). Now, in this, David was a type of Christ, and divers passages in this psalm are applied to Christ in the new Testament and are said to have their accomplishment in him (v. 4, 9, 21), and v. 22 refers to the enemies of Christ. So that (like the twenty-second psalm) it begins with the humiliation and ends with the exaltation of Christ, one branch of which was the destruction of the Jewish nation for persecuting him, which the imprecations here are predictions of. In singing this psalm we must have an eye to the sufferings of Christ, and the glory that followed, not forgetting the sufferings of Christians too, and the glory that shall follow them; for it may lead us to think of the ruin reserved for the persecutors and the rest reserved for the persecuted.[1]

〈참고 2〉

이 시편에 대하여

신학자 마빈은 이 시편의 중심 구절이 33절이라고 말한다. "여호와는 궁핍한 자를 들으시며 자기를 인하여 수금된 자를 멸시치 아니하시나니"
V 33 seems to be a key verse: "For Yahweh hears the needy / and he does not despise prisoners who belong to him."[2]

그러나 찬양의 관점에서 본다면 당연히 30-32이 그 중심 구절이 될 것이다. 신학자 L. Allen은 30절 이후를 이 시편의 세 번째 단락으로 나눈 점에서 매튜 헨리와 일치하나 그 전 부분을 1-13ab / 13c-29절로 나눈다는 점에서는 그와 다른 관점을 갖는다.[3] 이 세 부분 중 마지막 부분(30-36)은 찬양이 그 주제이며 특히 30-31절은 찬양의 목적이 하나님을 기쁘시게 하는 것이라는 가르침을 분명히 한다는 점에서 그 중요성이 말할 수 없이 크다.

한편 9절의 "주의 집(בֵּיתְךָ)"의 해석은 다양하다. 만약 이를 "주의 성전"으로 이해한다면 이 시편은 전포로기(pre-exilic)에 쓰였을 것이요, 만약 스룹바벨 성전을 염두에 두고 쓰였다면 후포로기(Post-exilic)에 쓰였을 것이다. 그러나 이를 "믿음의 가문," 또는 보다 넓은 의미를 나타낸다고 볼 수도 있다.[4] (필자 번역)

---

1. Matthew Henry, *Matthew Henry's Commentary on the Whole Bible: Complete and Unabridged in One Volume* (Peabody: Hendrickson, 1994), 841.

2. Marvin E. Tate, *Psalms 51-100*, vol. 20, Word Biblical Commentary (Dallas: Word, Incorporated, 1998), 192.

3. He (L. Allen) finds a balance between vv 2-14ab and vv 14c-30 in the first part of the psalm. Finding the division of v 14 into metrical colons to be difficult (accepting two bicolons of 3+2), he concludes that v 14 is the transition verse between v 2 and v 30 and divides it between the sections.
Marvin E. Tate, Ibid., 193.

4. On the other hand, v 10 may be read as referring to one who was zealous to rebuild the temple (cf. Haggai and Zechariah) after 539 B.C.E., or else the expression "your house" here does not refer to the temple but to the "Household of Faith" or is used in some such wider sense (see Anderson; Johnson, CPIP, 389).
Marvin E. Tate, Ibid., 192.

제19강 영상

제19강

시편 69:30-31 (2)

황소보다 노래로

샬롬!
오늘은 지난 시간에 이어 시편 69:30-31 말씀의 후반부를 살펴보겠습니다.

> 내가 노래로 하나님의 이름을 찬송하며
> 감사함으로 하나님을 광대하시다 하리니
> 이것이 소 곧 뿔과 굽이 있는 황소를 드림보다
> 여호와를 더욱 기쁘시게 함이 될것이라
> (시 69:30-31)

후반부를 자세히 보시면 두 가지 질문을 하게 됩니다. 첫째, 왜 찬양을 소와 황소와 비교하나? 그리고 둘째로 하나님께서는 왜 황소보다도 찬양을 더욱 기뻐하시는가?

첫 번째 질문은 오히려 쉬운 질문입니다. 그 답은 여러분 아시는 대로 소와 황소가 모세의 율법이 명령한 제물이라서 이 제물과 찬양을 비교한다는 것입니다. 그렇다면 이것은 찬양도 제물의 한 종류라는 것을 암시하는데… 맞습니까? 네, 이것은 뒤에서 자세히 다루겠지만 바로 히브리서 13:15에 잘 나와 있습니다.

> 이러므로 우리가 예수로 말미암아 항상 찬미의 제사를 하나님께 드리자
> 이는 그 이름을 증거하는 입술의 열매니라 [1]
> (히 13:15)

우리는 제사에 쓰이는 동물의 종류가 여러 가지라는 것을 알고 있습니다. 그리고 그중 가장 중요한 제물은 양이라는 것도 압니다. 왜냐하면 어린 양이야말로 예수님을 상징하기 때문이지요.

> 이튿날 요한이 예수께서 자기에게 나아오심을 보고 가로되
> 보라 세상 죄를 지고 가는 하나님의 어린 양이로다
> (요 1:29)

그런데 제사의 법을 자세히 다루는 레위기는 양의 제사부터 시작하지 않고, 소의 제사부터 시작합니다(참조, 레 1:1-9). 그리고 그 이후에 양과 염소의 제물에 대해 가르칩니다. 성경에서 순서가 매우 중요한 의미를 갖는다는 것을 안다면 여기에 대해 생각해 보아야 합니다. 소가 비록 예수님을 상징하는 제물은 아니지만 가장 먼저 언급된 이유는 아마도 가장 비싼 제물이기 때문일 것입니다. 실제로 레위기 1, 2장에 나오는 제물을 순서대로 보면, 소-양이나 염소-새(비둘기)-소제(밀가루)입니다. 이 순서는 다시금 정리되어 나오는데, 이때 그 순서의 이유를 알 수 있습니다.

> 7 만일 힘이 어린 양에 미치지 못하거든 그 범과를 속하기 위하여 산비둘기 둘이나 집비둘기 새끼 둘을 여호와께로 가져가되 하나는 속죄 제물을 삼고 하나는 번제물을 삼아 8 제사장에게로 가져갈 것이요 제사장은 그 속죄 제물을 먼저 드리되 그 머리를 목에서 비틀어 끊고 몸은 아주 쪼개지 말며 9 그 속죄 제물의 피를 단 곁에 뿌리고 그 남은 피는 단 밑에 흘릴지니 이는 속죄제요 10 그다음 것은 규례대로 번제를 드릴지니 제사장이 그의 범과를 위하여 속한즉 그가 사함을 얻으리라 11 만일 힘이 산비둘기 둘이나 집비둘기 둘에도 미치지 못하거든 그 범과를 인하여 고운 가루 에바 십분 일을 예물로 가져다가 속죄 제물로 드리되 이는 속죄제인즉 그 위에 기름을 붓지 말며 유향을 놓지 말고 12 그것을 제사장에게로 가져갈 것이요 제사장은 그것을 기념물로 한 움큼을 취하여

단 위 여호와의 화제물 위에 불사르지니 이는 속죄제라

(레위기 5:7-12)

그렇습니다. 이 말씀을 볼 때 우리에게 나타나는 하나님은 어떤 하나님이십니까? 바로 하나님은 사랑의 하나님이십니다. 그분은 물질이 없어서 소는 고사하고 양조차 드리지 못하는 백성들을 야단치지 않으시고 비둘기를 드리라 하셨습니다. 아마도 제 생각에 양과 비둘기는 그 값이 큰 차이가 날 것입니다. 그런데 그 비둘기 두 마리조차 드리지 못하는 가난한 사람도 하나님께서는 저버리지 않으셨습니다. 오히려 그들에게는 밀가루 조금이면 된다고 하셨습니다. 저는 이 장면에서 구약의 다른 곳에서 보기 힘든 자비로우시고 사랑이 많으신 하나님을 보게 됩니다.[2] 이렇게 세심하신 하나님께서 오늘 여러분과 저의 찬양을 받으실 것을 믿습니다.

그런데 두 번째 질문에 관한 구절에 큰 문제가 있습니다. "찬양은 소를 드림처럼 하나님을 기쁘시게 할 것이다"라고만 했어도 별 문제가 없었을 텐데요. "찬양은 소나 황소를 드림보다 더욱 여호와를 기쁘시게 할 것이라"고 비교급 문장을 쓴 것이 굉장히 어렵습니다. 왜냐하면 이런 가르침이 율법에 있지도 않거니와 율법이 명한 가장 비싼 제물인 소나 황소의 제사의 중요성을 반감시킬 수도 있기 때문입니다. 율법은 이스라엘의 가치관이요 도덕기준입니다. 철학이요 사회규범입니다. 역사적으로 이와 같은 높은 수준의 도덕과 하나님을 위한 희생을 요구하는 율법이 없는 많은 민족들이 망했고 사라졌습니다. 그러므로 율법이 없는 이스라엘을 상상할 수 없고, 율법 위의 어떤 다른 권위도 생각할 수 없었습니다. 그런데 이 구절은 특히 하나님을 섬기는 일에 대해 율법에 전혀 들어있지도 않은 가르침으로 율법이 명한 최고의 제물을 폄하하고 있다고 보일 수도 있습니다.

만약 정말로 소를 드림보다 노래로 하나님을 찬양하는 것이 더욱 하나님을 기쁘시게 한다면, 누가 소를 드리려 하겠습니까? 돈도 없는데 마침 잘됐다고 많은 사람들이 그렇게 생각할 것입니다. 소보다 더 노래를 기뻐하시는 하나님이시라면 양이나 염소, 비둘기 등은 생각할 필요조차 없겠지요. 결국 이 짧은 비교문장은 궁극적으로 구약의 제사 시스템을 붕괴시키는 커다란 문제를 야기할 수도 있습니다. 이런 것을 모를 리 없는 대제사장들은 만약 이 말을 어떤 이름 모를 청년이 했다면 그 청년을 죽여서라도 율법체계를 지켰을 것입니다.

그런데 과연 이 말씀은 원어성경에도 비교급 문장으로 기록되어 있을까요? 네 그렇습니다. 히브리 성경도 정확한 비교급 문장입니다. 히브리 비교급에는 '민(מן)'이라는 비교전치사가 쓰이는데 우리말의 '…보다'라는 뜻입니다. 이 단어가 우리말 '소'에 해당하는 히브리 단어 앞에 와서 '소보다'라는 정확한 의미를 전달합니다. 자, 그러니까 이제 문제는 더 커졌습니다. 이것을 우리가 어떻게 해결해야 할까요? 분명한 것은 여기에 나타난 내용이 진리라는 것이죠. 분명 하나님께서는 황소 제사보다도 노래로 하나님을 찬양하는 것이 더 기쁘시지요. 특히 이사야 43:21 말씀을 공부한 우리는 이것이 당연히 맞는다고 쉽게 이해할 수 있습니다. 즉, 하나님께서 궁극적으로 받기 원하시는 제물은 잠시 있다 없어질 고기 제사가 아니라 영원한 찬양의 제사이기 때문이지요.

문제는 당시 사람들입니다. 그들은 꿈에도 이런 생각을 해본 일이 없었을 것이며 이는 율법에도 없는 기상천외한 불경스럽기까지 한 가르침이었을 것입니다. 그렇다면 하나님께서는 이 딜레마를 어떻게 해결하셨을까요? 바로 이러한 영감을 받은 음악가 다윗을 왕으로 만드신 것입니다. 당시 왕은 어떤 사람입니까? 한 나라에서 자기가 하고 싶은 대로 할 수 있는 유일한 사람입니다. 그가 무슨 말을 하면 모두가 그대로 지켜야 하는 것이 왕입니다. 하나님께서 율법을 주신 후 약 500년이 흐른 그 시점, 이스라엘 백성들이 제법 율법을 이해하고 율법을 순종하는 삶이 축복이 된다는 것을 체험으로 알게 된 그 어떤 시점에 하나님께서는 율법을 초월하는 새로운 비밀들을 공개하시기 시작하셨습니다. 바로 하나님의 마음에 합한 영감 있는 음악가 다윗에게 쏟아부어 주기 시작하셨습니다. 다윗은 받아 적을 수밖에 없었고 이를 노래할 수밖에 없었습니다. 그리고 그 내용이 어떻든지 그 신하들은 그 노래를 잘 보존할 수밖에 없었습니다. 그리하여 오늘날 우리는 이 율법을 초월한 놀라운 시편을 볼 수 있는 것입니다.

자, 그러면 하나님께서 음악가 다윗을 어떻게 왕으로 만드셨을까요? 바로 그 특별작전명이 "골리앗 작전"입니다. 무슨 뜻이냐고요? 여러분, 골리앗 없이 다윗이 왕이 될 수 있었을까요? 당연히 될 수 없었지요. 한낱 음악가에 불과한 다윗, 그 형들에게조차 무시되고 그 아버지에게조차 무시되었던 작은 체구의 청년이 어찌 왕이 될 수 있겠어요? 그것은 사실 불가능했습니다. 그래서 하나님께서는 특별 등장인물을 사용하셨어요. 골리앗! 그는 거의 등장과 함께 역사에서 사라진 몇 안 되는 인물입니다. 다윗이 그를 죽인 후 이스라엘의 모든 여인들은 기뻐 뛰며 노래 불렀습니다. "사울의 죽인 자는 천천이요, 다윗의 죽인 자는 만만"이라고…(삼상 18:7) 여인들이 뛰놀며 창화했다고 했으니 요즘 말로 하면 다윗은 갑자기 K-Pop 스타가 된 것입니다. 인터넷이 없는 그 시대에도 그 여파는 엄청났습니다. 결국 얼마 후 다윗은 왕이 되었고요. 그 후에 그가 쓴 이 시편은 누구도 그 내용에 뭐라 할 수 없는 왕의 시편이 되었던 것입니다.

사랑하는 여러분, 여러분도 인생을 살면서 골리앗을 만났지요? 아직 못 만나신 분들은 아마도 만나게 되실 수도 있습니다. 그런데 좋으신 하나님께서 왜 여러분이 그런 절체절명의 위기의 순간을 만나도록 허락하실까요? 그럴 때 우리는 하나님을 원망하기도 하고 좌절하기도 합니다. 그러나 그 골리앗은 하나님께서 여러분을 왕 같은 제사장으로 삼으시려는 특별 등장인물인지도 모릅니다. 그런 위기에 반드시 여러분 주머니에 조약돌 다섯 개가 있을 것입니다. 우선 하나님의 뜻을 감사하시고 여호와의 이름을 위해서 나아가시기 바랍니다. 주님께서 함께하실 것입니다. 할렐루야!

여러분도 골리앗을 하나님의 도우심으로 이긴 후에 하나님께 극진한 찬미의 제사를 올려드리는 멋진 승리의 삶을 사시기를 예수님 이름으로 축원합니다.

1 찬미의 제사는 성경 전체에서 오직 이 구절에서만 나타나는 표현이다. 여기서 쓰인 원어 단어 찬미(αἴνεσις/ 아이네시스)와 제사(θυσία/ 수시아)는 각각 매우 중요한 뜻을 갖는다. 아이네시스는 명사 "아이노스(αινος/ 찬양)"의 동족어로 아이노스와 거의 같은 뜻을 갖는 명사인데, 성경에서 오직 한 번만 나오는 특별한 단어이다. 헌데 아이노스가 주로 구약의 "할랄(찬양하다)"에 해당하는 데 비해, 아이네시스는 구약의 "테힐라(찬양의 노래)," 또는 "토다(הדות)"(공적인 감사의 제물)의 뜻을 갖고 있어 히브리서의 맥락에 정확히 맞는 단어이다. 동사 "아이네오(αἰνέω/ 찬양하다)"는 구약의 "할랄(הלל)" 동사에 해당하는 단어로 구약에서 할랄이 찬양에 관한 가장 중요한 단어임을 생각할 때, 이 역시 신약에서 찬양에 관한 가장 중요한 단어(동사)로 볼 수 있다. 제사에 해당하는 단어 "θυσία(수시아)"는 신약에 모두 약 30번 나오는데, 그중 15번이 히브리서에서 쓰일 정도로 히브리서는 제물에 대해 집중한다. 이 단어는 구약의 공적 제물(זבח/ 제바), 또는 선물, 감사, 존경 (מנחה/ 민하) 등의 뜻을 갖고 있으며, 그리스도의 영원한 제사(θυσίαν εἰς τὸ διηνεκές)에도 당연히 쓰이는 중요한 어휘이다. 결국 이 단어와 찬양의 조합으로 만들어진 "찬양의 제물(θυσίαν αἰνέσεως)"이라는 표현은 과연 찬양의 개념 자체를 완전히 새롭게 확정하는 것으로, 찬양신학은 이 단어를 중심으로 형성된다고 할 수 있다. 참고로 "찬미의 제사"라는 표현이 외경인 집회서에도 나오는데 전혀 다른 의미로 쓰인다.

남의 은혜에 보답하는 것은 고운 밀가루 제물을 바치는 것이며
남에게 자선을 베푸는 것은 찬미의 제사를 드리는 것이다. (집회서 35:2)

여기서 보듯 집회서는 찬미의 제사와 선행의 제사를 동일시하고 있는데, 이는 히브리서와는 전혀 다른 것으로 히브리서는 13:15절에는 찬미의 제사를, 16절에는 선행의 제사를 각각 나누어 다루고 있다. 이는 외경과 정경이 어떻게 다르며, 외경이 정경이 될 수 없는 또 하나의 예다.

2 아마도 사람들은 여기서 이런 질문을 할 수 있을 것이다: "사랑의 하나님이시며 만유를 소유하신 하나님께서 가난한 자에게 밀가루 제물을 허락하시기보다 차라리 그가 부자가 되도록 하시는 것이 더 큰 사랑이 아닐까?"라고… 그러나 과연 가난이 저주고 부유함이 축복일까? 성경은 그렇게 말씀하지 않는다.

내가 두 가지 일을 주께 구하였사오니 나의 죽기 전에 주시옵소서
곧 허탄과 거짓말을 내게서 멀리 하옵시며 나로 가난하게도 마옵시고 부하게도 마옵시고
오직 필요한 양식으로 내게 먹이시옵소서
혹 내가 배불러서 하나님을 모른다 여호와가 누구냐 할까 하오며 혹 내가 가난하여 도적질하고
내 하나님의 이름을 욕되게 할까 두려워함이니이다(잠 30:7-9)

누군가 그런 말을 하지 않았는가, 가난은 불편한 것이지, 저주가 아니라고…! 실제로 부자가 하나님 원하시는 겸손한 자가 되는 것이 얼마나 어려운가! 차라리 가난하더라도 주님 원하시는 겸손한 사람이 되는 것이 더욱 감사하지 아니한가? 진정한 찬양은 누구에게서 나오는가? 바로 겸손한 자가 아닌가? 다윗의 법궤영접식을 보면, 하나님께서 받으신 찬양은 그 두 번째, 즉 첫 번째 법궤 영접식 때의 실패 이후가 아닌가? 우리가 모든 것을 다 알 수는 없지만, 그 청년 웃사의 죽음은 결국 소들이 기돈의 타작마당에서 뛴 것 때문이었고, 그는 엉겁결에 법궤를 붙든 것이었으므로(대상 13:9-10), 만약 주님께서 그 소들이 뛰는 것만 막으셨더라도 한 사람의 귀한 생명을 구할 수 있었으리라. 그러나 어찌하여 소들이 뛰도록 허락하셔서 그가 죽었단

말인가? 주님의 뜻은 어디 있는가? 과연 주님은 사랑의 주님이신가? 그러나 한 청년의 죽음은 다윗을 지극히 낮추었고, 결국 그는 그 겸손함으로 마침내 대상 16장에서 진정한 찬양을 올릴 수 있었고, 그것은 결국 인류 최초의 찬양사역의 시작이 되었으니…! 크도다 겸손의 비밀이여! 그래서 만약 웃사의 죽음으로 말미암아 다윗이 인류 최초의 찬양사역을 시작할 수 있었고 그것이 주님을 크게 기쁘시게 하였다면, 웃사의 죽음은 가치가 있지 아니한가? 우리는 모든 것을 다 알 수는 없지만, 선하신 하나님께 우리의 모르는 부분을 맡김에 담대하지 않은가?

악인에게는 많은 슬픔이 있으나 여호와를 신뢰하는 자에게는 인자하심이 두르리로다(시 32:10)

* 웃사의 죽음에 관한 보다 자세한 생각

하나님께서는 궤를 옮기는 직무를 맡은 레위 지파 내의 고핫 자손들에게까지도 "성물은 만지지 말지니 죽을까 하노라"라고 분명히 경고하셨다(민 4:15). 비록 웃사는 고핫 자손도 레위 지파도 아니었으나 민수기 4장과 7장의 율법을 알고 있었을 것이다. 하나님은 약속을 지키시는 분인 동시에 경고하신 것을 실행에 옮기시는 분이시다. /…/ 웃사의 동기는 다윗과 마찬가지로 순수하였다. 그러나 그도 다윗과 마찬가지로 하나님의 기록된 말씀을 경홀히 여겼던 것이다. 이와 같이 한 죄는 또 다른 죄를 낳고 마는 것이다. 하나님께서 말씀하시면 그에 순종해야 하는 것이지 동료나 부하들과의 의논이 하나님께 대한 순종을 대치해서는 안 된다. 아무리 좋은 의도라 하더라도 마음이 성결하지 않으면 하나님의 나라에 방해가 될 수도 있는 것이다. 이것은 특별히 하나님께 대한 예배와 하나님의 거룩성에 대한 개념에 더욱더 잘 들어맞는다. /…/ 어쨌든 웃사의 행위는 하나님의 법궤와 연관된 성(聖)을 속(俗)으로 만드는 것이었으며 따라서 하나님께 누를 끼치는 것이었다.

하나님께서 성과 속을 뒤섞거나 혼잡하게 하는 것을 결코 용인할 분이 아니라는 것은 너무나 자명한 일이다. 성스러운 것을 취해서 속한 영역 속으로 끌어내리는 것은 하나님의 질서를 어지럽히는 것이었다. 나답과 아비후가 하나님께서 명하시지도 않은 것을 하나님께서 규정한 시간과 규정된 방법을 어기고 행했다는 이유로 하나님께서 그들을 불로 죽이신 것도 다 이에 연유한 것이다(레 10:2).

Walter C. Kaiser, Jr., *Hard Sayings of the Old Testament*, trans. Jichan Kim (Inter-Varsity Press, 1988/ Korean by Word of Life Press, 1991), 119-120.

제20강

엡 1:3-6

구원의 목적

샬롬!
오늘 강의는 찬양신학의 핵심 중의 핵심입니다. 먼저 성경을 보겠습니다.

> 3 찬송하리로다 하나님 곧 우리 주 예수 그리스도의 아버지께서
> 그리스도 안에서 하늘에 속한 모든 신령한 복으로 우리에게 복 주시되
> 4 곧 창세전에 그리스도 안에서 우리를 택하사
> 우리로 사랑 안에서 그 앞에 거룩하고 흠이 없게 하시려고
> 5 그 기쁘신 뜻대로 우리를 예정하사
> 예수 그리스도로 말미암아 자기의 아들들이 되게 하셨으니
> 6 이는 그의 사랑하시는 자 안에서 우리에게 거저 주시는바
> 그의 은혜의 영광을 찬미하게 하려는 것이라
>
> (엡 1:3-6)

시편 23편을 만약 조용한 실내악에 비유한다면, 오늘 말씀은 수천 명이 함께 연주하는 대편성 오라토리오에 비유할 수 있을 정도로 장엄합니다. 하늘이 참 넓은데요, 거기에 속한 모든 신령한 복을 우리에게 아낌없이 주신다는 말씀, 백 년 전도 아득한데 창세전에 우리를 택하셨다는 말씀, 우리 죄인들을 거룩하고 흠이 없게 하시겠다는 말씀, 나아가 하나님의 아들이 되도록 정하셨다는 엄청난 선포가 폭포수처럼 쏟아지니… 정말 이런 일이 있을 수 있을까 하고 의심이 될 정도입니다. 그런데 이 모든 것이 가능한 이유가 있습니다. 바로 예

수 그리스도입니다. 그리스도의 아버지께서 그리스도 안에서, 예수 그리스도로 말미암아 이 모든 일을 정하셨다는 것입니다. 할렐루야! 그러므로 구원받은 모든 주의 백성들에게 축하드립니다!

그동안 우리는 구약에서 하나님께서 우리를 창조하신 목적이 찬양이라는 사실을 공부했습니다. 그런데 오늘 본문 말씀은 구원의 목적도 찬양이라고 하는 중요한 가르침을 주십니다. 그것은 6절에 나타나는데 안타깝게도 많은 분들이 5절과 6절이 분리되어 있는 줄 알고 있습니다. 그래서 5절의 "우리를 자녀 삼으셨다"는 데서 문장이 끝난 줄 알고 6절에 나타난 구원의 목적에 대해서는 별로 생각하지 않습니다. 그러나 자세히 보면 6절은 5절과 이어져 있고 6절은 문법적으로는 그 이전 문장의 목적절입니다.

헬라어 원어성경에는 목적을 나타내는 전치사 에이스(εἰς)가 쓰였는데요, 이는 영어의 for나 to에 해당하며 공간적으로 어떤 목적지, 나아가 어떤 행위의 목적을 나타내는 데 쓰입니다. 따라서 원문에는 목적구로 되어 있으며, 영어번역도 이를 그대로 따릅니다. 여기에 쓰인 찬양이라는 원어는 에파이노스(ἔπαινος)인데요, 이 단어가 여기서 쓰였다는 사실은 매우 의미심장합니다. 왜냐하면 이 단어는 아이노스, 즉 찬양이라는 단어의 강세형이기 때문입니다. 지난 강의에서 여러분은 아이노스라는 단어를 배우셨지요? 아이노스는 신약에서 사용된 찬양이라는 원어단어 중 아마도 가장 중요한 단어라고 제가 말씀드렸을 것입니다. 그런데 놀라운 것은 그 단어의 강조형이 있다는 사실입니다. 『Helps 단어연구사전』, 『Vine 신약원어주해사전』 등 적어도 두 개 이상의

성경사전이 그렇게 기록하고 있습니다.[1]

제가 이 단어의 그런 뜻을 알게 되었을 때의 감동을 잊지 못합니다. 즉, 우리가 구원받은 것은 하나님의 은혜의 영광의 강조된 찬양을 위함이라는 것입니다. 성령께서 성경의 저자이십니다. 성령께서 한 단어 한 단어를 택하셨다는 것을 생각해보시기 바랍니다. 성령께서 그냥 찬양을 위해서 우리를 구원하셨다고 해도 될 텐데 찬양의 강조된 의미를 위해 우리를 구원하셨다고 하신 이유를 우리는 생각해보아야 합니다. 그런데 이와 같은 의미는 안타깝게도 성경이 다른 나라 언어로 번역될 때 다 사라져버립니다. 그래서 원어공부가 필요합니다.

이 놀라운 단어를 포함한 "하나님의 은혜의 영광을 찬미하게 하려는 것"이라는 문구는 에베소서 1장 12절과 14절에도 반복되어 나옵니다.

> 11 모든 일을 그 마음의 원대로 역사하시는 자의 뜻을 따라
> 우리가 예정을 입어 그 안에서 기업이 되었으니
> 12 이는 그리스도 안에서 전부터 바라던 우리로
> **그의 영광의 찬송이 되게 하려 하심이라**
> 13 그 안에서 너희도 진리의 말씀 곧 너희의 구원의 복음을 듣고
> 그 안에서 또한 믿어 약속의 성령으로 인치심을 받았으니
> 14 이는 우리의 기업에 보증이 되사 그 얻으신 것을 구속하시고
> **그의 영광을 찬미하게 하려 하심이라**
> (엡 1:11-14)

그러니까 이를 종합하면 우리가 구원받은 것, 우리가 하나님의 기업이 된 것, 우리가 약속의 성령으로 인치심을 받은 것 모두가 바로 하나님의 영광을 찬양하게 하려는 것이라고 성경은 너무나 분명히 말씀하고 있습니다.

문제는 우리가 구속사적으로 성경을 보는 데 너무 익숙해져 있어서 이런 말씀들을 쉽게 지나쳐버리거나 어떤 문학적 표현으로 여기기가 쉽다는 것이지요. 구속사적 관점이란 문자 그대로 '구원'이 가장 중시되는 신학이지요. 이 관점은 사실 제일 중요한 관점이요, 성경을 여는 열쇠와 같은 것입니다. 이 관점은 우리로 성경을 "창조─타락─구속/구원─성화─하나님의 영광에 이름"이라는 일목요연한 구조로 보는 것을 가능하게 합니다. 구속사적 관점은 예수로 인한 구원을 그 가장 중요한 주제로 다루고, 구원받은 자들에게는 전도와 성화의 중요성을 가르쳐 줍니다. 한편 찬양신학은 구원받은 자들에게 하나님께서 그들을 지으신 목적이자 구원하신 목적인 찬양에 대해 가르치기 시작합니다.

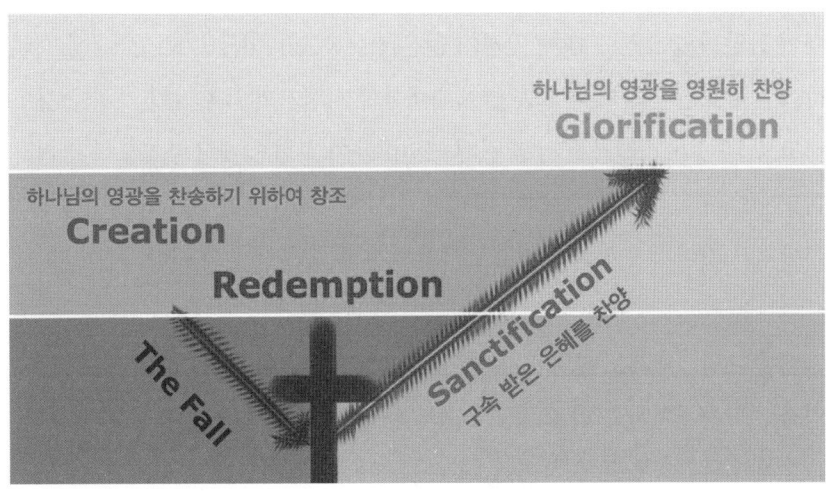

〈도해 6〉

다행스럽게도 구속사적 관점에 찬양의 관점이 없는 것은 아닙니다. 1529년 마르틴 루터의 대소교리문답 이후 여러 교리문답이 출판되어 교회에서 성경의 내용들을 간추려 교육했는데요, 그중 웨스트민스터 대소교리문답의 첫 번째 답이 찬양과 관련되어 인생의 목적에 대해 잘 가르치고 있습니다. 즉, "사람의 제일 되는 목적은 하나님을 영화롭게 하는 것과 영원토록 그를 즐거워하는 것이다"라고 말입니다. 이는 그 두 가지가 찬양의 목적을 그대로 말하고 있어 참으로 놀라울 정도입니다. 그러나 찬양 자체에 대한 내용은 전체 교리문답 내용 중에 나오지 않습니다.

칼뱅은 로마서 12:1을 언급하며 "주님께서 우리를 다른 목적이 아니라 우리 자신을 그분께 구별하여 드리는 것을 위해 구속하셨다"라고 구원의 목적에 대해 가르칩니다. 즉, 그는 주로 성화의 면에 치중하고 있으며, 에베소서 1장처럼 구원의 목적을 찬양과 직접 연결하여 가르치지는 않습니다. 물론 그렇다고 칼뱅이 찬양의 중요성에 대해 말하지 않은 것은 아닙니다. 그가 1537년에 제네바에서 발표한 논문에서 그는 공예배에서의 시편가의 독자적인 가치를 강조했고요, 나아가 시편가를 잘 훈련된 어린이들이 교회 앞에서 부르도록 장려하기도 했습니다.[2] 그러나 그것은 어디까지나 예배에서의 찬양의 어떤 기능성을 이야기한 것이지 구원의 목적으로서의 찬양과는 거리가 먼 이야기입니다.

그러나 다행스럽게도 찬양과 예배에 대한 관심이 높아진 20세기 이래로 많은 영적 지도자들이 구원의 목적으로서의 찬양에 대해 이야기하기 시작합니다. 17강에서 말씀드렸던 존 파이퍼(John Piper, 1946-) 목사님이 그중 한 분이구요, 또 뉴욕 Redeemer 장로교회의 팀 켈러(Timothy Keller, 1950-) 목사님의 다음과 같은 말씀도 참 놀랍습니다.

> 전도자는 일시적인 직업이지만 음악가는 평생직입니다.
> 왜냐하면 우리가 가게 될 새 땅과 새 하늘에서 목회자는 무직자가 되기 때문이지요.
> 보다 더 근본적으로 이야기하자면 전도의 최대의 목적은
> 음악가들이 하나님께서 맡기신 고유의 영역을 충실하게 해내는 것에 있습니다.[3]
> (Timothy Keller)

물론 이 말씀은 어떤 직업이든 하나님을 영화롭게 하는 영적 직업이 될 수 있다는 맥락에서 이해되어야 합니다만 팀 켈러 목사님의 찬양에 대한 열정을 보여주는 말이기도 합니다. 찬양의 신학이란 그동안 별로 중요시되지 않았던 찬양과 관련된 말씀들에 대해 그 본래의 중요성을 회복시키는 작업이며, 또 기존 신학에서 언급되고 어느 정도 가르쳐지던 찬양과 예배에 대한 내용이 실제로 얼마나 더 중요하고 본질적인가 하는 것을 연구하는 것입니다. 즉 이런 면에서 구속사적 관점과 찬양신학적 관점은 상호보완적입니다.

구속사적 신학이 인간을 죄인으로 본다면, 찬양의 신학은 인간을 죄인이기 이전에 하나님의 영광을 위해, 하나님을 찬양하기 위해 창조된 존재로 보며, 나아가 그 구원조차도 그 원래의 창조의 목적인 찬양을 감당하기 위한 하나님의 은혜로 봅니다. 그러므로 하나님께서 우리를 구원하시는 목적이 찬양인데, 이를 말하지 않고 가르치지 않는다면 그것은 매우 큰 오류를 범하고 있는 것이지요.

그러므로 우리가 복음을 전할 때도 창조의 목적과 구원의 목적을 둘 다 전해야 합니다. 즉, 이렇게 시작할 수 있겠지요. "하나님께서 당신을 본래 하나님의 영광을 위하여 그분을 찬송하도록 창조하셨어요." 그리고 나서 인간타락과 예수님을 통해 받는 구원에 대해 설명한 후 다음과 같이 마칠 수 있습니다. "하나님께서 당신을 구원하시는 목적은 당신을 자녀 삼고 영원토록 사랑하시기 위함이며, 나아가 원래의 창조 목적대로 하나님의 은혜의 영광을 영원히 찬양하도록 하기 위함입니다"라고 말입니다. 이것은 그저 하나의 예에 불과하니 여러분이 더 멋지게 만들어보시기 바랍니다.

우리가 만약 사람들에게 에베소서1:3-5까지만 전한다면 사람들은 하나님을 그들을 위해 존재하는 수호신 정도로 이해할 위험이 있으며, 자칫하면 여기에서 인본주의적 신학의 씨가 싹트게 되는 것입니다. 그러나 6절까지 함께 생각하면 결론은 완전히 달라집니다. 하나님께서 인간을 위해 엄청난 일을 하셨지만, 결국 인간이 하나님의 영광을 위해 구원받는 것이니, 즉 신본주의적 구원론이 완성되는 것입니다. 다음 말씀들 역시 이를 증거합니다.

> 새 노래로 여호와께 찬송하라
> 그는 기이한 일을 행하사 그의 오른손과 거룩한 팔로
> 자기를 위하여 구원을 베푸셨음이로다
> (시 98:1)

> 19 여호와께서 그 높은 성소에서 하감하시며 하늘에서 땅을 감찰하셨으니
> 20 이는 갇힌 자의 탄식을 들으시며 죽이기로 정한 자를 해방하사
> 21 여호와의 이름을 시온에서, 그 영예를 예루살렘에서 선포케 하려 하심이라
> 22 때에 민족들과 나라들이 모여 여호와를 섬기리로다
> (시 102:19-22)

오직 너희는 택하신 족속이요 왕 같은 제사장들이요
거룩한 나라요 그의 소유된 백성이니
이는 너희를 어두운 데서 불러내어 그의 기이한 빛에 들어가게 하신 자의
아름다운 덕을 선전하게 하려 하심이라

(벧전 2:9)

요즈음 교회의 가장 큰 위기는 인본주의적인 신앙이라고 생각됩니다. 그러나 위 말씀을 자세히 공부해보면 우리의 복음은 전혀 그렇지 않다는 것을 알게 됩니다. 인본주의적으로 보이는 것들은 하나님의 우리를 향하신 사랑과 축복이 너무 크다 보니 그렇게 보이는 것이지, 그렇다고 하나님이 우리를 위해 존재하는 것은 결코 아닙니다. 성경은 여러 곳에서 우리가 하나님을 위한 존재임을 분명히 가르칩니다. 그리고 이러한 깨달음이 마음 가장 깊은 곳에 있는 사람들은 결코 자기중심적으로 살 수 없습니다. 그들은 하나님 앞에 진정 겸손하고자 노력하며 사람들에게도 자기를 내세우지 않지요. 이런 자들이야말로 진정 예수님을 주님이라고 부를 수 있지 않겠습니까? (물론 그런 깨달음이 있다고 해서 갑자기 도덕적으로 수준이 높아지는 것은 아닙니다. 동료 기독교인들처럼 여전히 자신의 죄성과 힘든 싸움을 싸워야 하고 넘어지고 회개하면서 성화의 과정을 걸어가야 합니다. 그러나 자신의 존재의 목적에 대한 그런 깨달음은, 그와 같은 고단한 과정조차 찬양으로 승화시키며 그 모든 것을 기쁨으로 감당할 힘을 줍니다.)

그리스도인은 나의 행복을 추구하는 것보다 더 귀중하고 숭고한 목적을 알고 있는 자들이요, 때로는 자신의 행복조차 내려놓고 하나님을 섬기기로 작정한 자들입니다. 이와 같이 하나님을 섬기는 것이 바로 행복이라고 깨달은 자들에게는 아마 이 강의의 절반 정도는 필요 없는 내용일지도 모르겠습니다. 사랑하는 여러분, 오늘 말씀을 통해서 우리 모두, 구원은 오직 예수로 말미암으

며, 그 구원의 목적은 하나님의 은혜의 영광을 찬양하는 것임을 마음에 한번 새겨봅시다. 그리고 이와 같은 온전한 복음을 전하는 삶을 살며, 이를 통해서 더욱 하나님 중심의 신앙생활을 할 수 있기를 축원합니다.

기도하겠습니다.
고마우신 아버지 하나님, 모든 것이 변하는 이 세상에서 변치 않는 하나님 말씀, 진리의 말씀을 주심을 감사합니다. 그 진리의 말씀을 통해서 하나님이 우주의 중심이고, 우리 삶의 중심이라는 것을 깨닫게 해주심을 감사합니다. 주님, 우리가 구원받은 것도 하나님의 영광을 찬미하기 위함이니, 우리를 구원해주신 하나님의 부르심에 합당한 삶을 살도록 우리 모두에게 성령으로 감동하여 주시옵소서. 감사하옵고, 예수 이름으로 기도합니다. 아멘.

1 A 1: αἶνος (**Strong's G136** Noun Masculine ainos ah'ee-nos) primarily "a tale, narration," came to denote "praise;" in the NT only of praise to God, Matt 21:16; Luke 18:43.

A 2: ἔπαινος (Strong's G1868 epainos ep'-ahee-nos) **a strengthened form of No. 1** (epi, upon), denotes "approbation, commendation, praise;" it is used (a) of those on account of, and by reason of, whom as God's heritage, "praise" is to be ascribed to God, in respect of His glory (the exhibition of His character and operations), Eph 1:12; in Eph 1:14, of the whole company, the church, viewed as "God's own possession" (RV); in Eph 1:6, with particular reference to the glory of His grace towards them; in Phil 1:11, as the result of "the fruits of righteousness" manifested in them through the power of Christ; (b) of "praise" bestowed by God, upon the Jew spiritually (Judah == "praise"), Rom 2:29; bestowed upon believers hereafter at the judgment seat of Christ, 1 Cor 4:5 (where the definite article indicates that the "praise" will be exactly in accordance with each person's actions); as the issue of present trials, "at the revelation of Jesus Christ," 1 Pet 1:7; (c) of whatsoever is "praiseworthy," Phil 4:8; (d) of the approbation by churches of those who labor faithfully in the ministry of the Gospel, 2 Cor 8:18; (e) of the approbation of well-doers by human rulers, Rom 13:3; 1 Pet 2:14. (필자가 볼드체를 추가함)

W. E. Vine, *Vine's Expository Dictionary of New Testament Words* (Kindle Edition), Locations 27967-27982.

1868 épainos (from 1909 /epí, "on, fitting," **which intensifies 136** /aínos, "praise") – properly, fitting (apt) praise, i.e. accurate acknowledgment (appropriate commendation, recognition); enthusiastic acknowledgment for what deserves praise. (필자가 볼드체를 추가함)

https://biblehub.com/greek/1868.htm

2 1537년 1월 16일 칼뱅은 「제네바 시에서의 교회 조직과 예배에 관한 논문」(The Articles of 1537)을 시의회에 제시하였는데, 이 논문의 내용들은 첫째, 교회의 일치 특히 성만찬의 일치를 위한 파문 제도; 둘째, 공중 예배에서의 시편 찬양; 셋째, 복음의 타당성과 순수성을 보존하기 위한 어린이들에 대한 종교 교육; 넷째, 결혼의 종교적 의식 등으로서 이것들 없이는 새로운 교회는 명령이 잘 수행되지도 통제되지도 못할 것이라고 주장하였다. 이는 시편 찬양을 일종의 기도나 성례전의 한 요소로서 표현한 1536년의 〈기독교 강요〉의 언급에 반하여, 1537년의 "논문"에서는 공중예배에서의 독자적 가치를 강조하고 있어 그의 한층 발전된 사상으로 볼 수 있다 또한 이 "논문"에서는 시편가를 부르는 구체적인 방법을 제시하였는데 "성가를 충분히 연습한 어린이들이 크고 분명한 소리로 노래하는 것을 회중들이 주의를 집중하여 경청한 후 그 노래가 공중 예배에서 익숙하게 될 때쯤 차츰차츰 회중도 진심을 다해 찬양하는 것이 바람직하다"고 하여 훈련된 아이들에 의한 찬송의 인도를 주장하기도 하였다.

이승희, 칼뱅의 교회음악사상 (정규오 목사 은퇴 기념 논총, 1999), 391-2. (http://www.kirs.kr/data/calvin/calvin_173.pdf)

3 https://www.cricum.org/736 (문화선교연구원)

제21강 영상

제21강

시편 148:1-5

우주의 존재 목적

> 1 할렐루야 하늘에서 여호와를 찬양하며 높은 데서 찬양할지어다
> 2 그의 모든 사자여 찬양하며 모든 군대여 찬양할지어다
> 3 해와 달아 찬양하며 광명한 별들아 찬양할지어다
> 4 하늘의 하늘도 찬양하며 하늘 위에 있는 물들도 찬양할지어다
> 5 그것들이 여호와의 이름을 찬양할 것은 저가 명하시매 지음을 받았음이로다
> (시 148:1-5)

2012년 5월 나사의 천문학자들이 매우 긴급하고도 중요한 뉴스를 발표했습니다. 약 100년 동안의 연구 결과 바로 우리 옆의 안드로메다 은하계가 시속 약 25만 마일, 그러니까 초속 110 km로 우리 은하계로 달려오고 있다고 말입니다. 두 은하계가 만나게 되면 그 충격으로 태양이 우주의 다른 지역으로 던져질 것이라고 이야기했습니다. 그런데 다행스러운 것은 안드로메다 은하계가 우리와 약 250만 광년 정도 떨어져 있어 도착하기까지 약 40억 년이 걸린다고 합니다. 게다가 우주는 주변으로 갈수록 더욱 빠른 속도로 팽창하고 있다고 합니다.[1]

이러한 놀라운 과학적인 연구가 우리에게 주는 메시지가 있습니다. 첫째로는 하나님의 크심에 관한 경이로움입니다. 빛이 1초에 가는 거리가 약 30만 킬로미터인데, 우주가 수십억 광년의 크기를 갖고 있다는 사실을 아는 순간 우리는 현기증이 날 정도로 우주의 크기에 놀라고, 하나님의 전능하심의 규모에

놀라고, 우리가 정말 먼지만도 못한 존재라는 사실에 솔직히 좀 실망하게 될 정도로 놀랍니다. 결국 우리는 우리가 하나님 앞에 아무리 엎드리고 낮아져도 충분히 겸손하다고 할 수 없는 존재임을 깨닫게 되는 것이지요. 그다음 중요한 가르침은 바로 우주가 이렇게 어마어마하게 클지라도 그것은 시간의 제약 안에 있다는 것입니다. 성경은 우주가 창조된 때가 있었듯이 이제 하나님의 정해진 시간에 장엄한 막을 내린다고 이야기합니다.

> 그러나 주의 날이 도적같이 오리니
> 그날에는 하늘이 큰 소리로 떠나가고 체질이 뜨거운 불에 풀어지고
> 땅과 그중에 있는 모든 일이 드러나리로다
> (벧후 3:10)

그런데 수많은 과학적 지식이 여전히 가르치지 못하는 것이 하나 있습니다. 바로 우주의 존재 목적입니다. 사실 우주의 크기보다도 우주의 시간적 지식보다 더 중요한 것은 그 존재 이유일 것입니다. 우주의 크기와 그 시간의 비밀을 우리가 어찌 다 알겠으며 또 설사 다 안다 해도 우리에게 무슨 큰 의미가 있겠습니까? 예를 들어 우주의 크기가 190억 광년이 아니라 250억 광년이라 한들 그것이 우리 삶에 어떤 의미가 있겠습니까? 그런데 우주의 존재 의미를 알게 되면 그것은 우리 삶에도 큰 영향을 주게 됩니다.

오래 전 평소와 같이 성경 말씀을 읽던 어느 날 이 시편은 제게 큰 감동으로 다가왔습니다. 하늘에서 찬양하고, 천군천사가 찬양하고, 해와 달이 찬양하고, 하늘의 하늘과 하늘의 물도 하나님을 찬양하라는 말씀은 온 우주를 넘어

서는, 정말 상상할 수조차 없는 광대한 스케일의 찬양이었습니다. 게다가 그 결론과도 같은 5절은 더욱 깊은 메시지를 전달하였는데요, 바로 그 모든 만물이 하나님을 찬양해야 하는 이유를 가르쳐주고 있었습니다. 즉, 하나님께서 이 상상할 수 없는 크기의 우주를 구상하시고 지으셨을 때, 아무 뜻 없이 지으신 것이 아니라, 하나님 자신을 찬양하도록 지으셨다는 말씀입니다. 이 말씀은 우리로 전율하게 만듭니다. "와우"라는 탄성이 절로 나오게 합니다.[2]

어떤 천문학자가 온 우주의 별의 숫자를 대강 계산해봤더니 이제까지 지구에서 살았던 모든 인간, 그러니까 아담부터 시작해서 여러분까지, 각각에게 약 200개의 별이 돌아간다고 합니다. 그러니까 여러분은 모두 별을 200개씩 소유한 부자입니다. 그 사실을 알고 나면 이 땅에서 아파트 좀 작은 데 산다고 힘 빠질 것 없습니다. 하나님께서 선물로 주신 별이 200개나 있는 부자들이 여기 모였습니다. 우리 서로 축하해도 될 일입니다. 그런데 그 천문학자는 그토록 많은 별들이 있는 건 알았지만 그것들이 존재하는 목적은 몰랐습니다. 여러분, 별의 숫자를 아는 사람이 위대합니까, 그 존재 이유를 아는 사람이 위대합니까? 후자가 아닙니까? 우리가 그것을 어떻게 알았습니까? 바로 시편 말씀을 보고 알았습니다. 그래서 성경은 참으로 귀하고 위대한 책입니다.

그렇다면 우주가 하나님을 찬양하도록 지음을 받았다는 것이 우리에게 무슨 상관이 있습니까? 그 지식은 바로 하나님이 어떤 분이신가 하는 것을 가르치고 있기에 너무나 귀합니다. 우리는 이미 우리를 사랑하셔서 아들을 보내주신 하나님의 사랑의 열정을 알고 있습니다. 그런데 또한 하나님께서는 찬양 받으시는 열정이 있는 분이십니다. 하나님께는 모든 피조물을 통해서 찬양받으시는 열정이 있습니다. 그 열정이 얼마나 큰지는 우주의 크기를 보면 알 수 있습니다. 상상해 보세요. 천천만만의 별들이 하나님께 드리는 찬양을!

어떤 과학자가 말하기를 우주는 파장으로 이루어졌다고 합니다. 최근에는 중력파를 통해 수억 광년 떨어진 별이나 블랙홀을 연구하기도 하지요. 우주에 파장이 없는 곳이 없습니다. 소리는 파장의 한 종류입니다. 그리고 찬양은 소리의 종류의 하나입니다. 모든 것이 하나로 통해 있습니다. 성경의 말씀은 놀랍습니다. 어떤 소리는 존재하지만 우리 귀로 들을 수 없이 낮거나 높습니다. 그렇다고 해서 그 소리가 없는 것이 아니지 않습니까? 지구가 돌아가는 소리는 너무 크지만 주파수가 너무 낮아서 우리가 못 듣는다고 합니다. 그 소리는 못 듣는 것이 감사하지요? 만약 우리가 지구 돌아가는 그 큰 소리를 밤낮으로 들어야 한다면 아마 모두 불면증에 걸려서 죽을 것입니다.

우주가 하나님을 찬양한다는 이 놀라운 사실은 이미 시편 19편에 기록되어 있습니다.

> 하늘이 하나님의 영광을 선포하고 궁창이 그 손으로 하신 일을 나타내는도다
> 날은 날에게 말하고 밤은 밤에게 지식을 전하니
> 언어가 없고 들리는 소리도 없으나
> 그 소리가 온 땅에 통하고 그 말씀이 세계 끝까지 이르도다…
> (시 19:1-4)

하나님께서는 지금도 우리가 듣지 못하는 아름다운 별들의 찬양을 들으시며 기뻐하실 것입니다. 그분은 본질적으로 찬양받으시는 분이라는 것을 이미 제4강에서 충분히 배우셨지요? 이것은 하나님을 이해하는 데, 나아가 성경을 이해하는 데 매우 중요한 지식입니다.

그런데 여러분, 수억 개의 별들의 찬양과, 여러 가지로 부족한 우리들의 찬양 중에 하나님께서 어떤 찬양을 더 귀하게 받으시겠습니까? 바로 우리의 찬양이겠지요? 왜입니까? 바로 우리가 하나님 자녀이기 때문입니다. 할렐루야! 손자손녀들이 별로 잘하지도 못하는데도 그 노래 듣느라 정신없이 기뻐하는 할아버지 할머니들을 보셨지요? 왜 그리 기뻐할까요? 바로 자기 자손이기 때문입니다. 2012년 미국 켄터키주 루이빌에서 처음으로 새찬양축제가 열렸을 때 미국 어린이들이 피아노로 찬양을 했습니다. 매우 초보자들이었으므로 1-2분 정도의 짧은 곡이었습니다. 그런데 한 아이의 할머니와 할아버지께서 그 짧은 찬양을 들으러 8시간을 운전해서 오셨습니다. 미국에도 손자바보가 많습니다. 오늘 우리가 찬양할 때 하나님께서 그렇게 기뻐하실 것입니다.

사실 믿는 자들의 찬양은 구약의 찬양과 신약의 찬양으로 나뉘어야 할 것입니다. 구약시대의 찬양은 하나님의 크심과 전능하심, 구원자 하나님에 대한 찬양이 주를 이루었다면, 신약시대의 찬양은 예수로 말미암은 구속의 은혜를 찬양함이 그 중심을 이루고 있습니다. 우리의 찬양은 아담이 범죄하기 전보다 그 후에, 즉 예수의 보혈로 인한 구속의 은혜를 체험한 후에 오히려 훨씬 깊어지고 강해졌습니다. 아담도 에덴동산에서 하나님을 찬양했을 터인데, 그 내용은 무엇이었겠습니까? 그는 하나님의 형상으로 지음 받은 자로서 하나님을 창조주로 찬양했을 것입니다. 그러나 하나님의 아들이라도 아끼지 아니하시고 우리에게 내어주신 놀라운 은혜를 찬양할 수는 없었겠지요? 왜냐하면 성자 예수님이 자기와 하와의 죄까지 짊어지고 십자가에서 돌아가실 것이라는 사실을 전혀 알 수 없었기 때문이지요.

이런 점에서 구원받은 우리의 찬양은 하나님의 지으심뿐만 아니라 구속의 은혜를 찬양한다는 점에서 세상 만물의 찬양보다 더 의미가 깊다고 생각합니다. 그런데 우리는 우주 만물의 찬양을 볼 때, 그 공간과 시간의 크기에 놀랄 수밖에 없습니다. 그리고 그 경이로움은 우리의 하나님 찬양에 포함되어 나타납니다.

우주 만물의 찬양은 우리로 하여금 적어도 세 가지를 생각하게 합니다. 첫째는 우주의 소유권이 하나님께 있다는 사실입니다. 많은 사람들이 마치 우주가 자기 것인 양 생각합니다. 먼 별에 우주선을 보내서 국기 하나만 꽂으면 마치 자기 것이 다 된 양 으스댑니다. 그러나 우주는 그분이 찬양받으시려는 특별한 목적으로 만든 하나님의 것입니다. 신앙이 무엇입니까? 한마디로 하나님의 것을 하나님께 돌려드리는 것이 신앙입니다.

두 번째로 우주가 그 하나님의 뜻에 순종한다는 사실을 우리는 볼 수 있어야 합니다. 사람들은 하나님께서 찬양을 부르도록 그들을 지으셨고, 구원해 주시고 그 은혜의 영광을 찬양을 하도록 하셨건만, 하나님을 믿지도 않고 찬양하라는 말씀에 순종하지도 않습니다. 오히려 세상만물을 자신의 욕심을 위해 자신의 기쁨을 위해 마음대로 사용하며, 그 모든 것의 소유주 되시는 하나님께 감사하지 않습니다. 그러나 우주는 순종합니다. 우리가 하나님을 찬양하지 않을 때 누가복음 19장 말씀처럼 돌들이 주의 말씀에 순종하여 소리 지르며 찬양할 것입니다.

> 이미 감람산에서 내려가는 편까지 가까이 오시매
> 제자의 온 무리가 자기의 본바 모든 능한 일을 인하여
> 기뻐하며 큰 소리로 하나님을 찬양하여

> 가로되 찬송하리로다 주의 이름으로 오시는 왕이여
> 하늘에는 평화요 가장 높은 곳에는 영광이로다 하니
> 무리 중 어떤 바리새인들이 말하되
> 선생이여 당신의 제자들을 책망하소서 하거늘
> 대답하여 가라사대 내가 너희에게 말하노니
> 만일 이 사람들이 잠잠하면 돌들이 소리 지르리라 하시니라
>
> (눅 19:37-40)

우주의 찬양을 통해 우리는 순종을 배워야 합니다.

세 번째로 하나님의 창조의 목적은 하나로 통일된다는 것입니다. 그것이 인간 창조든 우주 창조든, 하나님의 모든 창조물들은 하나님을 찬양하는 동일한 목적으로 지어졌다는 것입니다. 왜냐하면 온 우주에 오직 하나님 한 분만 찬양을 받으실 자격이 있는 분이요, 또 그분은 본질적으로 찬양받으시는 분이시기 때문입니다. 우리 모두가 '돌들이 소리 지르기 전에' '마땅히 찬양받으실 주님께' '그 이름에 합당한 극진한 찬양을 드리기를' 소망합니다. 오늘도 온 우주를 지으신 하나님께 순종하는 만물처럼 우리도 그렇게 순종하며 나아갈 수 있기를 예수 이름으로 축원합니다.

기도하겠습니다.
고마우신 아버지 하나님, 이 큰 우주를 주님께서 지으신 것을 우리는 아직도 다 이해할 수가 없습니다. 그러나 그 크신 주님 앞에서 우리가 이 시간 다시 한번 엎드려서 겸손히 고백합니다. 나는 주님의 것입니다. 내가 지어진 이유는 저 우주가 지어진 이유와 동일합니다. 하나님을 찬양하고 나아가서 하나님을 사랑하는 그러한 존재로 지음 받았사오니 그 지으신 목적에 합당하게 살게 하여 주시옵소서. 예수 이름으로 기도하옵나이다. 아멘.

〈참고〉

그런데 이 우주 만물의 찬양은 주의 날에 끝이 날 것이니, 결국 영원토록 계속될 모든 피조물의 찬양의 그림자입니다. 다음 계시록의 말씀은 장차 우리가 목도할 영원한 만물의 찬양을 묘사하고 있습니다.

내가 또 보고 들으매 보좌와 생물들과 장로들을 둘러선 많은 천사의 음성이 있으니
그 수가 만만이요 천천이라 큰 음성으로 가로되 죽임을 당하신 어린 양이
능력과 부와 지혜와 힘과 존귀와 영광과 찬송을 받으시기에 합당하도다 하더라
내가 또 들으니 하늘 위에와 땅 위에와 땅 아래와 바다 위에와
또 그 가운데 모든 만물이 가로되
보좌에 앉으신 이와 어린 양에게 찬송과 존귀와 영광과 능력을 세세토록 돌릴지어다 하니
네 생물이 가로되 아멘 하고 장로들은 엎드려 경배하더라
(계 5:11-14)

이 일 후에 내가 보니 각 나라와 족속과 백성과 방언에서 아무라도 능히 셀 수 없는
큰 무리가 흰 옷을 입고 손에 종려 가지를 들고 보좌 앞과 어린 양 앞에 서서
큰 소리로 외쳐 가로되 구원하심이 보좌에 앉으신 우리 하나님과 어린 양에게 있도다 하니
모든 천사가 보좌와 장로들과 네 생물의 주위에 섰다가 보좌 앞에 엎드려 얼굴을 대고
하나님께 경배하여 가로되 아멘 찬송과 영광과 지혜와 감사와 존귀와 능력과 힘이
우리 하나님께 세세토록 있을지로다 아멘 하더라
장로 중에 하나가 응답하여 내게 이르되 이 흰옷 입은 자들이 누구며 또 어디서 왔느뇨
내가 가로되 내 주여 당신이 알리이다 하니 그가 나더러 이르되
이는 큰 환난에서 나오는 자들인데 어린 양의 피에 그 옷을 씻어 희게 하였느니라
그러므로 그들이 하나님의 보좌 앞에 있고 또 그의 성전에서 밤낮 하나님을 섬기매
보좌에 앉으신 이가 그들 위에 장막을 치시리니 저희가 다시 주리지도 아니하며
목마르지도 아니하고 해나 아무 뜨거운 기운에 상하지 아니할찌니
이는 보좌 가운데 계신 어린 양이 저희의 목자가 되사 생명수 샘으로 인도하시고
하나님께서 저희 눈에서 모든 눈물을 씻어 주실 것임이러라
(계 7:9-17)

이 말씀들을 보면 과연 시편에 나타난 찬양에의 부름이 마지막 때에, 또 천국에서 어떻게 이루어지고 있는가를 볼 수 있습니다. 결국 이것은 찬양과 예배를 받으시는 우주적인 하나님의 계획과 섭리를 가르칩니다. 이는 구원과 축복과 영생을 중심으로 가르쳐온 교회가 깊이 새겨야 할 가르침입니다. 교회는 부흥에 너무 치중해왔습니다. 물론 영혼이 구원 받는 것처럼 중요한 것이 또 없다고 생각할 수 있습니다. 그러나 성경은 인간의 구원이 하나님이 영광 받으시는 것보다 더 귀하다고 가르치지는 않습니다. 오히려 이미 배운 바와 같이 인간 구원의 목적이 하나님께 영광을 돌리는 것이라고 엡 1:3-6에 말씀하고 계십니다. 그것은 본질적으로 하나님의 가치가 그 피조물인 인간의 가치와는 비교조차 할 수 없는 절대적인 것이기 때문에 그렇습니다. 물론 하나님께서는 무가치한 죄인인 우리의 가치를 당신의 아들의 위치까지 끌어올려 주셨습니다. 그러나 그것은 하나님의 사랑의 크기를 보여주는 것이지, 우리의 가치가 하나님과 엇비슷한 존재가 되었다는 것은 결코 아닙니다. 그래서 천국에서 우리는 하나님 앞에서 "무익한 종이 왔습니다."라는 말 외에는 할 말이 없습니다.

1 〈지구를 향해 달려오는 또 다른 은하계에 관한 기사(2013년 기네스북에서)〉
우주가 팽창함에도 불구하고 몇몇 은하계는 우리 은하계를 향해 달려오고 있다. M86은 렌즈 모양의 은하계로 처녀자리(Virgo Cluster)에 있으며 지구로부터 약 5200만 광년 떨어져 있는데 우리가 속한 은하수(Milky Way)를 향해 초속 260마일(419km/s)로 달려오고 있다.

Fastest Approaching Galaxy
Despite the overall expansion of the universe, a small number of galaxies are approaching our own. M86, a lenticular galaxy about 52 million light-years away, in the Virgo Cluster, is moving toward our Milky Way at 260 miles per sec. (419 km/sec.) (Guinness World Records 2013)

〈이와 관련된 또 다른 기사(조선일보 2010-2-19)〉
우리 은하의 회전 속도는 이전의 추정치보다 빠르고 질량도 높은 수준이며, 이에 따라 다른 은하와 충돌할 가능성도 더 높게 나타났다는 보고가 제출되었다. 6일 더 타임스 등 해외 언론들에 따르면, 미국 캘리포니아 롱비치에서 열린 미국 천문학 학회를 통해 막스플랑크 연구소 소속 카를 멘텐 박사(천문학) 등의 과학자들은 우리 은하에 대한 새로운 측정치를 내놓았다. 태양계가 우리 은하의 중심을 도는 속도는 시속 60만 마일로 이전의 추정치보다 10만 마일 빠르다. 질량은 50% 정도 높은 것으로 분석되었는데 이는 안드로메다 은하와 비슷한 수준이다. 이는 곧 우리 은하의 중력이 강해 이웃 은하를 더욱 강하게 당긴다는 사실을 의미한다. 결국 가장 가까운 은하와 충돌할 가능성이 더욱 높아진 것이다. 약 200만 광년 떨어진 안드로메다와 우리 은하가 충돌할 시점은 약 70억 년 후로 추정된다. 그때면 태양이 연료를 다 태우고 이미 소멸한 상태가 될 것이다. 과학자들의 추정에 따르면 안드로메다와 우리 은하는 융합되어 하나의 새롭고 더 큰 은하를 만들 것이라고 한다.

2 시편 148:5-6은 하나님을 찬양하라는 명령에 대한 이유를 말한다. 온 우주의 존재하는 모든 것은 하나님의 명령에 의해 창조된 것이므로 그의 피조물이요, 그의 종이다. 5절은 시편 33:6, 9절과도 유사하다. 5절 후반부가 마치 "하나님이 명해서 누군가가 우주의 별들을 창조한 것"처럼(RSV, TEV에서 "그들이 지어졌다"로 번역된 것이 암시할 수 있는 바처럼) 되어서는 안 된다. 그것은 "그가 그의 명령을 도구로 사용하여 그것들을 창조했다"라고 번역하는 것이 더 적절하다. FCLV(French Common Language Version/프랑스보통어판)에 "그는 오직 한 단어만 말씀하셨고, 그들이 존재하기 시작했다"라고 번역된 것을 보라.(필자 번역)

Psalm 148:5-6
These verses give the reason for the command to praise Yahweh: all things and beings in the realms above were created by his command, and so they are his creatures, his servants. For verse 5 see similar statements in 33:6, 9. In verse 5b it should not appear that at Yahweh's command someone else created the heavenly bodies, as both rsv and tev and they were created might suggest. It would be better to say "For he created them by means of his command." See frcl "for he had to speak only one word and they began to exist."
Robert G. Bratcher and William David Reyburn, *A Translator's Handbook on the Book of Psalms*, UBS Handbook Series (New York: United Bible Societies, 1991), 1181.

제22강

히브리서 13:15 (1)

찬미의 제사[1]

할렐루야!
오늘은 히브리서 말씀으로 함께 은혜를 나누겠습니다.

> 이러므로 우리가 예수로 말미암아 항상 찬미의 제사를 하나님께 드리자
> 이는 그 이름을 증거하는 입술의 열매니라
> (히 13:15)

성경의 어떤 말씀은 마치 요즘 우리 삶 가운데서 쓰여진 듯 자연스럽게 다가옵니다. 이는 대개 역사적 사실이나 도덕적 내용으로, 예를 들어 십계명에 네 부모를 공경하라는 말씀부터 네 이웃의 소유를 탐내지 말라는 말씀은 어느 문화권 누구에게나 자연스럽게 여겨지는 말씀이요, 십계명 없이도 다들 지키려고 노력하는 내용입니다. 그런데 성경에는 세상에서는 도무지 상상할 수조차 없는 내용도 들어있습니다. 천지가 하나님 말씀으로 창조되었다든가, 예수께서 물 위로 걸으셨다든가, 태양이 멈췄다는 내용들 말입니다. 그런 내용들은 때로 이해하기가 어렵지만 그것이 깨달아질 때 영적 세계가 열리는 것입니다.

오늘 말씀 또한 우리 생활에서 얻을 수 있는 지혜나 사람과 사람 사이의 도덕적인 코드가 들어있는 것이 아니라 신령한 지식, 하늘에 속한 지식입니다. 영적인 세계에서는 현실에서 불가능한 일들이 일어나지요? 눈에 보이지 않는

것들이 보이며 눈에 보이던 것들이 결국 허상처럼 사라집니다. 성경은 그러나 물질세계와 영계를 상반된 두 세계로 보고 그중 물질세계는 본질적으로 나쁜 것이라는 플라톤 철학을 말하지 않습니다. 오히려 물질세계가 영이신 하나님의 말씀에 의해 창조되었고 하나님을 찬양하는 선한 목적을 갖고 있다고 가르칩니다.

"눈에 보이지 않는 찬양의 본질이 무엇인가?"라는 질문이 어려운 것은 바로 찬양의 눈에 보이지 않는 속성 때문일 것입니다. 그런데 오늘 말씀은 찬양을 눈에 보이는 제물로 구체화하고 있습니다. 이스라엘 백성들은 당시까지 약 1500년간 때로는 매일, 때로는 간헐적으로나마 하나님께 제사를 드렸습니다. 모세가 시내산에서 율법을 받은 것이 대략 기원전 1500년 정도이니까요. 그 모세의 율법이 명한 여러 가지 제물 중 눈에 보이지 않는 제물은 없었습니다.

그런데 신약에 와서 히브리서 저자는 놀라운 말씀을 전합니다, 바로 새로운 제물이 있다고, 그런데 그 제물은 눈에 보이지 않는다고, 그것은 바로 찬양의 제물이라고 말입니다. 히브리서는 사실 구약의 제사가 이제 끝났다고 선포하는 책이지 않습니까?

> 제사장마다 매일 서서 섬기며 자주 같은 제사를 드리되
> 이 제사는 언제든지 죄를 없게 하지 못하거니와
> 오직 그리스도는 죄를 위하여 한 영원한 제사를 드리시고 하나님 우편에 앉으사
> 그 후에 자기 원수들로 자기 발등상이 되게 하실 때까지 기다리시나니
> 저가 한 제물로 거룩하게 된 자들을 영원히 온전케 하셨느니라
> (히 10:11-14)

예수께서 자기 자신을 온전한 제물로 드리셨으므로 이제 다시는 소나 양으로 제사드릴 필요가 없고, 예수님 자신으로 제물을 드린 그 보혈을 믿음으로 영

생을 얻는다는 것이 복음의 핵심입니다. 그래서 교회는 이제 제사시대가 끝나고 제사가 필요 없는 은혜시대가 도래했다고 기뻐합니다. 그런데 히브리서를 자세히 보면 그렇게 결론 내리지 않습니다. 히브리서는 정확히 말하자면 새로운 제사시대의 도래를 선포하는 책입니다. 이제 고기제사, 밀가루제사 시대는 끝이 나고 찬양의 제사시대가 시작됐다고 말입니다. 즉 예수 이름으로 말미암는 찬미의 제사가 드려지는 영적으로 더욱 성숙해진 시대가 시작된다고 히브리서는 말씀하고 있습니다. 할렐루야!

그러므로 우리는 구약시대와 신약시대를 이렇게 정의할 수 있습니다. 구약시대는 예수로 말미암아 끝나게 된 제사시대, 그리고 신약시대는 예수로 말미암아 시작된 제사시대라고 말입니다. 다시 말해 성경은 전체가 제사에 관한 책인데, 그 중심에 예수님이 계시고 그 십자가를 전후로 해서 제물의 내용이 달라진다고 말입니다. 우리가 찬양을 통해 예수 이름을 높여야 하는 이유가 여기 있습니다. 성경을 이해하는 여러 가지 방법이 있지만 이런 관점도 있다는 것이 놀랍지 않습니까?

또 하나 생각해야 할 점은 제물의 조건입니다. 제사에서 제물은 필수적인데요, 그 종류는 달라도 공통점이 있으니 모두 점과 흠이 없는 온전한 것이어야 한다는 사실입니다.

> 만일 그 예물이 가축 떼의 양이나 염소의 번제이면 흠 없는 수컷으로 드릴지니
> (레 1:10)

이러한 하나님의 명령에도 불구하고 이스라엘 사람들이 점점 꾀가 생기고 아까운 마음이 들어서, 병든 것, 저는 것을 제물로 드리기 시작했습니다. 그 죄악이 얼마나 컸던지 결국 그것은 이스라엘의 멸망을 더욱 앞당기고 말았습니다.

> 만군의 여호와가 이르노라
> 너희가 눈 먼 희생으로 드리는 것이 어찌 악하지 아니하며
> 저는 것, 병든 것으로 드리는 것이 어찌 악하지 아니하냐
> 이제 그것을 너희 총독에게 드려보라 그가 너를 기뻐하겠느냐 너를 가납하겠느냐
> 만군의 여호와가 이르노라
> 너희는 나 하나님께 은혜를 구하기를 우리를 긍휼히 여기소서 하여 보라
> 너희가 이같이 행하였으니 내가 너희 중 하나인들 받겠느냐
> 만군의 여호와가 이르노라
> 너희가 내 단 위에 헛되이 불사르지 못하게 하기 위하여
> 너희 중에 성전 문을 닫을 자가 있었으면 좋겠도다
> 내가 너희를 기뻐하지 아니하며 너희 손으로 드리는 것을 받지도 아니하리라
> (말 1:8-10)

여기서 한 가지 생각할 것이 있습니다. 왜 일 년 된 어린 양일까요?

> 네가 단 위에 드릴 것은 이러하니라 매일 일 년 된 어린 양 두 마리니
> 한 어린 양은 아침에 드리고 한 어린 양은 저녁때에 드릴지며
> (출 29:38-39)

하나님의 뜻을 다 알 수는 없으나 분명한 것은 일 년 동안 준비하라는 메시지입니다. 즉 제물을 준비하는 기간이 필요하다는 것입니다. 사실 이스라엘의 삶은 한마디로 정의한다면 "제물을 준비하는 삶"이었습니다. 일 년간 준비해야 제물로 드릴 수 있고 게다가 점과 흠이 없어야 하니 다른 양과 달리 늘 생

각하고 관심을 가지고 보호해야 합니다. 일 년이 되기 며칠 전에 그 양이 어디서 상처라도 입으면 일 년 동안 헛수고한 것이기 때문이지요. 이 말씀은 우리의 제물로서의 찬양이 즉흥적인 것이 아니라 정성껏 준비되어야 하는 것임을 가르쳐 줍니다. (예수님의 온전한 제물이 드려지기까지 33년 걸렸다는 것을 생각해보시기 바랍니다.)

히브리서는 참 신비로운 책이지요? 사실 저자가 누구인지 아직 잘 모르는 책입니다.[2] 그런데 이 책은 구약에도 정통하고 복음에도 정통한 사람에 의해 쓰인 것은 분명합니다. 그래서 이 책은 신약 속의 구약이라고도 하지요? 이 책은 구약과 신약의 엄청난 차이를 연결해주는 고리입니다. 만약 이 책이 없었다면 어쩌면 우리는 구약을 멀리했을 수도 있습니다, 신약의 관점에서 도무지 이해가 안 되기 때문입니다. 그런데 그 메울 수 없는 간격을 성경 전체를 꿰뚫는 놀라운 통찰력으로 완벽하게 다리를 놓는 책이 바로 히브리서입니다. 그래서 너무 고마운 책이지요. 그런데 13장에서 이 책답게 몇 구절 안 되는 작은 공간에 성경 전체에 나오는 제물들을 정리해놓았습니다. 그것이 10절부터 16절까지입니다.

> 10 우리에게 제단이 있는데
> 그 위에 있는 제물은 장막에서 섬기는 자들이 이 제단에서 먹을 권이 없나니
> 11 이는 죄를 위한 짐승의 피는 대제사장이 가지고 성소에 들어가고
> 그 육체는 영문 밖에서 불사름이니라
> 12 그러므로 예수도 자기 피로써 백성을 거룩케 하려고
> 성문 밖에서 고난을 받으셨느니라

> 13 그런즉 우리는 그 능욕을 지고 영문 밖으로 그에게 나아가자
> 14 우리가 여기는 영구한 도성이 없고 오직 장차 올 것을 찾나니
> 15 이러므로 우리가 예수로 말미암아 항상 찬미의 제사를 하나님께 드리자
> 이는 그 이름을 증거하는 입술의 열매니라
> 16 오직 선을 행함과 서로 나눠주기를 잊지 말라
> 이 같은 제사는 하나님이 기뻐하시느니라
> (히 13:10-16)

이 놀라운 말씀을 다음과 같이 요약해서 정리해봅니다.

10, 11절은 율법이 명한 제물입니다.
12, 13절은 예수 그리스도의 온전한 제물입니다.
15절은 찬미의 제사입니다.
16절은 선행의 제사입니다.

제가 알기로 이외에 하나님께서 명하신 다른 제물은 성경에 없습니다. 놀랍지 않습니까? 이 몇 구절 안에 히브리서 저자는 제사라는 관점에서 성경 전체를 요약했다고 해도 과언이 아닙니다. 안타까운 것은 이 찬미의 제물의 중요성에 대해 교회가 너무 모르고 있다는 사실입니다. 그리고 나서 16절에 바로 우리 삶 전체가 제물이 됨을 말씀합니다. 선행, 즉 하나님께 영광을 돌리는 삶이 제물이라는 것입니다. 이는 로마서 12:1과 거의 같은 관점입니다.

> 그러므로 형제들아 내가 하나님의 모든 자비하심으로 너희를 권하노니
> 너희 몸을 하나님이 기뻐하시는 거룩한 산제사로 드리라
> 이는 너희의 드릴 영적 예배니라
> (롬 12:1)

약 30여 년 전 어느 날 보게 된 이 말씀이 어둠의 섬광처럼, 충격처럼 제게 다가왔던 때를 잊을 수 없습니다. 찬양의 본질이 뭔가, 더 깊은 뜻이 뭔가, 왜 이렇게 성경은 찬양을 중요시하는가? 찬양을 위해 하나님께서 우리를 지으셨다니 이는 무슨 뜻인가? 아무도 대답해주지 않는 질문들을 가지고 기도하고 이것저것 책을 봐도 답답하던 때에, 이 말씀은 내 영혼의 사막의 갈증을 해소해주기에 충분한 오아시스였습니다. '아, 찬양의 본질은 바로 제물이었구나! 그래서 그렇게 중요하구나! 제물은 하나님께 드리라는 뜻이로구나!' 얼마나 기쁘고 감격했는지 모릅니다. 마치 온 세상을 다 갖게 된 느낌이라고나 할까요?

그러나 그 기쁨도 잠시, 갑자기 제 마음은 천근만근 무거워졌습니다. '찬미가 제물이라면 온전해야 하는데… 점과 흠이 없어야 하는데… 그동안 나의 찬미의 제물은 어땠나?' 생각해보니 너무 부끄럽고 하나님께 죄송해서 얼굴을 들 수가 없었습니다. "주여, 잘못했습니다. 점과 흠이 많은 제물을 드린 적이 얼마나 많았는지 모릅니다. 음악적으로 영적으로…! 주여 용서해주소서!" 그때 느꼈던 두려움… 그렇습니다, 그것은 부끄러운 마음을 넘어선 두려움이었어요. '이러다간 이스라엘이 멸망당하듯 나도 큰 저주를 받는 게 아닌가, 아니 당시라면 저주를 받아도 벌써 받았을 터인데… 은혜로우신 하나님께서 이제 예수님으로 말미암아 내 아버지가 되셨으니 그 오래 참으심으로 참으셨구나…' 그런 깨달음과 함께 정말 쥐구멍이라도 들어가고 싶은 심정이었습니다.

이 충격과 같은 깨달음이 우리에게 있기를 소망합니다. 마치 우리의 삶을 둘로 나누는 것과 같은, 그래서 마치 십자가 이후의 시간은 도무지 십자가 이전의 시간으로 돌아갈 수 없는 것처럼 그렇게 분명히 우리가 이 말씀을 통해 전혀 새로워질 수 있다면, 분명 주님께서는 이전에 몰라서 잘못했던 모든 것을 용서해주심은 물론 이제 그 옛날 다윗에게 보여주셨던 찬양의 깊은 세계로 인도해주실 것입니다. 또 그 이상의 것으로 채워주실 것을 믿습니다.

기도하겠습니다.
하나님 아버지, 저희가 몰라서 잘못했습니다. 주님, 용서해 주시옵소서. 어린 양을 일 년 동안 잘 공들여서 하나님께 드리듯이 우리도 우리의 찬양을 잘 준비하고 연습해서 그것을 위해 기도하고 묵상하면서 하나님께 드렸어야 했는데, 그러지 못했음을 고백합니다. 주님, 이제라도 그와 같은 깨달음을 주셨사오니 감사합니다. 이제 우리가 천국 가기 전까지 얼마나 시간이 남았는지 모르지만, 그 시간들은 참으로 주님이 원하시는 점과 흠이 없는 일 년 된 어린양과 같은 찬미의 제물로 가득 차게 하여 주시옵소서. 예수 이름으로 기도합니다. 아멘.

1   제19강 미주 참조

2   히브리서의 저자에 대해서는 역사적 지식의 한계로 인하여 정확히 알 수는 없다. 초기 기독교시대부터 그의 정체에 대한 확실한 전통도 없다. 그가 이 편지를 보내는 공동체에 잘 알려진 사람이라는 것은 분명하다. (13:19) 13장에 나오는 간단한 개인적 정보는 그의 정체를 확정하기에는 충분하지 않다. 11:32를 볼 때 저자에 관해 남성대명사를 쓰는 것이 적당하다고 여겨지지만, 히브리서의 저자가 누군지는 알 수 없다.

그 저자가 추측하건대 바울의 측근이요, "우리 형제"(13:23) 디모데와 함께 여행한 사람으로 여겨지지만 분명한 것은 그는 바울은 아니지만, 주께서 복음을 증거하신 것을(2:3-4) 직접 들은 사람들 가운데 한 사람이었다. 히브리서의 헬라어는 신약의 가장 빼어난 것으로 그 어휘와 문장력에 관해 바울보다 월등하다.

저자의 형상화법(imagery) 또한 특별하다: "흘러 떠내려갈까"(2:1), "닻 같아서"(16:19), "좌우에 낯선 검같이 예리하여"(4:12), "눈앞에 벌거벗은 것 같이"(4:13), "땅이 자주 내리는 비를 흡수하여 밭 가는 자들의 쓰기에 합당한 채소를 내면"(6:7-8). 이 모든 형상법은 바울의 것이 아님이 분명하다. 저자는 제사장과 제물을 중심으로 하는 제의식 관련의 개념적 세계에서 매우 확신을 가지고 움직인다. 히브리서의 많은 강조점이 바울의 그것과는 상이하다.

고대에는 바울, 바나바, 누가, 로마의 클레멘트 등이 어떤 교회들의 중심에서 히브리서의 저자로 언급되었다. 요즘 학자들 사이에서는 아볼로, 실바나, 빌립 집사, 브리스길라와 아굴라, 유다, 아리스티온, 또 다른 사람들이 그 저자일 수 있다는 의견이 있다. 이 둘의 차이점이 저자의 정체성을 확정하는 것이 불가능함을 말하고 있다. 확실히 말할 수 있는 것은, 히브리서는, 헬라어 성경의 주해에 관해 잘 훈련된 창조적인 신학자에 의해 쓰였다는 것이다. 그 저자에게는 "형성적(formative)" 유대교란 헬레니즘적인 유대교를 뜻한다. 그는 헬레니즘적인 유대교의 정제된 양식, 언어, 전통, 그리고 신학적 개념들에 통달한 자였고, 동시에 헬레니즘적 교회의 신학도 잘 알고 있었다. 그는 분명히 헬레니즘적인 유대기독교인이었다. (필자 번역)

William L. Lane, *Hebrews 1-8*, vol. 47A, Word Biblical Commentary (Dallas: Word, Incorporated, 1991),xlix.

The limits of historical knowledge preclude positive identification of the writer. No firm tradition concerning his identity exists from the earliest period. He was clearly known to the community to whom he wrote (13:19). The brief personal notes in chap. 13, however, are not sufficiently specific to establish his identity. While the use of the masculine pronoun in referring to the writer is advisable in the light of the formulation in 11:32, Hebrews is anonymous.

Although the writer is presumably within the Pauline circle and expects to travel with Timothy "our brother" (13:23), it is certain that he is not Paul, but one who numbered himself among those to whom the immediate hearers of the Lord had delivered the gospel (2:3-4). The language of Hebrews constitutes the finest Greek in the NT, far superior to the Pauline standard both in vocabulary and sentence-building. /···/ The writer's use of imagery is also distinctive: a ship missing the harbor (2:1), an anchor gripping the seabed (6:19), a double-edged sword that penetrates and divides the inmost faculties of the soul (4:12), a wrestler hopelessly exposed in a headlock (4:13), fields richly watered by rain and producing useful crops or worthless weeds (6:7-8). All of these images are foreign to Pauline usage. The writer moves confidently within the conceptual world of cultic concerns centering in priesthood and sacrifice. Many of the emphases of Hebrews are alien to those of Paul.

In antiquity, the names of Paul, Barnabas, Luke, and Clement of Rome were mentioned in certain church centers as the author of Hebrews. In current scholarship, Apollos, Silvanus, the deacon Philip, Priscilla and Aquila, Jude, Aristion, and others have found their proponents. /···/ This divergence underscores the impossibility of establishing the writer's identity. All that can be said with certainty is that Hebrews was composed by a creative theologian who was well trained in the exposition of the Greek Scriptures. For the writer, "formative" Judaism was hellenistic Judaism. He was thoroughly familiar with the refined style, language, traditions, and theological conceptions of hellenistic Judaism, but he was also informed by the theology of the hellenistic Church. He was surely a hellenistic Jewish-Christian.

William L. Lane, *Hebrews 1-8*, vol. 47A, Word Biblical Commentary (Dallas: Word, Incorporated, 1991), xlix.

제23강 영상

제23강

히브리서 13:15 (2)

입술의 열매

샬롬! 지난 시간에 이어 히브리서 13:15 말씀을 공부하겠습니다.

> 이러므로 우리가 예수로 말미암아 항상 찬미의 제사를 하나님께 드리자
> 이는 그 이름을 증거하는 입술의 열매니라
> (히 13:15)

성경의 놀라운 점은 어떤 중요한 말씀이든지 그 짝이 있다는 사실입니다. 이사야 34:16절이 그렇게 말씀하고 있지요.

> 너희는 여호와의 책을 자세히 읽어보라
> 이것들이 하나도 빠진 것이 없고 하나도 그 짝이 없는 것이 없으니
> 이는 여호와의 입이 이를 명하셨고 그의 신이 이것들을 모으셨음이라
> (사 34:16)

그렇다면 찬양의 정의를 송두리째 바꿔놓은 히브리서 13:15의 짝은 어디 있을까요? 저는 적어도 구약의 두 말씀이 바로 그 짝이라고 생각하는데요, 시편 119:108, 그리고 호세아 14:2 말씀입니다. 먼저 시편 말씀을 봅니다.

> 여호와여 구하오니 내 입의 낙헌제를 받으시고
> 주의 규례로 나를 가르치소서

> Accept, LORD, the willing praise of my mouth,
> and teach me your laws. (NIV)
> (시 119:108)

"내 입의 낙헌제"란, 바로 "내가 스스로 드리는 찬양"을 의미합니다. 그런데 그 찬양을 제물로 표현한 것이니 참으로 놀랍지요? 당시는 아직 구약시대요 율법이 시퍼렇게 세력을 과시하고 있었을 때인데… 입으로 낙헌제를 드린다니, 이는 참으로 시대적으로는 맞지 않지만 예언적인 말씀이 아닐 수 없습니다.

낙헌제란 무엇입니까? 히브리어로는 느다바(נְדָבָה), 영어로는 freewill offering 인데, "자유의지 제사" 즉 내가 그냥 원해서 드리는 제사라는 뜻으로 좀 더 이해가 쉬워집니다. 다른 제사가 죄를 지었다거나 어떤 서원을 했기 때문이거나 하는 이유로 반드시 하나님의 명령에 따라 드려야 하는 제사라면, 낙헌제는 내가 원해서 드리는 제사로 마치 자발적인 찬양과 같이 즐거운 마음으로 하나님께 드리는 "선물과 같은 제사"입니다.[1]

사실 구약시대를 대강 상상해보면 숨 막힐 듯한 율법의 시대요, 용서도 없고 긍휼도 없고 하나님과의 개인적인 관계는 모세나 몇몇 선지자 외에는 생각조차 할 수 없는 시대로 여겨지기 쉬운데, 실제로 말씀을 읽어보면 그런 틀 속에 얼마나 자유가 있고 긍휼이 있고 용서가 있고 사랑이 있는지 모릅니다. 사실 제사법 자체가 용서를 위한 장치 아닌가요? 신약과의 차이가 있다면 구약은 용서를 받기 위해 내가 반복적으로 제물을 바쳐야 한다는 것이고, 신약시대에는 한 온전한 제물을 하나님께서 스스로 준비하셨다는 것이 다를 뿐입니다. 결국 이 시편 말씀의 "입으로 드리는 낙헌제"는 히브리서 말씀의 "찬미의 제사"를 약 천 년 전에 미리 예언한 듯한 말씀입니다. 주님께서 성경의 저자가 아니라면 있을 수 없는 일이지요.

이제 호세아 14:1-3을 읽어봅니다.

> 1 이스라엘아 네 하나님 여호와께로 돌아오라
> 네가 불의함을 인하여 엎드러졌느니라
> 2 너는 말씀을 가지고 여호와께로 돌아와서 아뢰기를
> 모든 불의를 제하시고 선한 바를 받으소서
> **우리가 입술로 수송아지를 대신하여 주께 드리리이다**
> 3 우리가 앗수르의 구원을 의지하지 아니하며 말을 타지 아니하며
> 다시는 우리의 손으로 지은 것을 향하여 너희는 우리 신이라 하지 아니하오리니
> 이는 고아가 주께로 말미암아 긍휼을 얻음이니이다 할지니라
> (호 14:1-3)

호세아 선지자는 북이스라엘에서 활동한 선지자로 특히 이스라엘 지도층의 타락을 비난하고 회개를 촉구했습니다. 위의 2-3절은 이스라엘 백성들에게 어찌어찌 기도하라고 가르쳐주는 내용인데, 2절에 매우 특별한 표현이 보입니다, 바로 "입술로 수송아지를 대신하여"라는 표현이 그것입니다. 그가 타락한 백성들에게, "하나님, 우리가 주의 율법대로 수송아지를 드리겠나이다"라고 회개와 결단의 기도를 가르치는 대신, 이상하게도 "입술로 수송아지를 대신하여 드리겠나이다"라는 기도를 가르치고 있습니다. 사실 이 구절은 해석이 어려워 여러 성경이 여러 가지 번역을 하고 있습니다.[2] "입술의 열매, 희생의 제물인 소와 같은 우리 입술의 찬양" 등으로 번역되는 이 구절은 호세아 선

지자가 약 800년 후에 히브리서에 기록될 "찬미의 제사로서의 입술의 열매"를 멀리서 어렴풋하게 바라보고 있다는 느낌을 주고 있습니다. 분명한 것은 이 구절은 단순히 율법이 명한 것을 설명하는 것이 아니라 어떤 새로운 예언을 나타내고 있다는 사실입니다.

그것이 어떻게 번역되든 간에 이 구절은 입술로 드리는 제사를 말하고 있으며, 이는 그것이 다윗의 시편이 쓰인 이후에 쓰였음을 생각할 때, 시편 69편이 매우 유명했었음을 보여주고 있고, 호세아 선지자 역시 비슷한 내용의 계시를 받았음을 짐작케 합니다. 이 말씀은 결국 "하나님께서 소보다 찬양을 더 기뻐하신다"는 시편 69:30-31과 "찬양도 소와 양과 마찬가지로 제물이요, 그것은 입술의 열매다"라는 히브리서 13:15을 묶어주는 구절로 이해됩니다. 즉, 히브리서 13:15 말씀은 유일하게 찬양의 제사를 가르치는 말씀이 아니라 구약의 몇몇 말씀들이 함께 그것을 증거하고 있다는 뜻이지요. 자, 그러면 이제 좀 입체적인 그림이 그려졌나요?

그렇다면 이제 함께 상상해 봅시다. 자, 이제 여러분이 예배 중에 찬양을 드리고 있습니다. 그런데 여러분의 입술에서 나오는 찬양의 제물이 눈에 보이기 시작합니다. 그리고 그것이 하늘로 올라가는 것을 상상해 봅시다. 정말 영광스럽겠지요? 그런데 여러분의 눈에 다른 사람들의 입술에서도 찬양의 제물이 하늘 보좌로 올라가는 것이 보입니다. 그런데 자세히 보니 빛나고 아름다운 열매도 있지만, 그중 어떤 것은 상한 것, 병든 것, 흠이 많은 것이 보입니다. 물론 그런 것들은 하나님께서 받으시지 않으니 좀 올라가다가 이내 땅으로 떨어저 버릴 것입니다. 그리고 그 순간, 여러분은 다른 사람들도 여러분 자신의 찬미의 제물을 보고 있다는 사실을 눈치 채게 될 것입니다.

만약 이런 일이 실제로 일어난다면 어떻겠습니까? 여러분과 저의 찬양이 훨씬 달라지지 않을까요? 사람들의 눈이 무서워서라도 말입니다. 물론 우리의 찬양은 우리 눈엔 보이지 않습니다. 이것은 하나님만 받으시는 제물이요, 하나님과 나와의 지극히 개인적이고 비밀스런 관계의 산물이므로 당연히 다른 사람들에게는 보이지 않습니다. 사실 우리는 늘 보이는 것에 신경을 쓰며 살고 있지만, 성경은 이렇게 말합니다.

> 우리가 주목하는 것은 보이는 것이 아니요 보이지 않는 것이니
> 보이는 것은 잠깐이요 보이지 않는 것은 영원함이라
> (고후 4:18)

제가 무슨 말씀을 드리는지 아시겠지요? 찬양신학이 가르치는 바는, 눈에 보이지 않는 찬양을 눈에 보이는 찬미의 제물로 생각해보라는 것입니다. 만약 교회가 그렇게 생각한다면, 그 찬양은 완전히 달라질 것입니다. 누가 뭐라 하지 않아도 지극정성을 다할 것입니다. 찬미의 제물이 정말 아름다운 입술의 열매로 하늘로 올라가는 그 영광을 보고 싶어서 최선을 다할 것입니다.

이 시대는 예배와 찬양이 회복되어 다시 오실 주님을 맞이할 준비를 해야 할 때이며 이를 위해서는 찬양의 말씀을 신학적 깊이로 가르치고 배워야만 합니다. 그리고 말씀을 통해 찬양의 정의와 의무와 모델과 비전이 확실히 정립될 때, 마침내 예배의 부흥이 이루어질 것입니다. 그리고 그 예배의 중심에 이 말씀, 즉, "찬미의 제사"에 관련된 말씀이 자리 잡게 될 것입니다.

그러므로 간곡한 마음으로 모두에게 권면합니다. 교회의 찬양을 맡은 자들은 찬미의 제사를 충성스럽게 감당하기 위해 영적으로, 음악적으로 철저히 준비해 주시기 바랍니다. 또한 모든 교인들은 기도로 또 여러 모양으로 찬미의 제사를 도와주십시오! 저는 여러분의 교회에 이와 같은 아름다운 일이 일어나기를 마음 모아 기원하며 축복합니다.

기도하겠습니다.
아버지 하나님, 하나님의 말씀을 통해서 우리에게 놀라운 계시를 허락해 주시고 깨달음을 주심을 감사드립니다. 눈에 보이지 않는 축복이 얼마나 중요한지 우리가 알고 그것을 사모해서 눈물로 기도하고 밤을 새고 기도하는 것같이, 눈에 보이지 않는 찬미의 제물이 하나님께 얼마나 중요한지 우리가 좀 더 깨닫게 하여 주시옵소서. 그래서 우리의 입술에서 나오는 찬양, 우리의 몸 전체로 드려지는 그 찬양이 하나님 앞에 상달되고, 하나님을 기쁘시게 하고, 하나님 보시기에 아름다운 제물이 되게 하여 주시옵소서. 그리고 우리의 찬미의 제물이 올려질 때, 우리 삶 전체도 주님께 올려지게 하여 주시옵소서. 예수 이름으로 기도합니다. 아멘.

1   여기에 관하여 다음을 참고하라.
우상두, 놀라운 레위기 (부산: 로뎀북스, 2021), 47-53.

2   호세아 14:2의 여러 번역본 비교 및 설명

Take with you words, and turn to the LORD: say unto him, Take away all iniquity, and receive us graciously: so will we render the calves of our lips(우리 입술의 송아지). (흠정역)

Take words with you and return to the LORD. Say to Him, "Take away all iniquity, And receive us graciously, That we may present the fruit of our lips(우리 입술의 열매). (NAS/ NIV도 유사함)

Nehmt diese Worte mit euch und bekehrt euch zum HERRN und sprecht zu ihm: Vergib uns alle Sünde und tu uns wohl, so wollen wir opfern die Frucht unserer Lippen(우리 입술의 열매를 제물로). (루터성경)

Nehmt Worte mit euch und kehrt zum HERRN um! Sagt zu ihm: Vergib alle Schuld und nimm an, was gut ist! Wir wollen die Frucht unserer Lippen als Opfer darbringen(우리 입술의 열매를 제물로). (엘버펠더판/독어)

λάβετε μεθ' ἑαυτῶν λόγους καὶ ἐπιστράφητε πρὸς κύριον τὸν θεὸν ὑμῶν εἴπατε αὐτῷ ὅπως μὴ λάβητε ἀδικίαν καὶ λάβητε ἀγαθά καὶ ἀνταποδώσομεν καρπὸν χειλέων ἡμῶν(입술의 열매) (70인역)

너는 말씀을 가지고 여호와께로 돌아와서 아뢰기를 모든 불의를 제하시고 선한 바를 받으소서 우리가 입술로 수송아지를 대신하여 주께 드리리이다(KRV)

모두 야훼께 돌아와 이렇게 빌어라. "비록 못된 짓은 하였지만, 용서하여 주십시오. 이 애원하는 소리를 들어주십시오. 우리가 이 입술로 하느님을 찬양하겠습니다. (공동번역)

이 모든 어려움은 사실 한 히브리 단어 파림(פָּרִים)에서 시작되었다. 파림은 파르(황소, 소, 송아지)의 복수로 모세가 명한 제물 중 가장 비싼 제물이요, 아마도 그래서 소(바카르/ 소떼를 의미)는 레위기에서는 첫 번째(레 1:3)로 다루어지는 제물이기도 하다. 문제는 히브리원문을 그대로 번역하면 "입술의 황소"라는 이상한 뜻이 되므로 이를 납득할 만한 여러 다른 표현으로 바꾸다 보니 여러 번역이 나오게 된 것이다. 신학자 스튜어트는 이를 은유적으로 "입술의 열매"라고 해석하여, 잠 13:2처럼, 입술로 한 맹세를 좋은 행위를 통해 지킨다는 뜻으로 풀었다. 신학자 개렛 또한 비슷한 입장을 취한다. (Duane A. Garrett, *Hosea, Joel*, vol. 19A, The New American Commentary (Nashville: Broadman & Holman Publishers, 1997), 271.)

To "repay the fruit of our lips" (cf. Prov 13:2) means here to fulfill the vow of repentance by good deeds which conform to the covenant's demands.
(Douglas Stuart, *Hosea-Jonah*, vol. 31, Word Biblical Commentary (Dallas: Word, Incorporated, 1987), 213.)

그러나 이 문제를 비슷한 히브리단어와의 혼동으로 야기된 문제로 보는 신학자도 있다.

"열매를 드리리이다"에서 히브리어 파림(פָּרִים), "황소들"은 파림으로 읽으면 안 되고 열매, 즉 '페리'(RSV; 13:15, 14:8)로 읽어야 한다. 마지막 알파벳(מ/Mem)은 가나안 지방어에서는 보통으로 나타나는 전접어 (enclitic) M으로, 강조나 문법적인 격을 나타내기 위한 것이다." (필자 번역)

(David A. Hubbard, *Hosea: An Introduction and Commentary*, vol. 24, Tyndale Old Testament Commentaries (Downers Grove, IL: InterVarsity Press, 1989), 239.)

And we will render (Heb. šlm in the intensive stem means to 'compensate' or 'pay', a frequent term in the laws of Exodus; cf. 21:34, 36; and especially ch. 22) the fruit (Heb. prym should be read as fruit, pěrî rsv; cf. 13:15 and 14:8, not bulls [pārîm], the m being an enclitic m, added for emphasis or a case marker and common in Canaanite dialects) of our lips describes the promise to fulfil their promises, including the paying of the obligations to pray, worship and keep vows. (인용원문)

한편 이 문제를 유배시절에 중단된 성전예배와 연관 지어 생각하는 신학자들도 있다.

우리 입술의 송아지, 즉 유배시절에는 드릴 수 없는 송아지제사를 대신해서 우리의 입술의 찬양을 드립니다. 그러므로 성전 예배가 중단된 유배시절은 구약시대의 동물제사의 형태들이 그리스도의 완전한 제사 안에서 실현되는 복음시대, 즉 히 13:15의 "입술의 열매로 하나님께 항상 드리는 찬미의 제사"가 구약의 제사를 대신하는 시대를 예비한다.

(Robert Jamieson, A. R. Fausset, and David Brown, *Commentary Critical and Explanatory on the Whole Bible*, vol. 1 (Oak Harbor, WA: Logos Research Systems, Inc., 1997), 663.)

calves of our lips—.that is, instead of sacrifices of calves, which we cannot offer to Thee in exile, we present the praises of our lips. Thus the exile, wherein the temple service ceased, prepared the way for the gospel time when the types of the animal sacrifices of the Old Testament being realized in Christ's perfect sacrifice once for all, "the sacrifice of praise to God continually that is the fruit of our lips" (Heb 13:14) takes their place in the New Testament. (인용원문)

제24강 영상

제24강

시편 22:3

찬양의 성전

이스라엘의 찬송 중에 거하시는 주여 주는 거룩하시니이다
O thou that inhabitest the praises of Israel, Thou art holy.
(시 22:3)

성경에 찬양에 관한 수백 구절의 말씀이 있는데 그중에서도 찬양신학의 뼈대를 이루는 말씀들이 있습니다. 사실 이제까지 제가 강의한 내용들이 다 그와 같은 말씀들인데요, 오늘 이 시편 22편 말씀은 그중에서도 찬양신학 전체의 틀을 유지하는 뼈대를 이룬다고 할 만큼 중요합니다.

모 대학에서 교회음악사 강의를 부탁받아 준비하던 때로 기억이 되는데요, 시편을 읽다가 이 말씀에 이르렀을 때, 한 가지 질문이 떠올랐어요. '하나님은 어디에나 계시는 분인데, 왜 찬송 중에 거하신다고 했을까?' 저는 침례교 목사지만 원래 모태신앙으로 4대째 장로교 집안에서 자랐습니다. 그래서 하나님께서 전지전능하시고 무소부재하신다는 것쯤은 알고 있었지요. 그런데 하나님께서 이스라엘의 찬송 중에 거하신다고 기록한 다윗의 시편을 보니, 잘 이해가 되지 않았어요. 이 말씀이 가르치는 바가 하나님께서 이스라엘의 찬송 중에 계시고 다른 데는 안 계신다는 뜻은 아니라는 것은 알겠는데, 왜 특별히 거기 계신다고 했는가에 대한 설명이 없었어요. 즉, 하나님께서 찬송 중에 거하시는 그 거하심과, 우주에 편만하신 거하심과는 무언가 다를 것이라는 느낌은 있는데, 그 차이가 무엇인지 알 방법이 없었어요.

그러다가 어느 날인가 하나님이 계신 곳이 성전이라면 찬양이 하나님의 성전이 될 수 있다는 사실을 깨달으며 전율이 흘렀어요. 모세의 성막과 솔로몬의 성전에 계셨던 구약의 하나님이 이제 예수님을 영접한 나를 성전 삼아 성령 하나님으로 나와 함께하신다는 사실만으로도 감사했는데, 구체적으로 내가 부르는 찬송 중에 함께하시다니… 이것은 충격으로 다가왔습니다. 그리고 이것은 『찬양의 성전』이라는 책을 쓰게 된 계기가 되었습니다.

그때부터 아마도 처음으로 주석을 찾아보기 시작했고, 가능한대로 그 답을 알려줄 수 있다고 생각되는 여러 책들을 찾아보기 시작했어요. 그런데 별로 만족스러운 해답을 얻지 못해서, 결국 원어 성경을 봐야겠다고 마음을 먹었지요. 그래서 궁여지책으로 히브리 알파벳만 좀 외운 다음에 무턱대고 원어성경과 영어성경을 대조하며 무식한 방법으로 공부를 시작했어요. 그러다가 거기에 나오는 "거하다"라는 동사를 만나게 되었는데, 그 단어는 야솨브(ישב)라는 동사였어요. 하나님께서 찬양 중에 거하시는 그 특별한 거하심을 나타내는 히브리 단어인 야솨브를 만나니 얼마나 흥분되고 감격스럽던지요!

히브리어에는 "거하다"라는 뜻을 가진 몇몇 단어들이 있습니다. 이미 말씀드린 야솨브 외에도 샤칸, 누아흐, 가바르, 야타브 등의 단어들인데 우리는 쉽게 배우기로 작정했으므로 조금씩 맛만 보도록 하겠습니다.

> 이스라엘 자손이 시내 광야에서 출발하여 자기 길을 행하더니
> 바란 광야에 구름이 머무니라
> (민 10:12)

> 내가 그들 중에 거할 성소를 그들을 시켜 나를 위하여 짓되
> 무릇 내가 네게 보이는 대로 장막의 식양과 그 기구의 식양을 따라 지을지니라
> (출 25:8)

여기서 쓰인 '머물다 혹은 거하다'라는 단어가 **샤칸**(שכן)입니다. 이 단어는 거하다는 뜻인데 "잠시 거하다, 임시로 거하다"라는 뜻을 갖고 있습니다.

> 그 땅에 기근이 있으므로 아브람이 애굽에 우거하려 하여 그리로 내려갔으니
> 이는 그 땅에 기근이 심하였음이라
> (창 12:10)

여기서 우거하다로 쓰인 단어는 **가바르**(גור)라는 단어로 이는 "외국 땅에 거하다, 영어로 sojourn"이라는 뜻입니다.

> 내가 보았는데 왕좌가 놓이고 옛적부터 항상 계신 이가 좌정하셨는데
> 그 옷은 희기가 눈 같고 그 머리털은 깨끗한 양의 털 같고
> 그 보좌는 불꽃이요 그 바퀴는 붙는 불이며
> (단 7:9)

여기서 좌정하다로 쓰인 단어는 **야타브**(יתב)인데 이는 "앉다, 좌정하다"의 뜻이 있습니다.

> 이는 엿새 동안에 나 여호와가 하늘과 땅과 바다와 그 가운데 모든 것을 만들고
> 제칠일에 쉬었음이라

그러므로 나 여호와가 안식일을 복되게 하여 그날을 거룩하게 하였느니라
(출 20:11)

여기서 쉬었다고 하는 단어는 **누아흐**(נוח)인데 이는 "거하다, 쉰다"의 뜻이 있는 단어입니다.

자, 그렇다면 시편 22:3절에 쓰인 **야솨브**의 뜻은 무엇일까요? 물론 일반적인 의미로 "거하다"의 뜻이 있지만 중요한 뜻이 있는데 "영원히 거하다"라는 뜻이 있습니다. 그래서 이 단어는 "임시로 거하다"라는 뜻의 **샤칸**과 구별되어 쓰입니다. 구약의 성막을 원어로 **미쉬칸**(משׁכן)이라 하는데, 이는 바로 **샤칸** 동사에서 나온 명사로 결국 "하나님께서 임시로 거하시는 곳"이라는 뜻이지요.

솔로몬의 수사법을 보시기 바랍니다. 그가 성전 낙성식 때에 하나님께 정말 멋진 기도를 올렸지요. 그때 그가 이렇게 기도했어요.

하나님이 참으로 사람과 함께 땅에 **거하시리이까**
하늘과 하늘들의 하늘이라도 주를 용납지 못하겠거든
하물며 내가 건축한 이 전이오리이까?
(대하 6:18)

이때 그가 쓴 단어는 바로 **야솨브**, 즉 "영원히 거하다"의 뜻이 있는 단어를 썼어요. 그러니까 이 질문은 다시 쓰자면 "하나님이여 참으로 사람과 함께 땅에 영원히 거하시겠습니까? 아무리 내가 정성을 다해 이 성전을 지었다 해도 이것

은 하나님께서 영원히 거하실 수 있는 그런 건물은 절대 아닙니다."라는 당연하면서도 겸손한 말이지요. 즉 이런 것을 수사학적 의문문(rhetorical question) 혹은 설의법이라 하는데, 그가 얼마나 단어를 사려 깊게 썼는지 잘 보여줍니다. **야쇼브**의 또 하나의 중요한 뜻은 "보좌에 앉다," 즉 영어로 enthroned입니다. 제가 표를 하나 보여드리지요. (〈도해 7/ 성경 소프트웨어 Logos〉)

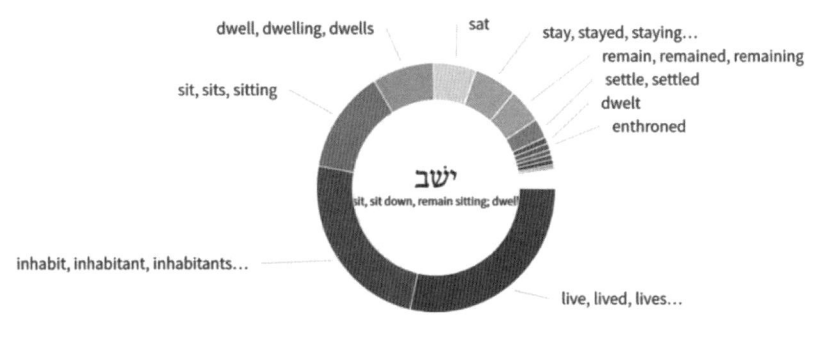

〈도해 7〉

여기에 보면 이 단어가 주로 "거하다, 살다"라는 뜻으로도 쓰이지만 "앉다, 보좌에 앉다"라는 뜻으로도 쓰임을 알 수 있습니다. 보좌에 누가 앉습니까? 바로 왕이 앉습니다. 그래서 이 구절은 '하나님께서 찬양을 보좌 삼으신다'라고 번역될 수도 있습니다.

> Yet you are holy, enthroned on the praises of Israel.
> (Ps 22:3/ESV)

그렇다면 이 단어의 "거하신다"는 뜻과 "보좌에 앉으신다"는 뜻을 함께 생각할 때 무엇을 알 수 있습니까? 어떤 그림이 그려집니까? 제가 이를 통해 충격적으로 깨달았던 것은 바로 찬양은 하나님이 영원히 거하시며 왕으로 통치하시는 그 환경이라는 뜻입니다. 즉 믿음의 찬양은 하나님을 왕처럼 모신다는 뜻입니다. 만약 어떤 왕이 통치를 아주 만족스럽게 했다면 그 나라의 모든 환경이 왕이 원하는 대로 되어있어야 할 것입니다. 하나님께서 이스라엘의 찬송을 보좌 삼으신다는 것은 하나님의 통치의 목적이요, 또 그 통치하심의 결과입니다.

신앙은 하나님은 우리 아버지인 동시에 우주만물을 다스리는 왕이심을 인정하는 것입니다. 우리는 바로 그 보좌를 받드는 환경을 만들어드리는 자들인데 그것이 바로 찬양이라는 뜻입니다. 이 구절은 특별히 그가 거룩하신 분이라고 증거합니다. 온 우주에 거룩하신 분은 하나님 한 분밖에 없습니다. 즉 이 말은 오직 하나님만이 찬양받으시기에 합당한 분이라는 뜻입니다. 찬양신학은 오직 하나님께만 찬송과 영광을 돌리는 것이 그 책임이요 핵심입니다.

그렇다면 본문으로 돌아가서 과연 "하나님께서 이스라엘의 찬송 중에 영원히 거하신다"는 말씀은 우리에게 어떤 메시지를 주고 있을까요? 시편 69편을 통해 알게 된 "황소보다 찬송을 더 기뻐하시는 하나님" 기억하시죠? 즉, 찬송 중에 영원히 거하신다는 것은 하나님께서 찬송을 참으로 기뻐하신다는 또 하나의 증거라고 해석할 수 있겠습니다. 왜냐하면 누구나 자기가 좋아하는 곳에 가기 원하고 거기 오래 있기 원하니까요. 하나님께서 만약 찬송을 별로 좋아하지 않으신다면 우리에게 찬양하라고 명하지도 않으셨을 것이요, 그런 목적으로 우리를 지으시지도 않았을 것입니다. 나아가 이 말씀은 하나님이 어떤 분이신가를 보여줍니다. 즉 하나님은 본질적으로 찬양받으시는 분이시라는 것입니다. 다시 말해 아름다움의 근원 되시는 예술가 하나님께서 그의 지으신 만물의 찬양뿐만 아니라 구속받은 죄인들의 찬양을 크게 기뻐하신다는 뜻입니다.

시편기자는 시편 41:13에 하나님을 "영원부터 영원까지 찬송하라"고 말합니다. "하나님께서 찬송 중에 영원히 거하신다"는 것과 "하나님을 영원히 찬송하라"는 것은 결국 겹쳐지는 장면이지요? "영원부터 영원까지"라는 표현은 하나님께만 쓰이는 표현인데 주로 그의 영원하심을 말할 때 사용됩니다. 또한 영원히 찬양하라는 것은 우리가 천국에서 찬양으로 하나님을 섬길 것이며 그 사역은 영원한 것임을 말하고 있습니다.

한편 이 말씀은 찬송의 능력과 찬양으로 인한 승리에 대한 설명으로 보입니다. 즉 찬양에 큰 능력이 나타나고, 찬양으로 전쟁에서 승리하고, 찬양할 때 병이 낫고, 찬양할 때 성령께서 말씀하시는 등 이 모든 것은 바로 찬송 중에 계신 하나님의 역사라는 것입니다. 이스라엘의 찬양, 즉, 믿음으로 드려지는 찬양 가운데는 하나님께서 거하시니, 바로 그 하나님께서 놀라운 일을 행하실 수 있다는 뜻이지요. 찬양 중에 거하시는 임마누엘 하나님께서 우리에게 주시는 은혜가 얼마나 큰지 모릅니다.

저는 특별히 어린이 찬양사역에 관하여 이 깨달음이 매우 중요하다고 생각합니다. 새찬양축제는 전 세계 어린이 청소년 찬양콩쿠르입니다. 한마디로 그들에게 찬양의 무대를 만들어주는 것이지요. 자신이 그동안 기도하며 열심히 연습한 찬미의 제사를 하나님께 올려드리도록 하는 것입니다. 그런데 대회도 중요하지만 더욱 중요한 것은 그들이 이 대회를 목표로 몇 개월간, 때로는 일 년 내내 찬양을 연습한다는 것입니다. 그것이 왜 그리 중요할까요? 바로 이 말씀에 답이 있습니다. 이스라엘의 찬송 중에 거하시는 하나님께서 어린이들이 매일 연습하는 그 찬양 가운데도 거하실 것입니다. 또 그 하나님께서 매일 어린 영혼들을 만나주시고 만져주시고 보호해주실 것이라는 믿음이 바로 이 구절에서 나오는 것이지요.[1]

이 사역을 위해 전 세계를 돌아다니다 보니 새찬양축제에 매년 참가하는 학생들도 만나게 되는데, 놀랍게도 종종 이 대회를 통해 그들의 삶이 완전히 달라졌다는 간증을 듣곤 합니다. 찬양 중에 거하시는 하나님과 날마다 동행하는 우리 자녀들… 생각만 해도 너무 행복하고 감사하지 않습니까? 세상문화는 점점 악해져가고, 선악을 잘 모르는 우리 어린 자녀들을 하나님으로부터 멀어지게 합니다. 새찬양축제를 준비하며 매일 찬양을 연습하는 다음 세대들이 찬양 중에 거하시는 하나님을 만남으로 주께 영광 돌리기를 바랍니다.

마지막으로 시편 22편 3절에서 5절을 읽겠습니다.

> 이스라엘의 찬송 중에 거하시는 주여 주는 거룩하시니이다
> 우리 열조가 주께 의뢰하였고 의뢰하였으므로 저희를 건지셨나이다
> 저희가 주께 부르짖어 구원을 얻고 주께 의뢰하여 수치를 당치 아니하였나이다
> (시 22:3-5)

신학자 매튜 헨리(Matthew Henry, 1662-1714)는 시편 22편 3절을 4, 5절과 연결하여 이렇게 말합니다.

> "하나님께서 신실한 예배자들에게 강림하시고
> 그들의 곤고함을 돌아보시고 그곳에서 구해주신다"

즉, 우리가 찬양할 때에, 우리의 찬양 중에 거하시는 하나님께서는 우리의 고단한 삶을 보고 계신다는 사실을 잊지 마시기 바랍니다.

기도하겠습니다.
이스라엘의 찬송 중에 거하시는 하나님, 그 영광을 사모합니다. 또 언젠가는 우리도 그 영광에 함께 있을 것을 믿습니다. 아버지 하나님, 왕으로 우리 삶 가운데 좌정하여 주시옵소서. 우리를 지배하시고 또 우리의 찬양이 하나님을 왕으로 모시기에 부족함 없는 극진한 찬양, 진실된 찬양이 되게 하여 주시옵소서. 예수 이름으로 기도합니다. 아멘.

1 "어린이들이 날마다 주님과 함께 있는 것, 그것이 핵심이지요."
어린이와 청소년들을 위한 새찬양축제, 그 사역의 가장 중요한 목적은 무엇인가에 대해 여러 대답이 가능하다. "하나님께 영광 돌리는 것, 마21:16 말씀처럼 어린이 찬양을 온전케, 완전케 하는 것, 다음 세대가 찬양과 예배를 통해 세워지는 것, 어릴 때부터 찬양을 잘 배워서, 마침내 극진한 찬양까지 이르도록 돕는 것, 교회에 필요한 찬양사역자를 미리부터 키우는 것" 등등 여러 귀하고 중요한 목적들이 있을 것이다. 그러나 모든 어린이들에게 적용되는 가장 중요한 목적이 있다면, 바로 시22:3 말씀에서 보듯, 그들의 찬양 가운데 날마다 하나님을 만나고, 하나님께서 그들을 만져주시고 보호해주시며, 인도해주시는 그런 삶을 살도록 돕는 일일 것이다. 사실 신앙생활이란 가장 중요한 것이 "날마다 주님과 함께하는 삶"인 것이다.

나는 포도나무요 너희는 가지니 저가 내 안에, 내가 저 안에 있으면 이 사람은 과실을 많이 맺나니
나를 떠나서는 너희가 아무것도 할 수 없음이라 (요15:5)

이 말씀이 증거하는 바처럼, 또 여러 목사님들이 가르치는 바처럼, 신앙생활은 무엇을 열심히 해서 하나님께 인정받는 것보다는 그냥 주 안에 거하는 것, 그분에게 가지처럼 붙어있는 것이면 충분한 것이다. 포도나무이신 주님께 가지처럼 붙어있기만 하면, 그분을 통해 때를 따라 모든 필요한 영양을 공급받아 잘 자라서 마침내 그분의 때에 꽃을 피우고 그분이 원하시는 열매를 맺게 되는 것이다. 만약 가지가 자기 마음대로 때를 정해서 자기가 원하는 방식으로 열매를 맺기 원한다면 오히려 그것이 문제가 되는 것이다.
그러나 우리 자녀들을 "가지처럼 그냥 포도나무에 붙어있도록" 하는 것은 말처럼 쉽지 않다. 사실 이것이 어쩌면 가장 어려운 일인지도 모른다. 그들의 삶은 학교에서 배워야 하는 공부로 가득 차있고 공부가 힘드니 쉴 때는 게임 등 다른 놀이가 필요하며, 어쩔 수 없이 세상 친구들과 시간을 보내며 나쁜 영향을 받기 십상이다. 게다가 부모가 더 열심이 있다면, 과외활동으로 스포츠, 부족한 과목 과외수업 등으로 시달려야 한다. 그런 현실에서 어찌 그 아이들이 매일 주님과 동행하도록 도와준단 말인가?
그래서 교회도 부모도 이 문제는 지혜롭게 접근해야 한다. "주님과 동행하는 삶"이 또 하나의 무거운 책임이 되면 그것은 이미 실패다. 아이들이 기를 쓰고 게임을 하는 것은 그것이 그들에게 재미를 주기 때문이다. 찬양은 그들이 게임에서 얻는 종류의 재미를 줄 수는 없다. 그러나 찬양연습은 최소한 음악적 즐거움, 나아가 성취의 만족감을 줄 수 있다. 물론 아이들이 영적으로 어려서 영적인 기쁨을 얻지 못하더라도 말이다. 이것이 참으로 중요한 어린이 찬양의 장점이다.
내가 이 사역을 시작했을 때, 교회 밖의 아이들, 즉 불신자 아이들이 찬양축제에 참가한다는 것은 전혀 상상할 수도 없었고, 그런 목적도 아예 없었다. 오히려 찬양은 오직 믿음 있는 자들이 해야 그것이 진정한 찬양이라고 생각했기에 이것은 철저하게 교회 안의 사역이었고 믿는 아이들의 축제여야 했다. 그런데 2008년 광저우에서 새찬양축제가 열리기 시작하고 몇 년 지나지 않아, 매년 하듯이 심사차 광저우 새찬양축제를 방문하게 되었는데… 충격적인 사건이 나를 기다리고 있었다. 바로 교회에 다니지 않는 아이들이 찬양축제에 나온 것이었다. 그들은 몇 년 동안 교회 다니는 친구들이 새찬양축제에 나가면서, 찬양을 준비하고, 상도 받고, 또 이듬해에 또 나가고, 더욱 발전해가는 모습을 보기만 하다가, 아예 그 친구들과 팀을 만들어 함께 나오게 된 것이었다. 그날 사회 보는 청년이 재미있게 사회를 보다가, 교회에 다니지 않는 아이들이 나온 것을 보고는 "우리 친구는 교회 다니지는 않는데 어떻게 찬양축제에 나오게 되었어요?"라고 물었다. 나는 속으로 "아이고, 저런 질문을 하면 그 아이가 매우 난처할 텐데… 큰일이네"라고 생각했는데… 그럴 겨를도 없이 그 중학교 친구가 밝은 표정으로 "네 하나님 찬양하러 나왔어요."라고 주저하지도 않고 말하는 것이 아

닌가! 나는 그 말에 또 한 번 놀랐고, 하나님께 감사의 기도를 올렸다. 그리고는 '이것이 무슨 일인가' 그 후에 곰곰이 생각을 하게 되었는데… 이것이 얼마나 놀랍고 감사한 일인가를 깨닫게 되었다. 이것은 좀 거창하게 말하자면, 교회의 거룩한 문화가 교회 밖으로 흘러나가 주위를 변화시키는 일이 시작된 것이었다. 할렐루야! 교회는 그동안 세상의 속된 문화가 유입되어 많은 고통을 겪어야 했다. 그러면서 신앙의 순수성도 많이 잃어버렸고 세상의 인본주의가 밀려오는 바람에 신본주의를 가르쳐야 할 교회가 그저 사람들을 위로하고 격려하는 수준으로 전락한 경우도 많았다. 그런데, 이제 교회에서 시작된 거룩한 문화가 주위로 흘러나가 불신자 아이들이 찬양을 연습해서 찬양축제에 참가하는 일이 일어나다니… 오, 주여! 이 무슨 일입니까? 이는 주님께서 하신 일입니다! 모든 영광 주께 돌립니다! 나는 감격하고 찬양할 수밖에 없었다.

비록 그들이 아직 우리 믿음을 모른다 해도, 그들이 찬양을 준비하고 연습하는 동안, 주님께서 그곳에 좌정하사 우리가 모르는 신비로운 방법으로 그들의 심령의 가장 깊은 곳을 터치하시고 감동하셔서 그 마음문이 열리기 시작하고, 마침내 복음의 말씀이 들어가서 구속의 역사가 일어날 수 있는 것이다! 이것은 새로운 전도의 패러다임이라고 해도 과언이 아닐 것이다. (사실 찬양을 통해 주님을 만난 사람들의 간증은 이미 많이 있다.) 광저우의 기적은 거기서 끝나지 않았다. 특히 불교국가인 캄보디아에서 불교집안의 아이들이 대거 찬양축제에 참가했다면 믿겠는가? 믿으시기를 바란다! 왜냐하면 실제로 일어나고 있으므로…! 그리고 비단 그곳뿐이겠는가? 힌두교의 나라 인도에서도, 저 이슬람의 나라들이 있는 중동에서도, 아이들이 찬양을 준비하여 축제에 참가하고 있으니, 그저 주께서 이 대회를 성령의 바람으로 이끌어 가시는 것을 보며, 당신의 영광을 위해 더욱 귀하게 이 축제를 사용해주시기만을 기도한다.

하루 30분이라도, 아니 하루 10분이라도 우리 자녀들이 찬양을 연습할 수만 있다면, 공부하다가 쉬는 시간에 그저 머리를 식히는 겸해서라도, 피아노로 바이올린으로 찬양을 조금씩 공부해나갈 수만 있다면, 그리고 그 찬양의 메시지를 마음에 담아보고, 속으로 따라 부를 수만 있다면, 또 일주일에 한 번 가정예배 때 그 찬양을 온 가족이 함께 부르며, 부모님이 그 가사를 설명해주고, 자녀들이 곧 다가오는 찬양축제를 잘 준비하도록 기도해준다면, 바로 그것이 그 아이들이 찬송 중에 거하시는 하나님을 만나도록 돕는 것이 아니겠는가? 그래서 "우리 아이가 찬양축제를 준비하며 열심히 찬양곡을 익히더니, 샤워하면서도 그 찬양을 불러서 얼마나 좋았는지 몰라요"라는 어떤 미국 엄마의 간증이 이 집 저 집의 여러 어머니들의 간증이 될 수 있다면, 그것이 바로 새찬양축제의 가장 중요한 목적이라고 말할 수 있다. "주여, 우리 아이들의 찬양 가운데 오늘도 거하소서! 아멘!"

찬쉽카페

함부르크 특집

구텐 모르겐(Guten Morgen)!

오늘은 독일의 북부 도시 함부르크(Hamburg)를 방문했습니다. 햄버거 좋아하시는 분들은 아마도 함부르크 이름만 들어도 햄버거가 생각이 날 것입니다. 여러분, 찬양신학을 공부하는 데 왜 함부르크가 필요한가 생각하실지 모르겠어요. 우리가 신학을 공부하다 보면 교회사를 공부하잖아요. 신학이 하나님 말씀만 공부하는 것인데, 즉 성경을 공부하는 것인데, 마틴 루터도 공부해야 되고, 존 칼뱅도 공부해야 되고, 또 마틴 루터가 어디서 성경을 번역했고, 어디서 잡힐 뻔하고… 뭐 이런 걸 다 시험 보거든요. 교회사를 공부하는 것은 바로 성경 말씀이 어떻게 이루어지고 있는가 하는 것을 잘 살펴봐야 하기 때문에 그렇습니다. 그런 뜻에서 찬양신학을 공부할 때 함부르크를 공부해야 하는 이유가 있습니다.

함부르크 오페라하우스 앞에서

헨델 이야기

여기 제 뒤로 보이는 건물이 함부르크 오페라하우스입니다. Staatsoper라고 하는데, 국립 오페라하우스죠. 자, 여기 제가 왜 왔을까요? 찬양신학과 직접적인 관계는 사실 없어요. 그런데 여러분 헨델(George Frederic Handel, 1685-1759)을 잘 아시지요? 메시야의 작곡가 헨델을 누구나 다 알고 사랑하고 좋아할 텐데, 그 헨델이 바로 이 오페라 하우스에 1703년에 오게 되었던 것입니다. 아주 오래전 이야기죠. 헨델이 이 오페라 하우스에 온 것은 하나님을 찬양하러 온 것은 아니었고요, 사실 자신의 성공을 위해서 오게 되었습니다. 헨델은 굉장히 천재적인 아이였음이 분명합니다. 그는 독일의 할레(Halle)에서 태어났는데 어릴 때부터 재능을 보여서 십대에 벌써 교회 오르가니스트로 일을 하게 되었으니까요. 헨델은 1685년에 그러니까 바흐와 같은 해에 태어났지요. 그는 십대에 할레에서 오르가니스트로 일을 하다가 계약관계가 끝나서 1703년에, 그러니까 열여덟 살 때에 바로 이곳에, 저 뒤에 보이는 오페라하우스에 오게 됩니다. 거기 일하러 온 거죠. 바이올린도 켜고, 쳄발로도 연주하고… 그러면서 생계를 유지합니다.

그런데 그의 꿈은 오페라 작곡가였거든요. 2년 후인 1705년에 벌써 그의 오페라가 여기서 공연이 됩니다. 〈황제 네로〉와 같은 작품이 연주되고 여기서 인정을 받게 됩니다. 그런데 더 중요한 것은 헨델이 함부르크에 있을 때에 그의 재능을 눈여겨본 사람이 있었습니다. 이탈리아 사람인데, 페르디난도(Ferdinando de' Medici, 1663-1713)라는 메디치가(The House of Medici)의 사람이죠. 메디치 가문은 예술을 사랑하고 장려하는 유명한 가문이었어요. "예수를 사랑한다"는 것과 "예술을 사랑한다"는 것은 다르죠? 하하하. 메디치 가문의 페르디난도라는 사람이 젊은 헨델을 눈여겨보고 그리고 드디어 이탈리아에서 공부할 기회를 열어줍니다.(헨델을 이탈리아로 초청한 사람이 Gian Gastone de' Medici 라는 자료도 있습니다.) 그래서 1709년 젊은 작곡가 헨델은 이곳을 떠나서 이탈리아로 가게 되는 것이죠. 결국 그가 원하던 성공을 하게 된 것이라고 볼 수 있습니다. 그리고 거기서 또 공부하고 연주하고 인정받고, 그다음에는 영국으로 가게 되는 것이 1710년, 거기 가서도 성공을 합니다. 그래서 1712년이 되면 아예 영국에서 머물게 되는 것이 바로 헨델의 삶이죠.(결국 다윗의 이야기처럼 실패를 통해 겸손하게 낮아진 자에게서 진정한 찬양이 시작된다는 또 하나의 증거입니다.)

자, 영국에서 머무르면서 그가 뭘 했을까요? 그는 오페라를 써서 성공하고 또 성공하게 됩니다. 그런데 하나님과 상관없이 잘할 수도 있겠는데, 그렇지 못할 때가 더 많잖아요? 그가 실패를 좀 하게 되는데, 그 이유는 그때 당시에 아주 재미있는 오페라가 등장했기 때문이었어요. 존 게이(John Gay, 1685-1732)의 "거지 오페라(The Beggar's Opera)"가 그것이죠. 새로운 장르의 재미있는 오페라가 등장하니, 영국 사람들이 헨델의 오페라가 너무 길고 지루하게 느껴졌어요. 왜냐하면 헨델의 오페라에는 반복이 많았거든요. 다카포 아리아(Da capo aria)라고 자꾸 반복을 해요. 그러다 보니 사람들이 좀 식상해하고 있었는데, 재미있는 오페라가 등장해서 성공하니까⋯ 결국 헨델은 점점 실패하게 된 거지요.

그런데 여러분, 인생이 실패할 때 또 하나님의 역사가 있잖아요. 물론 그가 그 후에도 또 귀족들 중 그를 사랑하는 사람이 있으니까 그 도움으로 또 열심히 여러 곡들을 씁니다. 그러나 결국 그가 오페라의 상영을 위해 세웠던 왕립 음악 아카데미(Royal Academy of Music)는 부도가 나고 파산하게 되었습니다. 그런데 그의 재능을 아깝게 본 친구가 있었고 그에게 작품을 의뢰해서 하나님을 찬양하는 곡을 쓰게 됩니다. 헨델의 메시야가 그렇게 해서 쓰이게 되는데요, 1741년에 쓰여서 그 이듬해 더블린(Dublin)에서 초연되지요. 그때 말할 수 없는 성공을 거두게 되고, 몇 년 후에 런던에서 공연될 때 왕(George II)이 일어나서 경의를 표했다고 하는 이야기가 있습니다.

바흐 이야기

이 함부르크는 헨델이 성공한 도시이기도 하지만 바흐(Johann Sebastian Bach, 1685-1750)에 있어서도 아주 중요한 도시가 됩니다. 함부르크에는 야코비 교회(Jacobi Kirche)라고 하는 멋진 교회가 있어요. 그 교회가 왜 그렇게 중요한가 하면 거기에 참 귀한 오르간이 있거든요. 슈니트거(Arp Schnitger) 오르간이라고 하는 오르간이죠. 그러니까 바이올린 하면 스트라디바리우스나 과르네리 같은 악기가 최고라고 생각하는데, 오르간이라고 하면 그때 당시에 슈니트거 오르간이 최고였거든요.

그런데 슈니트거 오르간 중에서도 야코비 교회에 있는 오르간은 현존하는 제일 웅장하고 큰 악기입니다. 사실 어제 제가 이곳에 도착하자마자 마침 야코비교회에서 오르간 콘서트가 있었어요. 여러분이라면 어떻게 하시겠어요? 당장 달려가시겠죠. 그래서 저도 어제 그 귀한 음악회에 참석했는데, 마치 하나님께서 부족한 저를 축복해주시기 위한 어떤 선물이 아닌가 싶은 생각이 들 정도로 너무나 감사했고요. 정말 그 오르간 소리가 참 부드러우면서도 강하고… 정말 오르간 소리가 이렇게 아름다울 수 있구나… 다시 한번 느꼈던 음악회였습니다.

함부르크 야코비 교회에 오신 여러분들을 환영합니다. 1701년 당시 16살이었던 바흐는 함부르크에서 좀 떨어진 뤼네부르크(Lüneburg)에 살고 있었는데, 이 오르간에 대한 소문을 듣고 10시간 이상을 걸어와서 마침내 그 아름다운 소리를 들었던 것입니다. 그런데 바흐는 왜 그때 뤼네부르크에 살고 있었을까요? 그것은 그의 가족사와 관계가 있어요.

바흐는 8살 때 어머니를, 9살 때 아버지를 여의고 고아가 되었습니다. 다행히 그에게 오르드루프(Ordruf)에 사는 형 크리스토프(Johann Christoph Bach, 1642-1703)가 거처를 제공해줘서 거기서 살게 되었고 바흐는 장학금을 받아 학교수업을 받을 수 있었는데, 갑자기 장학금을 못 받게 되어, 그는 그의 친구와 함께 뤼네부르크에서 공부를 시작하게 되었습니다. 바흐는 1700년 초에 와서 2

년간 공부를 마치고 1702년에 졸업을 하게 되는데, 바로 그동안에 그는 함부르크의 야코비 교회에 가서 그 오르간 소리를 듣게 되었던 것이죠.

그런데 여기서 꼭 알아야 할 교회가 있는데요, 그에게 무료로 공부와 숙식의 기회를 준 뤼네부르크의 성 미하엘 교회(St. Michaelis Lüneburg)입니다. 그런데 그 교회에는 특별학교(Particularschule)가 있었습니다. 그 학교는, 가난하지만 특별히 노래를 잘하는 학생들에게, 교회에서 예배 때 찬양으로 봉사하는 대신, 무료로 공부시켜주고, 외지에서 온 경우에는 숙식도 무료로 제공하는 기회를 주었는데, 참으로 감사하게도 어린 바흐가 그 도움을 받게 된 것이었습니다. 바흐가 그곳에 머물렀던 그 2년 동안에 관하여 성 미하엘 교회 홈피에 있는 내용을 정리해봅니다.[1]

1) 뤼네부르크에 있었던 2년이야말로 바흐가 그의 전 생애를 통틀어, 고향이 있던 튀링겐과 작센 지방을 떠나 가장 오래 살았던 기간이었다.
2) 그는 그동안에 이웃에 있었던 성 요하니스 교회(St. Johannis Kirche)에서 당시 북독일 지역에서 가장 중요한 오르가니스트 중 한 사람이었던 게오르그 뵘(Georg Böhm, 1661-1733)에게 레슨을 받았다.
3) 그는 그 주위의 큰 오르간을 가지고 있던 여러 북독일 교회들에서 음악적으로 수준 높은 예배 스타일에 대해 배우게 되었다.
4) 성 미하엘 교회에는 당시 독일에서 아마도 가장 큰 교회음악 도서관(955년에 시작)이 있었고 바흐는 여기서 최고의 또 최신의 독일과 이탈리아 대가들의 작품을 만날 수 있었다.

이 내용을 곱씹어보면 참으로 주님의 인도하심이란 신기하고 놀랍기 짝이 없음을 다시 느낍니다. 만약 그 작은 시골 오르드루프에서 받은 장학금이 아무 탈 없이 지급되어 바흐가 거기서 2년을 더 보냈다면, 그는 함부르크와 가까운 뤼네부르크에서, 또 그 근처 여러 도시들에서 보고 배웠던 당대 최고 수준의 음악을 배울 수 없었을 것이고, 그만큼 그의 작품세계는 축소되었을 것입니다.

성경에도 이와 같은 주님의 역사를 볼 수 있지요? 형들에 의해 애굽으로 팔려 간 요셉의 경우가 그렇지요? 또 좀 다른 예이긴 하지만 다윗도 기럇여아림에서 여호와의 법궤를 자기 성으로 모실 때 웃사가 죽는 큰 어려움을 당했지만 결국 그것을 통해 하나님을 섬기는 올바른 찬양의 세계로 들어올 수 있었지 않습니까? 결국 바흐가 어릴 때 부모를 잃는 아픔을 겪었지만, 오히려 그 아픔이 그에게 어릴 때부터 더 큰 세계를 볼 수 있는 축복의 기회가 되었으니, 과연 하나님을 사랑하는 자들에게는 모든 것이 합력하여 선을 이룬다는 로마서 8:28 말씀이 진리요 능력입니다.

헨델과 바흐! 독일에서 같은 해에, 그리 멀리 떨어지지 않은 곳에서 태어났고 똑같이 세계적인 작곡가로 성공한 바흐와 헨델은 그러나 평생 단 한 번도 만나지 못한 이상한 관계였습니다. 글쎄요, 그들의 삶의 목적 자체가 너무 달라서 그랬을까요? 이미 돌아본 바와 같이 함부르크에도 비슷한 시기에 각각 방문했으나 헨델은 오페라 작곡가로서의 성공을 위해서 왔고, 바흐는 그 아름다운 오르간 소리를 들으러 왔는데, 둘 모두에게 함부르크는 그들이 원하는 것을 이루어준 고마운 도시이기도 합니다.

그런데 그 두 거장이 이 도시를 방문했던 때로부터 백여 년이 흐른 후 함부르크는 또 다른 두 거장을 맞이하게 되는데요, 바로 브람스(Johannes Brahms, 1833-1897)와 멘델스존(Felix Mendelssohn, 1809-1847)입니다. 사실 이 두 작곡가는 함부르크를 방문한 것이 아니라 아예 여기서 태어났지요. 자 그럼 저와 함께 가 볼 곳이 있습니다.

작곡가들의 마을(Komposnisten-Quarter)에서

여기는 작곡가들의 거리입니다. 말러(Gustav Mahler, 1860-1911)가 있고, 브람스(Johannes Brahms, 1833-1897)가 있고, 클라라 슈만(Clara Schumann, 1819-1896)이 있고, 슈만(Robert Schumann, 1810-1856)이 있고, 헨델과 바흐가 있고… 네, 아주 귀한 작곡가들이 다 모여 있네요.

브람스 이야기

여기는 브람스의 박물관(Brahms Museum)이 있는 곳입니다. 안타깝게도 지금은 수리 중이라 닫혀 있습니다. 브람스는 1833년 이곳 함부르크에서 태어났죠. 왜 찬쉽 강의에 브람스가 등장했는지… 브람스 작품 중에 너무나 중요한 교회음악 작품이 있기 때문이죠. 바로 〈독일 진혼곡〉(Ein Deutsches Requiem)이라고 하는 곡, 아마 여러분이 들어보셨을 것입니다. 보통 레퀴엠이라고 하면 가톨릭에서 죽은 사람을 위한 미사를 말하고 있거든요. "레퀴엠 미사"라고 하지요.[2] 그런데 브람스는 그것을 좀 다른 각도에서 봤어요. 브람스는 자신이 좋아하는 성경 말씀을 직접 골라서 곡을 만들었습니다.

브람스가 천재 소년이었지만 사실 작곡가로서 유명하던 것은 아니었어요. 자신의 작품을 알리고 싶어 당시 유명한 작곡가였던 슈만에게 보였을 때가 열일곱 살 때였습니다. 그때 슈만은 거들떠보지도 않았지요. 그러나 그가 스무 살 정도 되어 슈만에게 다시 자신의 피아노 작품을 보였을 때 슈만이 깜짝 놀랐어요. 슈만이 브람스의 피아노곡을 "감춰진 교향곡과 같다"라고 이야기했는데, 슈만의 그 한마디에 모든 것이 다 들어있었지요. 그때부터 슈만은 젊은 작곡가 브람스를 널리 알리기 시작합니다. 그래도 세계적인 작곡가가 되는 것은 그렇게 쉬운 일이 아니었겠죠. 그런데 바로 이 〈독일 진혼곡〉을 발표하게 되면서 브람스가 큰 명성을 얻게 되었습니다. 이 곡은 그 정도로 중요한 작품이지요.

〈독일 진혼곡〉에는 두 사람의 죽음이 연결되어 있다고 합니다. 자신을 알아주었던 고마운 스승이었던 슈만이 병명은 확실하지 않지만 요양원에서 죽게 되었는데, 그 죽음을 바라보던 브람스의 마음이 어땠을까요? 그래서 이 곡이 그때 즈음부터 쓰게 된 것으로 추정되는데, 약 십 년 정도 걸려서 완성이 되었어요. 물론 곡을 쓰다가 중단하기도 했겠지요. 그사이에 브람스의 어머니가 돌아가시게 되었습니다. 그래서 슬픔과 마음의 고통 그리고 그리스도 안에 있는 믿음 등 이런 모든 것들이 정말 심각하게 그려진, 그러면서도 어떤 승리의 선언이 있는 그런 곡이 바로 독일 진혼곡입니다. 영어로는 "German Requiem"이라고 하는데요, 여러분 꼭 들어보시기 바랍니다. 교회음악사적으로 정말 중요한 작품입니다.[3]

오늘 브람스 박물관이 있는 이곳, 아주 멋진 길이죠? 이 길에서 브람스 이야기를 나눌 수 있게 되어서 참 감사합니다. 하나님의 축복이 여러분 모두와 함께 하시기를… Gottessegen!

1   실제로 교회 홈페이지에는 몇 가지 내용이 더 기록되어 있어 여기에 소개한다.
바흐가 함부르크를 최소한 한 번 걸어서 방문한 것은 기록이 있다. 거기서 성 카타리넨 교회(St. Katharinen)의 유명한 오르가니스트 요한 아담 라인켄(Johann Adam Reincken)은 어린 바흐에게 깊은 인상을 주었다. 그는 교회의 귀족학교(Ritterakademie)–서민들이 다니는 라틴학교(바흐도 다녔음)에서의 성적은 별로 좋지 않은 귀족 자제들에게 그 대신 궁정예법, 승마, 펜싱, 댄스 등을 가르치는 학교–에서 프랑스 궁정음악을 배우게 되었는데, 이것은 그 영주가 파리에서 직접 갖고 온 것이었다. 귀족학교에서는 프랑스 연극과 징슈필(Singspiel)이 정기적으로 공연되었다.
그가 있었을 때 교회에 한 개의 건반으로 이루어진 작은 오르간(Chororgel)이 세워졌는데 이것을 통해 그는 저 유명한 오르간 명장 아르프 슈니트거(Arp Schnitger)의 가까운 동역자였던 발트하자 헬트(Balthasar Held)와 만나게 된다.

2   레퀴엠의 원뜻은 "안식" 즉 쉼이라는 뜻이다. 그래서 레퀴엠 미사의 첫 곡인 입당송은 "영원한 안식을 저들에게 주소서, 주님"(Requiem æternam dona eis, Domine)으로 시작된다. (보다 자세한 내용을 나무위키에서 찾아볼 수 있다.)
모차르트는 약 20개의 미사와 교회소나타, 오라토리움, 레퀴엠 등 다수의 교회음악을 작곡했다. 그의 대관식 미사 중 '영광'은 한국 교회에서 자주 연주된다. 그의 레퀴엠의 첫 곡은 헨델〈메시야〉의 합창곡 '그가 찔림으로 우리가 나음을 입었도다'의 주제를 사용한다. 오페라 작곡가로 잘 알려진 베르디의 레퀴엠은 매우 드라마틱하며 Dies Irae는 공포스럽기까지 하다. 이와 같이 거의 모든 레퀴엠은 –그 내용이 그러하므로– 무겁고, 슬프고, 어두운 장면으로 가득하다. 그러나 프랑스 작곡가 가브리엘 포레(Gabriel Urbain Fauré/ 1845-1924)의 레퀴엠은 전체적으로 너무 슬프지 않고 오히려 따뜻하고 밝으며 신비로운 아름다움으로 가득하다는 점에서 특별하다. 포레는 이 곡에서 레퀴엠 미사에서 반드시 들어가야 하는 최후의 심판날(Dies Irae)을 빼고 대신 "자비로운 예수여"(Pie Jesu)를 삽입하여 심판의 공포보다는 듣는 이들에게 따뜻한 위로를 선사한다.
한편 현대음악에서의 불협화음과 불규칙적인 리듬이, 질서가 파괴된 상태를 잘 묘사할 수 있다는 점에서, 수난곡이나 레퀴엠(진혼곡) 등, 무겁고 어두운 주제를 다루는 음악이 효과적으로 만들어져, 그 음악적, 영적 표현 가능성이 극단적으로 탐구된 경우도 있다. 폴란드의 작곡가 펜데레츠키(K. Penderecki)의〈누가 수난곡〉(Passio et mors Domini nostri Jesu Christi secundum Lucam 1965)은 그 이전 시대의 어떤 수난곡보다 예수의 '고통'을 직접적으로 전달한다. 그리고 그런 점에서 이 곡은 성공한 작품이다. 이 곡은 독창자와 3개의 혼성합창단, 어린이 합창단, 낭독자, 그리고 오케스트라를 위한 대편성의 곡인데, 이 곡에서 작곡자는 음을 반음보다 더 잘게 나누어 동시에 연주하도록 하는 기법(Tone cluster)을 써, 극도의 고통과 두려움을 표현한다. 또한 같은 해에 만들어진, 헝가리 작곡가 리게티(G. Ligeti)의〈레퀴엠〉은, '최후의 심판 날'(Dies irae) 부분에서 역시 극도의 공포를 묘사하며, 마지막 부분에서는 단지 약간의 연주자들만 연주하고, 합창단과 대부분의 연주자들은 세계의 종말을 당하여 없어진 듯한 한계상황을 연출한다. 펜데레츠키는 이어 1967년에, 2차대전 당시 아우슈비츠 강제수용소에서 죽어간 유태인들을 위해 오라토리움〈Dies irae〉를 작곡했는데, 이 곡의 절정인 '학살 장면'에서는, 오케스트라가 극도의 불협화음을 연주하는 동안, 합창은 외치고 신음하는 소리를 내어 실제상황을 묘사한다.
그러나 그런 극단적인 작품과는 전혀 다른 경향의 교회음악들이, 여러 가지 다른 이유로 작곡되었다. 힌데미트(P. Hindemith)의 레퀴엠은 루즈벨트 대통령의 죽음(1945)에 즈음하여 썼다. 이 작품은 그의 다른 작품과 마찬가지로 형식적인 개념으로 충만하며 마지막 곡을 '전주곡과 푸가'로 장식하여 절정에 이른다. 특히 가사 중에 "정말 불쌍한 사람은 죽은 사람이 아니라 살아서 고통받는 사람들"이라는 대목이 등장한다. 또한 그는 자신의 죽음을 예견이라도 하듯 예배를 위한 미사(1963)를 썼는데, 이를 비인의 피아리스텐 성당(Piaristenkirche)에서 자신의 지휘로 초연한 후 3일 만에 쓰러져 약 한 달 반 만에 세상을 떠난다. (필자는 유학 시절, 눈 오던 어느 날, 바로 그 성당에서 -합창과목 기말시험의 일환으로- 그의 미사를 연주했던 적이 있다.) (위의 내용은 대개 필자의 저서 『찬양의 성전』에서 자유롭게 발췌한 것이다.)

3 브람스가 거듭난 크리스천인가 아니면 인본주의자인가, 또는 무신론자인가에 대한 여러 의견들이 있다. 이에 관한 좋은 자료를 소개하며 결론 부분의 한 문장을 소개한다.

브람스의 종교(신앙)는 19세기 루터교파의 지적인 주류의 큰 흐름에 맞는다.
Brahms's religion fits within the larger channel of intellectual mainstream nineteenth-century Lutheranism.

Ronald Knox, Brahms and His Religion from Il Saggiatore musicale Vol. 22, No.2 (Casa Editrice Leo S. Olschki s.r.l., 2015), 248.

제26강

역대상 16:25 (1)

극진히 찬양하라

여러분은 아마도 제가 찬양신학에서 중요한 몇 가지 질문들에 대해 육하원칙에 입각하여 5강에서 간략하게 말씀드린 것을 기억하실 것입니다. 그 질문 중, "어떻게 찬양할 것인가?"라는 질문이야말로 찬양신학의 최대의 관심사가 아닐까 합니다. 왜냐하면 이것은 가장 현실적인 문제이기도 하고, 또 서로 생각이 달라서 좀 예민한 문제가 될 수도 있으니까요. 물론 모두 기본적으로 성경에서 그 답을 찾아야 한다고 생각할 것입니다. 즉, 자기가 생각하는 대로, 자기가 좋아하는 방식으로 찬양해야 한다고는 생각하지 않을 것이란 말씀이지요.

어쩌면 찬양신학이란 바로 이 질문에 대한 답을 얻기 위해 존재한다고 해도 과언이 아닐 것입니다. 왜냐하면 아무리 찬양신학이 뛰어난 해석으로 사람들에게 깊은 감동을 주었다 해도 정작 어떻게 찬양하는 것이 성서적인가, 교회는 어떻게 찬양해야 하는가에 대해 분명한 길을 제시하지 못한다면 결국 아무것도 아니기 때문입니다. 오늘 이 말씀은 바로 이 질문에 대해 가장 포괄적이면서도 가장 중요한 답을 제시합니다.

하나님을 어떻게 찬양할 것인가에 대한 대답은 사실 성경 여러 곳에서 찾을 수 있습니다. 예를 들어 시편 33:3에는 "(1) 새 노래로 그를 노래하며 (2) 즐거운 소리로 (3) 공교히 연주할지어다"라고 했으니 최소한 세 가지의 답을 얻을 수 있습니다. 또 시편 150편을 보면서 여러 가지 악기로 찬양하는 것을 배우게 됩니다. 찬양의 원어 **샤바흐**를 통해 큰 소리로 찬양하는 것을 배웁니다. 한편 에베소서 5:19을 통해 "시편과 찬송가와 신령한 노래로 서로 화답하는 방법으로" 찬양하는 것을 배웁니다. 그런가 하면 솔로몬의 성전봉헌식과 느헤미야의 성곽낙성식 등을 보면서 크고 중요한 행사에는 합창단과 오케스트라가 동원되어 찬양한다는 것도 배웁니다. 뭐 한두 가지가 아닙니다. 또 때에 따라, 행사의 성격에 따라 다른 가르침을 배웁니다. 그런데 그 모든 것을 아우르는 답이 있으니 바로 오늘 말씀입니다.

여호와는 광대하시니 극진히 찬양할 것이요
모든 신보다 경외할 것임이여
For great is the LORD, and greatly to be praised,
and he is to be feared above all gods. (ESV)
(대상 16:25)

"극진히 찬양하라"는 말씀은 그러므로 모든 찬양의 다양한 방법들에게 다 적용되는 개념입니다. 이 말씀은 삼하6장과 대상15-16장의 역사적인 장면 중에 기록된 내용입니다. 여호와의 언약궤가 다윗성으로 들어올 때에 다윗왕은 너무 기쁜 나머지 춤추며 뛰놀며 하나님을 찬양했고, 하나님의 궤를 준비해놓은 장막 가운데 두고 번제와 화목제를 하나님 앞에 드린 후 레위인들을 세워 찬양하게 했습니다. 그 찬양의 내용 중 하나님을 향한 다윗왕의 마음을 온전히 담아 표현한 말이 바로 "극진히 찬양하라"입니다.

이 말씀은 시편 96:4에도 쓰였고, 또 비슷한 구절이 시편 48:1에도 있습니다.

성경에서 반복되는 표현이 여러 곳에서 나온다면 이는 특별히 주의해서 볼 필요가 있습니다. "하나님을 극진히 찬양하라"는 마치 요즘의 "Amazing Grace" 나 "주 하나님 지으신 모든 세계"처럼 당시 매우 잘 알려진 찬송구절임을 시사합니다. 이 구절은 우리에게 하나의 큰 가르침을 줍니다. 즉, 그분을 왜 극진히 찬양해야 하는가에 대한 이유입니다. 히브리 원어를 영어로 정확하게 번역하면 이렇습니다. "Because God is great, He is to be praised greatly." 즉, 하나님께서 극진히 찬양받으셔야 하는 이유는 그분이 광대하시기 때문이라는 것입니다. 그렇다면 최소한 "극진히"라는 원어 단어의 뜻을 공부해야 하지 않을까요?

극진히에 해당하는 원어는 메오드(מְאֹד)입니다. 이 단어는 "최고의, 심히, 매우" 등의 부사, 또 "힘"이라는 명사이며 구약에 약 300번 정도 나옵니다. 이미 말씀드렸듯이, 원어단어를 공부하는 방법은 우선 그 모든 쓰임새를 다 조사해서 분류를 하는 것이죠. 여기에선 대표적인 것을 몇 가지만 말씀드리겠습니다.

첫째, 이 단어는 하나님의 속성을 나타낼 때 쓰입니다.

> 열방의 방백들이 모임이여 아브라함의 하나님의 백성이 되도다
> 세상의 모든 방패는 여호와의 것임이여 저는 지존(מְאֹד נַעֲלָה)하시도다
> (시 47:9)

> 내 영혼아 여호와를 송축하라
> 여호와 나의 하나님이여 주는 심히(מְאֹד) 광대하시며
> 존귀와 권위를 입으셨나이다
> (시 104:1)

하나님이 어떤 분이신가를 알기 위해서는 그분 앞에 붙여진 수식어를 잘 알아야 합니다. 예를 들어 "거룩하신 하나님"이라고 했을 때 우리가 "거룩"이라는 의미를 모른다면 결국 하나님을 모르는 것입니다. 시편 47:9에 "지존하시다"는 "더없이 존귀하시다"라는 뜻으로, 히브리어 부사 메오드가 "높이다"라는 뜻의 동사 "알라"를 꾸미고 있는 것을 번역한 것입니다. 영어로는 "highly exalted, greatly exalted"로 번역됩니다. 또한 시편 104:1에 "하나님은 심히 광대하시다"라고 했는데 여기서 "심히"라는 것이 메오드의 번역입니다.

메오드라는 부사가 하나님의 속성을 나타내는 데 함께 쓰였다는 것은 매우 중요한 의미가 있습니다. 광대하다는 히브리어는 갇돌(גָּדוֹל)인데요, 하나님은 광대하신 분입니까, 아니면 심히 광대하신 분입니까? 시편기자는 그분이 "심히 광대하신 분"이라고 기록합니다. 성경에 하나님을 "광대하시다"라고 표현한 곳이 몇 번 나옵니다. 그런데 갇돌이 홀로 쓰이는 경우도 많지만 메오드와 함께 쓰이는 경우도 있습니다. 역대상 16:25, 시편 48:1, 96:4, 104:1 등이 그 예인데요, 이는 하나님의 광대하심을 더 자세히 표현한 경우입니다. 사실 인간의 어떤 단어로도 하나님의 광대하심을 충분히 담아내지 못할 것입니다. 그런데 여기에 히브리 단어 메오드가 쓰인 것입니다.

그러므로 신학적으로 하나님은 "심히 광대하신 분" 또 "더없이 존귀하신 분"이라고 해야 보다 정확한 표현이 됩니다. 그것은 우리가 하나님을 예배하고 찬양하는 데 있어서도 중요합니다. 우리는 과연 하나님을 "심히 광대하시고 더없이 존귀하신 분"으로 알고 그에 합당하게 예배하고 있습니까? 또 우리의 삶의 현장 가운데 그렇게 그분을 인정하고 신뢰합니까? 저는 저와 여러분이 메오드의 뜻을 새기며 하나님을 만날 수 있기를 바랍니다.

두 번째, **메오드**는 인간의 여러 상황에서도 최상급 부사로 쓰입니다. 몇몇 성경의 예를 들겠습니다. 우리말 성경에는 주로 "심히"로 번역되었습니다.

내가 내 언약을 나와 너 사이에 세워 너로 심히 번성케 하리라 하시니
(창 17:2)

하나님이 솔로몬에게 지혜와 총명을 심히 많이 주시고
(왕상 4:29)

아브람이 애굽에 이르렀을 때에 애굽 사람들이 그 여인의 심히 아리따움을 보았고
(창 12:14)

기근이 더욱 **심하여** 사방에 식물이 없고 애굽 땅과 가나안 땅이 기근으로 쇠약하니
(창 47:13)

에스라가 하나님의 전 앞에 엎드려 울며 기도하여 죄를 자복할 때에
많은 백성이 심히 통곡하매
(스 10:1)

세 번째, **메오드**가 부사가 아닌 "힘"이라는 명사로 쓰인 경우입니다.

너는 마음을 다하고 성품을 다하고 힘을 다하여 네 하나님 여호와를 사랑하라
(신 6:5)

마지막으로 이 **메오드**라는 단어가 얼마나 특별한 단어인지를, 아주 특별한 쓰임새를 통해 보여주는 성경 말씀이 있어서 소개해드립니다. 창세기 1장에 보

면 하나님께서 엿새 동안 우주만물을 창조하시는 이야기가 나오는데요, 바로 이 이야기가 메오드의 비밀을 담고 있습니다. 하나님께서 매일매일 이것저것을 창조하신 후에 하신 말씀이 있는데 "보시기에 좋았더라"입니다. 여기서 쓰인 단어가 토브인데요, 아마도 이스라엘 사람들이 제일 좋아하는 단어 중 하나일 것입니다. 영어로 굿모닝을 히브리어로 "보켈 토브"라고 하는데 이스라엘 사람들이 매일 주고받는 말입니다.

성경에서 이 단어가 제일 처음 나오는 곳이 창세기 1:4입니다. 창조의 첫날에 하나님은 빛을 지으셨고 빛과 어두움을 나누셨으며 빛을 낮이라, 어둠을 밤이라 칭하셨는데 빛을 "보시기에 좋았더라"라고 하셨지요. 그런데 하나님은 둘째 날 또 창조를 하십니다. 궁창을 만드시고 궁창 아래 물과 윗물로 나누셨는데 여기서는 "좋았다"는 표현이 없고 바로 셋째 날의 창조가 이어집니다. 신학자 빅터 해밀턴(Victor P. Hamilton, 1941-)은 이렇게 해석합니다. "8절에 '좋았더라'라는 표현이 빠진 것은 저자가 궁창의 창조를 10절의 마른 땅이 드러나는 것의 예비적인 단계로 보았기 때문인 것으로 보인다."[1] 이와 같은 의견은 랍비 마빈 토케이어(Marbin Torkayer, 1936-)에 의해서도 견지됩니다. 물론 이것이 완벽한 해석이 아닐 수도 있겠지만 아직까지는 최선의 해석이라 생각됩니다. 그런 입장에서 보면 "좋았다"라는 말이 얼마나 사려 깊게 쓰이고 있는가를 알 수 있습니다.

셋째 날은 궁창 아랫물을 한곳으로 모이라 하시고 땅을 드러내셨지요. 그리고 땅과 바다를 보시고 하나님께서 "보시기에 좋았더라"라고 하셨습니다. 그리고는 거기에 채소와 열매 맺는 나무를 만드시고는 또 "보시기에 좋았더라"라고 하십니다. 넷째 날에 해와 달을 포함한 별들이 완성되고 하나님은 "보시기에 좋았더라"라고 하십니다. 그리고 다섯째 날에 하나님께서 생물을 지으사 새와 물고기를 지으시고 "보시기에 좋았더라"라고 하시고, 마지막으로 여섯째 날에는 육축과 기는 것과 땅의 짐승들을 만드셨고 "보시기에 좋았더라"라고 하셨습니다. 그리고 이어서 사람을 만드시고 그들로 모든 생물을 다스리도록 명하셨습니다. 자, 그런데 31절에, 즉 창조의 모든 과정이 완성된 다음 하나님께서 "보시기에 좋았더라"라고 하셨을 때 그냥 좋았더라가 아닌 것 아시죠?

여기에 성경에 처음으로 등장하는 부사가 "좋았더라"를 꾸미는데, 이 단어가 바로 메오드입니다. 한국어로는 "심히 좋았더라"로 번역되어 있지요. 이 모든 창조의 과정이 끝난 후에 "메오드 좋았더라"라는 표현이 쓰였으니… 바로 이것이 메오드가 얼마나 특별한 곳에 쓰였는가를 잘 보여줍니다. 결국 창조의 모든 과정은 그 자체로서도 비교할 수 없는 가치를 가지지만, 메오드가 얼마나 특별하고 완전한 개념인가를 설명하는 과정이기도 하다는 점에서 더욱 값진 것이라고 저는 생각합니다. 창세기 1장에서의 쓰임새를 생각할 때, 메오드는 최고라는 뜻 외에도 "완성된, 완전하게 완성된"이라는 뜻도 포함할 것입니다. 아마도 완성이라는 뜻의 영어 단어 consummation이 여기에 해당할 것입니다. 이처럼 하나님은 메오드라는 단어를 끝까지 아끼셨습니다. 즉 창조의 모든 과정이 끝나고 원하시던 우주의 질서가 세워진 다음에야 비로소 그 단어를 사용하셨습니다. "메오드 좋았더라, 즉, 심히 좋았더라!"

여러분, 하나님께서 그 모든 지혜와 능력으로 또 수많은 천사들을 동원하여 천지창조의 엄청난 과정을 다 완성하신 후에 마침내 메오드라는 말로 그 마음

을 표현하셨을 때의 그 감동을 좀 느끼실 수 있겠습니까? 하나님께서 자신의 형상에 따라 창조한 인간들에게 만물을 다스리는 권세를 주시고 난 후 심히 기뻐하시는 것을 충분히 이해했다면, 이제 구원받고 하나님의 자녀 된 우리도 하나님을 심히 기쁘시게 해드려야 하지 않을까요? 바로 여기서 역대상 16:25의 최고의 찬양, 이름하여 "메오드 찬양"이 시작되는 것입니다.

오늘 본문을 이렇게 바꾸어서 메오드의 의미를 다시 한번 묵상해 봅니다.

여호와는 심히[메오드] 광대하시니
심히[메오드] 찬양할 것이요
모든 신보다 심히[메오드] 경외할 것임이여

여기에 최상급의 찬양을 우리말 "극진히"라는 부사로 담아낸 것은 참 잘한 번역이라고 생각이 됩니다. 왜냐하면 이 단어는 왕이나 부모에게 어울리는 단어이니까요. 우리 모두 잊지 맙시다. 만왕의 왕이요 우리의 아버지이신 하나님을 극진히 찬양해야 하는 이유는 바로 그분의 광대하심 때문입니다! 온 우주를 지으신 그 크신 하나님께 어떤 찬양이 합당할지 조금만 생각해봐도 가슴이 떨리지 않습니까? 오래 전에 제가 "하나님을 어떻게 찬양하는 것이 과연 성서적인가?"라는 질문으로 참 힘들어하다가 이 구절을 만나고 특히 "메오드" 단어의 깊은 뜻을 알게 되었는데, 그때의 감동을 잊을 수 없습니다. 여러분에게도 오늘 이 단어가 그렇게 큰 감동의 무게로 다가올 수 있기를 바랍니다.

기도하겠습니다.
고마우신 아버지 하나님, 우리에게 하나님이 얼마나 크신 분인지를 가르쳐 주심을 감사합니다. 그리고 그 광대하신 하나님을 어떻게 찬양해야 하는지도 가르쳐 주심을 참으로 감사합니다. 하나님께서 이렇게 가르쳐주셨는데 우리가 그 말씀을 잘 깨달아서 그 말씀대로 하나님을 기쁘시게 하고 하나님을 극진히 찬양하는 삶을 살게 하여 주시옵소서. 우리의 뜻과 우리의 힘으로는 할 수 없사오니 주의 성령으로 우리 모두에게 감동하여 주시고 깨닫게 하여 주셔서 이 메오드의 찬양, 메오드의 신앙을 가지고 그렇게 살게 하여 주시옵소서. 예수이름으로 기도합니다. 아멘.

〈참고〉

"극진히(메오드) 찬양하라"…

메오드의 뜻을 깊이 알수록, 이 짧은 한마디의 말씀을 이루는 것은, 평생이 걸리는 일이요, 어쩌면 교회사를 통틀어 수천 년이 지나도 온전히 이룰 수 없을 만큼 어려운 일임을 알 수 있을 것이다. 그러나 분명한 것은 이 말씀은 우리가 그 메오드 찬양의 수준에 이르기까지 음악적으로 영적으로 최선을 다하도록 인도한다는 사실이다. 게다가 앞으로 32강에서 공부하게 될 마 21:16의 "온전케 하다"(καταρτίζω/카타르티조) 또한 메오드와 같은 선상에 있음을 생각하면 구약과 신약에서 증거하는 하나님 받으실 만한 찬양의 수준은 동일한 것이다.

그렇다면 교회의 찬양의 궁극적 종착역인 메오드 찬양을 우리는 어떻게 이룰 것인가? 나는 다음 세 가지를 필수적 요소로 제안한다.

1) 메오드 찬양의 첫 단추는 어린이 찬양교육이다.

하나님께서 어린이 찬양을 온전케 하신다는 말씀, 그리고 음악은 어린이 교육이 제일 중요하다는 것을 생각할 때 자연스럽게 얻어지는 결론은, 메오드 찬양의 준비는 어린이 찬양교육부터 시작된다는 사실이다. 만약 어떤 사람이 "그건 나중에 시작해도 된다, 지금은 전도가 더 중요하다"라고 말한다면, 이는 기본을 모르는 것이다. 어린이 찬양교육은 그 자체가 전도다. 어린이들에게 찬양처럼 효과적이고 지속적인 전도의 방법이 있는가? 물론 복음을 풀어 설명해주고 예수님을 소개하는 것이야 당연하지만, 그것을 생활화하는 것은 지식으로만 되는 것이 아니요, 찬양을 통해 매일매일 복음이 삶 가운데서 체험되어야 하는 것이다. 그러나 설사 찬양이 복음전파의 매체가 아니더라도 여전히 메오드 찬양의 관점에서, 어린이 찬양교육은 필수적이다. 그러나 그렇게 생각하는 교회나 목회자가 얼마나 있는가? 어린이 찬양교육은 그때가 지나가면 더 이상 돌이킬 수 없다. 그러므로 이를 지체해서는 안 된다. 이를 위해 부모와 교회가 하나 되어야 하며, 그 아이에게 음악선생님이 있다면 그도 이 협의체의 제3의 구성원이 되어야 한다. 그래서 서로 머리를 맞대고 고민하며 가장 효과적인 방법을 찾아야 하고, 이를 아이들의 삶 가운데서 적용해야 한다. 첫 단추를 제대로 끼우지 못했다면, 결국 마지막 단추도 그렇게 될 것이요, 진정한 의미의 메오드 찬양을 이룰 수 없게 된다.

2) 메오드 찬양의 마지막 단추는 전문음악인들의 예술적 찬양이다.
"극진히 찬양하는 것"은 최소한 두 가지의 극진함을 의미하는데, 첫째는 영적 준비의 극진함이요, 두 번째는 음악적 준비의 극진함이다. 찬양을 만민들의 찬양(사42:10-12)과 전문인의 찬양(대상 9:33)으로 나눌 때 영적 준비에는 차이가 있을 수 없으나, 그 음악적 준비에는 차이가 있을 수밖에 없다. 물론 제한된 의미에서 만민들도 극진한 찬양을 드릴 수 있으나, 음악적 완성도의 관점에서 볼 때 기독 전문음악인들이야말로 왕의 왕, 만주의 주요, 창조주 하나님께서 받으시기에 합당한 메오드 찬양을 드리는 중심 집단이 될 것이다. 그러므로 교회는 전문음악인들의 예술적 찬양을 격려하고 지원하며, 예배의 가장 중심에서 하나님께 드려지는 찬미의 제물로 그 찬양이 드려지도록 배려해야 할 것이다. 성도들은 이를 통해 신본주의적 예배가 어떤 것인지 배우게 될 것이요, 하나님의 임재를 더욱 강하게 느끼게 될 것이다. 그러나 만약 교인들을 위로하고 축복하는 목적의 예배(?)를 추구하는 교회라면 이런 예술적 찬양은, 교인들에게 별로 은혜가 되지 않는다는 이유로 배척될 것이 분명하다. 그런 교회에서는 교인들은 그저 그들 마음에 합한 인본주의적 예배를 드리게 될 것이다.

3) 메오드 찬양은 성서적 찬양신학의 든든한 토대위에서만 가능하다.
이 두 단추 사이에 찬양팀, 중창팀, 성가대, 청소년 오케스트라 등 여러 단추들이 존재하며, 교인들은 자기가 어디쯤에 속해있는가를 알아서 그곳에서 최선을 다해 하나님을 찬양해야 할 것이다. 헌데 이 모든 찬양의 행위는 반드시 찬양신학적 지식을 바탕으로 해야 그 의미도 더 깊이 깨닫게 되고, 더욱 정성을 다하게 되고, 지속적인 사역이 가능하게 될 것이다. 찬양신학적 지식이란 한마디로 하나님께서 원하시는 찬양에 관한 지식이므로 이를 통해 평생을 통해 더욱 깊어지고 발전하는 찬양의 세계를 체험할 수 있을 것이다. 목회자는 이를 위하여 지속적으로 교인들에게 찬양신학적 지식을 가르쳐야 할 것이요, 그 자신도 그 지식에 기반한 삶을 살고, 그 지식에 기반하여 교회의 목회방침 및 세부사항을 정해야 할 것이다. 예를 들어 "어떤 목사님은 클래식을 좋아하기 때문에 그 교회 성가대는 모두 클래식곡만 연주한다"는 식의 이야기는 매우 부끄러운 것으로 여겨져야 할 것이다. 그것이 아니라 오히려 "어떤 교회 목사님께서 말씀을 통해서 하나님께 드려지는 찬양은 어때야 하는가를 가르치고 교인들이 그 깨달음으로 찬양곡을 준비한다"는 이야기가 들려야 할 것이다.

1　The omission of the phrase in v. 8 may indicate that the author viewed the creation of the vault as only a preliminary stage to the emergence of dry land in v. 10, and thus he reserved the phrase until its most appropriate time.
Victor P. Hamilton, *The Book of Genesis, Chapters 1-17*, NEW INTERNATIONAL COMMENTARY ON THE OLD TESTAMENT (Grand Rapids, MI: Eerdmans, 1990), 124.

역대상 16:25 (2)

메오드 찬양

> 여호와는 광대하시니
> 극진히 찬양할 것이요
> 모든 신보다 경외할 것임이여
> (대상 16:25)

지난 시간에 메오드의 뜻을 생각하며 우리 모두가 얼마나 하나님을 극진히 찬양해야 하는가에 대해 배웠습니다. 이번 시간에는 본문에서 메오드 찬양에 대해 한 가지 더 자세히 살펴보겠습니다.

다윗왕이 레위지파에게 하나님께 극진하게, 즉 '메오드 찬양하라' 명했을 때, 메오드의 뜻을 알고 그렇게 찬양한 레위지파 합창단의 찬양의 수준이 어떠했을까요? 그것은 영적으로 음악적으로 최고의 완성도를 갖춘 특별한 찬양이었음이 분명합니다. 그 옛날 다윗왕 시대 레위지파 합창단의 연주실황을 담은 녹음이나 동영상이 있다면 얼마나 좋을까요? 직접 그 찬양을 들을 수는 없지만, 오늘날도 레위지파 후손들의 찬양은 들을 수 있으니 어느 정도는 상상할 수 있습니다. 또한 성경에는 그들이 메오드 찬양을 드리기 위해서 얼마나 노력했고 그것을 위해 어떤 제도적인 장치를 마련했는가를 알 수 있는 구절들이 많이 있습니다. 그중 대표적인 구절은 역대상 9:33인데요, "찬송하는 레위 족장들이 골방에서 주야로 오직 찬송하는 일에 집중했다"고 기록되어 있습니다. 또한 이스라엘의 음악에 관련된 책들을 보면, 구약시대에 어떤 레위 사람이 레위지파 합창단에 들어가 실제 공예배에 서기까지 5년을 연습해야 한다고 했으니, 그 찬양이 영적으로뿐만 아니라 음악적으로도 높은 수준이었음을 충분히 상상할 수 있을 것입니다.

그렇다면 여기서 우리 모두 극진한 찬양을 하나님께 드릴 때에 결국 음악적으로 최고의 찬양을 드릴 수 있는 사람과 그렇지 못한 사람으로 나뉜다는 것을 알 수 있겠지요? 제가 약 20여 년 전에 출판한 교회음악이론서인 『찬양의 성전』에서 저는 찬양을 음악적 재능에 따라 "만민의 찬양"과 "전문인의 찬양"으로 분류했습니다. 물론 이 분류는 완전하지는 않지만, 우리의 찬양의 모습을 정리하는 데는 도움이 되리라 여겨집니다. 우리 모두는 특별한 음악적인 연습 없이도 마음을 다하여 극진하게 하나님께 찬양할 수 있습니다. 만민들이 드리는 극진한 찬양은 음악적인 완성도보다는 과부의 두 렙돈처럼 우리가 가진 모든 것으로 최선을 다해, 마음을 다해 드리는 것에 보다 초점이 맞추어질 것입니다. 저는 중심을 보시는 하나님께서 그것을 극진한 찬양으로 받으실 수 있다고 믿습니다. 중요한 것은 각자 할 수 있는 대로 왕의 왕께 합당한 최고의 찬양의 예물을 드리는 것이겠지요.

루터가 생각하는 예배는 바로 그런 예배였습니다. 전문가와 비전문가에 의해 찬양이 극진히 드려지고 말씀이 선포되고 하나님의 임재가 있는 예배 말입니다. 비록 종교개혁으로 인해 여러 번 생명의 위협을 받은 루터지만, 그는 예배는 단순히 말씀을 가르치는 시간이 아님을 분명히 알았기에 전문가에게 의뢰해서 성가대를 위한 곡도 만들고 자신이 직접 새로운 곡을 작곡하기도 했습니다. 그래서 어떤 신학자는 "루터의 찬양곡이 아니었더라면 그의 종교개혁은 실패로 끝날 수도 있었다"라고 말할 정도였습니다. 즉, 오늘날 우리가 편히 누리고 있는 종교개혁의 열매는 사실상 예배에서 찬양을 귀히 여기는 루터의 신학에 큰 빚을 지고 있습니다.

그런데 역사적으로 레위지파뿐만 아니라 바흐와 헨델처럼 다른 민족 가운데서도 하나님께서 음악적 재능과 믿음을 주신 작곡가들과 수많은 숙련된 연주자들에 의한 최고 수준의 찬양을 볼 수 있습니다. 그러므로 우리는 음악적인 재능을 통해서 극진한 찬양을 드리기 위해 자신을 훈련하는 전문인들이 드리는 메오드 찬양을 귀하게 생각하여야 할 것입니다. 또한 전문 음악인들은 음악적인 기교만이 아닌 마음을 다하여 극진한 찬양을 하나님께 드리는 데 힘써야겠지요.

이와 관련하여 오르가니스트이면서 신학자인 도날드 휴스태드(Donald Hustad, 1918-2013) 교수는 예술적 평등주의를 경고하며 이렇게 말합니다.

> "출애굽기 35장에 보면 하나님께서는 이스라엘 백성 모두에게서 성막을 지을 때 필요한 예물을 받았습니다. 그러나 그 성막은 하나님께서 특별한 재능을 주신 사람만 짓도록 제한되었습니다."[1]

자, 그럼 하나님께서 그 성막을 보실 때 그 지은 사람만 칭찬하시겠습니까? 아니죠, 하나님께서는 그것을 위해 예물을 드린 모두를 기억해주실 것입니다.

이처럼 음악적으로 최고의 극진한 찬양을 드리기 위해서는 실제로 하나님이 주신 재능과 훈련이 모두 요구되는데, 이것을 위해 여러모로 돕는 손길들 또한 꼭 필요합니다. 그리고 마침내 전문인 메오드 찬양이 울려 퍼질 때, 함께 자리한 모두는 극진히 찬양하는 한마음으로 하나님께 찬양을 올려드릴 것이며, 또한 이러한 메오드 찬양을 위해 함께 섬긴 모두를 주께서 받으실 것입니다.

그러니까 스포츠에 국가대표 축구팀이 있듯이, 교회에서는 성가대나 찬양팀이 교회대표 전문인 메오드 찬양팀이라고 생각하면 맞을 것입니다. 성가대는 준비된 찬양을 하나님께 올려드리는 것이 주된 목적이라면, 찬양팀은 회중이 하나님께 극진히 찬양하도록 인도하는 역할이 그 주된 목적이겠지요. 만약 교인들이 성가대와 찬양팀을 여러모로 섬긴다면 찬양을 맡은 자들은 정신이 번쩍 나서 얼마나 더 열심히 연습하고 찬양을 준비하겠습니까? 그런 교회는 준비된 메오드 찬양이 드려질 때 모두가 함께 하나님께 드려지는 것이지요. 결국 찬양을 통한 하나 됨이 이루어지는 것이니… 그런 찬양을 하나님께서 얼마나 기뻐하시겠습니까?

예배에서의 전문인 메오드 찬양을 생각하며, 동시대에 살았던 칼뱅과 루터의 교회음악에 대한 견해 차이를 봅니다. 한마디로 그들의 근본적 차이는 예배에서 예술적 평등주의(aesthetic egalitarianism)를 추구하는가, 아니면 출애굽기 31장에 나오는 성막기술자로 부름받은 브살렐과 오홀리압처럼 예술적 사명을 받은 자의 작품을 하나님께 드리고자 하는가였습니다.[2]

1 여호와께서 모세에게 일러 가라사대
2 내가 유다 지파 훌의 손자요 우리의 아들인 브살렐을 지명하여 부르고
3 하나님의 신을 그에게 충만하게 하여 지혜와 총명과 지식과 여러 가지 재주로
4 공교한 일을 연구하여 금과 은과 놋으로 만들게 하며

> 5 보석을 깎아 물리며 나무를 새겨서 여러 가지 일을 하게 하고
> 6 내가 또 단 지파 아히사막의 아들 오홀리압을 세워
> 그와 함께하게 하며 무릇 지혜로운 마음이 있는 자에게 내가 지혜를 주어
> 그들로 내가 네게 명한 것을 다 만들게 할지니
> (출 31:1-6)

물론 칼뱅은 자신의 입장에 대해 여러 가지 선한 이유들을 갖고 있습니다. 하지만 구약의 제사가 율법이 명한 제물을 드리는 의식이었듯이 신약의 예배가 찬미의 제물, 즉 준비된 찬양을 드리는 제사라는 생각은 없었던 듯이 보입니다. 칼뱅이 생각한 예배는 말씀이 그 중심에 있어야 한다는 것인데, 말씀 되신 하나님께서 중심이 된다는 데는 이견이 있을 수 없지만, 어떤 방식으로 중심이 된다는 것인지에 대해서는 잘 생각해보아야 합니다.

예배에서는 말씀이 중심이니 말씀을 많이 읽고 말씀을 가르치고 말씀에 대해 생각하고 말씀을 노래하고 말씀으로 충만해서 예배당을 나오는 것이 예배의 본질인가, 아니면 말씀을 통해 나타나신 하나님, 또 찬송 가운데 계신 하나님을 만나고, 극진한 찬양을 포함한 여러 모양의 예물을 하나님께 드리는 것이 예배의 본질인가? 찬송가는 말씀으로 성도들을 계도하기 위한 하나의 도구인가, 아니면 찬미의 제물로 주님께 올려지는 예물인가? 아무리 하나님께 전문인의 최고의 아름다운 찬양의 예물을 드리고 싶어도 그 아름다움에 성도들의 마음이 쏠린다는 이유 때문에 그 아름다운 예물을 하나님께 드리는 것을 포기해야 하는가? 등등의 질문들에 대해 교회는 이제 성경에서 답을 찾아야만 할

것입니다. 그리고 이 모든 질문들의 한가운데 성경에서 명하는 극진한 찬양, 최고의 찬양, 즉, 레위지파와 같은 전문인의 메오드 찬양이 있습니다.

이제 저는 실제적으로 전문인의 메오드 찬양의 문제를 어떻게 풀어나가야 할지 좀 더 깊게 생각해 보겠습니다. 일반적으로 교회 안에서는 성가대나 찬양팀이 교회대표 전문인 메오드 찬양팀이라고 생각하면 된다고 말씀드렸죠? 또한 그 외에도 여러 모양의 전문인들의 찬양이 있을 것입니다. 그러므로 교회 예배 중에 교인 전체의 메오드 찬양뿐만 아니라 전문인 메오드 찬양으로 교회를 대표하여 하나님께 최고의 찬미의 제물을 드리실 수 있기를 권면 드립니다. 그런데 전문인 메오드 찬양은 때로 교회 예배가 아닌 다른 시간이나 장소에서 드려질 때에 더욱 빛을 발할 수 있습니다. 종종 교회에서 열리는 특별 찬양 음악회와 같은 행사에 비신자들을 초청할 수 있는데, 아직은 예배에 나오기 힘든 영혼들에게 하나님의 영광을 접하게 해주는 좋은 기회가 될 것입니다. 잘 준비된 메오드 찬양 중에 거하시는 하나님께서 그곳의 모든 영혼들의 심령을 두드리시리라 믿습니다. 또한 신실한 믿음의 음악 전공자들은 연주회장에서 열리는 자신의 음악회에서 메오드 찬양을 하나님께 올려 드릴 수 있습니다. 이것은 극진한 찬양으로써 온 세상에 하나님의 영광을 선포하는 것에 해당될 것입니다. 이와 같이 잘 준비된 여러 모양의 극진한 찬양이 교회에서뿐만 아니라 어느 장소에서도 찬양받기에 합당하신 하나님께 드려지기를 소망합니다.

사실 저는 메오드 찬양을 위하여 교회음악작곡가가 되었다고 고백할 수 있습니다. 음악적으로 여러 수준을 위한 찬양곡을 쓰고 있는데, 최고의 수준에 다다른 음악인들도 그들의 기량을 최고로 발휘하여 온 맘으로 하나님께 찬양드릴 수 있기 위해 매우 기교적으로 어려운 곡들도 쓰고 있습니다. 동시에 현재 이십여 년째 저는 많은 시간을 들여 초보자들과 어린이들을 위한 찬양곡도 작곡하고 온 세계 어린이와 청소년들이 잘 준비하여 하나님을 찬양하도록 찬양축제를 열어주고 있지요. 얼핏 보기에 이것은 최고 수준의 찬양과는 무관한 것 같지만, 사실 이것은 메오드 찬양을 위한 가장 중요한 첫 단추입니다. 특히 음악교육과 신앙교육은 어릴 때부터 시작해야 한다는 것은 모두 알고 계실 것입니다. 이것은 결국 메오드 찬양을 위해 우리 삶의 모든 과정이 필요하다는 것을 의미합니다.

오늘은 극진한 찬양, 메오드 찬양, 즉 음악적으로 영적으로 최고의 찬양의 모범이 될 만한 영상을 공유합니다. 하나님께서 이 찬양을 아름다운 찬미의 제물로 받으셨으리라 믿습니다.

기도하겠습니다.
고마우신 아버지 하나님, 우주 만물을 지으신 광대하신 하나님, 그래서 우리의 극진한 찬양을 받으시기에 합당하신 하나님을 바라봅니다. 이제 우리가 메오드 찬양의 한가운데 들어왔습니다. 그 깊은 의미를 깨닫고 우리가 어떻게 메오드 찬양을 드려야 할지 우리 마음에 담았습니다. 주님, 이와 같은 귀한 지식을 인하여 감사드립니다. 우리의 삶 자체가 메오드 찬양과 함께 드려지게 하여 주시옵소서. 또 이 메오드 찬양을 하나님께 드리기 위해 어릴 때부터 많은 준비가 필요하다는 것도 우리 모든 교회가 깊이 깨닫고 잘 준비하게 하여 주시옵소서. 예수 이름으로 기도합니다.

1   In Exodus 35 Moses tells the Israelites God's commands on how they were to proceed: (Exod. 35:5-19). Though all who were generous were invited to contribute financially, God did not sanction aesthetic egalitarianism. Only those who were "skillful" in the arts—cutters, carvers, artisans, weavers, and those working with gold, silver, and bronze—were asked to participate.
Donald P. Hustad, *True Worship: Reclaiming the Wonder and Majesty* (Wheaton, IL: Hope Publishing Company, 1998), 193-4.

2   예배에서의 예술적 평등주의란 한마디로 "하나님께 예배드릴 때 몇몇 전문인들이 이해하고 성취할 수 있는 특별히 예술적인 수준이 필요한 것이 아니라 회중 모두가 이해할 수 있고 다다를 수 있는 공통적인 수준의 예술만이 요구된다"라는 입장이다. 이와 같은 입장에서는 바흐의 칸타타, 또 그의 수난곡과 같이 영적으로 심오하고 예술적으로 최고의 수준에 있는 찬양곡이 예배에서 드려지는 것을, 회중들이 그 예술적 아름다움을 이해할 수 없으므로, 반대하게 된다. 그런데 이 입장은 한 가지 큰 신학적 문제를 야기하는데… 그렇다면 예배는 과연 누가 받는 것이며, 누구를 위한 것인가? 예술적 평등주의는 필연적으로 예배의 감상자는 사람이요, 사람을 위한 것이라는 결론을 맺게 되는데, 이는 예배의 본질에 정확히 반대되는 것이다. 예배는 독일어로 Gottesdienst인데 이는 Gott(하나님)와 Dienst(섬김)이라는 두 단어가 결합된 것으로, 너무나도 분명히 "예배는 하나님을 섬기는 것"이라는 진리를 가르친다. 그런 점에서 이 단어는 예배의 영어 단어인 worship보다 우월하다. (Worship이라는 단어는 주지하다시피 worth (가치) + ship (그러한 상태)을 의미하며 이는 오늘날에는 신을 섬기는 종교적 행사를 의미한다.) Gottesdienst는 분명히 구약시대의 예배를 나타내는 단어 "아바드(עבד/ 섬기다/ 출 10:8)"와 깊이 연결되어 있으며 구약의 예배를 나타내는 또 하나의 단어 "하바(חוה/ 경배하다, 절하다/ 창 22:5)"와도 연결된다.

그런 뜻에서 예술적 평등주의는 교회의 인본주의화 현상과 깊은 관계가 있다. 초대교회로 돌아가자는 이유가 무엇인가? 바로 신본주의 신앙으로 돌아가자는 것이다. 하나님께서 예술적으로 뛰어난 자들과 그렇지 못한 자를 모두 만드셨다. 그리고 그들 모두의 찬양을 기뻐 받으시는 하나님께서 성경에서 전문인의 찬양과 만민들의 찬양의 두 카테고리를 보여주셨다. 이 두 기둥이 바로 성서적 예배를 떠받치고 있다. 그런데 요즘은 한 개의 기둥만 남아있는 교회들이 많이 있으니 그 예배는 언제 무너질까, 언제 쓰러질까 위태롭다.

예술적 평등주의를 견지하는 사람들은 "교회가 이해할 수 없는 높은 예술로 예배드리는 것보다 차라리 교회가 이해할 수 있는 낮은 예술로 예배드리는 것이 더 성서적"이라고 변명할 수 있지만, 이는 또 다른 신학적 문제를 야기한다. 즉 하나님의 인류창조의 합목적성에 관한 생각으로, 이러한 생각은 자칫 하나님께서 그의 목적에 부합한 인류를 만들지는 못했다는 결론에 이를 수 있다. 비록 신학적으로 죄로 인해 완전한 타락(total depravity)에 이르게 된 인간이지만, 그렇다고 하나님의 형상이 완전히 파괴된 것이 아니기에 여전히 절대자에게로 나아가는 영적 갈망이 있고, 하나님 없이는 진정한 삶의 가치를 발견하지 못하며, 하나님의 아름다움을 조금이라도 느낄 수 있는 것이다. 칼뱅신학에서의 완전한 타락이란, 아담의 죄로 인해 인류의 모든 좋은 것이 다 파괴되었다는 뜻이 아니라 인간의 어떤 행위와 선한 노력으로도 절대 하나님께 나아갈 수 없고 구원에 이를 수 없다는 것을 강조한 것이다.

만약 하나님께서 높은 수준의 예술로도 예배받으시기 원하시는 것이 확실하다면 (메오드의 의미, 마 21:16의 "카타르티조"의 의미, 하나님의 아름다움에 관한 여러 단어들, 하다르(시 29:2), 요피(시50:2), 티파라(출 28:2) 등을 생각할 때 당연히 확실함), 하나님께서 인류를 창조하실 때, 모든 인간들에게 하나님의 아름다움을 이해할 만한 능력과 감성을 주셨다고 보는 것이 타당하지 않겠는가? 예술적 평등주의는 바로 이 점을 간과한 것이다. 성경은 예술적 평등주의와는 다른 가르침을 보여준다. Hustad 교수에 의하면 모세는 출 35:30-35에서 다음 세 가지를 분명히 했다.

1) 예술적 재능은 성령께서 주신다.
2) 그것은 훈련과 경험으로 개발된다.
3) 성숙한 예술가들은 재능 있는 젊은이들을 가르쳐야 한다.
(Hustad, Ibid., 194)

그는 "오늘날의 문화 가운데서, 우리의 대부분은 예배의 아름다움에 대한 성서적 수준을 성취하는 우리의 잠재능력에 못 미치는 삶을 살고 있다."라고 한탄한다. 그리고 그것은 부분적으로는 최고의 예술가들을 그저 엘리트주의자로 딱지를 붙이고 거부하는 경향에도 책임이 있다고 말한다.

This chapter will declare that, in today's culture, many of us are not measuring up to our potential in achieving scriptural standards of worship beauty. This is partly because we tend to reject the judgment of our best artists, labeling it "elitist." (Hustad, Ibid., 190)

그는 나아가 "그런 평등주의 철학은 공립학교와 교회가 예술교육을 지원하는 데 있어서 문화적으로 실패하고 있는 것에 대한 가식적인 인식일 것이다. 왜냐하면 그들은 체육, 수학, 컴퓨터과학 등, 보다 현실적인 문제들 때문에 예술을 포기했기 때문이다."라고 경고한다.

Such an egalitarian philosophy may be a poorly masked rationalization for our culture's failure to support aesthetic education in the public schools and the church because art must give way to more popular or more practical concerns like athletics, mathematics, and computer science. (Hustad, Ibid., 191)

교회는 이제라도 비성서적인 예술적 평등주의를 포기하고, 아니, 예술 전반에 대한, 나아가 하나님의 아름다움에 대한 무지를 고백하고 반성하고, 하나님 중심의 예술관을 배우고, 이를 예배에서 실천해야 할 것이다. 마지막으로 뉴욕 리디머장로교회 (Redeemer Presbyterian Church) 팀 켈러 목사의 복음전파 입장에서의 예술에 관한 생각을 인용한다.(https://lifecoach4god.life/2012/08/28/dr-tim-keller-on-the-worship-wars/)

아름다움의 힘은 사람들로 그것을 보게 한다. 좋은 예술과 그 메시지는 상상을 통해 영혼으로 들어가며 이성에 호소하기 시작한다, 왜냐하면 예술은 아이디어를 실현 가능한 것으로 만들기에. 음악과 언어의 질(quality)은 복음증거의 능력에 큰 영향을 미친다. 많은 교회에서 음악의 수준은 평범하거나 낮다. 그러나 그것은 신실한 자에게는 별문제가 되지 않는다. 왜냐하면, 그들의 신앙은 그 음악의 수준이 부족하다 해도 그 찬양의 가사를 의미 있게 받아들이기 때문이요, 또 대개는 그들과 연관이 있는 사람이 음악을 연주하기 때문이다. 그러나 신앙도 별로 없고, 앞에서 찬양인도를 하는 사람과 아무 관계도 없는 외부인들에게는 수준미달의 음악적 찬양은 지루하고 듣기 싫어지는 것이다. 다른 말로 하자면, 뛰어난 예술적 수준은 외부인도 포용하지만, 그저 평범하거나 수준미달의 예술은 그들을 소외시킨다. 많은 교회의 낮은 수준의 예술은 오직 내부인들만 계속 교회에 오도록 할 것이다. 믿음이 없는 자들에게는 좋은 예술의 매력이 그들을 교회로 인도하는 주된 이유가 될 것이다.

The power of art draws people to behold it. Good art and its message enters the soul through the imagination and begins to appeal to the reason, for art makes ideas plausible. The quality of music and speech in worship will have a major impact on its evangelistic power. In many churches, the quality of the music is mediocre or poor, but it does not disturb the faithful. Why? Their faith makes the words of the hymn or the song meaningful despite its artistically poor expression, and further, they usually have a personal relationship with the music-presenter. But any outsider who comes in, who is not convinced of the truth and who does not have any relationship to the presenter, will be bored or irritated by the poor offering. In other words, excellent aesthetics includes outsiders, while mediocre or poor aesthetics exclude. The low level of artistic quality in many churches guarantees that only insiders will continue to come. For the non-Christian, the attraction of good art will have a major part in drawing them in.

제28강

역대하 20:22 (1)

전쟁의 선봉

> 그 노래와 찬송이 시작될 때에
> 여호와께서 복병을 두어 유다를 치러 온
> 암몬 자손과 모압과 세일산 사람을 치게 하시므로 저희가 패하였으니
> (대하 20:22)

찬양신학을 공부할 때 절대 뺄 수 없는 이야기들이 있습니다. 그런데 그중에서도 정말 신나고 놀라운 이야기가 바로 오늘 이야기입니다. 성경은 전쟁에 관한 책이라고 해도 과언이 아닐 만큼 전쟁 이야기가 많이 나옵니다. 구약의 이스라엘의 역사는 주변국과의 전쟁으로 점철되어 있으며 모세가 홍해를 가른 것도 사실 전쟁 이야기입니다. 애굽의 일방적인 승리로 끝날 뻔한 전쟁이 하나님의 행하신 이적으로 말미암아 이스라엘의 일방적인 승리로 끝난 이야기지요. 그런가 하면 신약 역시 전쟁으로 가득합니다. 단, 구약처럼 군대가 등장하고 피비린내가 진동하는 육에 속한 싸움보다는 말씀으로 말씀을 대적하고, 율법이 복음을 대적하는 듯한 영적 싸움이 지배적이지요. 말세에 대해서도 예수님은 "민족이 민족을, 나라가 나라를 대적하여 일어나겠고 처처에 기근과 지진이 있으리니(마 24:7)"라고 예언하셨으니, 유감스럽게도 전쟁은 세상 끝까지 여러 모양으로 우리와 함께할 것입니다.

그런 수많은 전쟁 중 오늘 여호사밧왕의 전쟁이야기는 매우 특별합니다. 하나님께서 개입하셔서 유다의 일방적인 승리로 인도하셨다는 점에서는 그리 특별하지 않지만 승리의 방법이 매우 특별합니다. 바로 찬양으로 승리했다는 점에서 이 전쟁은 유일무이합니다. 이 전쟁에서 하나님께서 사용하신 유일한 집단이 있으니 바로 성가대입니다.[1] 그러니까 이 전쟁은 레위 찬양대가 승리로 이끈 전쟁입니다. 물론 하나님께서 다 하셨습니다. 그러나 하나님께서 모세의 순종을 통해 홍해를 가르셨듯이, 이 드고아 골짜기의 전쟁은 하나님께서 성가대를 통해 승리로 이끄셨습니다. 그 승리가 얼마나 컸으면 나중에 지명이 아예 브라가 골짜기, 즉 송축의 골짜기로 바뀝니다. 정말 대단한 일이지요, 특히 그 수천 년의 전통을 이어가는 지금의 성가대에게는 더 이상 자랑스러운 일이 아닐 수 없습니다. 그런데 말씀을 좀 자세히 보면, 성가대로서 그냥 기뻐하기만 할 내용은 아님을 알게 됩니다.

> 백성으로 더불어 의논하고 노래하는 자를 택하여 거룩한 예복을 입히고
> 군대 앞에서 행하며 여호와를 찬송하여 이르기를
> 여호와께 감사하세 그 자비하심이 영원하도다 하게 하였더니
> (대하 20:21)

이 내용을 영화처럼 상상해보시기 바랍니다. 자, 남쪽에서 적군이 쳐들어옵니다. 북쪽에 백성들이 있고 그보다 앞에 백성을 보호하고 적군과 싸우기 위해 군대가 진을 치고 있습니다. 그런데 성가대는 어디 있습니까? 당연히 군대 뒤에 있겠지요? 그런데, 군대 앞에서, 그것도 적을 향해 전진하는 성가대… 여러분 상상할 수 있습니까? 이건 도무지 상식 밖의 일입니다. 아니, 말도 안 되는 일입니다. 성가대가 무슨 특공대도 아니고… 게다가 성가대는 창과 방패를 들고 있는 자들이 아니었습니다. 그들의 옷은 갑옷이 아닌 거룩한 예복, 즉

세마포 옷이었습니다. 만약 적군이 창이나 불화살을 던진다면 일차적으로 맞아 죽을 사람들이 바로 성가대원들입니다.

이제 우리가 그 상황에 있다고 상상해보세요. 그날 아침 성가대장이나 지휘자가 목소리를 높여 대원들을 부릅니다. "자, 오늘 우리는 군대 앞에서 찬양합니다. 빨리들 오세요!"라고… 자, 여러분이 대원이라면 뭐라고 대답하겠습니까? 아마 이런 사람들이 있을 것입니다. "(가득 쉰 목소리로) 지휘자님, 어, 어, 제가요, 요즘 독감에 걸려서요, 소리가 안 나와요. 죄송해요." 어떤 사람은 말할 것입니다. "저 지난 주에 결혼했어요, 제 처를 놔두고 갈 수는 없어요, 죄송해요." "지휘자님, 전 아이들이 아직 너무 어려요, 죄송해요." 등등 수많은 이유를 대고 군대 앞 성가대에 참가하지 않으려 할 것입니다. 왜요? 죽을 게 뻔하니까요. 전쟁은 위장 및 엄폐가 반이라 해도 과언이 아닐 정도로 적에게서 자신을 숨기는 것이 필수입니다. 그런데 하얀 세마포 옷을 입고 군대 앞에서 방패도 없이 큰 소리로 떠들며 앞으로 나아오는 것은 "나를 표적 삼아라"라고 말하는 것이지요. 그런데 거기에 누가 참여하겠습니까? 저와 여러분이라면 다 도망가지 않았을까요?

그런데 유다 백성은 그러지 않았습니다. 그들은 이미 목숨을 포기했습니다. 그래서 위와 같은 핑계를 대는 자가 없었습니다. 그리고 하나님을 신뢰했습니다. 원래 이들이 그렇게 믿음 좋은 백성들이 아닌데, 절체절명의 순간에 그들은 오직 하나님만 붙들어야 한다는 것을 깨닫고 모두가 금식하며 기도했으니, 그 비장한 마음을 우리는 짐작할 수 있습니다. 사실 그 전날 하나님은 선지자를 통해 말씀하셨습니다.

> 이 전쟁에는 너희가 싸울 것이 없나니 항오를 이루고 서서
> 너희와 함께한 여호와가 구원하는 것을 보라
> 유다와 예루살렘아 너희는 두려워하며 놀라지 말고 내일 저희를 마주 나가라
> 여호와가 너희와 함께하리라 하셨느니라
> (대하 20:17)

바로 유다 성가대가 이 모든 말도 안 되는 조건을 이기고 앞으로 나아가며 찬양한 것은 하나님을 신뢰하였기 때문이요, 죽으면 죽으리라는 믿음이 있었기 때문입니다. 바로 이와 같은 찬양이 울려 퍼졌을 때, 아니 이제 막 시작되었을 때, 하나님께서는 곧바로 역사하셨습니다. 제 생각에, 하나님께서 그 생명을 다한 찬양이 시작될 때에 너무 감격하셔서 더 이상 기다리실 수가 없었던 것이 아닌가 여겨집니다. 그래서 그분은 그 찬양을 다 듣고 나서 역사하신 것이 아니라 시작하자마자 큰 능력으로 승리를 이루셨습니다. 할렐루야!

이 말씀이 우리에게 가르치는 중요한 메시지가 있습니다. 바로 "성가대는 영적 전쟁의 선봉에 서 있다"는 사실입니다. 구약에서 눈으로 보이는 것들은 많은 경우 신약의 영적인 것의 표상입니다. 구약의 홍해사건은 신약교인들이 침(세)례를 받은 것을 상징하며(고전 10:2) 구약의 40년 광야생활은 신약교인들의 천국가기까지의 세상의 삶을 상징하지 않습니까? 마찬가지로 이 여호사밧의 전쟁은 성가대가 영적 전쟁의 선봉에서 싸우고 있음을 그림처럼 보여주고 있습니다. 사실 하나님은 전쟁을 다른 여러 가지 전술로도 충분히 이기실 수 있습니다. 이와 관련하여 역대상 14:10-15을 참조해 보시기 바랍니다.

10. 다윗이 하나님께 물어 가로되
내가 블레셋 사람을 치러 올라가리이까 주께서 저희를 내 손에 붙이시겠나이까
여호와께서 이르시되 올라가라 내가 저희를 네 손에 붙이리라 하신지라
11. 이에 무리가 바알브라심으로 올라갔더니 다윗이 거기서 저희를 치고
가로되 하나님이 물을 흩음같이 내 손으로 내 대적을 흩으셨다 함으로
그곳 이름을 바알브라심이라 칭하니라
12. 블레셋 사람이 그 우상을 그곳에 버렸으므로 다윗이 명하여 불에 사르니라
13. 블레셋 사람이 다시 골짜기를 침범한지라
14. 다윗이 또 하나님께 묻자온대 하나님이 이르시되
마주 올라가지 말고 저희 뒤로 돌아 뽕나무 수풀 맞은편에서 저희를 엄습하되
15. 뽕나무 꼭대기에서 걸음 걷는 소리가 들리거든 곧 나가서 싸우라
하나님이 네 앞서 나아가서 블레셋 사람의 군대를 치리라 하신지라
(대상 14:10-15)

또한 여러분이 잘 아시는 대로 하나님은 다윗이 돌팔매로 골리앗을 제압하도록 이미 도우셨습니다. 구태여 레위 찬양대가 군대 앞에 서서 찬양하며 적군을 향해 나아가지 않아도 얼마든지 이스라엘을 승리로 이끄실 수 있는 하나님이십니다. 바로 그렇기 때문에 우리는 이런 특별한 전술을 통해 하나님께서 우리에게 무엇을 보여주려 하시는가를 생각해봐야 합니다. 물론 신학자 스타인스프링(William F. Stinespring, 1901-?)처럼 "전쟁에서 합창단을 군대 앞에 내보내는 것은 정말 우스운 일이며 그런 전쟁에서 크게 승리했다는 이야기는 더더욱 이상하다"라고 생각하는 사람도 있겠지만, 이는 성경 여러 곳에서 전쟁과 음악이 얼마나 밀접한 관계가 있는가를 증거하는 것을 생각할 때 오히려 이상한 주장입니다.[2]

여호와께서 그 위에 나타나서 그 살을 번개 같이 쏘아내실 것이며
주 여호와께서 나팔을 불리시며 남방 회리바람을 타고 행하실 것이라
(슥 9:14)

이 말씀은 전쟁 중에 나팔소리와 함께 싸우시는 하나님을 영화처럼 보여줍니다. 특히 한국어 번역은 "나팔을 불리시며"라고 되어있어 마치 하나님이 천사들로 하여금 나팔을 불도록 하신 것같이 되어있으나, 영어번역은 "The Lord will sound the trumpet." 즉, "나팔을 직접 불다"로 되어있습니다. 원어적으로도 "나팔을 불다"라는 뜻의 타카(יִתְקַע)가 사역동사로 쓰인 것이 아니라 능동3인칭단수 남성동사형태로 쓰여 하나님께서 직접 나팔을 부는 것으로 묘사했습니다. 이와 같은 표현은 하나님이 영원히 변치 않는 분임을 생각할 때 천국에서도 하나님의 나팔소리를 들을 수 있는 가능성을 보여줍니다.

여기서 나팔이라는 단어는 **쇼파르**인데 이는 숫양의 뿔로 만든 악기로 이스라엘이 가장 성스럽게 생각하는 악기입니다. 또 마지막 날 예수께서 재림하실 때 큰 나팔소리와 함께 오신다고 했습니다.

> 주께서 호령과 천사장의 소리와 하나님의 나팔로 친히 하늘로 좇아 강림하시리니 그리스도 안에서 죽은 자들이 먼저 일어나고
> (살전 4:16)

참고로 여기서 하나님의 나팔이라는 표현이 나오는데, 스가랴 9:14 말씀과 함께 생각한다면 혹시 하나님께서 너무 기쁘셔서 직접 나팔을 부시는 것을 나타낼 수도 있다고 생각합니다. 사실 그래서 전쟁과 음악은 성경에서는 어쩌면 불가분의 관계에 있다고 할 수 있습니다. 그런데 역대하 20장의 성가대 찬양은 그중에서도 좀 특별한데요, 대개의 전쟁 관련 음악은 나팔인데 여기서는 합창단이 노래로 하나님을 찬양합니다. 마치 적에게 그 찬양 가사가 들리기를 원하는 것처럼 말입니다. 그리고 다른 이야기에는 나팔소리와 함께 모두 싸우러 나가는데, 여기서는 찬양이 시작됨과 동시에 하나님께서 다 싸우셔서

군대는 아무 할 일이 없이 그저 전리품이나 줍는 청소부 역할로 끝났으니… 참으로 특별한 전쟁이야기가 아닐 수 없습니다.

어떤 전쟁에서, 특히 질 수밖에 없는 전쟁에서 누군가 선봉에 서서 목숨을 다해 싸워서 놀랍게도 승리했다면 그는 영웅이 되는 것입니다. 그리고 그는 백성들의 마음에 영원히 잊히지 않을 것입니다. 바로 그날의 영웅은 성가대였습니다. 물론 주님께서 승리를 주셨지만 성가대의 찬양이 그 열쇠가 되었던 것입니다. 그 이전까지는 이스라엘 백성들은 레위지파 성가대를 그냥 성전 제사 때 노래하는 집단으로만 알고 있었으나, 그날 이후로는 전쟁의 선봉에 서서 백성 앞에서 싸우는 전사요 영웅으로 인정하게 되었을 것입니다. 백성들이 혹 길에서 성가대원을 만난다면 어떻게 했을까요? 너무나 고맙다고, 당신들의 목숨 다한 찬양 때문에 우리가 모두 살았다고, 눈물을 글썽이며 마음으로부터 감사하고 감격하지 않겠습니까?

이 사건은 그러나 이스라엘 백성에게만 그런 메시지를 주는 것이 아니라 우리 모두에게 동일한 메시지를 주고 있습니다. 우리는 성가대를 그렇게 생각합니까? 성가대는 자신을 과연 그렇게 생각합니까? 자신의 임무가 과연 무엇인지 제대로 모른다면 당연히 그것을 위해 준비도 제대로 못 할 것이요, 그 임무를 다하지도 못 할 것입니다. 성가대의 찬양이 하나님의 임재와 하나님의 능력을 힘입을 정도의 진실된 찬양이라면, 온 교회는 싸움에서 이길 것입니다. 그러므로 오늘 우리의 찬양이 약 2800년 전 드고아 골짜기에서 우렁차게 울려 퍼졌던 유다 성가대의 생명을 다한 찬양처럼 될 수 있도록 영적으로 준비해야 할 것입니다.

기도하겠습니다.
고마우신 아버지 하나님, 하나님 말씀이 얼마나 정확하고 얼마나 살아있는지… 우리 귀에 그날 그때의 함성이 들리는 듯하고 그때의 찬양소리가 들리는 듯합니다. 하나님, 우리도 그와 같이 찬양하게 하여 주시옵소서. 우리 생명을 다한 찬양을 드릴 수 있게 하여 주시옵소서. 찬양대가 또 찬양팀이 영적 전쟁의 선봉에 서 있다는 것을 분명히 깨닫고 이것을 위해서 준비하게 하여 주시옵소서. 또 온 교회가 그것을 위해서 함께 기도하게 하여 주시옵소서. 예수 이름으로 기도합니다. 아멘.

1 성가대인가 찬양대인가?

아마도 교회에 몇 년 다니다 보면, 또는 성가대(찬양대)원으로 몇 달 지내다 보면 최소한 한 번 정도 마주치는 질문이 바로 이 질문일 것이다. 성가대가 옳은가, 찬양대가 옳은가… 아니면 아예 어떤 교회처럼 "찬양사역팀"이라고 새롭게 부르는 것이 더 멋진가? (심지어 어떤 사람은 한 가지 의견을 강력하게 주장하고 다른 의견을 완전히 틀렸다고 함으로써 자신의 찬양의 열정과 많은 지식, 믿음의 순수함, 또는 절개를 과시하려는 듯한 인상을 주기도…) 주위의 여러 이야기나 인터넷의 여러 기사들을 종합해보면, 결국 성가대라는 이름은 좋지 않고 찬양대라고 해야 한다는 의견이 대세인 듯하다. 사실 나 자신도 수십 년 전 고등부성가대 시절에 누군가로부터 "성가대는 틀렸고 찬양대가 옳다"는 이야기를 듣고 공감하여 수십 년간 그렇게 말해왔고 그렇게 생각해왔다.

그런데 지난 십여 년간 나름 찬양신학을 공부하면서 이와 관련하여 몇 가지 생각을 하게 되었고 다음과 같은 잠정적 결론을 얻게 되었다.

1) 성가대라는 이름이 잘못된 이름이 아니다. 그러므로 찬양대라는 이름과 함께 써도 무방하다.
2) 성가대라고 찬양을 안 하는 것 아니고, 찬양대라고 성가를 안 부르는 것이 아니다. 그러니 별 의미 없는 주장은 그만하고 서로 관용을 베푸는 것이 더 유익하다. (성가대로 부르는 측에서 찬양대라고 불러야 한다는 측을 공격하지는 않으므로, 찬양대 선호팀이 성가대 선호팀에 대해 관용을 베풀기를 촉구한다.)
3) 성가대와 찬양대의 이름에 대해 그렇게 자세히 생각하고 고치려 노력하는 그 마음을 성서적 찬양의 회복에 관해 쓸 수 있었으면 하는 바람이 있다.

그렇다면 나는 왜, 수십 년간 성가대라는 이름이 틀렸다고 생각하던 그 생각을 버리게 되었는가? 이는 성가대라는 이름이 틀렸다는 주장들을 면밀히 살펴보면서 그것이 내게 확신을 줄 만한 주장이 아님을 알게 되었기 때문이다. 성가대라는 이름이 틀렸다는 주장은 대개 다음 몇 가지로 축약될 수 있다.

1) 성가대라는 뜻은 거룩한 노래를 부르는 단체라는 뜻인데, 다른 종교도 거룩한 노래를 부른다.
2) 우리나라는 옛날에는 찬양대라는 이름만 썼는데, 일제 강점기 때 "성가대"로 바뀌었다. 즉 왜색이 짙다.
3) 성가대라는 이름에는 특권의식이 담겨있다. 반면에 찬양대는 수평적인 면도 있다.
4) 찬양대라는 이름이 "하나님을 찬양한다"는 우리의 본분을 그대로 나타내기에 더욱 적합한 이름이다.

이 모든 것 중 신학적으로 가장 문제가 되는 것은 아마도 1번일 것이다. 왜냐하면 이 주장을 하는 분들 대부분은 "다른 종교도 거룩한 노래를 부른다"라고 인정하기 때문이다. 또 그래야 "그러므로 우리는 그들과 달라야 하므로, 그들과 같은 이름을 공유할 수 없다"라는 주장이 설득력을 얻기 때문이다. 그런데 과연 다른 종교도 거룩한 노래를 부르는가? 성경은 다음과 같이 말씀하신다.

> 오직 만군의 여호와는 공평하므로 높임을 받으시며
> 거룩하신 하나님은 의로우시므로 거룩하다 함을 받으시리니 (사 5:16)

> 서로 창화하여 가로되 거룩하다 거룩하다 거룩하다 만군의 여호와여
> 그 영광이 온 땅에 충만하도다 (사 6:3 / 계 4:8 참조)

이를 볼 때 분명한 것은 온 우주에 거룩하신 분은 하나님 한 분이시다. 그런데 어찌 하나님을 모르는 다른 종교가 거룩한 노래를 부를 수 있단 말인가? 그들이 하나님을 찬양하기라도 한단 말인가? 그들은 거룩하신

하나님을 모른 채, 단지 그들의 신을 거룩하다고 오해하는 것뿐이다. 그리하여 그들은 그들의 신의 거룩한 이름을 조금이라도 훼손하면 살인이라도 주저하지 않는다. 이 얼마나 안타까운 일인가! 우리가 "다른 종교도 거룩한 노래를 부른다. 즉 성가를 부른다."라고 인정하는 것이 마치 다른 종교도 포용하는 듯한 자비를 베푸는 것같이 보일 수는 있으나 하나님께는 참으로 불신앙이요, 죄송스럽고 죄스러운 태도가 아닐 수 없다. 왜 우리가 그들이 오해하고 잘못 알고 있는 것까지 인정해줘야 하는가? 오히려 그들이 오해하는 것들을 바로잡아줘야 할 우리가 아닌가? 좀 더 근본적인 것을 이야기하자면 –다 아는 이야기지만– 세상에 다른 신이 없다는 것, 그러므로 하나님을 섬기는 신앙외의 모든 것은 우상을 섬기는 것이요, 스스로 속이는 것에 불과하다. 그러므로 그들에 속한 어떤 것도 거룩하지 않으며 그 신들을 위한 노래 역시 거룩한 노래, 즉 성가가 아니다. 단지 그들이 그렇게 여기도록 그들의 종교지도자들에 의해 세뇌된 것뿐이다. 그리고 그 종교지도자들은 종교라는 툴로 사람들을 다스리고, 필요에 따라 서로 미워하게 만들고, 죽이게 만들고… 그러면서 권세를 누리며 사는 자들이다. 우리가 그들의 어떤 거룩하다는 장소나 책에 대해 이해해주고 조심해주는 것은, 그들이 우리의 태도를 보고 그들의 마음을 열고 예수의 복음을 들을 수도 있다는 가능성을 염두에 두고 그러는 것이다.

그러므로 세상에서 성가대라는 말을 제대로 당당히 쓸 수 있는 단체는 교회밖에는 없다고 생각하자. 그러면 이 이름이 얼마나 멋지고 귀한가! 거룩한 노래를 부르는 자들…! 온 우주에 유일하신 거룩하신 분에게 그 이름에 합당한 거룩한 노래를 부르는 단체! 얼마나 귀한 이름인가! 영어의 church choir(교회합창대)보다 훨씬 더 구체적으로 그 직임을 설명하지 않는가? 다른 종교를 들먹이며 이 좋은 이름을 우리 스스로 제한할 필요가 어디 있는가? 일제강점기에 이 이름이 전파되어 거부감이 있다는 생각도 재고할 소지가 있다. 만약 일제강점기에 영어가 전파되었다면 그 이유로 영어를 버릴 것인가? 누가 전해주었든, 우리에게 유용하고 좋다면 택하여 쓰면 되는 것이다. 사실, 모든 것은 하나님의 것이니, 죄악된 것, 하나님께서 금하신 것을 제외하고는 모두 우리가 유익하게 사용해야 할 것이다. 찬양대라는 이름도 참 좋은데, 이것이야말로 요즘 찬불가니 뭐니 해서 다른 종교도 사용하니 우리는 정신 바짝 차려서 우리가 누구를 찬양하는가를 마음에 새겨야 할 것이다. (뒤에서 좀 더 자세히 다룸)

성가대가 특권의식이 있는 이름이라는 주장은 오히려 그래서 성가대가 더욱 중요한 이름이라는 반론을 가능케 한다. 주지하듯이 성가대(찬양대)는 그 족보(?)를 따라 올라가면 –중간에 끊어지긴 했지만– 레위 족장(대상 9:33)에게까지 이른다. 레위 족장, 즉 레위지파의 우두머리(The heads of the Levites)는 영적 지도자들이다. 그래서 찬양전문가는 꼭 영적 지도자가 되어야하며, 그러기 위해서는 무엇보다도 말씀의 전문가가 되어야 한다. 성가대는 교회를 대표하여 하나님께 메호드 찬양의 제사를 드리는 제사장인 것이다. 그러므로 그 이름 자체가 그들의 특별한 신분을 나타내는 것이면 더더욱 좋을 것이다. 그런데 한 가지 의문은 왜 "성가대"는 특권의식이 느껴지고, "찬양대"는 수직적이면서도 수평적인 뉘앙스가 들어있는지이다. 만약 그것이 대상 9:33 말씀 때문이요, 성가대는 그들의 후예에 해당한다는 지식에 의해 그런 느낌이 들었다면 이는 다행스러운 것이다. 성가대는 그러나 특권의식이 아니라 특별한 사명감이 있어야 한다. 국가대표 축구선수를 생각해보라. 그들이 특권의식을 갖고 있다고 생각하는 사람은 아무도 없을 것이다. 그들은 문자 그대로 국가를 대표하여 열심히 뛰어주는 자들이요, 그래서 국민 모두가 고마워하는 존재다. 성가대는, 특히 오늘날의 성가대는 특별한 경우를 제외하고는 대개 거의 음악 비전문가들로 구성된다. 때로는 악보를 읽지 못하는 단원도 있으니 참 힘든 경우가 많다. 그런데 그런 상황에서 때로는 헨델의 〈메시야〉도 불러야 하고, 피터슨(John W. Peterson)의 칸타타도 불러야 한다. 그러니 참으로 수고하고 애써야만 겨우 따라갈 수 있다. 게다가 음정이 맞아도 소리가 거칠면 안 되고, 리듬이 맞아도 다이내믹이 틀리면 안 된다. 게다가 연습시간은 짧으니 언제나 충분한 연습은 기대하기 힘들고 또 대개 교회의 다른 직분들까지 겸직이다. 그런 상황에서 무슨 특권의식이 가능하단 말인가? 나는 할 수만 있다면 성가대원들에게 큰 박수와 격려와 하나님의 축복을 전하고 싶다. 어떤 대원은 수십 년간 주일 아침 4시에 집을 떠나 교회로 향한다. 5시에 성가대 연습을 시작해서 6시에 1부 예배 시작이니 말이다. 그 헌신과 희생을 어찌 말로 다 하겠는가? 그러면서 완전히 무보수이니… 천국에서는 아마 이런 분들이 웬만한 목사보다도 큰 상을 받을 것이다. 그런데 그런 대원에게 단지 성가대라는 이름 때문에 특권의식이 느껴진다니, 그럼 다음 주부터 찬양사역팀이라고 이름만 바꾸면 그 특권의식 대신 진정한 사역자의 모습이 느껴지겠는가? 우리는 우리의 느낌을 경계해야 한다. 때로 그것은 우리를 전혀 다른 결론으로 인도하고 교회의 많은 분들에게 상처를 주기도 한다. 성가(찬양)대원에게 필요한 것은 복음적인 신앙과 찬양에 대한 열정, 그리고 자신이 부르는 성가에 대한 충분한 이해와 연습이다. 그들이 성가대원이든 찬양대원이든 그 사명에는 전혀 변함이 없어야 할 것이다.

사실 찬양대라는 이름도 그리 완벽하지는 않다. 누구를 찬양하는가가 나와 있지 않기 때문이다. 우리야 당연히 하나님 찬양으로 생각하겠지만 외부에서 볼 때는 찬불가도 있고, 찬불사 지도사과정도 있고, 부처님 찬양이라는 표현도 이미 쓰이고 있기 때문에 혼돈의 여지가 있으며, 설사 어떤 절에서 관세음찬양대를 조직했다 해도 별로 놀라지 않을 것이다. (명상가의 쉼터 참조/ https://blog.daum.net/ym4206/16933384) 그래서 미국처럼 사실적으로 church choir(교회 합창단)라고 했으면 이런 문제는 없었을 텐데 싶은 생각도 든다. 그런데 그런 와중에 성가대가 틀렸네, 찬양대가 맞네 하고 싸운다면 이는 참 한심한 일이 아니겠는가? 차라리 그보다는 그 귀한 에너지와 시간을 "성서적 찬양의 회복"을 위해 겸손히 말씀을 공부하는 데 쓰는 것이 더욱 낫지 않겠는가? 안타깝게도 나는 그런 명칭 문제에 대단히 심각한 사람들 중에 진정한 찬양의 회복을 위해 그만큼 심각한 분을 거의 만나지 못하였다. 그것은 참 이상한 일이었다. 나는 그런 분들에게 정중히 요청하고 싶다. "그런 주변적인 것보다 찬양의 핵심에 관심을 가져주세요!"라고 말이다.

이제는 교회가 관용을 배울 때가 되었다고 생각한다. 물론 교회가 복음의 진리를 조금이라도 변질시키려는 그 어떠한 세력에도 단호히 대적해야 하며 목숨을 다해 진리를 지켜야 함에는 추호의 흔들림이 없어야 한다. 그러나 진리 외의 것들, 그것이 어떤 교단의 법이든, 또는 성가대의 명칭에 관한 것이든, 피아노를 예배당의 좌측에 놓아야 하는가 우측에 놓아야 하는가 등의 문제, 파이프오르간을 설치해야 하느냐 말아야 하느냐 등의 문제들은 이제 전문가들에게 맡기고, 관용을 베풀고 자기보다 남을 낮게 여기고 이를 통해서 교회가 하나 되는 것이 더욱 주께 영광 돌리는 일 아닌가? 그동안 수백 년간 쓸데없는 것 때문에 얼굴을 붉히고 교파가 갈리고, 총회장 선거에 금품이 오가고 하는 것들을 충분히 보아오지 않았는가?

주여, 도우소서!

2   The modern historian may be tempted "to poke fun at Jehoshaphat in Chronicles for sending out the temple choir to meet an invading army; it is still funnier when the choir puts the foe to flight and causes great slaughter with a few well-directed psalms" (W. Stinespring, *JBL* 80 [1961] 209) Raymond B. Dillard, *2 Chronicles*, vol. 15, Word Biblical Commentary (Dallas: Word, Incorporated, 1987), 158.

제29강 영상

제29강
역대하 20:22 (2)

전쟁 승리의 비결

그 노래와 찬송이 시작될 때에
여호와께서 복병을 두어 유다를 치러 온
암몬 자손과 모압과 세일산 사람을 치게 하시므로 저희가 패하였으니
(대하 20:22)

지난 시간에 이어 여호사밧왕의 전쟁의 놀라운 승리에 대해 좀 더 살펴보겠습니다. 이 특별한 전쟁 이야기는 사실 찬양에 관해 매우 중요한 메시지들을 간직하고 있는데요, 그것을 놓치지 않고 볼 수 있는 방법이 있습니다. 성경은 컨텍스트, 즉 맥락을 잘 살펴보면 보이지 않던 보배들이 보이기 시작하지요. 보다 쉬운 이해를 위해 제가 역대하 20장의 내용을 이야기의 진행에 따라 그 모든 준비 상황 및 전쟁의 결과를 일목요연하게 정리해보겠습니다.

1. 도무지 이길 수 없는 적의 공격 (1-2절)
2. 금식과 간구로 하나님의 도우심을 구함 (3-4절)
3. 하나님께 능력을 돌리며 이를 선포함 (5-6절)
4. 역사를 기억하며 하나님의 도우셨던 일을 기억함 (7-9절)
5. 도움을 구하는 기도 (10-12절)
6. 어린이로부터 어른까지 모든 백성이 하나 됨 (13절)
7. 예언자를 통해 하나님의 위로가 선포됨 (14-17절)
8. 여호사밧왕의 겸손 (18절)

9. 찬양전문인의 찬양 (19절)
10. 전쟁 당일 왕이 백성을 격려함 (20절)
11. 전쟁에 성가대가 개입함 (21절)
12. 하나님의 역사가 나타나 유다가 크게 승리함 (22-25절)
13. 하나님을 송축하고 찬양함 (26-28절)
14. 하나님의 평화가 이스라엘과 주변 나라들에 임함 (29-30절)

여기서 매우 중요한 것을 배우게 되는데요, 이 엄청난 전쟁은 성가대가 전장에서 노래하기 전에 이미 많은 영적 준비가 있었다는 사실입니다. (1) 그들은 도무지 이길 수 없는 적의 공격으로 위기가 왔을 때, (2) 먼저 금식과 간구로 하나님께 나아갔습니다. 절체절명의 순간에 가장 먼저 해야 할 것은 목숨을 다한 기도입니다. 그런 기도의 준비가 없이는 아무것도 일어나지 않음을 명심해야 합니다. (3) 그리고 하나님께 영광과 능력을 돌리고 이를 선포하고 (4) 과거를 기억하며 하나님께서 어떻게 도우셨는가를 생각해야 합니다. 우리는 갑자기 큰일을 당하면 정신이 없어지고 아무 생각도 나지 않습니다. 그러나 그럴 때 우리는 하나님께서 우리를 도우셨던 과거를 생각해야 합니다. 또 사람들이 그렇게 하도록 도와야 합니다. 이것이 믿음의 행위요, 하나님을 신뢰하는 행동입니다. (5) 그런 다음 믿음의 기도를 드려야 합니다.

(6) 13절은 그 의미가 깊습니다. "유다 모든 사람은 그 아내와 자녀와 어린 자로 더불어 여호와 앞에 섰더라." 바로 모든 민족이 하나님 앞에 하나가 되어 선 것입니다. 그동안 서로 싸웠던 사람이나, 가족 중에 서로 미워하는 사람이 있었거나, 이제는 모든 것을 뒤로하고 하나 되어 하나님께 나아가는 모습… 얼마나 감동적입니까! 위기에서조차 하나 될 줄 모른다면, 어찌 하나님의 이적을 체험하겠습니까? 정치적으로 경제적으로 사회적으로 도덕적으로 위기

앞에서 교회가 하나 되어야 합니다. (7) 그러면 하나님의 놀라운 역사를 볼 것입니다. 과연, 바로 그 후에 하나님의 응답이 임하지 않았습니까? 17절 말씀은 한마디로 이 전쟁은 하나님의 전쟁이라는 뜻입니다.

이 전쟁에는 너희가 싸울 것이 없나니
항오를 이루고 서서 너희와 함께한 여호와가 구원하는 것을 보라
유다와 예루살렘아 너희는 두려워하며 놀라지 말고
내일 저희를 마주 나가라 여호와가 너희와 함께하시리라 하셨느니라 하매
(대하 20:17)

우리에게 두 종류의 영적 전쟁이 있는데요, 내가 직접 싸워야 하는 전쟁이 있고 나 대신 하나님께서 대신 싸워주시는 전쟁이 있습니다. 이것은 원래부터 그렇게 나뉘어 있다는 뜻이 아니라 내 전쟁이 하나님의 전쟁이 될 수 있다는 뜻입니다. 어떻게 그렇게 될 수 있습니까? 바로 기도와 금식, 겸비와 하나 됨이 있을 때 그렇게 될 수 있습니다. 물론 내가 직접 싸우는 것이 내 성격에 맞는다면 그렇게 할 수도 있겠지요. 그러나 필연적으로 많은 상처와 손해를 감수해야 할 것입니다. 그런데 하나님께서 나 대신 직접 싸우신다면 내가 상처 날 일도 없고 손해 볼 일도 없을 것입니다. 지혜로운 자라면 어떤 싸움을 싸우겠습니까?

(8) 18절은 전쟁에서 리더의 중요성 또는 하나님께서 쓰시는 리더를 생각할 때에 의미가 깊습니다.

> 여호사밧이 몸을 굽혀 얼굴을 땅에 대니
> 온 유다와 예루살렘 거민들도 여호와 앞에 엎드려 경배하고
> (대하 20:18)

왕이 백성 앞에서 엎드리는 행위는 절대 쉬운 것이 아닙니다. 왕은 백성 위에 늘 군림하는 것이 정상이지요. 그런 왕이 하나님께 엎드리는 것은 할 수 있더라도 백성 앞에서 그리하는 것은 진정한 겸손이 필요한 것입니다. 여호사밧왕은 겸손한 왕이었습니다. 그리고 그 겸손함이 백성 앞에서 드러났을 때 모든 백성 또한 하나님 앞에 엎드리는 일이 일어났습니다. 여기서 우리는 '하나님께서 이 신기한 전쟁의 승리를 왜 수많은 왕 중에서 여호사밧왕을 택하여 체험하게 하셨을까' 라는 질문에 대한 답을 얻게 됩니다. 바로 여호사밧왕은 겸손한 왕이었다는 사실입니다. 이 겸손한 여호사밧왕에 대해 우리가 좀 더 공부해야 할 말씀이 있는데요, 바로 이 이야기 앞에 있는 17장과 19장 말씀입니다.

> 여호사밧이 예루살렘에 거하더니 나가서 브엘세바에서부터 에브라임 산지까지
> 민간에 순행하며 저희를 그 열조의 하나님 여호와께로 돌아오게 하고
> (대하 19:4)

그는 왕입니다. 왕은 왕궁에 거하는 것이 정상입니다. 거기는 모든 좋은 것이 다 있는 그런 곳이지요. 그런데 그가 그 좋은 것을 다 포기하고 힘든 여정을 시작합니다. 성경은 그가 브엘세바에서 에브라임 산지까지 다녔다고 하는데, 대략 예루살렘을 중심으로 남북 100km 정도의 직선거리를 생각하면 될 것입니다. 무엇을 위해서요? 4절에 핵심단어가 있습니다, "저희를 그 열조의 하나님께로 돌아오게 하고." 그렇습니다. 그가 그토록 힘든 여행을 한 이유는 단 한 가지, 그들을 하나님께로 돌아오게 하기 위함이었습니다. 이것이 일회적인 것이었습니까? 갑자기 생각나서 한 일이었습니까? 아닙니다. 17장에 보면

놀라운 그의 행적이 잘 나타나 있습니다.

> 6 저가 전심으로 여호와의 도를 행하여
> 산당과 아세라 목상들도 유다에서 제하였더라
> 7 저가 위에 있은 지 삼 년에
> 그 방백 벤하일과 오바댜와 스가랴와 느다넬과 미가야를 보내어
> 유다 여러 성읍에 가서 가르치게 하고
> 8 또 저희와 함께 레위 사람 스마야와 느다냐와 스바댜와 아사헬과
> 스미라못과 여호나단과 아도니야와 도비야와 도바도니야 등 레위 사람을 보내고
> 또 저희와 함께 제사장 엘리사마와 여호람을 보내었더니
> 9 저희가 여호와의 율법책을 가지고 유다에서 가르치되
> 그 모든 성읍으로 순행하며 인민을 가르쳤더라
>
> (대하 17:6-9)

비록 그가 하나님이 미워하시는 이스라엘 아합왕과 연합하여 잘못한 일이 있어서 선지자 예후에게 경고를 받기까지 했으나, 그는 분명 하나님의 율법과 하나님께 대한 순수한 열정이 넘쳤던 왕이었습니다. 바로 그 왕에게 하나님은 다른 아무 왕에게도 보이신 적이 없는 놀라운 찬양의 비밀, 찬양의 능력을 보여주셨던 것입니다. 그리고 그 이야기가 성경에 기록되어 영원히 잊히지 않도록 하셨습니다. 할렐루야!

여호사밧왕의 놀라운 승리를 생각할 때 또 한 가지 비밀을 만나게 되는데요, 바로 그의 이름의 의미입니다. 그 이름은 두 어근으로 되어있는데, 하나님을 나타내는 **여호**(יהוה/ 야웨)와 "심판하다, 정의를 실행하다"를 의미하는 **샤팟**(שָׁפַט) 입니다. 그러므로 여호사밧은 "하나님께서 심판하신다"는 뜻입니다. 그런데 그의 삶을 보세요. 과연 그 이름대로 되지 않았습니까?

즉, 그는 어릴 때부터 하나님께서 심판하신다는 것을 알고 있었고, 그런 삶을 살았으며 마침내 드고아 골짜기에서 하나님께서 이방 군대를 심판하시는 그 두려운 장면을 목도하게 되었습니다. 결국 그가 태어날 때 받은 이름은 몇십 년 앞을 미리 보여주고 있었던 것이지요. 그 이름은 그의 삶에 대한 하나님의 예언이자 그 예언의 성취를 나타내며 이는 다시금 하나님의 전지전능하심을 증거합니다.[1]

(9) 19절에 전문인들, 즉 레위 성가대가 찬양했다는 것은 무엇을 의미합니까? 이 절체절명의 순간에도 극진한 찬양 드리는 것을 잊지 않았다는 뜻일 것입니다. 즉 무엇이 가장 중요한가에 대한 생각의 차이를 볼 수 있습니다. 우리가 이런 상황을 만났다고 할 때, 과연 성가대가 찬양하겠습니까? 구국기도회, 구국금식대성회는 열지언정 잘 준비된 전문인 찬양대는 아마 뒷전으로 밀릴 가능성이 큽니다. 여러분께 우문을 하나 드리겠습니다. 우리에게 절체절명의 순간이 하나님께도 위기의 순간인가요? 물론 그렇지 않지요. 위기는 기회라고 누가 말하지 않았던가요? 바로 하나님의 영광과 능력을 체험할 기회가 온 것이니 그분께 더욱 극진히 찬양드려야 하지 않겠습니까?

(10) 또한 여호사밧왕은 전쟁터로 나아가는 백성들을 향해 하나님에 대한 신뢰를 촉구함으로써 자신의 믿음을 모두에게 보이고 있습니다. (11) 여호사밧왕과 제사장, 예언자와 성가대, 그리고 모든 백성들이 이렇게 목숨을 다해 준비했고 그렇게 찬양을 드렸으니, 어쩌면 하나님의 개입은 당연한 것이었고 전대미문의 승리 또한 예상할 수 있었을 것입니다.

사람들은 과정은 중요하지 않게 생각하고 결과만 빨리 보려 합니다. 그러나 우리도 이와 같은 영적 준비과정을 거쳐야 합니다. 특히 찬양사역자들은 이를 깊이 새겨야 합니다. 단순히 모여서 잠깐 기도하고 화음을 맞추고 박자를 맞추는 것이 아니라 생명을 다한 영적 준비과정이 있어야 합니다. 음악적 준비도 극진해야 하고 영적 준비를 위해서는 깊은 기도와 말씀의 인도하심이 있어야 합니다. 그런데 말씀의 인도를 받으려면 말씀을 잘 알아야 하지 않겠습니까? 그래서 찬양사역에 관계된 모든 분들은 말씀의 전문가는 못 되더라도 준전문가는 되어야 할 것입니다. 우리의 영성은 우리가 아는 말씀의 범위를 넘어설 수가 없습니다. 때로 우리가 신령한 체험을 할 수 있습니다. 그러나 그것은 말씀 안에서 보증이 되어야 합니다.

(12) 이미 언급했듯이 드고아 골짜기의 승리는 너무 커서 (13) 이에 그 지명이 브라가 골짜기, 즉 "송축의 골짜기"로 바뀌었습니다. 브라가(בְּרָכָה)는 "축복"이라는 의미로 동사 바라크(ברד)의 명사형입니다. 이 동사가 "축복하다, 송축하다, 무릎을 꿇다" 등의 뜻을 갖는 단어로 찬양의 의미를 이해하는 데 매우 중요한 단어라는 것은 이미 함께 공부했습니다. 브라가 골짜기, 즉 찬양의 골짜기는 생명을 다한 찬양으로 승리해서, 또 그 큰 승리를 축하하는 큰 기쁨의 찬양이 울려 퍼진 골짜기라서, 이름이 그렇게 된 것이지요.

몇 년 전에 인터넷에서 이스라엘에 관한 이야기를 보던 중 어떤 살인사건에 대한 소식을 보게 되었는데 그것이 드고아[Tekoa] 골짜기에서 일어났다고 합니다. 지명이 낯이 익어서 가만 생각해보니 바로 지금으로부터 약2800년 전에 있었던 그 전쟁터의 이름이었습니다. 그러니까 드고아는 오늘날에도 여전히 쓰이는 지명입니다. 이와 같이 성경 속의 이야기는 단순히 어떤 책 속의 이야기가 아니라 실제로 있었던 사건들입니다.[2]

세상은 드고아 골짜기밖에 모르지만 여러분들은 메마른 그곳이 영적으로 볼 때 하나님의 승리가 서려있는 브라가 골짜기라는 것을 볼 수 있기 바랍니다. 그리고 그런 승리가 우리 모두와 우리 자손들에게서 일어나기를 바랍니다. 이스라엘이 하나님 앞에 온전히 서고, 목숨 다한 찬양으로 하나님께 영광을 돌리니, 모든 적이 물러가고 이스라엘은 사흘 동안이나 전리품을 옮겨야 할 만큼 큰 승리를 얻었고 복을 받았습니다.

> 여호사밧과 그 백성이 가서 적군의 물건을 취할새 본즉
> 그 가운데에 재물과 의복과 보물이 많이 있는고로 각기 취하는데
> 그 물건이 너무 많아 능히 가져갈 수 없을 만큼 많으므로 사흘 동안에 취하고
> 제사일에 무리가 브라가 골짜기에 모여서 거기서 여호와를 송축한지라
> 그러므로 오늘날까지 그곳을 브라가 골짜기라 일컫더라
> (대하 20:25-26)

(14) 그러면 이 복이 이스라엘에만 국한되었습니까? 아닙니다. 하나님은 그 주변 국가에까지 평화를 주셨으니 참으로 국제적인 경사가 아닐 수 없었습니다. 역대하 20장은 다음과 같이 끝을 맺습니다.

> 이방 모든 나라가 여호와께서 이스라엘의 적군을 치셨다 함을 듣고
> 하나님을 두려워한고로 여호사밧의 나라가 태평하였으니
> 이는 그 하나님이 사방에서 저희에게 평강을 주셨음이더라
> (대하 20:29-30)

이방인들이 비로소 하나님을 두려워할 줄 알게 되었습니다. 그리고 그 결과는 그들에게 저주가 되었습니까? 그렇지 않습니다. 그들 모두가 평강을 누렸던 것입니다. 바로 이것이 영적 원리입니다. 하나님을 진정 두려워하며 그를 극진히 섬길 때 천국의 평강이 임하는 것입니다. 교회가 잘하면 그 지역이 복을 받습니다. 이와 같은 일이 내 교회 주위에서도 일어나도록 기도합시다!

『여호사밧의 기도』라는 책의 저자 스탠리 게일(Stanley D. Gale)은 다음과 같이 말합니다.

"이 이야기는 기도와 고백과 하나님께 영광을 돌리는 감사찬양 이야기로 가득하여 실제 전쟁이야기는 마치 부수적인 이야기처럼 다루어진다."[3]

그렇습니다. 비록 우리가 날마다 전쟁과 같은 삶을 살지만, 전쟁은 부수적인 것이요, 오히려 감사와 찬송으로 가득한 우리의 삶이 되기를 예수 이름으로 축원합니다.

기도하겠습니다.
아버지 하나님, 하나님의 축복의 원리를 또 하나 배웠습니다. 감사합니다. 우리가 하나님께 목숨을 다한 찬양을 올릴 때에 하나님께서는 하나님의 권세를 세워주시고 우리 주변에 있는 모든 사람들에게까지 하나님의 복이 전해진다는 사실! 오 아버지 하나님, 그 옛날이야기에서만 아니라 오늘 우리 교회에게도, 오늘 우리 가정에게도 일어나게 하여 주시옵소서. 감사하옵고, 예수 이름으로 기도합니다. 아멘.

〈참고〉

사랑하는 젊은 찬양사역자들에게 편한 마음으로 쓰는 편지

샬롬! 오늘도 기도로 준비하며 주일예배 찬양의 콘티를 짜고 있을 젊은 찬양리더에게, 받은 악보를 뒤적이며 적힌 코드를 기타로, 키보드로 연주해보며 보다 멋진 코드진행을 생각해보는 재능 있는 찬양팀 멤버에게, 또는 3주쯤 후에 부를 성가대 찬양곡을 뒤적이며 악보에 여러 가지 아이디어를 표시하는 젊은 지휘자에게, 또 피아노 앞에 앉아 악보를 미리 보아두는 성실한 반주자에게… 이 짧은 글을 보냅니다. 지금 서른 살이 넘은 제 딸도 휴스턴에서 찬양팀 리더를 맡고 있으니, 어쩌면 제 딸과 비슷한 또래의 젊은이들을 머릿속에 떠올리며 때로 딸 하나와 얼굴이 오버랩되어 미소가 절로 떠오릅니다. 그런 젊은이에게 편한 마음으로 글을 써봅니다.

오늘 강의를 들은 분들은 대충 글의 내용을 짐작하시겠지요? 바로 "준비"에 관한 이야기일 것이라고… 네 맞아요. 찬양을 준비하는 마음… 그리고 거기에 관련된 몇몇 이야기들을 하고 싶어요. 물론 모두 청년들이지만 음악전문가와 비전문가로 나눠지겠지요. 또 그 사이에는 준전문가들이 있어요. 그래서 제가 모두에게 맞는 이야기를 하기는 힘들 것 같다는 생각도 있지만 찬양을 준비하는 마음이라는점에서는 모두에게 동일한 영역이 있기에, 또 음악을 연습해야 한다는 점에서는 전공자나 비전공자나 같은 상황이기에 분명 이 글이 누구에게나 적용되는 면이 있을 것입니다.

무척 바쁘지요? 그리고 (특히 코로나로 인해) 많이 힘들었지요?
저도 여러분 나이보다 어렸을 때부터 찬양리더로 몇 년을 보냈어요. 콘티 짜고 코드 고치고, 멘트 넣고, 기도 준비하고… 뭐 여러분 누구나 다 하는 일이죠. 물론 당시보다 지금은 곡도 많아지고 어려워지고 또 더 예술적인 곡도 많고, 악기도 좋아졌고, 찬양리더가 알아야 할 내용들이 유튜브에 쏟아지니 40년 전과는 비교가 안 되죠. 제가 77학번이니… 그 즈음에 찬양인도를 했다고 생각해봐요. 상상이 가나요? 그런데 저는 71년에 중학생이 되어 그때 이미 신용산중학교에서 매주 한 번 있던 특활시간에 제 친구 (나중에 서울대 성악과 진학)와 함께 기타 치며 노래를 인도했으니… 좀 빠른가요? ㅎㅎㅎ 당시는 포크송이 대세라 누구나 기타 치며 비슷한 노래를 불렀고 밤이면 윤형주와 송창식이 진행하는 "별이 빛나는 밤에"를 거의 매일 듣고 함께 웃고 울던 시절이었죠. 물론 교회에서는 그런 비슷한 류의 찬양곡들이 소개되기 시작했고, 기타는 우리 또래의 거의 유일한 소통방식이었어요. 저는 기타를 제법 치는 사촌 형과 친척 형님 덕분에 조금씩 어깨너머로 배워서 나름 곡도 써보고, 중등부 때 노량진의 송학대교회에서도 찬양인도를 좀 했던 기억이 있어요. 중등부 1학년 때 3학년 선배들과 사중창을 부르기도 했지요. 당시 음악적으로 저는 비틀즈가 제 우상이었던 그런 때였어요. 그런데 그런 상황에서 바흐를 만났으니… 이건 또 전혀 다른 음악적 세계였어요. 마침 클래식 음악을 좋아하는 사촌 형님 덕분에 제대로 음악을 듣게 되었고, 바흐의 〈브란덴부르크 협주곡〉이 조금씩 제게 다가오기 시작했어요. 처음에는 쨍쨍거려 오히려 걸리적거리던 하프시코드 소리가 어느덧 바로크시대의 묘미로 다가오면서 동시에 바흐 음악의 끝없이 깊은 오르간 음악의 세계로 빠져들기 시작했고, 그로부터 몇 년 후쯤 만나게 된 무반주 바이올린 소나타와 파르티타(벨기에의 천재 바이올리니스트 그뤼미오의 연주가 백미!)에서는 할 말을 잃었어요. 그리고는 드디어 그의 칸타타와 수난곡, 오라토리오, 끝없이 이어지는 건반악기를 위한 곡 등… 그런 세계에 있다 보니 어느덧 비틀즈는 멀리하게 되었지요.

그러다 대학 갈 나이가 되어 인생의 진로를 심각하게 고민하게 되었는데, 음악, 특히 작곡을 전공하고 싶었으나, 작곡은 바흐같은 천재들이 하는 건데 저는 그 신들메를 풀 재능도 없다는 생각에 다른 직업을 갖고 작곡을 하는 것이 내게 적합하다고 여겨져 치과대학에 들어갔어요. 그러나 마음은 음악에 있었기에 방과후 거의 매일 음대 연습실에 드나들었답니다.

백병동 교수님은 제게 은인 같은 분이죠. 제가 치과대학 학생인데도 작곡개인레슨을 해주셨으니… 사실 워낙 명성이 자자하신 분이라 저는 그분에게 레슨받는다는 것은 꿈도 못 꿨는데… 함께 기숙사에서 살며 친구처럼 지내던 음대생이 다리를 놔줬어요. 그렇게 시작된 작곡공부가 결국, 치과대학 졸업하고 공보치의로 군의관 복무 3년 마치고 음악의 도시 오스트리아 빈에서의 작곡공부로 이어질 줄이야…!

요는 뭐냐 하면… 그러니까 여러분을 좀 이해한다는 뜻이에요. 그런데 이제 하고 싶은 말은, 찬양사역의 길이 무척 오랜 세월의 준비를 필요로 한다는 것, 그리고 여러분이 지금 열심히 하는 모든 일들이 그다음 단계를 위한 준비라는 것이지요. 자, 그럼 이제 몇 가지로 제 이야기를 정리해볼게요.

1) 혹시 주님께서 무엇을 쓰실지 모르니 폭넓게 공부하라.

그러니까 저는 중1때 기타를 배웠고, 그 이전엔 집에 피아노도 없었지만 어머님의 권유로 피아노를 좀 배웠고(체르니 30번), 중3때 연합고사를 치른 날 평생 모은 돼지저금통을 탈탈 털어 거금 만 원 정도를 가지고 종로로 가서 신앙촌에서 만든 바이올린을 샀어요.

당시 멘델스존 바이올린 협주곡도 좋아했고 바흐의 두 바이올린을 위한 협주곡도 좋아했지만, 생상의 〈Introduction and Rondo Capriccioso〉는 제게 매력과 같이 다가왔지요. 그래서 바이올린을 자력구매해서 고1때 낑낑거리고 독습하자니, 어머님께서 딱해 보였는지 당시 이대음대 아르바이트하는 학생을 어찌어찌 구해 오셔서 몇 달 배웠지요. 그리고 그 후에 감사하게도 당시 사촌 형의 사돈댁에 음악의 거장이 있었는데, 바로 시립 교향악단 김창환 악장님! 그래서 사돈의 이름으로 그분에게 찾아가 바이올린을 좀 배운 것이 다였어요. (정말 큰 스승에게 배우는 것이 이렇게 다르구나… 절감했지요.) 그리고 비엔나 국립음대에서 제2 악기로 클라리넷을 배우고, 그러니까 잘하는 악기는 없어도 이것저것 좀 만졌는데… 그로부터 수십 년 후 제가 캄보디아 선교사로 파송되어 캄보디아 아이들로 이루어진 앙상블을 인도하게 될 줄이야!!! 이건 오직 하나님만 아셨겠지요? 돌아보니, 조금씩 조금씩 하나님께서는 저를 준비시키셨어요. 여러분도 그렇게 준비되어가는 과정이 있으니, 폭넓게 열심히 배우세요. 그리고 가능한 대로 다양한 장르의 음악을 들으세요. 하이든 교향곡 같은 클래식은 물론 버르토크의 "이상한 만다린"(The Miraculous Mandarin by Béla Bartók)과 같은 근대음악과 리게티(György Sándor Ligeti, 1923-2006)의 레퀴엠과 같은 현대음악까지 섭렵하기 바래요. 저는 대학에서 가르칠 때 학생들에게 늘 이렇게 말했어요, "음악을 듣는 것은 은행에 돈을 예금하는 것과 같다. 그러니 제발 많이 들어라!"라고… 음악을 많이 듣지 못한 사람들은 결국 금새 바닥이 드러나고 발전에 곧 한계가 오죠. 물론 음악은 이론이 항상 따라다니죠. 그러니 연주자라고 이론을 등한시 말고 이론 및 서양음악사를 머리에 넣도록 노력하세요. 주님은 우리가 준비된 만큼 쓰시더라고요. (이거 아주 중요한 말입니다. 다시 말하자면 준비가 안 되면 아무리 기도하고 발버둥 쳐도 쓰지 않으신다… 무섭죠?)

2) 영어로 준비하라.
물론 요즘 젊은이들은 이미 그렇게 하고 있겠지만, 최소한 영어로 음악을 가르칠 수 있도록 준비하기 바래요. 물론 영어로 복음을 전하는 정도는 준비가 되어 있어야겠지요. 오늘날 세계는 말할 수 없이 작아졌어요. 제가 빈에서 유학할 때 한국에 보내는 편지가 최소한 일주일 걸렸으니 보통 한 달은 지나야 한국 가족소식을 들었는데, 지금은 1초도 안 걸리니… 게다가 영상으로, 그것도 무료에 심지어 동영상도 보내고 받고 하니… 세상은 정말 작아졌어요. 다시 말해 여러분의 무대는 온 세계지요. 그런데 그만큼 도전도 많고 위험도 많은 것이 사실이니 더 잘 준비해야죠. 저는 그러기에는 이미 나이가 너무 많다는 생각에 온 세상을 향한 비전은 꿈에도 없었어요. 그런데 2001년에 분당 할렐루야교회에서 시작된 어린이찬송가콩쿠르가 점점 확장되더니 급기야 2022년엔 전 세계 90개 도시에서 참가자들이 나왔지요. 그래서 많은 분들이 저를 오해해요. 전 세계를 품은 비전의 사람이라고… 결코 그렇지 않아요. 저는 분당에서 첫 대회를 치루고 완전히 번아웃 되어서 다시 할 힘도 없었던 사람이지요. 그런데 주님의 비전이니 그 비전을 품은 자들을 주님께서 도우시더라고요. 그런데 준비가 필요하잖아요? 저는 단지 신학을 공부하러 미국에 늦깎이 신학생으로 갔었는데… 당시 2005년 1월, 내 나이 45세. 그래서 저는 당시 신학생들에게 큰 소망을 주었답니다. 그동안 너무 늦게 신학교에 왔다고 생각하던 학생들이 저를 보고 "나는 아직 젊구나"라고 새 소망을 갖게 되었다는 후문…! 그런데 3년의 목회학석사과정이 끝나고 이제는 사역지로 보내시려나 하고 주님의 응답을 기다리는데, 주님은 엉뚱하게 교회음악 박사과정으로 인도하셨어요. 그래서 또 순종하는 마음으로 3년 정도를 버텼지요. (당시 갑자기 누가 우리 생활을 돕겠다고 나서서, 아내와 함께 기도하며 이게 무슨 뜻인가 생각하다가, 공부 더 하라시는가 보다 하면서 시작한 박사과정) 그런데 박사과정을 힘겹게 졸업하자 주님께서 저를 브라질, 아프리카 등으로 보내어 찬양세미나, 찬양신학과정을 가르치도록 인도하셨는데… 놀라운 것은 제가 -그리 잘하지는 못하지만- 영어로 길게는 일주일간 하루 종일 찬양신학을 가르치는 거예요. "이게 어떻게 된 거지? 내가 이곳 신학교에 입학할 때만 해도 독일어가 더 쉬웠는데…?" 생각해보니, 박사과정은 colloquium 시간을 준비하려면 영어로 다 준비해서 토론하고 발표하고 질문하고 해야 하니… 그런 훈련이 쌓이다 보니 영어로 강의하는 것이 어느 정도 일상이 되어버린 것이었어요. (제가 여러 나라에서 영어로 강의한 찬양신학과정이 유튜브에 원본 그대로 올라와 있어요. 제 채널(youtube.com/kimpraise)을 참조하시기를…) 그때 비로소 깨달은 것이 "아, 바로 이것 때문에 내가 박사과정을 들어야 했구나!"라는 사실이었어요. 그래서 그때 제 생활비를 후원해주신 후원자에게 평생 감사하죠. 놀라운 것은 제가 누구에게도 그런 요청을 한 사실이 없다는 것이었어요. 아예 박사공부 할 생각조차 없었기에… 아시다시피 저는 너무 늦게 신학을 시작했으므로 빨리 졸업하고 사역을 하기 원했고, 또 몇 년간 교실에 더 앉아있는 것은 재정적으로도 불가능다고 생각했기 때문이지요. 그러니까 제 생각엔 한참 돌아가는 것 같았는데, 주님은 그 길이 가장 빠른 길이라고 하시네요. 물론 다른 여러 지식도 배웠지만, '영어' 바로 가장 강력한 툴인 영어로 무장하시기 바랍니다. 주님은 세상 끝으로 여러분을 보내실 것이요, 필요한 모든 것을 채워주실 것입니다.

3) 말씀을 준비하라.
이것은 누차 강조했던 것이므로 다시 반복하지는 않겠지만 다시 반복해도 여전히 새로운 딤후 2:15을 써봅니다.

> 네가 진리의 말씀을 옳게 분변하며 부끄러울 것이 없는 일군으로 인정된 자로 자신을 하나님 앞에 드리기를 힘쓰라

제가 어느 나라에 가서 찬양신학강의를 인도하든지, 그 첫머리에 이 말씀을 강조하는 이유를 알겠지요? 하나님의 준비된 일꾼이 되는 가장 중요한 조건은 얼마나 기도를 많이 하는가, 얼마나 전도를 많이 했는가가 아니라 얼마나 하나님 말씀을 깊이 알고 있는가입니다. 물론 기도도 전도도 중요하지요. 그러나 말씀을 제대로 모르면 결국 자기 생각으로 신앙생활을 하게되죠. 제 삶을 통해 깨닫게 된 것이죠. 음악인이라고 예외가 아니에요. 여러분이 매우 특별한 재능이 있고 연습도 성실하게 하여 세상에 널리 알려졌다 합시다. 그렇더라도 말씀을 깊이 알지 못하면 하나님은 여러분을 쓰시는 데 분명한 제한을 두십니다. 말씀을 깊이 안다는 것은 말씀되신 하나님을 깊이 안다는 뜻이요, 하나님의 생각을 알고 그 뜻을 이루어드릴 준비가 되어있다는 뜻이지요. 그러니 그런 사람에게 하나님은 관심이 많으시고, 바로 그 사람을 쓰시지 않겠어요? 이것은 하나님께 쓰임 받는 골든키와 같은 것입니다. 마음에 깊이 새기시기 바랍니다. 저는 대상 9:33에서 노래하는 자들이 레위 족장이라는 것을 기록한 이유를 생각할 때, 찬양전문가들은 말씀의 전문가가 되어야 한다고 깨닫게 됩니다. 아마도 거의 이십여 년 전에 연세대 음대의 곽상수 교수님께서 한번 만나자고 해서 홍은동의 스위스 무슨 호텔인가에서 만나 뵈었어요. 제가 그전에 졸저『찬양의 성전』을 선물했더니 제게 큰 관심을 갖고 기별을 주신 것이었어요. 거기서 허심탄회하게 여러 이야기를 나눴고 참으로 귀한 시간을 가졌는데 (오늘날 같으면 폰으로 사진을 남겼을 터인데, 그때는 아직…) 한 가지가 기억에 남아요. 제가 연세대 교회음악과의 커리큘럼에 대해 "음악과정에 신학과정을 더해서 최소한 5년은 되어야 하지 않을까요?"라고 심중에 있던 의견을 솔직히 말씀드렸더니… 그렇게 되기가 현실적으로 힘들다는 말씀을 하시며 얼굴빛이 어두워지셨어요. 그때의 느낌은, 당연히 곽 교수님도 그런 마음이지만 실제 그 학교의 상황은 전혀 그렇지 못하다는 것… 그래서 더 이상은 말씀드리지 못했어요. 그때의 안타까움은 이십여 년 지난 지금도 여전해요.

그런데 우연인지, 그 후 접하게 된 책『The Music of Israel』(Peter Gradenwitz)에 보니 한 레위지파 사람이 레위 합창단에 들어가 공예배에서 찬양하기까지 5년의 수련기간

을 거친다고…! 저는 5년이 충분하다고 생각하는 것이 아니라 최소한 5년이라는 뜻인데, 구약시대의 레위지파도 비슷한 생각을 가졌던 것 같아요. 참 신기하지요?

그러니까 무슨 신학교 졸업장이 꼭 필요하다는 생각보다, 진리의 말씀을 옳게 분변하려는 열정으로 여러 좋은 책들 사서 공부하고, 유튜브 강의 듣고, 그렇게 자신을 채워가세요. 그러면 주님께서 다 보시고 그 영적 준비가 어느 정도에 이르면 일을 주시지요. 그러면 되는 거예요. 그리고 그 이후에 신학을 본격적으로 시작하도록 주님께서 인도해주실 수도 있지요. 그러면 순종하면 되는 것이고…

한 가지 에피소드를 알려드리죠. 제가 대학생 때 사도행전에 빠졌어요. 누가 시키지도 않았는데 사도행전이 너무 재미있어서 혼자 노트를 만들어 지도를 그리고 색연필로 바울의 1차, 2차, 3차 전도여행 및 로마로의 여정을 표시하고 중간에 있었던 일을 그의 서신서와 연계해서 표시하고… 좀 과장해서 거의 외우다시피 했지요. 그렇게 공부하면서 보니 신약 전체가 한눈에 들어오는 것 같은 느낌이었어요. 물론 그냥 저 혼자만 그렇게 알고 있었어요. 그런데 언젠가 의대치대 연합으로 개강예배를 드리게 되었는데, 제가 대표기도를 맡아 간절히 기도하였어요. 예배가 은혜롭게 끝나고 그 후에 식사교제시간이 있었는데 식당에서 한 테이블을 차지하고 있던 여직원들이 저를 보더니 잠깐 이야기를 하고 싶다고… "아까 기도하셨지요? 은혜 많이 받았어요, 감사합니다. 헌데 저희가 사실 근무 시작 전에 한 주일에 두 번, 30분 정도 성경공부를 해왔는데… 리더가 다른 곳으로 가서 성경공부 선생님을 찾는 중이에요. 혹시 우리에게 성경을 가르쳐주실 수 있는지요?"라고 묻는 것이 아닌가요? 저는 학생 신분이라 치대공부의 특성상 매일 기나긴 공부 및 여러 시험과 싸워야 하는지라 선뜻 답하기가 곤란했으나… 곧 "아, 이게 주님의 싸인인가? 사도행전을 가르치라는 말씀인가? 때를 얻든지 못 얻든지 복음을 전하라 하지 않는가?"라는 생각에 신기하게 생각하며 한 주에 두 번 성경공부를 일 년 정도 가르쳤던 적이 있어요. 그때 "아, 주님은 다 보고 계시는구나. 그래서 영적 준비가 되면 그 말씀을 필요로 한 자들과 연결시켜 주시는구나, 참 신기하네!"라고 확실히 알게 되었지요. 그 후로 이런 체험은 계속되었어요. 물론 그땐 모든 것이 무보수였고, 그저 주님께서 써주시니 감사했죠. 그런데 점점 그런 일이 반복되면서 보다 전문적인 공부도 시켜주시고… 그러더니 주님은 제게 필요한 물질도 주시고 어떤 때는 필요 이상의 물질도 주셔서 주위에 나눌 수 있도록 하시니, 참으로 놀랍지 않습니까? 그러니 음악도 중요하지만 말씀을 준비하는 것은 더욱 중요하게 여기시기를 바래요. 바흐를 보세요, 당시 그는 백수십 권의 신학서적을 갖고 있었는데, 그 정도면 당시 마을문고에 해당하는 분량이라고… 바로 거기서 나온 영적 파워가 그의 작품에 다 스며들어있음을 생각해 보세요. 놀랍지요? 그렇게 꿈을 꿔보세요!

4) 주님의 때를 기다리라.

> 젊은 자들아 이와 같이 장로들에게 순복하고 다 서로 겸손으로 허리를 동이라
> 하나님이 교만한 자를 대적하시되 겸손한 자들에게는 은혜를 주시느니라
> 그러므로 하나님의 능하신 손 아래서 겸손하라 때가 되면 너희를 높이시리라
> (벧전 5:5-6)

아마도 이 말씀은 너무나 잘 아는 말씀이겠지만 젊은이들에겐 참 어려운 말씀이지요. 저도 젊을 때 가능한 한 빨리 성공하고 싶었어요. 누구는 그렇지 않겠어요? 빈 유학을 가자마자 있었던 오페라 콩쿠르에서 사력을 다했건만 보기 좋게 예선에서 떨어졌어요. 그 후도 몇 번 그런 적이 있었고… 다행히 알반 베르크 장학재단(Alban Berg Stiftung)에서 제 작품을 보고 장학금을 주게 되어 큰 격려가 되었고 예외적으로 두 번인가 더 그 장학재단에서 장학금을 받게 되어 생활에 큰 도움이 되었지요. 또 Austro Mechana가 주최하는 모차르트 서거 200주년 기념 국제 현악사중주콩쿠르에서 입선하기도 하고, 졸업작품으로 종소리에 의한 피아노협주곡(Concerto alla campana für Klavier und Orchster)이 비인에서 세계 초연되기도 했지요. 그래요, 젊을 때는 도전해봐야 해요, 자기가 얼마나 올라갈 수 있는지 시험해보는 것도 중요해요.

그런데 주님은 항상 또 우리를 낮추셔요. 여러 가지 일로 낮추사 우리를 겸손히 만드시고, 행여 교만하지 않도록 인도하시죠. 만약 제가 승승장구했다면 아마 교회음악가의 길을 가지 못했을 거예요. 저도 부끄러운 죄인으로서 주님께 회개도 많이 했고, 영적인 방황도 했고 실패도 하고 어리석게 시간낭비도 많이 했어요. (늘 주님께 죄송한 마음이요, 그래서 늘 십자가의 은혜가 필요하지요.) 그런데 주님은 저를 한국으로 인도하셨고 대학강사로서 몇 년을 살도록 하셨어요. 그 후에 모 대학 계약교수가 되긴 했지만 여전히 생활은 아내가 거의 책임질 정도였지요. 그런 가운데 시작된 새찬양축제는 차츰차츰 저를 외국으로 다시 보내기 시작하더니, 급기야 찬양신학을 공부하도록 길이 열렸지요. 공부는 좋은데… 결국 오랜 기다림의 시간이 시작된 것이었어요. 자신의 부족함을 채우고, 하나님 앞에 더 낮추고, 더 준비하도록 인도해주셨어요. 그러다 보니 가방끈은 아마 제가 세계적으로 좀 긴 편에 속할 거예요. 물론 공부가 아니더라도 여러분도 하나님께서 정하신 기다

리는 시간을 만나게 될 것입니다. 바로 하나님의 때를 기다리는 시간을… 이때 무척 힘들고 인내가 필요하지요. 또 진정한 믿음이 필요합니다. 모세를 생각해 보세요. 40년간 광야에서 양이나 치다가 80세 때 비로소 호렙산에서 하나님을 만나 이스라엘을 인도하라는 큰 사명을 받았으니… 왕자로 살다가 살인한 것 때문에 피신하여 4년도 아니고 10년도 아니고 40년을 양이나 치며 살았으니… 그때 모세의 심정이 어땠겠습니까? 아마도 자기 인생은 용두사미처럼, 왕자로 시작했다가 이름 없는 목동으로 끝난다고 생각했겠죠. 늘 "그때 그 사람을 쳐서 죽이지 않았더라면 나의 삶은 훨씬 달라졌을 텐데… 그렇다면 내 꿈도 넉넉히 이룰 수 있었을 텐데…"라고 수없이 되뇌었겠지요. 그러나 바로 그 시간이 자신의 꿈을 포기하는 기간이었어요. 그가 40년간 노바디(nobody)로 사는 동안 하나님께서 하신 일은 바로 그 일이었어요. 그래서 그가 가장 낮아진 다음에, 호렙산에서 직접 그를 만나셨고 사명을 주셨어요. 그러니 모세는 그 사명에 100% 올인할 수 있게 된 것이죠.

그래서 그 말도 안 듣는 이스라엘 백성을 인내로 기도로 40년간 인도할 수 있었습니다. 제 생각에 여러분이 일찍 깨닫고 더욱 겸비하면, 아마 그런 기다림의 기간이 짧아질 수도 있어요. 하지만 거기서 하나님을 원망하고 자기 길로 나간다면 그 기간은 더욱 길어질 수도 있어요.

그리고 하나님 앞에서는 사람들 앞에서의 성공이 꼭 성공이 아닐 수 있다는 것을 명심하세요. 이름 없이 빛도 없이 주님을 섬기고 주님 맡겨주신 일을 조용히 감당하다가 천국에 가면, 아마 사람들은 그가 별로 성공하지 못한 사람이었다고 평가하겠지요. 그러나 하나님의 평가는 다르죠. 오히려 이름 없이 빛도 없이 주님을 섬긴 자들이 유명해지는 곳이 바로 천국이잖아요? 그래서 많이 선생 되지 말라고 주님은 경고하셨지요. 그러니까 하나님 앞에서-코람데오(Coram Deo)- 살면 돼요. 인생은 사실 바로 그 연습을 하는 기간이죠. 그러니 "나는 낮은 자로 살겠지만, 인생의 마지막 하루는 정말 사람들의 인정을 받고 그리고 나서 죽어야겠다" 하는 생각도 그리 옳은 것은 아니지요. 오히려 "주님께서 있으라 한 그곳에서 충성을 다하다가 주님 품에 돌아가서, '내가 무익한 종입니다'라고 말할 수 있기를 준비해야 할 것입니다. 어쩌면 그것은 순교보다 더 힘든 일이 될 것입니다만, 그런 믿음으로, 즉 주님의 때를 기다리는 마음으로 사시기를 축원합니다.

5) 적은 물질로 감사하라.

곧 허탄과 거짓말을 내게서 멀리 하옵시며 나로 가난하게도 마옵시고
부하게도 마옵시고 오직 필요한 양식으로 내게 먹이시옵소서 (잠 30:8)

젊은이들이 이 말씀을 깊이 이해하는 데 어쩌면 수십 년이 걸릴 것입니다. 거의 모든 기독교인들은 축복받기를 사모합니다. 그것은 어쩌면 구원에 대한 갈망보다 더 일반적이고 뿌리가 더 깊을 것입니다. 복을 받는다는 것은 참 좋은 일입니다. 그러나 복을 받지 못하면 삶이 힘들어집니다. 그런데 이런 단순한 생각은 그 뿌리가 성서적 신앙에 있는 것이 아니라 현세구복적 태도에 있습니다. 성숙한 크리스천은 주를 위해, 복음을 위해, 주의 영광을 위해 가난하고 핍박받는 삶이 진정 아름다운 삶이라는 것을 압니다. 물론 복음을 위해 애썼는데 주님께서 부한 삶을 주셨다면 너무 감사한 일이지요. 그러나 그것은 부한 삶을 추구하는 것과는 전혀 다른 것이지요. 세상에 수많은 분쟁이 있고 투쟁이 있고 미움과 갈등이 끊이지 않는데, 사실 이 말씀만 잘 이해해도 거의 다 해결될 것입니다. 때로 사람들은 몇 푼 안 되는 돈에 목숨까지 겁니다. 수십 년의 좋은 관계도 단 몇 푼 때문에 깨집니다. 바로 물질의 신 맘몬이 곳곳에서 승리하고 있다는 증거입니다.

진정 겸손한 사람이 되기를 원합니까? 그렇다면 물질에서 겸손한 사람이 되면 이미 반은 그 목표를 이룬 것입니다. 다른 사람들이 원하는 거 다 갖고 사는 것이 부러운 것이 아니라 늘 부족한 듯하면서도 어려운 사람들을 도울 수 있는 삶이 주님 보시기에 얼마나 아름답겠습니까? 그래서 부자가 진정 겸손한 사람이 되기가 참 힘듭니다. 주님의 눈으로 자신의 삶을 보시기 바랍니다.

외람되나마 제가 치과의사로서의 삶을 내려놓고 교회음악가로 살기로 했을 때부터, 저의 삶은 부유와는 거리가 먼 삶이었습니다. 모 교회의 부탁으로 꽤 긴 곡을 써줬고 그 교회에서 연주도 되었는데 손수건 하나 선물로 받은 적이 있습니다. 뭐 무슨 계약을 맺고 써준 것도 아니라 특별한 불만은 없었고, 주님께서는 다른 방법으로 제가 필요한 모든 것을 채워주심을 알기에 감사할 수 있었지만, 한 가지 염려는 "이래가지고서야 재능 있는 젊은이들이 어찌 교회음악에 헌신하겠는가?"라는 것이었어요. 유학 가서는 아르바이트로 생계를 유지해야 했는데 감사하게도 방학 때 베를린에서 악보 사보하는 일을 하게 되었어요. 빈에서보다 보수가 좋아서 몇몇 빈 유학생들과 함께 그곳까지 간 것이었습니다. 요즘은 컴퓨터로 쉽게 하지만 당시는 악보, 특히 파트보를 사보해서 만들어야 오케스트라 연주를 할 수 있었으므로 일이 제법 많았습니다. 그래서 하루 종일 일을 하면 한국 돈으로 십만 원 정도를 벌었지요. 그렇게 한 달여를 하니 손목도 아프고 몸도 힘들었습니

다. 그럴 때면 "아, 내 친구들은 개업해서 그래도 여유 있게 살 텐데… 난 지금 뭘 하는 건가? 내가 지금 제대로 살고 있는 것인가?"라는 생각이 들었어요. 게다가 교회음악 작곡가란 무슨 목사가 되는 과정도 아니고 아무런 보장이 없는 직업이라, 정말 구름 잡는 것 같았습니다. (어려운 길을 함께 고생하며 살아온 아내에게 마음으로부터 고마움을 전합니다.) 그 와중에 딸까지 태어나니 지출이 많아져 악보 그리는 일로는 부족하여, 가장으로서 기본적으로 가계를 꾸려나가는 의무를 다해야 한다는 생각에 빈의 의료보험관리공단(Wiener Gebietskrankenkasse)에 찾아가 치과의사로 일할 수 있는 길을 알아보았지요. 그리고 주님 은혜로 외국인 치과의사가 오스트리아에서 일하기 위해서 보는 자격시험에 합격하여 약 1년간 돈을 벌 수 있었습니다. 그러나 그것도 약 11개월 후 계약이 해지되었는데, 이유는 제가 동료 의사들과 환자들에게 성경 읽는 것을 권장하고 예수님에 관해 이야기했기 때문이라는 것이었습니다. (물론 공단에서는 외부적으로는 그냥 제 법적으로 가능한 휴가를 다 모아서 일찍 저를 해고하는 방식을 취했어요. 후에 또 생길 수 있는 복잡한 문제를 피하기 위해…) 그런데 제 계약은 제가 외국인 의사였으므로 매우 불평등한 것이라 제가 5년간 의무적으로 일을 해야 하는 것이었고 제가 그 연수를 채우지 않고 직장을 관두거나 의료사고를 내면 위약금을 내도록 되어있었습니다. 그런데 저는 작곡유학 하는 동안만 그 일이 필요했던 것이었으므로 1-2년만 그 직장이 필요했던 것이었는데… 그런 이유로 저를 그 계약에서 해방시켜주었으니 오히려 너무 감사한 일이었습니다. (그 후에는 몇 년간 실직수당을 받게 되어 오히려 일도 안 하고 돈은 받으며 작곡공부에 매진할 수 있었으니, 그저 주님 은혜로 살았습니다.)

이 모든 일을 통해 저는 주께서 제 마음을 보신다는 것, 채워주신다는 것, 인도해주신다는 것, 제가 주를 위해 재정적으로 부족한 삶을 사는 것 자체가 감사한 일이라는 것 등을 알게 되었어요. 그리고 그런 체험은 그 이후의 저의 삶에 큰 도움을 주었습니다.
뭐 대단한 일도 아니고 훨씬 감동적인 이야기들이 인터넷에 넘치지만, 이런 소소한 이야기를 나누는 것은 오늘날 젊은이들에게 조금이나마 도움을 주고 싶어서입니다. 주께서 때가 되면 높이십니다. 여기서 아니라면 천국에서… 인생은 선택의 연속입니다. 물질보다 더 귀한 것을 선택하면서 살아가시기 바랍니다. 그것이 삶의 방식이 되었을 때, 오히려 메추라기와 만나를 먹게 될 것입니다. 혹시나 제 동료 치과의사들은 물질을 택한 것처럼 비쳐질 수 있는데 그렇지 않습니다. 많은 치과의사들이 사명감으로 그 힘든 일을 오늘도 감당하고 있습니다. 또 외국까지 자비량으로 가서 환자들을 돌보는 귀한 친구들도 있어서 참 고맙습니다. 캄보디아에서 몇 년 살다 보니, 평생 치과의사를 단 한 번도 못 보고 죽는 캄보디아인도 많다는 것을 알게 되었고 그들이 너무 불쌍하여 '내가 이러고 있으면 되겠는가'라는 생각에 한 주에 한 번씩 병원에 나가 환자를 보는 일을 시작했으나, 제가 하는 찬양사역이 워낙 바빠서 진료를 중단할 수밖에 없었어요. 그렇게 중단할 수 있었던 이유는 그들의 고통을 치유해줄 수 있는 동료 치과의사들이 이미 프놈펜에서 활동하고 있기 때문이지요. 무더운 이 나라에서 복음의 열정으로 환자들을 돌보는 기독의료계 종사자들에게 이 자리를 빌려 고마움을 전합니다. (참고로 프놈펜에는 치과가 유독 많은데, 많은 경우 무면허입니다. 조심하시기 바랍니다.)

6) 만약 전문찬양인의 길을 가려면 배우자를 잘 선택하라.

찬양사역자의 길은 멀고 험합니다. 혼자서는 갈 수 없는 길입니다. 요즘은 훨씬 나아 보입니다. 특히 CCM이나 경배와 찬양 관련하여 대학에 과도 생기고, 젊은 교수들도 뽑고, 몇몇 교회에서도 적당한 대우를 해주니 참 감사한 일입니다. 물론 옛날에도 교회에 따라서는 전임음악목사를 세우는 경우가 있었지만, 매우 예외적인 경우입니다. 그래서 배우자의 도움이 필수적입니다. 아니, 배우자의 이해가 먼저 있어야 하고, 같은 비전을 갖는 것이 참 중요합니다. 물론 어떤 사역이든 마찬가지라고 생각해야 하겠지만, 그래도 목회자는 형편이 나은 것입니다. 일단 전임사역자라는 통념이 있으니까요. 찬양사역자는 대개 파트타임 사역자라는 관념이 있기 때문에, 결국 다른 수입을 위해 시간과 노력을 들여야 하는 경우가 다반사입니다. 그러니 성경에서 말하는 메오드 찬양, 왕의 왕께서 받으셔야 하는 찬양에 이르지 못하는 경우가 많은 것이 당연합니다. 그런 환경을 바꾸는 것보다, 배우자를 잘 선택하는 것이 훨씬 실제적인 해결책입니다. 부부가 같은 비전을 가지고 서로 돕는다면 그 팀은 매우 강합니다. 남편이 힘들 때 아내가 돕고, 아내가 힘들 때 남편이 도우며 어려움을 헤쳐 나갈 수 있습니다.

어떤 음악과 교수가 주일에 성가대 지휘자로 섬기는 경우, 또는 어떤 피아노과 교수가 주일에 반주자로 섬기는 경우를 말씀드리는 것이 아닙니다. 교회에서 활동하는 음악가는 두 가지 종류입니다. 일반 음악을 전공한 크리스천 음악가와 교회음악을 전공한 교회음악가… 제가 말씀드리는 것은 교회음악가에 관한 이야기입니다. 성악과 교수가 주일에 성가대 지휘자로 섬기는 것은 참 아름다운 일입니다. 그 교수는 이미 학교에서 월급을 받고 있으므로 교회가 주는 사례가 그리 중요한 것이 아닙니다. 그러므로 받은 사례를 교회에 헌금할 수도 있고, 또 후학 중에 교회의 기둥이 될 만한 재목에게 장학금을 줄 수도 있습니다. 그러나 교회음악을 전공하고 교회음악인이 된 사람은 다릅니다. 이런 사람은 교회에서 전적으로 생활을 보장해주어야 합니다. 물론 그 교회음악가는 그만큼 매일 교회음악 관련 일을 해야 합니다. 필요한 악보도 찾고, 편곡도 하고, 성가대 연습, 어린이 합창단 지도, 중창단 지도, 청소년 오케스트라 지휘, 평신도 찬송교실 등 여러 가지 사역을 해야 합니다. 교회가 작아서 교회음악가가 한 주일 내내 할 일이 없다면 전임사역자로 교회음악가를 뽑을 수는 없습니다. 그러나 교회가 어느 정도 크고 찬양사역이 점점 커져서 한 사람은 전임사역을 해야 할 정도가 될 때 그렇게 해야 한다는 뜻입니다. 그렇지 않을 경우, 교회음악가는 다른 수입이 있어야 합니다. 사실 미국의 적지 않은 한인목회자도 다른 직업이 있습니다. 그것이 교회에 너무 큰 부담을 주지 않는 또 하나의 섬김입니다. 교회가 제법 규모가 되었는데도 찬양사역을 별로 하지 않아서 전임 찬양사역자가 필요 없다면, 그것은 아마도 목회자가 찬양에 대해 잘 모르는 데서 기인합니다. 교회 규모에 비례하여 찬양사역은 다양해지고 깊어져야 합니다. 이스라엘 역사를 보세요. 솔로몬왕 때에 이르러 성전이 완성된 후에야 비로소 찬양사역이 다윗이 원하던, 바로 그 궤도에 오르지 않았습니까?

한 가지 염려되는 것은 (Covid-19가 시작되기 이전에 잘 아는 교회음악과 교수로부터 들은 이야기인데) 같은 교단 교회에서조차 교회음악과 졸업생을 지휘자나 반주자로 뽑지 않는다는 것입니다. 물론 그만큼 교회재정을 아끼겠다는 뜻인데… 교회재정은 그만큼 아꼈을지는 몰라도, 그 젊은이들의 교회음악의 비전은 다 없애버리는 것임을 왜 모르실까요? 대개 교회음악 전공자들은 헌신된 젊은이들인데… (예외도 있겠지만) 아무튼 그것이 현실이니, 젊은이들이여! 아직 결혼하지 않았다면, 같은 비전으로 실질적인 도움을 줄 수 있는 배우자를 찾으세요.

저는 치과대학생 시절, 이상하게도 교회음악 작곡가의 길을 가야 한다는 느낌을 갖고 있었기에, 피아노 치는 아내를 얻기를 기도했어요. 아내의 도움이 없이는 이 길을 가기 힘들겠다는 어렴풋한 느낌도 있었기에… 마침내 주님의 도움으로 믿음 좋은 피아니스트 아내를 얻게 되었는데, 그것이 제 인생에 가장 큰 복이라는 것을 점점 더 확인하는 삶을 살고 있습니다. 1998년에 『어린이찬송가피아노교본』을 만들 때, 아내는 다섯 손가락으로 멜로디를 연주할 수 있는 찬송가를 찾아주었어요. 피아노 치는 사람은 무슨 뜻인지 알지요? 아내는 찬송가 수백 곡 중에서 그런 곡 세 곡을 찾아서 제게 주었고, 그 곡들이 제가 만든 교본 맨 앞의 세 곡이 된 것입니다. (나의 죄를 씻기는/ 주 달려 죽은 십자가/ 십자가를 내가 지고) 그리고 모든 곡에 필요한 손가락번호를 만든 것도 제 아내요. 곡이 아이들에게 너무 어려우니 좀 쉽게 써달라고 이야기해준 사람도 제 아내입니다. 그러니까 함께 만들었다고 해도 과언이 아니지요. 그 책은 이제는 새찬양후원회 홈피를 통해 전 세계에서 무료로 출력해서 연습할 수 있고 이를 통해 하나님을 찬양할 수 있게 되었지요. 그 이후의 저의 삶이 얼마나 달라졌는지는 여기서 다 말할 수 없을 정도입니다. 때로 다른 부부처럼 의견이 달라 다투기도 하고 성격 차이도 있지만 주께서 우리를 팀으로 만들어주셨고, 그것도 매우 강한 팀으로 만들어주셨다는 것은 변함이 없습니다. 찬양사역자의 길이 외롭고 힘들지만 아내가 한 팀이 되면 이겨낼 수 있습니다.

7) 그 모든 것보다 그리스도를 닮으려 노력하라.
제가 이런 말 할 수 있는 자격은 없습니다. 저도 그리스도를 닮기에 너무 부족하니까요. 그러나 젊은이들에게 이 말씀을 꼭 드려야 한다고 생각하는 것은 무엇보다도, 일 중독이 되지 말고, 그 어떤 일의 성취보다 자신이 그리스도를 닮아가는 것이 제일 중요한 일이요, 하나님을 기쁘시게 하는 일이라는 것을 말하고 싶어서입니다. 젊은이들은 자신을 인정받고 싶어 합니다. 제가 젊어봐서 알지요. 당연히 남에게 인정받는 것은 중요합니다. 그래야 자기 꿈을 이룰 수 있으니까요. 그러다 보니 당연히 일 중독이 됩니다. 그리고 그렇게 살다 보면 다른 사람들에게는 인정받으나, 정작 아내에게와 자식에게는 인정받지 못하는 인생이 되어버립니다. 남 얘기가 아니라 제가 그렇게 된 면이 많았어요. 그렇게 되면 가정이 힘들어지고, 그렇게 되면 다른 사람에게 인정받은 것조차 다 사라지게 되지요. 그러므로 하나님께서 자신을 인정하시도록 살아보세요. 하나님은 은밀한 것을 다 보시며 우리 마음의 가장 깊은 것이라도 다 아십니다. 우리가 그리스도를 닮는 것, 즉 성화의 과정은 우리가 외부적으로 얼마나 큰일을 했는가와는 매우 다를 수 있습니다. 성령의 열매를 맺도록, 그것을 위해 기도하며 나아가시기 바랍니다. 그래서 마침내 주님 만나는 날, 진정 겸손하고 오래 참고 거룩하고 온유한 모습으로 그렇게 주님을 뵐 수 있도록!
아멘.

1 『여호사밧의 기도』의 저자 스탠리 게일은 나아가 그의 이름의 해석과 복음을 연결시킨다.

여호사밧은 "주님이 심판하셨다"를 의미한다. 우리가 그의 기도를 살펴보았지만 그는 스스로 적을 감당할 수 없었다. 그는 구원자가 아니었다. 그러나 궁극적인 여호사밧인 예수님은 할 수 있다. 그는 심판하시는 하나님이시요 우리에게 현현하신 하나님이시로되 죄인의 자리에 서서 심판을 받으셨다. 오직 그분만이 분명한 절망 가운데서 구원하실 수 있다. 바로 그 안에서, 십자가에 못박힌 그분 안에서, 하나님은 심판하셨고 정의의 분노를 다 쏟으셨고 죄를 용서하셨다. (필자 번역)

Jehoshaphat means, "the LORD has judged." The Jehoshaphat whose prayer we have explored was not able to face the foe. He was not the deliverer. Jesus, the ultimate Jehoshaphat, was able. He is the God who judges and God incarnate who was judged as he stood in the place of sinners. He is the One, the only one, able to deliver from the definitive crisis. It is in Christ and him crucified that God has judged, the wrath of his justice fully spent, and the guilt of sin atoned for.

Stanley Gale, *Prayer of Jehoshaphat* (P&R Publishing, Kindle Edition, 2007), Location 1213.

2 https://www.thetrumpet.com/478-murders-in-tekoa (이 기사의 주제는 드고아에서 하나님의 주시는 평화를 배우라는 내용, 그것은 진정한 순종의 믿음과 회개로만 가능하다는 내용입니다.)

3 It's almost as if the battle were a side note to the account. The lion's share of the detail is devoted to variegated prayer to God (i.e., praise, confession, thanksgiving, petition), and the giving of glory to God who fights on behalf of his people.

Stanley Gale, Ibid., Location 1026.

제30강

역대하 20:21

노래의 내용

오늘은 여호사밧의 전쟁 시리즈의 마지막 시간입니다. 이 놀라운 전쟁이야기에서 한 가지 이상한 점은 성가대 찬양곡목입니다. 그 절체절명의 순간을 생각한다면, 아마도 단 하나의 기도는 "주여, 우리를 구하소서" 또는 "주여 이 전쟁을 승리로 이끄시고 이방민족을 멸하소서" 같은 것이 될 것이요, 찬양은 곡조 붙인 기도라 했으니 이런 가사로 된 찬양곡을 드렸어야 했을 것입니다. 그런데 그 죽음의 문턱에서 마지막 숨결과도 같은 그 노래의 가사는 우리의 예상과는 상당히 다른 것이었습니다. 그것은 기도라기보다는 찬양이었습니다.

여호와를 찬송하여 이르기를
여호와께 감사하세 그 자비하심이 영원하도다 하게 하였더니
Praise the LORD; for his mercy endureth for ever. (KJV)
Give thanks to the LORD, whose love endures forever. (NAB)
(대하 20:21)

흠정역은 그 노래의 시작을 "찬양하라"로 번역한 반면에 NAB 및 다른 여러 성경은 "감사하라"로 번역합니다. 이는 주지하듯 원어, 야다가 "찬양하다, 감사하다, 고백하다"의 뜻을 갖고 있기 때문이지요. 그렇다면 이 노래를 부르게 된 이유는 무엇일까요? 사실 구약 전체를 살펴보면 이 노래는 대단히 유명한 노래요 매우 중요한 행사 때 거의 항상 불리는 노래라는 것을 알 수 있습니다. 역대상 16:34, 41, 역대하 5:13, 20:21, 시편 106:1, 107:1, 8, 15, 21, 31, 118:1,

29, 136:1, 2, 3, 26, 138:2, 예레미야 33:10-11 등에 17번 등장하고 있습니다.

다윗이 언약궤를 자신의 성으로 운반한 후에 드린 감사찬양에서 (대상 16:34)
기브온 산당의 여호와의 성막 앞에서 (대상 16:41)
솔로몬의 성전 봉헌식 (대하 5:13)
여호사밧의 전쟁에서 (대하 20:21)
느헤미야의 성곽 낙성식 때 (느 12/감사찬송, 즉 전반부만 나와 있으나 당연히 후반부도 불렀음을 짐작할 수 있음)

이 찬양이 매우 특별한 위치에 있음은 예레미야 33:10-11이 증명합니다.

> 나 여호와가 이같이 말하노라
> 너희가 가리켜 말하기를 황폐하여 사람도 없고 짐승도 없다 하던 여기
> 곧 황폐하여 사람도 없고 주민도 없고 짐승도 없던 유다 성읍들과 예루살렘 거리에서
> 즐거워하는 소리, 기뻐하는 소리, 신랑의 소리, 신부의 소리 및
> **만군의 여호와께 감사하라, 여호와는 선하시니 그 인자하심이 영원하다** 하는 소리와
> 여호와의 집에 감사제를 드리는 자들의 소리가 다시 들리리니
> 이는 내가 이 땅의 포로로 돌아와서 처음과 같이 되게 할 것임이니라
> 여호와의 말이니라
> (렘33:10-11)

예레미야 33장은 예레미야가 시위대 뜰에 갇혀있을 때 하나님께서 그에게 하신 말씀이지요. 3절은 너무나 유명한 말씀이지요. "너는 내게 부르짖으라 내가 네게 응답하겠고 네가 알지 못하는 크고 비밀한 일을 네게 보이리라." 즉

여기서부터 하나님은 이스라엘의 회복에 대해 말씀하십니다.

> 내가 유다의 포로와 이스라엘의 포로를 돌아오게 하여
> 그들을 처음과 같이 세울 것이며
> 내가 그들을 내게 범한 그 모든 죄악에서 정하게 하며
> 그들의 내게 범하며 행한 모든 죄악을 사할 것이라
> (렘 33:7-8)

그런데 하나님께서 그 회복의 내용을 계속 말씀하시는데, 10-11절에서는 바로 그 찬양, 즉 "만군의 여호와께 감사하라, 여호와는 선하시니 그 인자하심이 영원하다 하는 찬양소리와 여호와의 집에 감사제를 드리는 자들의 소리"가 다시 들릴 것이라고 하셨습니다. 놀랍지 않습니까? 그냥 여호와를 찬양하는 소리가 다시 들릴 것이라고 해도 될 것 같은데 하나님은 매우 구체적으로 그 가사를 그대로 인용하셨습니다. 그 찬양이 다시 회복될 것이라는 것은 다시 말하면 하나님께서 그 찬양을 다시 듣고 싶으시다는 뜻이겠지요?

시편 118편은 이 가사가 맨 처음과 맨 마지막에 나오는 구조라서 특별한데요, 결국 이 시편은 하나님께 감사하는 신앙이 우리의 고단한 인생길 앞뒤로 둘러싸는 큰 그림을 그리고 있습니다. 이 시편은 제게 특별한 의미가 있어요. 20여 년 전 제 오르간곡이 미국의 한 대학에서 초연되는 관계로 미국에 가게 되었는데, 그곳에서 생전 처음 영어로 강의를 부탁받아서 얼마나 두렵고 떨렸는지 모릅니다. 그때 주님께서 주신 말씀이 바로 이 시편이었고 주님께서 함께 하신다는 담대함이 생겨서 모든 강의를 무사히 해낼 수 있었지요. 그 후 한국에 돌아와서 이 시편에 국악풍의 곡을 붙이게 되었는데요, 오늘 강의 말미에 그 곡을 링크해놓겠습니다.

즉, 이 노래가 이렇듯 시간을 초월해서 성경에 지속적으로 나타나는 이유는, 첫째로 하나님께서 기뻐하시는 찬양이기 때문이요, 또 그 안에 우리 신앙의 핵심적인 내용이 들어있기 때문일 것입니다. "하나님을 찬양하라, 그 자비하심이 영원함이로다!" 이 짧은 내용이 뭐가 그리 특별한가요? 좀 자세히 볼 필요가 있겠지요? 사실 전반부도 중요하지만 후반부에 우리 신앙의 중심이 되는 단어가 나타납니다. 한국어로 "자비하심"으로 번역되는 히브리 단어, 헤세드는 그 뜻이 참으로 깊습니다. 영어 번역도 lovingkindness(ASV, NAS), mercy(KJV), love(NAB, NIV), loyal love(NET), steadfast love(RSV) 등 다양한데 그 이유는 사실 이 히브리 단어에 딱 들어맞는 단어가 없기 때문이지요.

대부분의 인간의 언어는, 주로 "변치 않는 사랑"으로 번역되는 이 히브리 단어의 다양한 의미를 모두 포함하는 단어를 갖고 있지 않습니다. 게다가 이 모든 요소를 모두 표현하려는 시도로 쓰인 문장들은 어색해지고 문법적으로나 양식적으로 다루기 불편해집니다. 그러므로 그보다는 상급자의 하급자에 대한 돌봄과 사랑을 연결한 표현, 또 신실함이나 충성됨을 포함한 표현을 찾는 것이 좋을 것입니다. 예를 들어 "당신이 아버지가 자녀 사랑하듯이 나를 사랑하므로," "당신은 그 사랑 안에서 언제나 신실하므로," "당신이 신실하게 나를 사랑하므로," 또는 "당신이 나를 언제나 사랑하므로" 등을 생각해볼 수 있을 것입니다.

헤세드는 칠십인역에서 엘레오스라는 헬라어로 번역되는데 이 단어는 신약에서도 여전히 중요합니다.

> 우리 구주 하나님의 자비와 사람 사랑하심을 나타내실 때에
> 우리를 구원하시되 우리의 행한 바 의로운 행위로 말미암지 아니하고
> 오직 그의 긍휼하심[엘레오스]을 좇아
> 중생의 씻음과 성령의 새롭게 하심으로 하셨나니
> (딛 3:4-5)

이 말씀은 즉, 하나님의 자비와 사랑이 우리의 구원의 원동력이 된다는 내용으로 요한복음 3:16과도 상응합니다. 결국 이 단어 헤세드는 하나님의 우리에 대한 사랑, 자비, 신실함 등을 총망라한 단어요, 신약에 이르러서도 구원에 관한 더욱 깊은 뜻을 나타내는 단어이니 레위지파 성가대가 절체절명의 순간에 이 찬양을 부른 이유는 아마도 이 단어의 중차대함 때문이라고 해도 맞을 것입니다.

신학자 C. Westermann은 시편의 찬양을 Descriptive praise, 즉 서술적 찬양과 Declarative praise, 즉 선포적 찬양으로 나누었는데요, 서술적 찬양이란 하나님 하신 일 전체나 그분의 존재 자체에 관한 찬양이라면, 선포적 찬양이란 하나님께서 하신 어떤 특정한 일에 대한 찬양을 의미합니다.[1] 이에 비춰볼 때 21절의 찬양은 서술적 찬양이요, 하나님의 존재 자체에 대한 찬양입니다. 레위 지파 성가대는 어쩌면 생애 마지막 찬양이 될 수도 있는 그 곡을 하나님 자신을 찬양하고 그분에게 영광을 돌리는 찬양곡으로 택하여 불렀습니다. 이것은 우리에게 무엇을 시사합니까? 우리는 필연적으로 어떤 특정한 사건을 통해서 하나님을 만나고 그분의 은혜를 체험합니다. 그리고 그런 체험이 점점

많아지면서 우리는 축복과 은혜의 근원 되시는 그분을 바라보게 됩니다. 사실 그런 개개의 사건들은 하나님의 선하심과 인자하심을 우리에게 알려주는 과정입니다.

결국 우리가 바라봐야 할 대상은 어떤 구원이 아니라, 어떤 복이 아니라, 하나님 자신인 것입니다. 그러므로 최고의 찬양이란 어떤 개별적인 일에서 나타나는 구원의 하나님을 찬양하기보다는 그 모든 것을 행하시고 이루신 하나님의 선하심과 인자하심, 영원히 변치 않는 그 신실한 사랑, 그리고 이 모든 것의 근원 되신 하나님을 찬양하는 것이죠. 즉, 그분이 우리를 구원하셨기 때문에 구원자 하나님이 되시고 그래서 우리의 찬양을 받기에 합당하신 것이 아니라, 그분은 원래 자비와 사랑의 하나님이시기에 우리를 구원하셨고, 그러므로 설사 우리를 구원하지 않으셨다 하더라도 그의 본질이 구원자요 자비의 하나님이심에는 전혀 변함이 없으므로, 구원을 이루기 훨씬 전인 영원 전부터 구원을 이루신 후와 똑같은 찬양을 받으시기에 합당하신 분이심을 고백하는 것이 바로 찬양의 핵심이요 본질입니다.

안타깝게도 교회 내부까지 배금주의, 세속주의, 인본주의가 들어와 신앙의 근본을 흔드는 요즈음에 내가 하나님께 무엇을 받았다고 찬양하는, 또는 무엇을 얻어야지만 찬양하는 그런 찬양이 아니라 그와 상관없이 생명을 다해 하나님의 성품과 존재 자체를 찬양하는 저 **브라가** 골짜기의 찬양이 더더욱 귀하게 여겨집니다. 물론 그렇게 하나님을 깊이 알고 찬양하는 것은 예수로 말미암아 구원받고 은혜를 체험함으로 하나님의 사랑의 깊이와 넓이를 맛본 후에야 가능하지요. 저는 우리의 가정에, 우리 교회에 이와 같은 찬양이 넘치기를 축원합니다.

하나님은 이스라엘이 절체절명의 순간에 진정 하나님을 기쁘시게 하는 그 찬양을 올려드렸을 때, 가만히 계시지 않으셨습니다. 오히려 전대미문의 엄청난 승리를 이스라엘에게 주셨지요. 물론 이미 말씀드렸듯이 찬양의 가장 크고 높은 목적은 우리의 전쟁의 승리나 무슨 기도응답이 아닙니다. 하지만 저는 바랍니다. 우리의 찬양이 그 브라가 골짜기의 그때 그 찬양의 정도로 하나님을 감동시킬 수 있는 찬양이 될 수 있기를 말입니다. 그래서 그 전쟁 승리를 인해서 기쁜 것보다, '아 하나님께서 우리의 찬양으로 감동을 받으셨고 기쁨을 얻으셨구나! 그 사인을 이렇게 전쟁의 승리로 보여주시는구나!'라는 생각에 우리 모두가 더욱 기쁠 수 있기를 원합니다.

기도하겠습니다.
오 고마우신 아버지 하나님, 그때 그 여호사밧의 전쟁 이야기를 통해서 우리에게 이와 같이 엄청난 비밀들을 가르쳐 주시니 감사합니다. 그 절체절명의 순간에 '하나님 날 좀 살려주세요!' 그렇게 찬양하지 않고 하나님의 성품을 찬양하고 마치 마지막 찬양처럼 그렇게 아름다운 찬양을 올려드린 그 레위 찬양단처럼 우리도 그렇게 주님을 찬양하게 하옵소서. 예수 이름으로 기도합니다. 아멘.

⟨참고 1⟩

오르간곡 ⟨예수께로 가면⟩(⟨If I go to Jesus⟩ Organ Choral fantasy) 세계초연에 관한 간증

영어로 out of the blue라는 말이 있다. 이는 "전혀 예상 밖으로, 뜻하지 않게, 밑도 끝도 없이, 아닌 밤중에 홍두깨" 정도의 뜻인데, 이 간증이 바로 여기에 해당할 것이다. 2001년 초에 out of the blue 미국에서 한 메일을 받게 되었다. 전혀 모르는 사람에게서… 알고 보니 미국 음대의 오르간과 교수(Prof. Calvert Johnson at Agnus Scott College, Decatur, GA). 그것도 신기한데, 내용은 더 신기하였다. 그가 그 전년도인가 중국, 일본 등 아시아 몇 개국을 여행했을 때 한국에도 들러 한국 작곡가가 작곡한 오르간곡 악보를 몇 개 구입하게 되었는데(아마도 명동 대한음악사), 그때 내 곡 ⟨If I go to Jesus⟩ Organ Choral Fantasy ("예수께로 가면" 오르간 코랄환상곡)의 악보를 구입했고, 그 곡을 9월말 자신의 독주회에서 연주하겠다고!!

그러니 "아닌 밤중에 홍두깨"가 어울리지 않겠는가? 물론 나의 기쁨 또한 말로 할 수 없었다. 특별히 그 곡은 그때까지 썼던 오르간 찬양곡 중 가장 길고 어렵고 나의 모든 작곡 기법이 거의 총망라된 작품이었고 아직 초연되지 않은 작품이라 더더욱 그랬다. 사실 곡이 출판되고 나서 한국의 몇몇 아는 오르간과 교수들에게도 악보를 보냈으나 아무도 답을 보내왔거나 연주를 하겠다거나 하는 사람이 없었고, 그래서 '이 곡은 살아생전 들어볼 수 없겠구나…' 생각했었기에, 나의 기쁨은 더하였다. 마치 주님께서 이 곡을 꼭 받고 싶으셔서 전혀 아무도 예상하지 못했던 특별작전-마치 대하 20장의 여호사밧의 전쟁처럼-을 행하신 것 같았다.

그 곡은 내가 아주 어릴 때부터, 어쩌면 모태에서 이미 들어온 찬양곡으로 할머니, 어머니께서 늘 불러주시던 찬양곡이다. 어린이를 위해 만들어진 곡이므로 참 쉽고 화성도 단순한 곡이라 전 세계적으로 사랑받는 곡이다. 게다가 내가 자라면서 그 곡의 메시지를 이해하게 되니 더욱 사랑하게 된 곡이기도 하였다. 어린이에게 가장 중요한 것은 무엇인가? 바로 엄마의 사랑이 아닌가? 그런데 그 엄마의 사랑은 하나님의 사랑이 엄마를 통해 나타난 것이니… 결국 하나님의 사랑이야말로 어린이를 자라게 하는 가장 중요한 자양분인 것이다. 그런데 이 단순한 곡을 나는 왜 복잡하고 어려운 오르간곡으로 만들게 되었는가? 이 곡은 서주(Introduction)/ 변주곡(variations)/ 코랄(Choral)의 구조를 갖는다. 서주에서는 곡의 멜로디가 페달에서 16배로 확대되어 나타나므로 청중은 거의 느끼지 못하는데(대위법의 Augmentation 기법), 미국에 가서 존슨 교수 음악회 전에 이 곡에 대해 설명을 해줄 기회가 있었는데, 연주자 자신도 이것을 모를 정도였다. 서주 부분의 위에서 아래로 내려오는 오른손 음형은 예수께서 하늘에서 이 땅으로 내려오는 모습을 그리고 있는 것이다. 변주는 발전부에 해당하며 원곡의 선율이 여러 조로 바뀌며 특히 단조로 바뀌어 슬픔을, 때로 날카로운 불협화 음정들이 고통을 암시하는데, 이는 지상에서 힘들고 고단한 삶을 살다가 십자가의 죽음에 이르는 예수의 삶을 묘사한다. 그리고 마지막 코랄 부분은 부활과 승리를 나타내며 그에 걸맞게 빛과 영광으로, 압도적인 권위로 가득 차게 된다. 그러니까 "예수께로 가면"이라는 제목이 그러하듯, 이 곡을 듣는 가운데 청중은 실제로 하늘에서 오신 예수께로 다가가서 그의 삶을 자세히 보고, 그의 고통도 함께 느껴보고, 그의 영광도 느껴보고… 마침내 찬양 중에 거하시는 그분을 만나게 되는 것이다. 이 곡에는 세상의 모든 어린이들이 이 찬양을 부르며 예수님께 나아가는 나의 바램도, 또 어릴 때부터 이런 수준 높은 예술적 찬양을 접하여, 예술적 찬양에 대한 폭넓은 이해를 돕도록 하는 마음도 들어있다.

존슨 교수가 어렵사리 내 메일주소를 찾아 메일을 보낸 가장 중요한 이유는 곡에 대한 설명을 듣기 위해서였다. 나는 기쁜 마음으로 꽤 자세히 그 곡에 대해 설명해드렸고, 아울러 "이 곡을 당신이 세계초연 하는 것"이라고 전했더니, 너무 기뻐하시면서 그 곡을 자신이 연주하게 될 아시아 작곡가들의 오르간곡 연주회에서 피날레로 연주할 계획이라고 하셨다. 한국 작곡가 중에서는 윤이상의 작품과 내 작품을 연주할 계획이라고 하니 참으로 내게는 큰 영광이 아닐 수 없었고, 무엇보다 그 작품이 내 자신에게도 참으로 귀한 작품이요, 그 곡이 찬미의 제사로 하나님께 드려지는 현장에 내가 꼭 있어야 할 것 같은 느낌이 들었다. (연주 전에 곡에 대해 작곡자로서 다만 몇 가지라도 알려줄 수 있다면, 더욱 완벽한 연주가 가능할 것이라는 생각도 있었다.) 그래서 마음을 정하고 존슨 교수님께 내가 그 음악회에 가겠다고 했더니 너무나 기뻐하시면서 자기 대학에서 내가 묵는 동안 숙식을 제공해 주겠노라고 화답하셨다.

당시 나는 대학에서도 가르쳤지만 할렐루야교회에서 다윗성가대 지휘자로 있었으므로 최소한 2주 이상을 비워야 했기에 이런 사실을 알렸더니, 대원들이 모두들 너무 기뻐하시면서 기도도 해주시고 십시일반으로 모아서 비행기표를 사주셨다! 얼마나 감사한지… 평생 잊지 못한다. (다윗성가대 여러분께 큰 사랑의 빚을 졌습니다. 지면을 통해 깊은 감사를 전합니다.)

그런데 존슨 교수님에게서 연락이 와 "이왕이면 와서 당신 작품세계에 대해 강의를 좀 해 줄 수 있으면 좋겠다"라고 하시니, 일단 그러겠다고 대답을 하고는 걱정이 앞섰다. 무엇보다도 영어가 큰 문제였다. 당시는 오스트리아에서 9년 살다왔으므로 독일어는 나름 괜찮았지만 영어는 별로 해본 적이 없었기에 영어로 강의한다는 것은 너무나 힘든 일이었다. 게다가 그 학교는 여자명문대학… 이거 잘못하면 큰 망신을 당할 텐데… 걱정이 태산이었지만 위기는 기회라 하지 않았는가! 무명 작곡가가 자기 작품세계에 대해 말할 기회를 평생 얼마나 얻겠는가? 사실 작곡가로서는 엄청난 축복인 것이다. 작곡가가 곡을 썼을 때는 누군가에게 들려주기 위함이다. 그것이 하나님께든 사람이든… 그런데 사람들은 아무리 찬양곡이라 해도 자기 귀에 좋은 것만 들으려 하지, 그 곡이 하나님께 어떤 의미가 있을까에 대해 거의 생각하지 않는다. 그래서 작곡가들에게 자신의 곡의 의미에 대해, 또 곡을 쓰게 된 의도에 대해 나눌 수 있는 기회는 참으로 중요한 기회인 것이다. 그런 마음을 가지고 나름 열심히 PPT도 만들고 영어강의준비로 하던 차, 다시 존슨 교수로부터 연락이 오기를 "우리가 학생으로 이루어진 여성합창단이 있는데, 거기서 내 작품을 가르쳐달라"라고… 그러니까 지휘를 하면서 곡에 대해 설명해달라는 것이었다. "아이고, 이거 큰일이네… 강의 준비로도 힘든데…" 그래도 이 또한 엄청난 기회가 아닌가? 또 그들이 내 작품에 어떻게 반응하는지도 궁금하였으므로 국악풍의 찬양곡을 하나 준비해서 연습시키기로 하였다. 그런데 얼마 후 또 연락이 와서 이번엔 "한국음악에 대해 좀 강의를 해줄 수 있으면 좋겠다"고 하시니… 이건 또 국위를 선양하는 일이니 포기할 수 없는 법! 그래서 이 부족한 자가 강의 두 번에 합창세션 한 번을 준비하게 되었으니… 주여, 도우소서!

그런데 또 연락이 오기를, 아는 한국 목사님이 계신데… 내가 온다는 이야기를 했더니 너무 좋아하신다며 교회에서 찬양세미나 등 강의를 부탁하고 싶다고… 그 교회가 바로 애틀랜타 중앙장로교회. 그래서 결국 내가 가있는 동안 그 교회에서 이틀간 찬양세미나를 열게 되었다. 비록 시간은 없고 몸은 힘들지만 그저 부족한 종을 사용해주시고 길을 열어주시는 하나님께 감사드린다.

그런데 한창 미국행 준비로 정신이 없던 차에… 9월 11일… 상상할 수 없는 비극이 일어났다. 그것도 세계의 중심이라고 할 수 있는 뉴욕에서, 또 문명의 자랑처럼 우뚝 서 있던 쌍둥이빌딩이 무너지는…!! 수천 명이 죽고 다쳤고… 그 충격은 전 세계 어디에서도 느낄 수 있었다. 나 역시 세상의 종말이 온 듯하였고 죽은 사람들의 가족을 위해 기도했다. 그러면서 갑자기 그 와중에도 "이거 그 음악회가 열릴 수 있을까? 내가 미국에 갈 수 있을까? 비자는 받을 수 있을까?"라는 걱정이 들기 시작했다. (그 음악회는 9월 30일 예정이었다.) 결국 모든 것을 내려놓을 수밖에 없었다. "그래, 주님께서 이 찬미의 제물을 받기 원하시면 길을 열어주실 것이고… 아니면 그냥 안 가면 되지…" 기도하는 마음으로 미대사관에 가서 비자 담당 영사와 인터뷰할 때 진심으로 "I want to express my condolence to American people…"이라고 말할 수밖에 없었고… 주께서 인도하셔서 바로 비자를 받을 수 있었다. 그리고는 며칠 후, 나는 911 이전보다는 좀 더 위험해진 미국행 비행기 여정을 시작하였다, 오직 주님만 붙들고…

애틀랜타 공항에 도착하니, 존슨 교수님은 바쁜 일로 못 나오셨고, 대신 애틀랜타 중앙장로교회 목사님께서 직접 마중 나오셔서 안내해주셨다. (내가 그곳에 초행길이라 행여 어려움을 당할까봐 존슨 교수님이 부탁해놓으신 것이었다.) 그리고 캠퍼스에 우리 차가 도착하자 경찰차가 파란 불을 반짝이며 우리 차 앞에서 우리를 인도해서 숙소로 안내해줬다.

(완전히 시골사람이 도시에 온 격!) 그런데 내가 묵을 곳은 놀랍게도… 여자기숙사 내의 널찍한 guest room suite이었다. 사실 여자대학이므로 놀라울 것도 없었다고 해야 할 것이다. (내 평생에 여자기숙사에 묵을 줄이야! 그러니 방 밖에 함부로 나갈 수도 없고, 아이고… 거의 창살 없는 감옥 수준이었다.)

다음 날 존슨 교수님을 드디어 만났다. 미국인으로서는 자그마한 체구에 평생 독신으로 오르간 연주만 해온 분이셨다. (의외로 오르가니스트 중에 독신이 적지 않다. 이유는 모르겠지만…) 그래서 곡에 대해 이야기하고 연주도 좀 들어보고, 무엇보다도 이 어려운 곡을 연주하시니 작곡자로서 감사의 뜻을 전했다. 그리고는 드디어 연주회! 여기저기 한국 사람들이 눈에 띄었다. 알고 보니 애틀랜타 중앙장로교회 목사님께서 광고를 하셔서 한국 분들이 알음알음 오셨다고 한다. (사실 그런 음악회에 한국 작곡가의 작품이, 게다가 일반음악회인데, 찬양곡이 피날레로 연주되니 한국인으로서 자부심도 느껴지는 그런 연주회였으리라.) 그렇게 오신 한국분들이 한 분 한 분 고마웠다. 민족이 뭔지…

존슨 교수님은 차근차근 곡을 풀어나갔고 마지막 코랄 부분에서는 압도하는 소리로 음악회장을 가득 채웠다. 평생 잊지 못할 연주요 음악회였다. 그 후에는 예정대로 교회에서 주말에 찬양세미나, 주중에는 학교에서 강의, 합창단 지휘 등의 일을 주님 은혜로 감당하고 아쉬운 작별을 하고 한국행 비행기를 탔다면 얼마나 좋았겠는가? 그게 아니라 워싱턴과 보스턴을 차례로 방문해야 했다. 왜냐하면, 그 두 곳에서 찬양세미나를 인도해야 했으므로… 사실 그 또한 내게 큰 축복이 아닐 수 없었다. 주님 맡겨주신 사명을 감당하는 일이니…!

그리고 마침내 모든 과정을 다 끝마치고 드디어 한국행 비행기에 몸을 실었다. 그간 얼마나 피곤했는지, 아마 내내 행복한 잠만 잤을 것이다. 그리고 그렇게 애틀랜타의 음악회는 잊지 못할 추억이 되었다.

그런데 이 여정을 통해 한 가지 뼈저리게 느낀 것이 있었다. 영어가 중요하다! 사실 독어권에 십 년 정도 있었으므로 독어만 잘하면 된다는 생각이 있었다. 그런데, 아니었다. 나는 우물 안의 개구리였다. 사람들은 영어로 읽고 소통하고 심지어 영어로 생각하였다. 내가 유학하던 당시, 그러니까 1980년 후반에 이미 베를린의 명문 기술대학(Technische Universität)은 영어강의가 있었다. 그 콧대 높은 프랑스인들이 영어를 위해 자녀들을 영국에 조기유학을 시킨다는 기사도 그 즈음 읽었다. 컴퓨터 코딩은 영어를 바탕으로 만들어지고 있었다. 바벨탑 이후에 아마도 처음으로 인류는 서서히 언어통일의 시대로 나아가고 있었다. 나는 너무 늦은 것이 아닌가 하는 생각이 들기도 했으나, 늦었다고 생각되는 때가 바로 가장 이른 때라는 역설이 있지 않은가? 그래서 그때부터 운전 중에 영어 카세트를 틀고, 학교에 강의하러 갈 때 이어폰으로 영어를 듣기 시작했다. 그로부터 몇 년 후 주님께서 미국 신학유학의 길을 열어주시리라는 것을 까맣게 모른 채…

Program

Four Pieces for Harpsichord (1994)	Makiko ASAOKA
Prélude	(Japanese, b. 1956)
Les Tourbillions	
Caprice	
Rio	

(Tokyo: The Japan Federation of Composers, Inc. 1995)

Hosanna! For Organ and Audience (1985) — Issac NAGAO (Japanese, b. 1938)
(Tokyo: The Japan Federation of Composers, Inc. 1985)

Phantasmagoria for Harpsichord (1998) — CHAN Ka Nin (Chinese-Canadian, b. 1949)
(Alienor Harpsichord Book, Chapel Hill: Hinshaw Music, Inc., 1988)

Soundings for Organ (2000) ** — WANG An-Ming (Chinese-American, b. 1929)
(manuscript courtesy of the composer)

Rain Dreaming for Harpsichord (1986) — Toru TAKEMITSU (Japanese, 1930-1996)
(Tokyo: Schott Japan Company, Ltd., 1986)

Sonatina for Harpsichord (2001)* — Asako HIRABAYASHI (Japanese, b. 1960)
(manuscript courtesy of the composer)

Fragment für Orgel (1975) — Isang YUN (Korean, 1917-1995)
(Berlin: Bote & Bock, 1977)

If I Go to Jesus: Choralfantasie für Orgel (1996)* — Myung Whan KIM (Korean, b. 1959)
(Seoul: New Praise Support Edition, 1998)

* Premiere Performance   ** Second Performance
Dupree French Double Harpsichord; Austin Organ

All are invited to a reception following the recital in Dalton Gallery, Dana Hall sponsored by the office of the Dean of the College.

〈참고 2〉

시편 118편 곡목 해설 및 악보 첫 페이지

교회음악 작곡가는 대개의 경우 하나님의 크신 은혜를 체험했을 때 곡을 만들고, 말씀을 보다가 감동했을 때 그 말씀을 가사로 곡을 만들고, 또 그 말씀이 자신의 삶에 어떤 의미가 있는가를 개인적인 신앙고백의 차원에서 곡으로 표현한다. 때로 다른 작곡가들의 훌륭한 교회음악이 작곡의 동기를 부여하기도 한다. 헨델의 〈메시야〉가 자극제가 되어 만들어진 하이든의 〈천지창조〉는 다시금 멘델스존 등 그 이후의 작곡가들에게 교회음악 작곡의 훌륭한 동기를 부여했다. 내가 시편 118편을 작곡하게 된 것은 하나님의 크신 은혜를 입었기 때문이요, 또 내게 주신 이 말씀이 나의 삶 가운데 이루어졌기 때문이요, 모든 성도들에게도 동일한 말씀의 이루어짐이 있다고 확신하기 때문이며, 궁극적으로는 하나님께서 내가 지극히 부족할지라도 새 찬양을 만들어 하나님께 올리는 일을 기뻐하신다는 믿음이 있기 때문이다.

지난 2001년 9월 30일, 미국 애틀랜타의 Agnus Scott College(Decatur)에서 오르간을 위한 코랄환상곡 〈예수께로 가면〉이 초연된 것은 참으로 말할 수 없는 주님의 은혜였고 이 곡을 감사의 제물로 하나님께 드리게 된 간접적인 동기가 되었다. 그렇다면 이 곡을 쓰게 된 직접적인 동기는 무엇인가? 우스운 이야기일지 몰라도 그것은 내가 그 대학에서 부탁받은 작곡특강이었다. 작곡특강을 하게 된 것이 감사해서가 아니라, 이를 영어로 해야 한다는 두려움에 새벽에 하나님 말씀을 보게 되었고 그날 시편 118편 말씀이 내게 큰 위로와 힘을 주었으며, 실제로 강의 전에 너무나 어려운 상황이 일어났으나 그 시편처럼 "주님이 내 편이 되사" 주님의 도우심으로 무사히 강의를 마치게 된 체험이 있었기 때문이다.

이 시편의 첫 구절 "여호와께 감사하라 저는 선하시며 그 인자하심이 영원함이로다"는 다윗의 제2차 법궤영접식(대상16:34)에서 이미 선보였고 시100, 103, 106, 107, 117, 136, 138 등 여러 편에서도 나오고, 솔로몬의 성전낙성식의 찬양 가사(대하5:13, 7:3,6)였으며 여호사밧왕의 브라가 골짜기 전투의 선봉에 섰던 찬양대의 찬송제목(대하20:21)이었고 바벨론 포로 귀환 이후의 스룹바벨 성전 착공식(스3:11) 때도 울려 퍼진 너무나 유명한 찬양이다. 이 말씀은 결국 시간과 장소와 민족을 초월한 모두의 찬송제목인 것이다. 시편118편은 감사와 찬양(1-4), 전쟁 가운데 신뢰함(5-18), 보좌로 나아감(19-23), 구원자의 나라의 승리(24-28), 그리고 첫 구절의 반복(29)으로 나누어져 있어 형식적인 균형감이 뚜렷하다. 30일 아침 나는 이 시편을 읽으며 특히 6절의 "여호와는 내 편이니"라는 말씀이 나의 고백이 되었으며 이 시편을 꼭 찬송으로 만들어야겠다는 생각을 하게 되었다.

그런데 한국에 돌아와서 미국 여행의 의미를 생각하던 중 더 깊이 발견하게 된 사실은 이 시편이 단지 그 사건만을 위해 주신 말씀이 아니라 Decatur(Agnus Scott College가 위치한 정확한 지명), Atlanta, 그리고 Boston으로 이어지는 나의 모든 여정을 위한 말씀이요 노래라는 것이었으니, 이는 특히 내가 보스턴을 다녀온 얼마 후 그곳에서 나의 다른 작품이 초연된 것을 생각할 때 더욱 그러하였다. 그리하여 감사와 감격으로 이 귀한 말씀에 어떤 곡이 어울릴까 생각하며 주제를 위해 기도하던 중, 주님께서 나의 모든 여정에 이미 어떤 암호를 숨겨놓으신 것 같아 자세히 살펴보니 D, A, B의 세 음을 발견할 수 있었고 이를 여러 모양으로 배치하며 영감을 구하던 중 -적어도 내게는- 말할 수 없이 감동적인 주제를 얻게 되었고 마침내 곡을 완성할 수 있었다.

원래 이 곡은 다윗찬양대를 염두에 두고 남성 합창곡으로 만들었는데, 보스턴 케임브리지 교회 성가대가 "하나님을 찬양하는 삶은"을 초찬하는 것을 보며 큰 감동을 받아 그 성가대를 위해 혼성합창곡으로 개작하게 되었다. 그리고 보니 나는 이번 일로 또 주님의 은혜를 입었다. 주의 도우심이 감사해서 새 찬양곡을 쓰려 하면 내 능력이 부족해서 또 도우심을 구해야 하고… 이런 것을 "은혜 위에 은혜러라"라고 하는지도 모르겠다. 그저 이 죄인 살리신 주님 은혜, 하나님 사랑, 감사드리며 다시금 고백한다. "여호와는 내 편이니 두려움 없도다" (일산에서 2001-11 작곡자)

About the Music

In most cases, the church music composer writes a song when he experiences the overwhelming grace of God, when inspired by a Bible passage to put its text to music, or in order to express his personal confession of faith that expresses how the Word has impacted his life. At other times, it may be an outstanding piece by another composer that motivates one to compose his own work, as in the case of Handel's "Messiah" which moved Haydn to pen "The Creation", and which in turn motivated Mendelssohn and others to write other great church music.

My motivation for composing "Psalm 118" was because I have been greatly blessed by God; because God's words have been fulfilled in my life; because I am confident that the same fulfillment of the Word is present in the lives of other believers as well; and ultimately, because I have the conviction that God is pleased when I compose a new work of praise and offer it up before Him despite my unworthiness.

It was through the Lord's marvelous grace that my composition, the Chorale Fantasy "If I Go to Jesus", was premiered at the Agnus Scott College in Decatur, Georgia on September 30, 2001. That became the indirect motivation for composing this piece as my sacrifice of thanksgiving. What, then, was the direct motivation for composing this piece? Interestingly enough, it was because of the college's request that I give a special lecture on my music. My motivation did not come because I was happy to do the lecture, but rather because Psalm 118 was my comfort in the early morning as I faced a growing apprehension about having to give the lecture in English. As a matter of fact, although there was a difficult situation right before the lecture, I successfully completed the lecture guided by the helping hand of God, and as the author of the psalm sang, "God was with me".

The first part of this psalm "Give thanks to the Lord, for He is good; His love endures forever" is a very famous song sung in many occasions in the Bible, including the second ceremony to welcome the ark of covenant (1 Chronicles 16:34), as well as in Psalm 100, 103, 106, 107, 117, 136, and 138. This praise was also chanted at King Solomon's temple dedication ceremony (2 Chronicles 5:13, 7:3,6), at King Jehoshaphat's battle ground in the Valley of Beracha (2 Chronicles 20:21), and at the temple construction ground after returning from Babylon (Ezra 3:11). This verse has been a theme of praise that transcends time, place, and ethnicity. Psalm 118 has a balanced structure that is divided by an expression of gratitude and praise (verses 1-4), trust in time of war (5-18), approaching the throne (19-23), victory of the Deliverer and His nation (24-28), and a repetition of the first verse (29). As I read the psalm on that morning of the 30th, verse 6 in particular became my confession of faith, and I decided to compose a song of praise with this psalm.

Back in Korea, as I reflected on the meaning of my trip to the United States, I realized that this psalm was given to me not only as God's answer to my prayer in that difficult incident, but also that a song should be based on the cities that I visited during my trip: Decatur, Atlanta, and Boston. This became more obvious when I considered the fact that one of my works premiered in Boston following my visit there. As I prayed with a thankful heart asking for a motif that would be most appropriate, it dawned on me that the Lord may have hidden the answer in my journey route. Finally I realized the significance of the three cities in the three notes D, A, and B. When I asked God for inspiration in combining the three notes in various ways, I was able to hear an amazingly touching motif –at least in my mind– and I was finally able to complete the piece. (Consequently, the three notes and three keys based on the three notes play a very important role throughout the piece.)

Although this piece was originally composed for a male voice choir (the David Choir at my church), I revised it for a mixed voice choir after being deeply moved by the premier performance of my song "God praising Life" by the Choir of the First Korean Church in Cambridge, Massachusetts. Looking back, I found that I have been once again deeply blessed by the Lord during the composition process. Even as I try to express my thanks to the Lord for his help by writing a new song of praise, I find that I need to ask Him for even more help because of my lack of ability. I guess this is what is meant by "blessing upon blessing." So, yet again I thank God for His grace in saving this sinner and for His enduring love through this confession: "The Lord is with me; I will not be afraid". (Ilsan, Korea, November 2001, The composer/ translated by Missonary Sungjoon Park & David H. Choi)

2

시편 118편 Psalm 118
The joyful Psalm in korean folk music style

Version for mixed choir

김명환 / Johann Kim
(2001)

* All rights reserved! 이 악보는 저작권법에 의해 보호받으며 악보의 복사는 금지되어 있습니다. 저작권 사용에 관한 문의는 http://newpraise.org 로!

1 (여기서 궁켈은 자신도 모르게, 시편의 두 가지 기본적인 유형을, 그 가장 초기의 그리고 가장 단순한 형태로 병열시켜놓았다): 선포적 찬양시편과 서술적 찬양시편. 그 둘은 하나님을 찬양한다는 기본적인 공통점이 있다. 전자는 어떤 특별하고 유일한 간섭하심으로 인해 그를 찬양하고, 후자는 그의 존재와 행위의 모든 것을 인하여 그를 찬양한다. (필자 번역)

(Here Gunkel, without realizing it, placed side by side the two basic types of the Psalm of praise in their earliest and simplest forms): the declarative and the descriptive Psalm of praise. They have in common the essential fact that in them God is praised. There he is praised for a specific, unique intervention, and here for the fullness of his being and activity.

C. Westermann, *Praise and Lament in the Psalms* (Atlanta, GA: John Knox Press, 1981), 22.

제31강 영상

제31강

누가복음 4:44

예수님의 찬양론(1): 예수님의 성경삼분법

할렐루야!

찬양신학을 공부함에 있어서, 예수님께서 찬양에 대해 어떻게 생각하시는가, 또는 어떤 말씀을 하셨는가를 알아보는 것은 매우 중요할 것입니다. 왜냐하면 첫째로 그분은 성경의 저자이기 때문이요, 둘째로 그 말씀을 통해 신약의 찬양론을 알 수 있기 때문입니다. 물론 성경 전체가 성령의 감동으로 쓰였으므로 꼭 예수님께서 말씀하시지 않았더라도 똑같은 중요성이 있습니다. 그러나 예수님께서 하신 말씀은 성자의 위치에서 하신 말씀이기에 새로운 관점을 제시할 수도 있다는 점에서 특별할 것이며, 구약과 신약이 많은 공통점과 함께 많은 차이점이 있다는 것을 생각한다면 예수님은 우리에게 어쩌면 구약에는 없는 새로운 찬양론을 보여주실 수 있기 때문입니다. 그러나 이것이 신약적 찬양론이 구약적 찬양론과 반드시 다르다는 것은 아닙니다. 게다가 구약에서 계시된 찬양론이 꼭 그 시대에만 국한되는 것이 아니라 예언적인 내용이 많고 찬양의 정의 자체가 하나님을 영원히 찬양하는 것이 핵심이므로 더더욱 그 경계는 모호할 수밖에 없습니다. 그러므로 구약과 신약의 찬양은 대부분 같다는 것을 전제로 하고, 그럼에도 불구하고 구약에는 없었던 내용이나 방법이 예수님에 의해 신약에서 새롭게 계시되었다면 그 부분이 특별히 우리의 연구대상이 될 것입니다.

우선 예수님과 관련된 찬양에 관한 몇 가지 중요한 성경구절을 나열해 봅니다.

1. 마태복음 21:16은 어린이 찬양에 관한 말씀
2. 마 23:39은 예수님 재림 시 찬양이 울려 퍼지리라는 말씀
3. 눅 24:44은 성경의 분류에 관한 말씀
4. 마 26:30, 막 14:26 등에는 예수님께서 제자들과 함께 찬양하는 일상적인 장면을 묘사
5. 요 17:4의 하나님을 영화롭게 하는 것이 찬양과 관련이 있음
6. 히 2:11-12에 복음전도와 찬양의 중요성에 대한 예수님의 말씀이 인용됨

이번 강의는 그 첫 번째로 눅 24:44에 나타난 놀라운 계시에 대해 생각해보고자 합니다.

> 또 이르시되 내가 너희와 함께 있을 때에 너희에게 말한 바
> 곧 모세의 율법과 선지자의 글과 시편에 나를 가리켜 기록된 모든 것이
> 이루어져야 하리라 한 말이 이것이라 하시고
> (눅 24:44)

성경을 어떻게 이해하는가 하는 것은 기독교인들에게는 어쩌면 가장 중요한 이슈일 것입니다. 성경은 과연 어떤 책일까요? 성경이 하나님의 감동으로 되었고 교훈과 책망과 바르게 함과 의로 교육하기에 유익한 책이라고 하는 디모데후서 3:16 말씀도 있지만 또 다른 차원에서 성경을 이해하는 방법은 없을까요? 때로 어떤 것을 이해할 때 그것이 무엇으로 이루어졌는가 하는 것을 알게 된다면 올바로 이해하는 데 큰 도움이 됩니다. 예를 들어 물이 무엇이냐고 할

때 수소원자 두 개와 산소원자 하나로 이루어져 있다고 하면 물을 이해하는 데 많은 도움이 됩니다. 그것을 제대로 이해한 사람들은 심지어 수소로 가는 차를 만들어 물을 연료로 써서 인류에 크게 이바지하기도 합니다. 바로 그 구성을 잘 알았기 때문이지요.

예로부터 유대인들은 구약성경을 율법, 예언서, 거룩한 문서, 셋으로 구분했습니다.
1. 율법책인 **토라**는 성경의 첫 다섯 책으로 모세가 쓴 것이요,
2. 예언서인 **느비임**은 여호수아, 사사기, 사무엘, 열왕기, 이사야, 예레미야, 에스겔, 그리고 12개의 소선지서를 말하며,
3. 거룩한 문서 또는 성문서인 **케투빔**은 시편, 잠언, 욥, 아가, 룻, 예레미야애가, 전도서, 에스더, 다니엘, 에스라, 느헤미야, 역대기를 의미합니다.

그런데 오늘 예수님께서는 구약성경을 좀 다르게 구분하셨습니다. "율법과 예언서와 시편" 이 세 가지로 말입니다. 이것은 유대인들의 성경 삼분법과 동일한 것으로 볼 수도 있겠지만, 예수님께서 시편이 거룩한 문서를 대표한다고 말씀하셨다고 보입니다. 이로써 모든 구약이 예수님에 관한 말씀이지만 특별히 성문서 중에 시편, 즉 찬송가집이 더욱 그러하다는 말씀으로 해석할 수 있습니다. New American Commentary(새로운 미국 주석)도 "아마도 여기서 시편은 거룩한 문서를 대표할 것이다"라고 해석합니다. 예수님께서 성경을 율법과 예언과 "성문서 대신 시편"으로 나누셨기에 저는 이것을 예수님의 성경삼분법이라 불러봅니다.

그런데 오늘 본문 말씀에 예수님께서 구약을 셋으로 나누신 것을 생각하며 성경 전체를 보면 성경의 큰 그림이 보입니다. 바로 하나님과 우리의 관계에 대

한 그림입니다. 하나님의 법과 예언자들의 예언은 모두 하나님으로부터 인간에게 내려오는 것입니다. 모세의 법은 과거에 말씀하신 하나님이요, 예언서는 오늘도 계속 이루어지고 있는 하나님의 말씀입니다. 그러나 시편, 즉 찬송가집은 다릅니다. 물론 찬송가집의 가사도 성령의 감동으로 쓰여서 예언의 말씀이 있기도 하지만, 찬송은 기능적으로는 인간으로부터 하나님께로 올라가는 것입니다. 위에서 내려오는 하나님의 말씀과 우리가 올려드리는 찬송의 노래! 얼마나 완벽한 관계입니까? 얼마나 깊은 사랑의 관계입니까? 하나님께서 죄인 된 우리가 뭐 대단하다고 성경의 구조 자체를 통해 우리와 깊은 관계를 원하신다고 말씀하실까요? 여기에 예수님께서, 거룩한 문서 중 시편, 즉 찬송가집을 대표로 말씀하신 깊은 뜻이 있다고 깨달아집니다.[1]

시편은 어떤 책입니까? 그 제목이 원래의 제목과 많이 달라서 혼동을 일으킨다는 것은 9강에서 이미 말씀드렸습니다. 시편은 마치 시를 모은 시집 같지만 정확히는 찬송가집입니다. 물론 그 문학적 형태로 보아 히브리 찬양시집이라고 해도 맞는 말이지만 그것이 노래로 부르는 찬송가집이라는 의미가 없어졌기에 매우 부적절한 표현입니다. 잠깐 복습을 하자면 원래 이 책의 히브리제목은 테힐림으로 찬송가, 즉 테힐라의 복수형태입니다. 그래서 찬송가집입니다. 단지 아직 기보법이 있기 전이라 악보가 없을 뿐 당시 불린 찬송가집입니다. 찬송가집이라는 히브리 제목이 그리스어로 악기를 나타내는 살모이($\Psi\alpha\lambda\mu o\acute{\imath}$)로 바뀐 것은 기원전 3세기경 이집트의 왕 프톨레미 2세가 구약을 그리스어로 번역하도록 하여 만들어진 70인역 성경, 즉, 셉투어진트(Septuagint)부터입니다. 이 제목은 다시 영어로 Psalm(ㅍ삼)으로 번역되었는데, 한국어로 번역될 때 당시 이미 번역된 중국성경의 "시편(詩篇)"을 그대로 받아들여 오늘날 우리가 그렇게 부르게 되었습니다. 그러다 보니 원문 제목의 분명한 의미는 온데간데없고 "시"라는 단어만 부각되었습니다. 비록 악보가 없더라도 시편이 찬송가집, 즉 테힐림이라는 제목으로 성경에 있다면 아마 교회는 찬양사역에 대해 훨씬 깊이 생각하게 될 것입니다.

테힐림은 모두 다섯 권으로 이루어져 있고 전체 150편 중 다윗이 73편을 썼고, 솔로몬, 모세의 작품도 있으며, 찬양사역자 아삽과 고라 자손의 작품도 있고, 작자 미상의 작품도 있습니다. 이 매력적인 찬송가집은 전체적으로 약 천 년의 세월 동안 만들어졌는데, 바벨론 포로에서 귀환한 B.C.530년경에 이르러 편집이 완성되었습니다. 참으로 긴 세월 동안 불린 유명한 찬송가들의 집대성이지요. 마르틴 루터가 이것을 성경의 축소판으로 칭송했을 만큼 그 내용도 깊고 다양합니다.[2] 오늘날 찬송가집의 아름다운 시들은 기독교인을 넘어서 비기독교인들에게도 사랑을 받고 있습니다. 한편 신약 전체를 볼 때 신약에서 가장 많이 인용된 구약이 바로 테힐림, 즉 찬송가집이라는 사실은 다시금 시대를 초월한 이 책의 중요성을 말하고 있습니다. 모두 77번 인용되었는데요, 이 숫자는 학자에 따라 조금씩 다릅니다. 문자 그대로 인용된 것도 있고 암시된 경우도 있기 때문입니다. 만약 예수님께서 예수님을 가리켜 말씀하신 성경 중 테힐림을 콕 집어서 말씀하신 것이라면 더더욱 이 책의 중요성이 강조된 것으로 보아야 할 것입니다.

구약성경을 이루고 있는 율법과 예언과 성문서 중 율법의 요구는 예수님의 죽음으로 완전히 이루어졌고, 신약에서는 율법이 아니라 복음으로 구원받는 진리가 선포되었으니 우리는 더 이상 율법 아래 있지 아니하고, 구약의 예언은 종말론적인 예언을 제외하고는 모두 그리스도 안에서 성취되었으니, 상대적으로 성문서가 더 가까이 다가오는데요, 그중에서도 테힐림, 즉 찬송가집이 신약교회에 가장 필요한 책이 될 것입니다. 물론 율법도 영원한 하나님의 말씀이요, 특히 복음을 선명하게 부각시키기 위해 반드시 필요한 내용이라 늘 깊이 이해하고 있어야 하며, 예언은 하나님의 살아계심, 그리고 인류 역사를 이끌어가시는 하나님의 섭리를 알기 위해 반드시 공부해야 하지만, 기독교신앙의 중심이 예배인 것을 생각할 때 예배의 중심에 있는 찬양과 이를 위한 찬송가집인 테힐림이야말로 우리가 구약에서 가져올 가장 중요한 보물이라고 여겨집니다.

성경에는 기록되어 있지 않지만 테힐림을 많이 인용하신 예수님께서 이 책의 찬송가들을 종종 찬송하셨으리라고 상상하는 것은 그리 어려운 일이 아닙니다.

> 그러나 너희에게 이르노니 내가 포도나무에서 난 것을
> 이제부터 내 아버지의 나라에서 새것으로 너희와 함께 마시는 날까지
> 마시지 아니하리라 하시니라 이에 저희가 찬미하고 감람산으로 나아가니라
> (마 26:29-30/ 참조 막 14:25-26)

마 26:30, 막 14:26에 연관하여 많은 주석가들이 예수님께서 유월절 마지막 만찬을 하시고 제자들과 찬미했을 때에 시편 115-118편을 불렀다고 이야기합니다. 왜냐하면 유대인 전승에 따르면 유월절 등 대절기 때에 제1할렐집의 시편들인 113편-118편을 부르는데, 성경에 식사 후에 찬미했다 했으므로 뒷부분인 115편-118편을 노래했을 것이라고 이야기합니다.[3] 비록 험난한 이스라엘

역사로 인해 다윗왕이 만든 아름다운 찬송 선율들이 많이 잊혔다 하더라도 매년 유월절에 성전뿐만 아니라 각 가정에서 불린 시편 선율은 계속 전해졌으리라 생각되니 참 타당한 해석인 것 같습니다. 또한 면면히 이어져온 유대 회당에서의 예배 때에 몇몇 시편들도 계속 같은 선율로 불리지 않았을까요?

dtv-Atlas Musik(데테파우 독일 음악) 사전에 따르면 오늘날도 시리아 등 근동지역의 오지에 있는 오래된 유대 공동체에서는 몇몇 시편이 원형 그대로 불리고 있다고 합니다.[4] 그리고 그 선율들은 서양음악의 근간이 되는 그레고리안 성가와 구조적으로 흡사합니다. 이것은 매우 중요한 사실인데요, 결국 시편의 찬송 선율은 서양음악의 기초를 이루고 있다고 볼 수 있습니다.[5] 오늘의 본문 말씀 중에 성문서 중 시편을 특별히 지목하신 예수님의 마음에 여러 시편의 찬송 선율이 있었음을 상상해 봅니다.

여러분은 아마 "예수님이라면 어떻게 하겠는가"라는 책 제목을 들어보신 일이 있을 것입니다. 같은 교회 안에 여러 의견들이 분분하고 또 사회가 너무 복잡해지다 보니 이제까지 우리가 알던 신학으로는 과연 어떤 것이 하나님 뜻인지 잘 해결이 안 되는 경우가 있고, 그러다 보니 너무 답답하고 힘들어 "예수님이라면 이런 경우에 어떻게 하셨을까?"라는 가장 쉽고도 근본적인 질문을 하게 되는 거지요. 성경을 보는 관점에 대해서도 만약 그런 질문을 하게 된다면 오늘 이 말씀과 강의가 그 답이 될 것입니다. 노래로 아버지께 영광 돌리는 주님처럼 살기를 원합니다. 아멘!

1 성경을 '하나님께서 우리에게 보내는 사랑의 편지(love letter)'라고 하는 이야기를 들어봤을 것이다. 문학적이고도 참으로 멋진 표현이 아닐 수 없다. 결국 성경은 하나님이 사랑이심을(요일 4:8), 그래서 그 크신 사랑이 아들 예수를 보내는 것으로 나타나고 확증되었다고(롬 5:8) 가르친다. 그런데 나는 좀 더 자세히 이렇게 설명하고 싶다. 성경은 하나님의 사랑의 편지인데, 그곳에 RSVP(회답용) 봉투가 들어있다고… 거기엔 이미 우표도 붙어있고 정중한 답글 내용도 인쇄되어 있다고… 바로 그 봉투를 시편이라고 생각할 수 있다고 말이다. 즉, 성경은 단순히 일방적인 하나님의 사랑의 고백과 그가 우리의 의지와 결단과 상관없이 일방적으로 앞으로 어떻게 하겠다는 내용만 가득 들어있는 것이 아니라, 만왕의 왕이신 그분께서 보잘것없는 죄인들의 믿음의 고백이요 사랑의 고백인 찬양을 기다리며, 그 찬양의 고백의 모범들까지 기록해서 우리가 그렇게 멋지고 아름답게 그분께 찬양드릴 수 있도록 세밀하게 배려하신 책이다.

2 "시편이 귀하고 사랑받는 책이어야 함은 무엇보다도 다음과 같은 이유에서이다: 시편은 그리스도의 죽음과 부활을 분명히 약속하며, 나아가 그의 왕국과 모든 기독교 세계의 상황을 나타내므로, 작은 성경이라고 불려도 될 것이다. 그 속에는 성경 전체에 들어있는 모든 것이 가장 아름답고도 간결하게 들어있다."
"The Psalter ought to be a precious and beloved book, if for no other reason than this: it promises Christ's death and resurrection so clearly—and pictures His kingdom and the condition and nature of all Christendom—that it might well be called a little Bible. In it is comprehended most beautifully and briefly everything that is in the entire Bible."
Martin Luther, *Luther's Works*, Vol. 35: Word and Sacrament I (ed. Jaroslav Jan Pelikan, Hilton C. Oswald, and Helmut T. Lehmann; vol. 35; Philadelphia: Fortress Press, 1999), 254. (https://tollelege.net/2015/07/31/the-psalter-by-martin-luther/)

3 The setting was clearly cultic. At the opening the congregation appears to be addressed by a temple choir or soloist. In later Jewish worship the psalm together with Pss 114–18 formed "the (Egyptian) Hallel," which was sung at the three main annual festivals together with those of the new moon and the dedication of the temple. At the family celebration of the Passover, Ps 113, and later Pss 113 and 114, were sung at the beginning of the meal and Pss 114–18, later 115–18, at the end (m. Pesaḥ. 10:6–7; Matt 26:30; Mark 14:26; J. Jeremias, Eucharistic Words, 55 n. 1, 255–61).
Leslie C. Allen, *Psalms 101-150 (Revised)*, vol. 21, Word Biblical Commentary (Dallas: Word, Incorporated, 2002), 134.

4 왕국분열시대에는 풍부한 기악음악 대신 점점 더 시나고그의 언어노래(칸틸레이션)가 발전하였다. 다윗의 시편가는 그런 가운데 최고 수준으로 연주되었고 모범이 될만하였다. 당시에는 선율을 기록한 것이 없었다. 그러나 구전의 파편들은 북아프리카, 예멘, 페르시아, 바빌론과 시리아의 오지 몇몇 곳에서 풍부하게 나타나며 민속음악학자나 히브리 전례음악 연구가들에 의해 발견되어 집대성되었다. (필자 번역)
In der Zeit der Reichsteilung werden statt der starken Instrumentalmusik mehr und mehr die Vokalformen des synagogalen Sprechganges (Kantillation) entwickelt. Hochleistung und Vorbild hierfür waren die **Psalmen Davids**. Es gibt auch aus dieser Zeit keine Melodieaufzeichnungen.

Ausläufer der mündlichen Tradition reichen vermutlich jedoch an einigen abgeschiedenen Orten in Nordafrika, Jemen, Persien, Babylonien und Syrien bis heute, wo sie von den Musikethnologen und von den Forschern der hebräischen liturgischen Musik gesammelt wurden (so von Idelsohn, vgl. Abb. B).

dtv-Atlas zur Musik: Tafeln und Texte, (Deutscher Taschenbuch Verlag GmbH & Co. KG, München und Bärenreiter-Verlag Karl Vötterle GmbH & Co. KG, 1986), 163

5 교회 성가대의 전통, 특별히 소프라노, 알토, 테너, 베이스, 4성부 찬양은 세상문화에 큰 영향을 미쳤다. 왜냐하면, 우리가 연구한 바와 같이, 그 원형은 다윗왕 시절의 레위합창단의 시편창에서 찾을 수 있으며 문화적 관점에서 그 영향력의 자취는 거대하기 때문이다. 실제로 시편가 선율의 형태는, 서양전통음악의 근간인 그레고리안 성가의 시편창을 형성하는 데 결정적이었다. (필자 번역)

The tradition of church choir, especially with four part singing like SATB, has clearly strong cultural influence to the world, for, as we studied, its origin can be traced back to psalm singing of Levite's choir as king David reigned, and its ramification from cultural perspective is immense. Actually the shape of psalm melody itself has been decisive in shaping Psalmody, one important part of Gregorian chants which are the fundament of Western traditional music.

M. W. Kim, The Necessity of Church Choir in the context of Cambodian Churches, An Essay from CPTI Professor's Article Aletheia vol. 1 (Cambodia, Phnom Penh: CPTI Press, 2017), 222.

제32강

마태복음 21:16

예수님의 찬양론(2): 어린이 찬양

> 예수께 말하되 저희의 하는 말을 듣느뇨 예수께서 가라사대
> 그렇다 어린 아기와 젖먹이들의 입에서 나오는 찬미를 온전케 하셨나이다 함을
> 너희가 읽어 본 일이 없느냐 하시고
> (마 21:16)

성경 전체에서 과연 이 말씀처럼 어린이 찬양에 절대적인 말씀도 또 없을 것입니다. 또 예수께서 찬양에 대해 하신 말씀 중 가장 특별한 말씀이 아닌가 생각됩니다. 물론 신 31:19에 하나님께서 모세에게 다음 세대, 즉 어린 세대에 가르치라고 명하신 노래, 또 사 43:21에 하나님께서 찬송을 부르게 하려고 지으신 이스라엘 백성 중에는 어린이들도 포함되어 있는 점, 그리고 마땅히 행할 길을 아이에게 가르치라는 잠 22:6 등 여러 말씀들이 어린이 찬양에 당연히 연관되어 있지만, 이토록 구체적이고 계시적인 말씀은 찾기 힘들 것입니다.

예수께서 이 말씀을 하신 날은 오늘날 종려주일이라고 불리는 날이었습니다. 예수님은 십자가에 달리기 바로 전에 마지막으로 예루살렘을 방문하셨지요. 그런데 요 12장에서 보듯이 그 얼마 전에 주님은 나사로를 살리셨고 그 일로 수많은 사람들이 그를 믿게 되었습니다. 그래서 그가 예루살렘에 입성할 때 많은 사람들이 그를 찬양했고 이를 본 아이들도 따라서 예수님을 찬양하였던 것입니다. 그런데 이를 본 대제사장이 가만히 있을 리 만무하였습니다. 찬양은 오직 하나님만 받으시는데, 그들 생각엔 한낱 이름 없는 젊은이에 불과한 예수가 찬양을 받다니, 이건 신성모독이었던 것이지요. 그리하여 그들은 예수님께 "아이들이 하는 찬양소리를 듣느냐? 이것이 다 네가 저들을 미혹했기 때문이 아니냐?"라고 비난하였던 것입니다. 그런데 여기서 예수님의 반응은 전혀 뜻밖이었습니다.

"너희는 '어린아이와 젖먹이들의 입에서 나오는 찬미를 온전케 하셨나이다' 함을 읽어본 적이 없느냐"라고 그들을 다그치십니다. 이 질문 앞에서 그들은 유구무언이었습니다. 그들은 성경 전체를 외우고 있다고 해도 과언이 아닌 자들이었기에 성경에 관한 한 막힘이 없는 자들이었습니다. 당시 서기관들은 다섯 수레 분량의 책을 읽어야 서기관 시험에 합격할 수 있었다는 이야기도 있습니다.

그런데 그들이 아무 말도 못한 데는 한 가지 큰 이유가 있었어요. 주님께서 원래 시편 8편에 있는 말씀인 "주의 대적을 인하여 어린아이와 젖먹이의 입으로 말미암아 권능을 세우심이여 이는 원수와 보수자로 잠잠케 하려 하심이니이다"를 그대로 인용하셨더라면 어쩌면 그들은 "그래, 그거 시편에 나오는 거다, 수십 번 수백 번 읽어서 잘 알고 있다"라고 큰 소리로 대답했을 지도 모르겠습니다. 그런데 주님은 여기서 단어를 좀 바꾸셨어요. 그러니 이거 대답하기가 아주 힘들어진 것이지요.

사실 그들이 아무 말도 못한 또 하나의 이유가 있었을 텐데요, 바로 그 시편 8:2의 뜻이 너무 어려워서였습니다. 구약의 수많은 하나님의 종들은 사실 하나님의 권위를 이 땅에 세운 사람들입니다. 그런데 그 권위를 어린아이와 젖먹이의 입을 통해서 세우시겠다는 것이 참 이해하기 힘들고 딱히 그런 예도 별로 없습니다. 바로 이토록 어려운 말씀을, 그로부터 약 천 년 후에 오신 예수께서 그의 공생애 마지막에 드디어 주석을 해주십니다. 그 말씀이 무슨 뜻인지를 말입니다.

우선 마 21:16의 내용을 생각해봅시다. "어린아이와 젖먹이의 찬미를 온전케 하셨나이다"라는 문장은 가만 보면 주어가 없습니다. 우리나라 말에 주어가 생략된 문장이 있는데 문맥상 주어가 너무 분명한 경우입니다. 정답은 당연히 "하나님"입니다. 우리나라 문장은 경어를 써서 그것이 하나님임을 암시하고 있으니 눈치가 빠른 독자들은 다 알 수 있었을 것입니다. 그렇다면 "하나님께서 어린아이와 젖먹이들의 찬미를 온전케 하셨다"라는 것이 바로 예수님께서 말씀하신 바요, 이것이 진리일진대, 이는 무슨 뜻인가요? "하나님께서 어린아이들이 찬양을 더욱 찬양답게 완성되도록 도와주신다"는 뜻이겠지요. 잘 이해가 안 가던 시편 8:2 말씀이 예수께서 단어를 조금 바꾸니 놀라운 3D 입체 그림이 그려집니다. "어린이와 젖먹이의 입으로 권능을 세우신다"는 말씀을 "어린이와 젖먹이의 입에서 나오는 찬미를 온전케 하신다"로 바꾸자 하나님의 뜻이 보이기 시작합니다. 즉 "어린이들의 찬미를 더욱 찬양답게 온전하게 하는 것은 하나님의 권위를 세우는 일"이라는 등식이 성립하는 것입니다, 할렐루야!

그런데 우주의 왕, 만유의 주, 하나님께서 어찌 아이들의 찬미에 관심이 있으시단 말인가요? 만약 관심이 없다면 그 찬양을 온전케 하실 아무 이유도 없을 테니 말입니다. 그래서 이 말씀은 생각할수록 충격적입니다. 이 말씀은 적어도 다음 두 가지 사실을 말하고 있습니다. 첫째, 어린아이들의 찬미를 온전케 하는 것은 하나님의 사역이라는 것과 둘째, 하나님은 어린이 찬양에 관심이 많다는 것이지요.
솔직히 저는 어린이 찬양에 관심이 없던 사람이었습니다. 그러나 이 예수님

의 이 말씀은 저의 관심을 변화시키기에 충분했습니다. 그리고 이 말씀은 결국 저의 일생을 변화시키는 거대한 말씀이 되었습니다.

어린이 찬양에 관심을 가져야 하는 몇 가지 이유가 있습니다. 이것은 음악교육적인 면, 성경적인 면과 인격적인 면 모두에서 그러합니다.

첫째, 찬양은 어릴 때부터 교육시켜야 제대로 가르칠 수가 있습니다. 특히 음악교육의 면에서 더욱 그러합니다. 하나님께 온전한 찬양, 극진한 찬양을 드리려면 어린이 찬양부터 시작하는 것이 바람직합니다. 어쩌면 바로 그 이유 때문에 하나님께서 어린이 찬양을 온전케 하시는지도 모릅니다. 하나님께서는 어린이들에게 놀라운 음악적 능력을 주셨습니다. 노래도 잘 따라할 수 있고, 한번 들은 노래를 잘 기억하는 능력도 주셨습니다. 그뿐만 아니라 악기를 다루는 손가락은 어려서부터 훈련할 때에 놀라운 능력에 다다를 수 있습니다. 당연히 무궁무진한 음악적 자료와 찬양곡들을 싱싱한 뇌에 저장해 놓을 수 있겠지요. 어릴 때의 음악교육이 얼마나 중요한가에 대해서는 자료가 넘치도록 많이 있습니다. 심지어 어릴 때의 음악교육이 그 아이가 자라서 어른이 되었을 때의 뇌기능을 돕는다는 연구결과도 있습니다. 구체적으로 어릴 때 음악을 배운 아이들은 어른이 되어서 언어에 훨씬 빨리 반응한다고 합니다.[1] 사실 어린이 음악교육의 중요성을 가장 잘 아시고 이것을 적용한 분은 바로 하나님 자신이십니다.

> 그러므로 이제 너희는 이 노래를 써서 이스라엘 자손에게 가르쳐서
> 그 입으로 부르게 하여
> 이 노래로 나를 위하여 이스라엘 자손에게 증거가 되게 하라
>
> (신 31:19)

여기서 쓰인 단어는 아들의 복수형입니다. 즉, 하나님께서 모세에게 말씀하시기를 이스라엘의 아들들에게 노래를 가르쳐 저들이 그 내용을 잊지 않도록 하라는 것이었으니, 하나님은 노래를 통해서 아이들이 중요한 내용을 암기하도록 하는 방법을 최초로 사용한 분이셨습니다. 음악은 언어와도 같습니다. 심지어 태아는 엄마 뱃속에서도 음악을 듣습니다. 이 귀한 시기를 놓치는 것은 사실 어린이 찬양에 아예 관심이 없다는 것을 말하는 것입니다.

둘째. 요즈음 어린이들이 당면한 세상은 너무나 위험하고 악합니다. 인터넷은 아이들이 미처 선과 악을 구별할 줄 알기도 전에 세상적 가치관을 심어줍니다. 이 죄악 된 세상에서 아이들을 보호하는 방법 중 하나가 바로 찬양교육입니다. 하나님은 이스라엘의 찬양 중에 거하신다고 시편 22:3은 말씀합니다. 아이들의 찬양을 온전케 하시는 하나님은 그들의 찬양에 당연히 거하십니다. 그러므로 매일 찬양하는 아이들은 그만큼 보호받습니다. 특히 그 찬양의 가사가 때로는 하나님 말씀 그 자체임을 생각할 때 말씀되신 하나님께서 아이들의 심령에 귀한 영의 양식을 풍성하게 공급해주실 것입니다.

셋째. 찬양교육을 통한 인격적 성숙과 자존감의 회복입니다. 오늘날 아이들은 수동적인 문화 가운데서 살고 있습니다. 버튼만 누르면 거의 실시간으로 모든 것이 가능하지만 사실 자기가 한 일은 버튼 하나 누른 일이요, 누구나 할 수 있는 일이요, 아무 노력도 들지 않는 일입니다. 그러다 보니 아이들은 인내를 배우지 못하며 보다 깊이 생각하는 능력을 배우지도 못합니다. 그러나 음악교육을 통해 아이들은 스스로 습득하는 기쁨을 배우고 인내의 열매를 얻게 되니 이 모든 것은 성숙한 인격 형성에 큰 도움이 되는 것입니다. 나아가 다른 악기와 함께 연습하고 연주하는 동안 팀워크도 배우고 앙상블의 아름다움도 체험하면서 서로를 배려하는 마음도 배워가는 것입니다. 그러므로 어릴 때부터 음악을 공부할 수 있다는 것은 정말 귀한 특권이 아닐 수 없습니다.

마지막으로 어린이 찬양교육의 중요성은 어린이들이 예배의 중요한 인도자가 될 수 있다는 사실에 있습니다. 칼뱅은 1537년 제네바에서 발표한 글에서 다음과 같이 말합니다.

> "예배는 기도가 진부하고 차갑지 않도록 열정과 열심을 주기 위해 시편의 회중찬송을 포함해야 한다. 그런데 회중은 시편가를 모르고 또 많은 사람들은 교육도 받지 못했으므로, 어린이찬양대가 이것을 잘 불러야 한다. 그러면 사람들이 이를 잘 듣고 배워서 점차로 그 음악과 가사를 따라 부르게 될 것이다."[2]

물론 이는 예배에서의 어린이찬양이 갖는 여러 중요한 기능 중 한 가지에 불과하지만 칼뱅이 어린이찬양을 공예배의 중요한 한 요소로 인정했다는 점에서 큰 의미가 있습니다. 게다가 어린이의 입장에서는 비록 어리지만 자신이 예배의 중심에 서 있다는 사실이 큰 은혜의 체험이 될 것입니다. 나아가 『기독교예배에서의 음악과 예술』이라는 책에서 말리 머콜레이(Molly M. Macaulay)는 어린이 찬양대가 성경을 낭송하도록 하면, 그들이 예배의 인도자가 되고, 이를 통해 아이들은 성경 이야기를 더욱 잘 배우게 된다고 기록합니다.[3] 결과적으로 어린이 찬양 교육은 다음과 같은 거룩한 목표를 이룬다고 할 수 있습니다.

1. 어린이들을 잘 준비된 예배자로 만드는 것
2. 어린이들에게 하나님의 아름다움을 가르치는 것
3. 그들이 하나님의 형상을 닮아가도록 하는 것
4. 그들을 세상적인 문화로부터 보호하는 것
5. 그들에게 하나님의 문화를 가르쳐서 그들이 거룩한 문화의 창조자가 되도록 하는 것

어린이찬양교육을 이야기할 때 빼놓을 수 없는 사람이 바로 마르틴 루터입니다. 그가 1533년경 자신의 아들을 위해 만든 찬양곡 〈하늘 높은 곳에서부터〉(Vom Himmel Hoch)와 〈우리를 보존하소서, 주님〉이라는 곡에 그는 동요(Kinderlied)라는 단어를 붙였는데 이는 아마도 독일 최초의 악보가 있는 동요로, 일반적으로 독일에서 동요라는 개념이 등장하는 18세기 말보다 무려 250년이나 앞선 것입니다.[4]

"Vom Himmel hoch, da komm ich her"

1. Vom Himmel hoch, da komm ich her.
　Ich bring 'euch gute neue Mär,
　Der guten Mär bring ich so viel,
　Davon ich sing'n und sagen will.

　하늘 높은 곳에서 이곳으로 내려와
　너희에게 기쁜 새 소식을 전하노라
　큰 기쁨에 대한 소식을 가지고 와
　나는 그것에 대해 노래하며 말하려 하노라
　　　　　(1절 가사 / 필자 번역)

사실 그 외에도 그는 여러 찬양곡을 만들었고 찬양집도 냈는데, 그 찬양집에는 거의 항상 이 모든 곡이 어린이를 포함한 모두를 위한 찬양곡임을 기록하고 있을 정도입니다. 이에 관하여 좋은 글이 있어 소개합니다.

마르틴 루터는 자신이 지향하는 종교개혁의 신앙적, 인지학(人知學)적, 사회적, 문화적 그리고 교육적인 목표들을 가장 잘 실현할 수 있는 매개물 또는 수단, 형식 또는 도구로서 뿐만이 아니라, 그 내용으로서 "동요"를 발견했고, 택했다. 동

제32강　345

요가 종교개혁의 내용이 될 수 있는 근거는 루터의 고백에서 분명해진다. 그는 신이 인간에게 선사한 최고의 선물임과 동시에 악마에 대항할 수 있는 수단이 바로 음악이라고 믿었는데, 그에게서 음악은 찬송가이고 찬송가의 근간은 동요다. 이처럼 루터는 교회노래(Kirchenlied, Gemeindegesang)가 갖는 고유의 힘과 본질을 인식하고 있었으므로, 이것을 어린이들 뿐 아니라 남녀노소가 예배와 회합 때에 함께 부르게 했다. 노래 부르기를 통해 그들이 악의 세력으로부터 해방되고 하나님의 자녀들임을 확신하게 된다고 그가 믿었기 때문이다.[5]

나아가 마르틴 루터는 학교교육에서도 찬양을 회복하는 등 많은 귀한 일을 했습니다.

예수님께서 "하나님께서 찬양을 온전케 하신다"라고 말씀하셨을 때 사용하신 동사 "카타르티조(καταρτίζω)"는 신약에 13번 정도 쓰였고 "온전하게 하다, 완성하다"의 뜻을 갖고 있는 중요한 단어입니다.

> 모든 선한 일에 너희를 온전케 하사(καταρτίσαι) 자기 뜻을 행하게 하시고
> 그 앞에 즐거운 것을 예수 그리스도로 말미암아 우리 속에 이루시기를 원하노라
> 영광이 그에게 세세무궁토록 있을지어다 아멘
> (히 13:21)

카타르티조는 바로 여기에 쓰인 단어입니다. 그 막중한 뜻이 마음에 느껴지나요? 바로 그렇게 하나님께서 어린이 찬양을 온전하게 만드시겠다는 뜻입니다. 그런데 이 단어에는 "고치다, 훈련하다, 연습하다" 등의 뜻도 들어있습니다.

결국 그와 같은 고단한 훈련의 과정을 거쳐야 비로소 찬양이 완성된다는 뜻입니다. 즉 이 단어는 교회가 아이들의 찬양을 완성하기 위해 아이들을 훈련시켜야 함을 가르치는 단어입니다. 나아가 이 단어의 문법적인 형태도 주목할 만합니다.

그리스어에는 아오리스트(aorist)라고 하는 특별한 시제가 있습니다. 이것은 무정시제(undefined past tense), 즉 정해지지 않은 시제라는 뜻인데, 시제가 과거일지라도 과거의 시점이 중요한 것이 아니라 그 일어난 일 자체에 초점이 맞추어지는 것입니다. 그래서 이것은 변치 않는 진리를 표현할 때도 쓰이며 그런 때는 현재로 번역됩니다. 그러니까 여기서는 "하나님께서 어린이와 젖먹이들의 찬양을 온전케 하신다"라는 변치 않는 진리를 나타내며 이는 현재로 번역하는 것이 더 적당합니다. 또 이 단어는 능동태도 수동태도 아닌 **중간태**를 취하고 있는데 그 의미는 그 일을 행한 사람에게 그 열매가 돌아온다는 뜻입니다. 만약 누가 씨를 뿌린 것이 아오리스트 중간태로 나와 있다면 그것은 '자기 자신을 위해서'라는 의미가 들어있다는 뜻이지요. 그래서 NAS, NET 등의 성경은 "for thyself" 즉 "당신을 위해서"라는 표현이 추가되어 있습니다.

>···And Jesus said to them,
>"Yes; have you never read, 'Out of the mouth of infants and nursing babes
>Thou hast prepared praise **for Thyself**?'"
>(Matt. 21:16b NAS/ 필자가 볼드체를 추가함)

결국 하나님은 자신을 위하여 어린이들의 찬양을 온전케 하시는 분이라는 내용이 담겨있으니 참으로 정확한 찬양신학적 메시지가 그 속에 들어있음을 보게 됩니다.

지난 2000년간 기독교가 해온 일이 있다면 성경적 복음을 회복하고 증거한 일입니다. 크게 보아 16세기 종교개혁까지는 성서적 복음을 회복하는 과정이요 그 이후로부터 지금까지는 복음이 전파되는 과정으로 볼 수 있습니다. 그런데 20세기에 오면서 세속주의와 배금주의, 개인주의, 인본주의 및 포스트모더니즘 등의 영향으로 교회는 많은 어려움을 겪고 있는 것도 사실입니다. 그러면서 뼈저리게 느끼게 되는 것이 바로 하나님의 권위의 회복입니다. 교회는 이제 그 무엇보다 하나님의 권위를 회복해야 합니다. 지난 이십여 년 동안 어린이 찬양사역을 하면서 저는 하나님의 권위가 세워지는 것을 많이 보아왔습니다. (찬양을 온전히 준비하는 어린 심령에 하나님의 권위가 세워집니다. 그 가정에 하나님의 권위가 회복됩니다. 믿지 않던 가장이 하나님의 권위 앞에 무릎을 꿇습니다. 그런가 하면 그 아이가 찬양할 때 교회 전체에 하나님의 권위에 대한 겸손함이 나타납니다. 이 놀라운 일이 일어나기를 하나님은 바라십니다.) 어린이와 젖먹이의 입으로 하나님은 권위를 세우시는 비법을 갖고 계십니다. 우리는 그냥 우리가 할 바만 하면 됩니다. 어린이들의 찬양을 올바로 세우는 것은 우리가(하나님의 동역자로서, 그분의 도움을 받아) 감당할 일이요, 그것으로 권능을 세우는 일은 하나님께서 하실 것입니다. 이와 같은 아름다운 동역을 통해 하나님 말씀이 이 땅에 그대로 이루어지고 하나님의 권위가 세워지고 천국이 임할 것입니다. 바로 이 말씀이 저와 여러분의 가정에서, 우리의 자녀에게서 이루어지기를 예수 이름으로 축원합니다!

저도 제일 어릴 때 생각나는 음악이 할머니와 어머니께서 늘 불러주시던 찬송가입니다. 지금으로부터 거의 60년쯤 전 이야기인데… 여전히 제 귀에 쟁쟁합니다. 참 놀랍지요? 바로 그 찬송가가 제 삶을 여기까지 인도하고 있다는 느낌을 갖습니다. 하나님 말씀처럼 우리가 어린이 찬양부터 제대로 시작한다면, 과연 우리 다음 세대에 놀라운 일이 일어날 것입니다!

기도합시다.
고마우신 아버지 하나님, 어린아이와 젖먹이들의 찬양을 온전케 하는 것이 하나님의 일일진대, 그것은 교회의 일이요, 그것은 나의 일인 것을 고백합니다. 주님, 주님의 그 사역을 잘 받들어서 이 마지막 때에 주님의 마음을 시원케 해 드리고 하나님의 권위가 세워지는 그러한 영광스러운 일이 곳곳마다 일어나게 하여주시옵소서! 예수님 이름으로 기도합니다. 아멘!

〈참고〉

2000만 원짜리 선물 (간증)

"네? 책이 2800권이나 더 있다고요? 그럴 리가 없는데요?"
"아닙니다. 분명히 세어보았습니다. 그러니 그 책을 가능한 대로 빨리 가져가시기 바랍니다. 저희 제본소는 곧 이사합니다. 죄송합니다."

2001년 3월 어느 날 걸려온 전화로 나는 매우 당황하지 않을 수 없었다. 기껏해야 이제 600~700권 정도 남아있어야 할 책이 어째서 2800권 이상 남아있단 말인가? 시가로 치면 2000만 원에 해당하는 큰 금액인데… 한편 그 많은 책을 어떻게 어디로 옮긴단 말인가? 이 이야기의 시작은 2000년 6월로, 아니 1998년 2월로 거슬러 올라간다.

1998년 2월 초 나는 친구의 위촉으로 트럼펫을 위한 찬양곡을 쓰느라 바쁜 상태였다. 그러던 어느 아침 아내가 "다른 작곡가들은 딸아이가 한나 정도 크면 딸을 위해서 작품을 쓰는데 당신은 뭐하느냐?"라고 물었다. 그러니까 아내는 드뷔시, 포레 또는 바흐를 염두에 두었을 것이리라. 갑작스럽게 공격(?)을 받은 느낌을 뒤로한 채 나는 "응, 다 생각하고 있어. 한나를 위해서는 어린이들이 찬송가로 피아노를 칠 수 있도록 교본을 만들 생각이야". 이렇게 내 입술은 천연덕스럽게 말하고 있었다. 그 말에 놀란 것은 나 자신이었다. 솔직히 별로 생각해본 일이 없었기 때문이었다. 그런데 곰곰이 생각해보니 정말 이 일은 너무나 중요하고도 시급한 일이었다. 아이들의 영혼이 세상 문화에 급속히 물들어가고 있는 이때에 성령께서는 찬송 중에 어린 영혼들을 만나고 또 보호하려 하신 것이었다. 그리하여 트럼펫 곡이 끝나기도 전에 그 음악들은 만들어지기 시작했고 마침내 그로부터 약 한 달 만에 『어린이 찬송가 피아노 교본』 60곡이 완성되었던 것이다. (이 책을 갖고 있는 사람은 곡 말미에 있는 작곡 시기를 잘 보라!)

돌이켜보면 이 곡이 만들어지면서부터 지금까지 참으로 놀라운 간증의 연속이었다. (언젠가 약 4시간 이상 걸쳐 그 간증을 한 적이 있다.) 곡을 쓰는 도중 강한 성령의 감동으로 "천 권을 기증하라"는 명령을 받은 일이며, 아직 출판비를 걱정할 단계도 되지 않았는데, "보험을 해약해서 300만 원 보냈으니, 새찬양사역 위해 쓰라"는 친구의 전화를 받은 일이며, 아무에게도 말하지 않았는데 어떻게 알고는 큰 액수의 후원금이 모여져서 책이 나올 즈음에는 아무런 경제적 어려움이 없었던 일이며… 사실 그 짧은 기간에 그 많은 곡들이 만들어진 것 자체가 성령의 역사였다. 당시 하루 10시간 이상씩 작곡에 매달렸고 곡이 써졌으니…책이 나온 후, 나는 주님의 명령에 따라 책을 기증하는 일을 하게 되니, 나 자신이 마치 무슨 막노동꾼 같기도 했다. 그 무거운 책을 몇십 권씩 들고 오르락내리락했던 순간들… 어디에 기증해야 할지 몰라 기도로 주님의 인도하심을 구하며 여기저기 전화를 한 끝에 드디어 마포의 중앙아동복지시설운영회(?)-아마 지금의 한국아동복지협회 전신인 듯-를 찾게 되어 구세주를 만난 듯 기뻤고, 이 기관을 통해 한국의 모든 고아원에 한 권 이상씩 책과 오디오 카세트테입을 기증했던 일… (참, 테이프 만들 돈이 없어 포기한 날 저녁 어떤 성가대 집사님의 후원금 100만원으로 테이프가 만들어졌던 일을 잊지 못한다.) 그러다 보니 내 손에는 굳은살이 박일 정도였다. (책은 왜 그렇게 두껍게 만들었는지! 권당 약 1Kg의 무게로 25권씩 묶여있으니 양손으로 들면 50Kg였다!) 급기야는 책을 외국의 고아원에 보내고자 인터넷을 시작했고 다행히 미국의 몇몇 고아원에서 이를 보내달라고 해서 보내기도 했다.

그러던 어느 날 신문에서 한 미국 할머니(로즈 그리핀, Rose Griffin)의 사연을 읽고 큰 감동을 받게 된 것은 다시금 놀라운 사역의 시작이었다. 우여곡절 끝에 그 할머니에게 전해드린 그 악보집은 마침내 그 할머니를 한국으로 다시 오도록 했고 그 와중에 6.25전쟁 50주년 기념식 때 5000권(!)의 책이 기증된 것이다. (자세한 이야기는 너무 길어서… 조선일보 참조/ "로즈 그리핀, 김명환" 검색)
당시 우리 새찬양후원회는 그리 넉넉한 편이 아니었다. 다행히 『어린이 찬송가 피아노 교본』을 외국 참전 용사들의 자녀들에게 선물로 주자'는 운동에 참여해서 몇몇 분이 500만 원, 250만 원씩 헌금해서 최대로 5000권의 책과 테이프를 만들어 기증할 수 있었다. 그런데 전쟁기념사업단의 모 장군님께서 이 책을 기증하게 해달라는 부탁을 듣더니 처음엔 안 된다고 하셨는데 얼마 후 기도하고 다시 찾아가자 "그럼 찬송가라는 말 빼고 6.25전쟁 50주년 기념 마크 넣어 인쇄해서 갖고 오라"고 하셨고 "그날 약 만 명이 오는데 누구는 주고 누구는 안 주냐"고 말씀하셔서 순간적으로 많은 갈등과 고민 끝에 인쇄소에 만 권을 주문했던 것이다. (주여! 우리의 형편과 처지를 아시는 주님, 나머지는 주님께서 책임지소서!)
그래서 6.25 전쟁 50주년 기념식 때 5000권이 기증되었고, 9월 28일 서울 수복에 맞춰 방문하는 해군들을 위해 국방부 군종실을 통해 3500권을 기증했고(국방일보에 기사 실림) 그 외에 다윗 성가대와 다른 여러 곳에 기증해서 대략 6~700권 남은 상태였다. 그런데 갑자기 제본소로부터 전화를 받게 되었던 것이다. 책이 2800권 넘게 남아있는데 이사를 하게 되었으니 속히 옮겨달라는 것이었다. 나는 처음엔 믿겨지지가 않았다. 만 권을 만들었으니 1~200권이 더 만들어질 수는 있는 일이지만 2000권 이상 더 만들어졌다는 것은 도무지 이해할 수 없는 일이었다. 나는 인쇄소에 전화를 걸었다. "아니, 어떻게 된 일입니까? 우리가 참전용사들에게 책을 기증한 것만 8500권이요, 그 이후 수시로 책을 조금씩 기증했으니 이제 얼마 안 남아있어야 하는데?" 인쇄소 박 주임은 "글쎄요, 저희도 잘 모르겠는데요? 그렇게 많이 차이가 나다니…"

나는 그때야 비로소 이것이 하나님의 선물임을 깨달았다. "오! 할렐루야! 그토록 힘들게 만 권을 만들게 되었는데… 주님, 당신께서는 2000권 이상을 덤으로 주셨습니다! 주님! 감사합니다!" (아직도 당시 갑자기 만 권을 만들게 되어서 새찬양후원회의 일반경비에서 갹출한 금액 중 100만 원 이상을 채워 넣지 못하고 있다.)

그러나 감사만 하고 있을 수만은 없었다. 이를 급히 옮겨야 하기 때문이었다. 행복한 비명이요 고민이었다. 그러던 어느 날 신문의 어떤 기사에 내 눈이 머물고 있었다. "호주와 필리핀, 영국의 참전용사 방문"이라는 기사였다. 나는 즉시 재향군인회의 이종봉 부장님께 전화를 걸었다. 이 부장님은 모 교회의 안수집사님으로 작년에 내가 참전용사들에게 책을 기증하려 할 때 돕겠다고 약속한 바 있었다. "부장님, 저를 기억하시겠어요? 저 김명환 교수입니다." "네 안녕하세요? 그동안 연락 못 드려 죄송합니다…" 결국 이 부장님의 도움으로 강남 팰리스 호텔과 장충동 앰배서더 호텔에 묵고 있던 약 350명의 참전용사들에게 책을 기증할 수 있었다. 할렐루야! (2001년 4월 21일, 그날은 바로 전국 어린이 찬송가 피아노 콩쿠르 예선이 있던 날이었다. 그날 저녁 장충동 신라호텔에서는 참전용사들을 위한 만찬이 베풀어지고 있었다. 나는 이 부장님의 배려로 참석, 참전용사들과 직접 만나 여러 가지 이야기를 나눌 수 있었다. 물론 그들에게 평화의 메달을 수여하는 기회도 가졌었다. 내 옆에 앉은 캐나다 베테랑에게 물으니 그에게는 피아노 치는 대학생 손자가 있다고 했다. 그 대학생에게 좋은 선물이 되기를…)

그러나 아직 2500권을 속히 치워야(!) 하는 숙제가 있었다. 나는 생각다 못해 다시 이 부장님께 천안에서 전화를 드렸다. "사정이 이렇습니다. 어차피 기증할 책인데 혹시 재향군인회에서 미리 가져가 주시면 안 될까요?" 얼마 후 감사하게도 이 부장님으로부터 응답이 왔다. "귀한 책을 기증해주셔서 감사합니다. 그 책을 우리가 차를 내어 곧 운반하겠습니다." 정말 긴장과 감격의 연속이었다. 마침내 제본소로부터 "책을 다 가져갔습니다.

감사합니다."라는 연락이 왔다.

휘유! 2000만 원어치의 선물… 그것은 하나님께서 내게 주신 선물이었고, 함께 이를 위해 헌신한 분들에게 주신 선물이었으며, 또한 2000명의 6.25 참전용사들에게 주신 선물이었으며, 결국 2000명의 그들의 손자 손녀들에게 주신 선물이었다. (그리고 실제로 그것은 2000만 원과 비교할 수 없는 가치를 지닌 영적 선물이었다!) 할렐루야!

간증후기 (2022년 7월)

『어린이찬송가피아노교본』 이 책을 기증하느라 바빴던 그때에 주님께서는 드디어 얼마 지나지 않아 국제적인 대회로 성장하게 될 일을 시작하셨으니, 바로 "전국 어린이찬송가 피아노콩쿠르"…

책을 출판해서 판매도 하고 기증도 하던 중 전화 한 통을 받게 되었는데… "저는 피아노학원 원장인데요, 이번에 교수님 내신 악보에 있는 곡으로 음악회를 준비했어요. 혹시 시간이 되시면 오셔서 평도 해주시고 기도도 해주시면 감사하겠습니다."라는 내용이었다. 너무 기뻐서 그날 가서 아이들 연주를 보며 행복했고, 원장님 말씀처럼 평도 해주고 기도도 해주었다. 그런데 그 경험은 내게 또 다른 비전을 보여주었다. "그냥 악보만 내는 것보다, 이렇게 대회를 열어주면 아이들이 더 열심히 찬양을 준비하게 될 것이다… 그렇게 최선을 다하여 준비하면 분명 하나님께서 기뻐하실 것이다. 그렇다! 피아노찬양콩쿠르! 참으로 놀라운 비전이었다. (당일 순서지를 이 글 말미에서 볼 수 있다.) 이 비전은 점점 구체화되었고 당시 할렐루야교회의 다윗성가대 지휘자로서 또 찬양전도사로서 교회 전체의 찬양사역을 책임지고 있었던 나는 2001년 교회 찬양사역 기안을 올리는데 이를 5월 행사로 포함해서 올렸고… 그리고 당회에서 보기 좋게 부결되었다! 왜냐하면 당시 IMF 사태로 인해 대한민국이라는 배가 침몰 일보직전이었고, 공교롭게도 새 성전 건축 중이었던 할렐루야교회는 직격탄을 맞게 되어, 목사님 사례까지 깎이던 시절이었으니… 그러니까 늘 하던 사역도 중단해야 하는데 새로운 사역이 시작된다는 것은 전혀 불가능한 시절이었으니, 당회에서 이 행사계획이 부결된 것은 너무도 당연하였다. 그런데, 주님은 주께서 어린이 찬양을 얼마나 기뻐하시는가를, 이 불가능한 상황에서 이 대회를 가능하도록 만드심으로 분명히 보여주셨다. 다음 번 당회에서 그 결정은 평화롭게 뒤집어졌고, 교회 지원 한 푼 없이 이 대회를 열겠노라고 약속한 찬양위원회에게 공은 넘어왔다. 그리고 주님은 이적을 행하사 이 놀라운 대회가 시작되도록 하셨고… 그 첫 대회 때 전국에서

60팀이 와서 교회를 찬양이 가득 찬 천국으로 바꿔놓았다. 그리고 천만 원이 넘는 그 모든 경비가 다 채워졌다!

나는 평생 대회 당일의 체험을 잊을 수 없다. 토요일 아침… 교회에 가보니 이미 수많은 어린 천사들이 와있었고, 교회의 피아노란 피아노에는 다 들러붙어서 열심히 찬양곡을 연주하고 있었다. 게다가 얼마나 예쁘게들 입고 왔는지…! 할렐루야교회가 꽤 큰 교회인데 여기저기서 피아노 찬양이 울려 퍼지고 아이들의 즐거운 대화 소리가 들리니, 여기가 곧 천국이었다. 그렇게 사막에서 꽃이 피듯, 불가능한 가운데서 시작된 새찬양축제는, 해를 거듭할수록 더 많은 아이들이 참가하게 되어, 3회 때는 100명이 참가하게 되고, 4회 대회가 열린 2004년부터는 미국 버지니아주에서도 열리게 되었고, 2007년에는 중국의 북경과 상해에서도, 그리고 그 이듬해에는 중국 남부의 제일 큰 도시인 광저우에서도 열리게 되었다. 그리고 2012년에는 처음으로 원주민교회에서 열리게 되었으니 이를 비전 60/2020이라 부른다. 미국교회, 브라질 리우데자네이루(Rio de Janeiro)의 현지인 교회에서 열리게 된 새찬양축제는 수많은 어린이들의 삶을 찬양으로 변화시키기 시작했으며, 2015년에는 케냐의 나이로비에서, 또 인도의 아쌈지역에서 시작되어 점차 글로벌대회로서의 면모를 갖추게 된다.

그리고 2020년 팬데믹으로 모든 대회가 취소되는 어려움을 겪었지만, 오히려 주님께서 주신 아이디어로 글로벌 새찬양동영상축제를 열게 되어, 2020년에 전 세계 60개 도시에서, 그리고 2021년 70개 도시에서 수백 명의 아이들과 청소년들이 참가하여 대성황을 이루었다. 그 한 걸음 한 걸음의 간증은 여기 다 쓸 수 없으나, 마침 **"비전 60/2020의 탄생과 성취"**라는 글로 볼 수 있으니 아래 QR코드를 스캔해보기 바란다. (관련 사진, 지도 포함/ 파일이 약 200 MB 정도라 다운받는 데 시간이 좀 걸림) 이 모든 것을 이루신 주님께 감사와 찬양을 올립니다!

제 2 회 샘터음악회

1998년 8월 14일(금) 오후 2시
샘터음악학원
(주공 3단지 정문 앞)

순서

1. 윤희준 : 작은별
2. 김샛별 : 작은별
3. 오수민 : 비행기
4. 이유진 : 숲속의 음악가
5. 유치부 -노래- 작은 별, 주먹쥐고
6. 손민지 : 너는 내 동무 (임정은)
7. 김보미 : 뱃노래 (Weber)
8. 이광효 : 친구
9. 김대연 : 에델바이스 (리차드 로저스)
10. 소익종 : 소풍 (외국곡)
11. 김재민 -단소- 작별
12. 김동현 : 눈 (박태현)
13. 정혜중 : 조국찬가 (스테페)
14. 박태현 : 앞으로 앞으로
15. 곤사라 : 춤추는 갈매기
16. 1·2학년 -노래- 개구리, 여름 냇가 (L.H.Labriel)
17. 최다송 : 사론의 꽃 예수 (가브리엘/김명환 편곡)
18. 이유정 : 맑은 시냇물
19. 신만균 : 슈베르트 자장가
20. 3·4학년 -단소- 아리랑, 널니리야
21. 정혜승 : Sonatine (F.Kuhalan op.55, No.1)
    2악장 vivace
22. 김부신 : Sonatine (J.L.Dussek op.20, No.1)
    1악장 Allegro non tanto
23. 김보라 : Sonate 3 (Haydn) 1악장 Allegro con brio
24. 김보라, 박지은 -연탄-
    허락하신 새 땅에 (P.P.Bilhorn/김명환 편곡)
25. 박지은 : Sonatine (F.Kuhalan op.55, No.1)
26. 신소연 : Sonate (L.V Beethoven op.49 No.2)
    1악장 Allegro ma. non troppo.
27. 노혜련, 신소연 -연탄-
    주의 친절한 팔에 안기세 (A.J.Showalter/김명환 편곡)
28. 노혜련 : Sonate (L.V. Beethoven op.59, No.2)
    2악장 Tempo di Mennetto
29. 5·6학년 -단소- 도라지타령, 천안삼거리

(글로벌새찬양축제의 전신인 "전국 어린이찬송가피아노콩쿠르"가
시작되는 데 동기를 부여한 작은 음악회)

1 https://www.miracle-recreation.com/blog/music-education-in-early-childhood/?lang=can

2 이와 거의 비슷한 내용을 다음 논문에서 볼 수 있다.
이승희, 칼뱅의 교회음악사상 (정규오 목사 은퇴 기념 논총, 1999), 391.

3 The choir then becomes leaders of worship by offering the Scripture and, at the same time, learns the words and stories of the Bible.
R. Webber, *Music and the arts in Christian worship*, 1st ed., Vol. 4 (Star Song Pub. Group, 1994), 471.

4 여기에 대한 보다 자세한 내용을 다음 글에서 볼 수 있다.
임채홍, 동요 장르의 선구자 및 음악교육자로서의 종교개혁가 마르틴 루터 (Project number: 2016S1A5B5A07919457, 2018), 11-16.
(https://www.krm.or.kr/krmts/link.html?dbGubun=SD&m201_id=10074029&res=y)

5 임채홍, 위 동일 논문에서 발췌.

제33강

마태복음 23:39

예수님의 찬양론(3): 찬양의 큰 그림

내가 너희에게 이르노니 이제부터 너희는
찬송하리로다 주의 이름으로 오시는 이여 할 때까지 나를 보지 못하리라 하시니라
(마 23:39)

성경을 공부하는 방법 중 거시적인 방법이 있습니다. 사실 하나님의 스케일이 워낙 방대하니 우리가 그 크신 하나님의 뜻을 어찌 다 알 수 있을까요? 그러나 오늘 예수님께서 말씀하신 본문을 묵상하며 최소한 성경에 나타난 찬양의 큰 그림만이라도 이해할 수 있다면 그만큼 하나님을 더 이해할 수 있고 그만큼 하나님을 잘 섬길 수 있을 것이란 생각이 듭니다. 이제 성경에 나타난 찬양의 큰 그림을 보겠습니다.

하나님께서 창조를 시작하실 때, 새벽별과 하나님의 아들들의 찬양이 우주 가득 울려 퍼졌습니다.

1 그때에 여호와께서 폭풍우 가운데에서 욥에게 말씀하여 이르시되
2 무지한 말로 생각을 어둡게 하는 자가 누구냐
3 너는 대장부처럼 허리를 묶고 내가 네게 묻는 것을 대답할지니라
4 내가 땅의 기초를 놓을 때에 네가 어디 있었느냐 네가 깨달아 알았거든 말할지니라
5 누가 그것의 도량법을 정하였는지,
누가 그 줄을 그것의 위에 띄웠는지 네가 아느냐

6 그것의 주추는 무엇 위에 세웠으며 그 모퉁잇돌을 누가 놓았느냐
7 그때에 새벽 별들이 기뻐 노래하며 하나님의 아들들이 다 기뻐 소리를 질렀느니라
(욥 38:1-7)

그리고 시편 148편에서 보듯이 우주의 찬양이, 또 지음 받은 모든 피조물들과 인간의 찬양이 그때부터 시작되었겠지요?

할렐루야 하늘에서 여호와를 찬양하며 높은 데서 찬양할찌어다
그의 모든 사자여 찬양하며 모든 군대여 찬양할찌어다
해와 달아 찬양하며 광명한 별들아 찬양할찌어다
하늘의 하늘도 찬양하며 하늘 위에 있는 물들도 찬양할찌어다
그것들이 여호와의 이름을 찬양할 것은 저가 명하시매 지음을 받았음이로다
저가 또 그것들을 영영히 세우시고 폐치 못할 명을 정하셨도다
너희 용들과 바다여 땅에서 여호와를 찬양하라
불과 우박과 눈과 안개와 그 말씀을 좇는 광풍이며
산들과 모든 작은 산과 과목과 모든 백향목이며
짐승과 모든 가축과 기는 것과 나는 새며
세상의 왕들과 모든 백성과 방백과 땅의 모든 사사며
청년 남자와 처녀와 노인과 아이들아
다 여호와의 이름을 찬양할찌어다 그 이름이 홀로 높으시며
그 영광이 천지에 뛰어나심이로다
저가 그 백성의 뿔을 높이셨으니 저는 모든 성도 곧 저를 친근히 하는
이스라엘 자손의 찬양거리로다 할렐루야
(시 148)

그 이후 구체적인 이스라엘 역사 속의 기념비적인 사건들, 즉, 모세의 출애굽, 다윗 왕의 법궤 영접식, 솔로몬의 성전 봉헌식, 히스기야왕의 율법갱신, 스룹바벨 성전 건축, 느헤미야의 예루살렘 성곽 낙성식 등, 때에 맞춰 울려 퍼진 찬양들을 일일이 다 설명하는 것은, 큰 그림을 이야기하기로 했으므로 여기서는 생략하기로 하겠습니다.

그다음 우주적인 찬양은 예수님의 탄생과 함께합니다.

10 천사가 이르되 무서워 말라 보라
내가 온 백성에게 미칠 큰 기쁨의 좋은 소식을 너희에게 전하노라
11 오늘날 다윗의 동네에 너희를 위하여 구주가 나셨으니 곧 그리스도 주시니라
12 너희가 가서 강보에 싸여 구유에 누인 아기를 보리니
이것이 너희에게 표적이니라 하더니
13 홀연히 허다한 천군이 그 천사와 함께 있어 하나님을 찬송하여 가로되
14 지극히 높은 곳에서는 하나님께 영광이요
땅에서는 기뻐하심을 입은 사람들 중에 평화로다 하니라
15 천사들이 떠나 하늘로 올라가니 목자가 서로 말하되
이제 베들레헴까지 가서 주께서 우리에게 알리신바 이 이루어진 일을 보자 하고
(눅 2:10-15)

신약은 예수님 탄생으로 시작됨을 생각할 때 이 천군천사들의 찬양은 신약을 알리는 팡파르와 같습니다. 이것은 욥기 38:7의 천지창조의 찬양, 즉 구약의 시작을 알리는 팡파르와 짝을 이룹니다. 아마도 천지창조 때 동원되었던 천군천사들의 합창단이 예수 탄생 때 다시 동원되어 찬양했다고 생각해보면 시간과 공간의 찬양의 스케일이 얼마나 거대한가 하는 것이 느껴질 것입니다.

그리고 다음 말씀들은 예수께서 이 땅에 계실 때 지구 한구석 이스라엘 예루살렘에서 울려 퍼진 찬양들을 기록하고 있습니다. 우주적이지는 않지만 이 땅에 계신 하나님께 드린 귀한 찬양입니다. 마태와 누가는 각기 같은 장면을 다르게 기록하고 있는데, 이것은 우리에게 그 상황을 더 입체적으로 보여줍니다. 우선 누가복음 19장의 기록을 보겠습니다.

> 35 그것을 예수께로 끌고 와서 자기들의 겉옷을
> 나귀 새끼 위에 걸쳐 놓고 예수를 태우니
> 36 가실 때에 그들이 자기의 겉옷을 길에 펴더라
> 37 이미 감람산 내리막길에 가까이 오시매 제자의 온 무리가 자기들이 본 바
> 모든 능한 일로 인하여 기뻐하며 큰 소리로 하나님을 찬양하여
> 38 가로되 찬송하리로다 주의 이름으로 오시는 왕이여
> 하늘에는 평화요 가장 높은 곳에는 영광이로다 하니
> 39 무리 중 어떤 바리새인들이 말하되 선생이여 당신의 제자들을 책망하소서 하거늘
> 40 대답하여 이르시되 내가 너희에게 말하노니
> **만일 이 사람들이 침묵하면 돌들이 소리 지르리라 하시니라**
> (눅 19:35-40)

예루살렘에 어린 나귀를 타고 입성하실 때에 예수님은 제자들의 찬양을 참으로 마땅히 여기시고 기뻐하셨습니다. 특별히 돌들의 찬양을 말씀하심으로 그분이 마땅히 찬양을 받으실 창조주 되심을 보여주시며, 모든 만물이 주님을 찬양하고 있음을 알려주셨습니다.

이와 겹쳐지는 장면인 마태복음 21:6-9에는 이렇게 기록되어 있습니다.

> 6 제자들이 가서 예수께서 명하신 대로 하여
> 7 나귀와 나귀 새끼를 끌고 와서 자기들의 겉옷을 그 위에 얹으매
> 예수께서 그 위에 타시니
> 8 무리의 대다수는 그들의 겉옷을 길에 펴고 다른 이들은 나뭇가지를 베어 길에 펴고

> 9 앞에서 가고 뒤에서 따르는 무리가 소리 높여 이르되
> **호산나 다윗의 자손이여 찬송하리로다**
> **주의 이름으로 오시는 이여 가장 높은 곳에서 호산나 하더라**
> (마 21:6-9)

그리고 나서 15절부터 누가가 기록하지 않은 내용이 나옵니다.

> 15 대제사장들과 서기관들이 예수께서 하시는 이상한 일과 또 성전에서 소리 질러
> 호산나 다윗의 자손이여 하는 어린이들을 보고 노하여
> 16 예수께 말하되 그들이 하는 말을 듣느냐 예수께서 이르시되
> 그렇다 어린 아기와 젖먹이들의 입에서 나오는 찬미를 온전하게 하셨나이다 함을
> 너희가 읽어 본 일이 없느냐 하시고
> 17 그들을 떠나 성 밖으로 베다니에 가서 거기서 유하시니라
> (마 21:15-17)

이 장면은 예수께서 아마도 처음이자 마지막으로 이 땅에서 찬양받으시는 장면이라는 점에서 참 중요한 장면인데요, 사실 그분은 삼위일체 하나님이시요, 마땅히 찬양받으셔야 하지만 그 모든 것을 내려놓고 세상에 오셨습니다. 그러나 예수께서 십자가를 지시기 얼마 전에 나사로를 살리신 것을 본 사람들이 예루살렘에 입성하시는 예수님을 환영하며 찬양했고 그 어른들을 본떠서 아이들이 찬양했습니다. 그리고 이때(지난 시간에 살펴본 바와 같이) 예수님은 어린이 찬양의 비밀에 대해 너무 귀한 가르침을 주셨지요. 놀랍게도 하나님은 우리가 별로 중요하게 여기지 않는 작은 어린이들의 찬양에 무척 관심이 많으심을 보여주시는 말씀입니다.

오늘 본문 말씀은 예수께서 자신이 천국에 갔다가 다시 오실 때의 찬양에 대해 직접 말씀하시는 장면입니다.

> 내가 너희에게 이르노니 이제부터 너희는
> 찬송하리로다 주의 이름으로 오시는 이여 할 때까지
> 나를 보지 못하리라 하시니라
> (마 23:39)

이 말씀은 예수께서 예루살렘을 두고 한탄하시는 장면으로 37절부터 읽어보아야 합니다. 사실 23장의 앞부분은 전부 서기관과 바리새인에 대한 꾸짖음으로 이 장 전체가 예수님의 고통스러운 마음으로 가득합니다. 마지막에 주님은 "내가 다시 올 때까지 더 이상 나를 보지 못하리라"고 하셨는데, 실제로 이 말씀은 그의 공생애에서 대중에게 하신 마지막 말씀입니다. 24, 25장은 그가 제자들에게 이야기하시는 말씀이요, 26장에서 그는 체포되기 때문입니다. 여기서 예수는 시편 118:26을 거의 그대로 인용하시는데, 이는 그가 아마도 며칠 전에 예루살렘에 입성하실 때 사람들이 역시 그 시편으로 찬양했기 때문일 것입니다.

> 37 예루살렘아 예루살렘아
> 선지자들을 죽이고 네게 파송된 자들을 돌로 치는 자여
> 암탉이 그 새끼를 날개 아래 모음같이 내가 네 자녀를 모으려 한 일이 몇 번이냐
> 그러나 너희가 원치 아니하였도다
> 38 보라 너희 집이 황폐하여 버린 바 되리라
> 39 내가 너희에게 이르노니 이제부터 너희는
> 찬송하리로다 주의 이름으로 오시는 이여 할 때까지 나를 보지 못하리라 하시니라
> (마 23:37-39)

여호와의 이름으로 오는 자가 복이 있음이여
(우리가 여호와의 집에서 너희를 축복하였도다)
Blessed (בָּרוּךְ/ 바루크) is the one who comes in the name of the Lord;
(시 118:26)

그런데 이 말씀과 마 21:9을 비교해보면 흥미로운 내용을 볼 수 있습니다.

호산나 다윗의 자손이여 찬송하리로다(Εὐλογημένος) 주의 이름으로 오시는 이여
가장 높은 곳에서 호산나 하더라
(마 21:9)

마 21:9에서 쓰인 원어 율로게메노스는 이미 우리가 9강에서 배운 찬양이라는 단어 "율로게오"인데요, 문법적으로는 수동태 현재분사로, 예수께서 지속적으로 찬양받으시는 분임을 나타냅니다. 이것은 시편 118:26에도 마찬가지인데요, 여기서도 찬양하다라는 단어 "바라크"의 수동태 현재분사 바루크가 쓰였습니다. 그러므로 "찬송하리로다"라는 명령문보다는 영어성경의 Blessed처럼 "찬양받으소서"가 더 정확하며, 바라크나 율로게오의 원뜻을 생각한다면 "송축받으소서"라는 표현이 아마도 가장 알맞을 것입니다.

예수께서는 마치 영화 보듯 그 먼 장래의 일을 증거하십니다. 그날은 이제 전 세계의 역사가 끝나는 날이요, 심판의 날입니다. 참으로 어마어마한 그리고 전무후무한 재앙의 날이 될 것입니다. 사도바울은 이 마지막 날을 다음과 같이 묘사합니다.

주께서 호령과 천사장의 소리와 하나님의 나팔 소리로 친히 하늘로 좇아
강림하시리니 그리스도 안에서 죽은 자들이 먼저 일어나고
그 후에 우리 살아남은 자도 저희와 함께 구름 속으로 끌어 올려 공중에서

주를 영접하게 하시리니 그리하여 우리가 항상 주와 함께 있으리라

(살전 4:16-17)

그래서 예수님은 열 처녀의 비유 등으로 사람들에게 미리 잘 준비하라고 여러 번 경고하셨습니다. 그런데 믿는 자들에게는 그날은 신랑 되신 예수님을 만나는 날이요, 천국잔치의 시작이라고 말씀하십니다. 특히 그날은 다시 오시는 주님을 찬송하는 날이라고 말씀하십니다. 롬 8장에서 모든 피조물이 하나님의 아들이 나타나심을 고대한다고 했는데 마침내 하나님의 아들 예수님이 재림하시니 온 우주 만물이 기뻐서 찬양 드리는 날이 될 것입니다. 그리고 계시록에는 천상의 찬양의 장면이 매우 구체적으로 묘사됩니다. 드디어 찬양받으시는 하나님께 모든 만물이 찬양하는 것을 장차 구원받은 우리 모두 목도하게 될 것입니다.

내가 또 보고 들으매 보좌와 생물들과 장로들을 둘러 선
많은 천사의 음성이 있으니 그 수가 만만이요 천천이라 큰 음성으로 가로되
죽임을 당하신 어린 양이 능력과 부와 지혜와 힘과 존귀와
영광과 찬송을 받으시기에 합당하도다 하더라
내가 또 들으니 하늘 위에와 땅 위에와 땅 아래와 바다 위에와
또 그 가운데 모든 만물이 가로되 보좌에 앉으신 이와 어린 양에게
찬송과 존귀와 영광과 능력을 세세토록 돌릴지어다 하니
네 생물이 가로되 아멘 하고 장로들은 엎드려 경배하더라

(계 5:11-14)

오래전에 제가 욥기 38장 말씀을 통해서 천지창조 때 큰 찬양페스티벌이 열렸었다는 것을 알았을 때의 충격을 잊을 수 없습니다. 신약에서는 누가복음 2장을 통해 예수 탄생 때 천군천사가 함께 찬양하는 큰 찬양축제가 열렸다는 것을 알고 있었지만 그때까지 누구에게서도 천지창조를 축하하기 위한 찬양축제가 열렸었다는 것에 대해 들어보지 못했기에 더더욱 놀라웠습니다. 그 순간 갑자기 구약과 신약이 하나가 되는 듯한 느낌이 들었고 하나님의 찬양에 대한 원대한 계획과 우주적인 스케일이 제 마음에 그려졌습니다. 그리고 그 놀라움은 계시록 5장의 찬양에서 더욱 큰 감동으로 변했고 마침내 제 삶을 온전히 바꾸는 원동력이 되었습니다.

성경을 자세히 보면 천지창조부터 예수님 재림하실 때까지 정말 중요한 순간에는 항상 찬양이 정성껏 준비되었고, 이스라엘 역사의 중요한 순간마다 극진한 찬미의 제사가 드려졌습니다. 이것은 교회에 그대로 적용됩니다. 특히 교회가 예수 그리스도의 몸일진대 더더욱 그렇습니다. 구체적으로 교회의 중요한 날, 행사 등에 찬양이 잘 준비되어 드려져야 합니다. 새 노래가 울려 퍼지고 찬양이 선포되어져야 합니다. 각종 악기들로 찬양하고 잘 훈련된 성가대가 마치 솔로몬 성전 봉헌식 때와 같은 감격으로 찬양해야 할 것입니다.

이것은 큰 교회만 할 수 있는 일이 아닙니다. 아주 작은 교회에서 기타 치는 젊은이 한 사람만 있어도 최소한 새로운 곡을 준비해서 찬양하고, 새로운 악기로 찬양하고, 새로운 찬양팀이 구성되고, 작은 성가대지만 새로운 단원이 합류하면서, 찬양에 대한 말씀을 배우며, 함께 음악을 공부하며, 조금씩 조금씩 나아질 수 있습니다. 또 성도들이 찬양대를 섬기고 위해서 온 교회가 기도하면 놀라운 일들이 일어날 것입니다. 모두 힘내시길 바랍니다. 그리고 과연 하나님의 영광의 구름이 교회를 덮을 것입니다. 그리고 그 구름은 마침내 온 세계를 덮을 것입니다. 할렐루야!

모두들 말합니다. 이제 마지막 때라고, 말세지말이라고 말합니다. 세상이 말할 수 없이 타락해가는 것을 볼 때, 저도 곧 종말이 올 것이라는 느낌을 강하게 받고 있습니다. (설사 내일 예수님이 재림하신다 해도 전혀 이상하지 않을 정도로…) 그렇다면 우리 교회가 할 일이 있습니다. 바로 예수 재림을 축하하는 찬양축제가 그것입니다. 천지창조와 예수 탄생을 기념하는 찬양축제는 천사들이 준비했다면, 예수님 재림을 축하하는 찬양축제는 이제 교회가 준비해야 하지 않을까요?

물론 예수께서 언제 오실지 아무도 알 수가 없으므로 어떤 날과 장소를 정할 수는 없을 것입니다. 그러나 우리 모두가 그리스도를 닮아가며, 그를 땅끝까지 전하는 삶, 교회를 위한 봉사와 성도의 아름다운 교제, 그리고 이 모든 것을 담아 올리는 우리의 찬양이야말로 예수님 재림 때에 가장 듣고 싶으신 찬양의 축제가 아니겠습니까? 그리고 교회가 이런 종말론적 신앙으로 무장한다면 교회에 대한 어떤 사단의 공격과 방해도 능히 이겨낼 수 있을 것입니다. 역대하 20장에서 우리는 성가대가 영적 전쟁의 선봉에 서있다는 것을 배웠습니다. 이제 온 교회가 다시 오실 주님을 맞이할 찬양을 부르며 영적으로 준비하는 성가대가 되어 이 마지막 시대의 아마겟돈 전쟁에서 반드시 승리하시기를 예수 이름으로 축원합니다!

기도하겠습니다.
고마우신 아버지 하나님, 성경에 나타난 큰 그림을 잠깐 생각해보았습니다. 얼마나 하나님의 스케일이 큰지 우리는 도무지 감당할 수가 없습니다. 이 우주적인 찬양 앞에서 우리는 얼마나 우리자신이 작은 자인지를 깨닫습니다. 주님, 그럼에도 불구하고 하나님께서는 우리를 자녀 삼아주셨고 자녀들의 찬양을 듣기를 소망하신다는 것을 생각할 때, 주여, 우리가 정성을 다해서 메오드의 찬양으로 예수님의 재림을 준비하게 하옵소서. 예수 이름으로 기도합니다. 아멘!

〈참고〉

간증: 마지막 새벽기도

엊그제 어머니와 함께하는 마지막 새벽기도를 드렸다.
(그날 저녁 캄보디아로 떠났고, 언제 다시 올 지는 잘 모르기 때문에… 당분간은 그럴 일은 없을 것이기 때문에…)

새찬양축제, 찬양신학강의 등으로 해외에 다닐 때, 한국을 경유하게 되거나 한국에서 일정이 있는 경우 대개 부모님 댁에서 묵게 되는데, 그럴 때면 그 어떤 다른 나라에서도 경험할 수 없는 한 가지 특별한 축복이 있다. 바로 어머님과 함께 새벽기도를 다니는 일이다. 어머님이 새벽기도를 시작하신 때는 우리가 은평구 응암동에 살 때로 기억된다. 내가 거기 살 때 대학에 입학했으니(77년), 족히 45년은 되었을 것이다. 물론 그 이전에 내가 초등학교 때 부산에 살 때도, 그 이전에 내가 의정부 유치원에 다닐 때도, 아니 서울에서 갓 태어난 아기였을 때부터 어머님은 늘 기도하셨고 찬양과 예배로 우리 삼남매를 키우셨다. (내가 아주 어려서 얼마나 어렸는지 모를 때부터 어머님이 불러주시던 찬송가가 귀에 여전하니…)

그 어머니의 기도가 오늘의 나를 있게 했다. 심히 부족한 자, 참으로 부끄러운 죄인을 여기까지 인도해주신 주님… 오직 십자가의 보혈로 구원해주시고 자녀 삼아 주시고 사용해주신 주님… 그 크신 은혜를 어찌 다 말 할 수 있으랴! 또한 주님은 내 어머니의 기도를 들으셨고 그 기도에 따라 놀라운 은혜를 베푸셨으니… 그저 주님께 감사하며 어머님께도 감사하다.

살다 보면, 누구나 한두 번쯤은 정말 기적같이 위험을 벗어난 적이 있을 것이다. 그런 위험이 늘 어디에서나 도사리고 있는 이 세상에서 누군가, 특히 나를 제일 사랑해주시는 어머님이 매일 나의 안전을 위해 기도해주신다는 사실처럼 고마운 것이 또 없을 것이다. 나는 사역 때문에 정말 많은 곳을 돌아다녀야 했고, 늘 새로운 곳을 다녀야했으므로, 그만큼 길에서 위험한 적이 많았다. 게다가 부자 나라보다는 인도, 남미, 아프리카, 동남아시아 등 가난한 나라를 더 많이 방문했으므로, 안전과는 별로 관계없는 삶을 산 적이 많았다. 인도에서는 더운 여름에 과하티(Guwahati)부터 콜카타(Kolkata)까지 거의 20시간 정도 걸리는 밤기차를 타고 이동한 적이 있는데, 그 후 얼마 안 되어 인도의 그런 밤기차가 탈선하여 수십 명의 사상자를 냈다고 한국 신문에까지 났다. 가슴이 철렁하였다. 인도에서는 대개 너무 오래된 기차들이 아주 오래된 철로 위를 수십 시간씩 달리다 보니, 그런 사고가 언제 또 일어나도 전혀 놀라운 일이 아니다. 아르헨티나에서는 부에노스아이레스(Buenos Aires) 근처의 작은 도시에서 새찬양축제를 마치고 밤늦게 돌아오는 길에 우리 차가 고속도로를 탔는데, 운전하시는 선교사님이 너무 피곤한 나머지 거의 졸면서 운전하여 출구를 놓치기를 반복하였다. (나중에 알고는 가슴을 쓸어내리기도…) 여름에도 선선한 해발 2600m 정도 높이에 있는 볼리비아의 도시 코차밤바(Cochabamba)에서는 그곳 아벨 목사님과 함께 차를 타고 그보다 약 1000미터 높은 산꼭대기 마을에 예배드리러 방문한 적이 있는데, 산을 굽이굽이 감싸며 올라가는 좁은 흙길에 울타리도 없고 겨우 차 한 대가 움직일 만한 너비의 길도 있는데, 그 옆은 천 길 낭떠러지라 '이럴 줄 알았으면 미리 아내에게 전화라도 하고 올걸…'이라는 생각이 들 정도였다. 헌데 아벨 목사님은 그런 길을 몇 년째 매주 복음 전하러 다닌다고, 마치 아무 일도 아닌 것처럼 신나게 차를 모니… 정말 온몸이 쪼그라드는 듯하였다. 길을 따라 올라가면서 보니 길가에 하얀 돌들이 몇 개 놓여있어 그게 무엇인가 물어보니, 그곳에 차가 떨어져서 사람이 죽은 곳이라고… (아이고 무시라…) 그런데 좀 더 올라가다 보니 길가에 하얀 작은 기념비 같은 것이 있어서, 그건 또 무엇인가 물어보니, 거긴 트럭이 떨어져서 사람들이 많이 죽은 곳이라고… 속으로 '이럴 줄 알았으면 여기 안 오는 건데…' 생각했지만 이미 늦었다. 그렇게 고비고비를 넘기며 여기까지 왔으니… 그저 어머님의 기도와 여러 동역자들의 기도의 덕분이요, 주님의 은혜가 아닐 수 없다.

어머니와 함께 새벽기도를 가는 시간이면, 그 손을 잡고 가며 나는 마치 옛날로 돌아가는 듯하였다. 엄마 손을 잡고 어디를 가든 즐거웠던 옛날… 그러나 이제 좀 변한 것이 있다면 어머니의 손이다. 이제는 더 이상 나를 안아주던 그 옛날의 섬섬옥수가 아니라, 혈관이 튀어나오고 피부에 검버섯이 피고, 쭈글쭈글하고 관절들이 두드러진 노인의 손이다. 그러나 그 손은 여전히 따뜻하고 여전히 나의 손을 잡아주고, 멀리서 아들이 왔다고 여전히 국을 끓여내고 며칠 전부터 김치를 담가놓은, 세상 어디에도 없는 손이다…

새벽기도 가는 길에도, 또 교회에서 어머니 옆에서 조금 떨어져서 기도할 때도 나는 그 손을 잡아본다. 세상에서 가장 귀한 손… 핏덩이였던 나를 매일 먹이시고 입히시고 키워낸 바로 그 손이다. 누군가 말했던가, 하나님께서는 그 사랑으로 우리를 사랑하고자 어머니의 손을 보내셨다고… 하나님께서 보내주신 손이니 내게는 가장 귀하고 아름다운 손이다. 그 옛날엔 그 손으로 나를 이끄셨지만 이제는 인덕원역 근처의 넓은 차도를 잰걸음으로 건너며 내가 이끄는 손이다.

이제는 장남인 내가 가까이서 모셔야 할 텐데, 그 장남은 방금 안식년을 마치고 이제 제2기 사역을 시작해야 한다고 곧 사역지로 떠난다니… 나는 효도하고는 거리가 아주 먼 불효자 장남이다. 대학을 7년 만에 졸업하고 공중보건의로 군의관까지 다 마치고 친구들 개업할 때 나는 아내와 함께 그 먼 비엔나로 작곡유학을 떠났다. 이제 아들 다 키워놓으셨으니 효도 좀 받아보실 나이인데… 효도는커녕 우리가 떠나던 그 김포공항에서 어머님은 눈물로 우리를 배웅하셨다. 그 눈물의 무게를 누가 알겠는가? 아직도 그때 어머님의 모습이 눈에 선하다… "어머니, 불효자를 용서하소서!" 속으로 외쳤건만 그것이 어머님께 무슨 도움이 되겠는가? 어머님은 아들이 교회음악 작곡을 공부하여 하나님께 영광 돌린다고 하니, 신앙으로 그 아들의 효도를 포기하고 오직 기도로 그 아들을 도와주셨다… 그렇게 9년여 만에 귀국한 그 아들은, 그때부터 무슨 대단한 일을 하지도 못하고… 여기저기 대학에 시간강사로 다니며 그저 교통비나 벌고 다녔으니… 어머님은 얼마나 답답하셨을까?

그러나 어머님의 기도는 점차 이적의 문을 열기 시작했고, 나는 비엔나에서 공부한 것을 하나님 찬양하는 데 쓰기 시작했다. 그리고 아내의 도움으로 만들게 된 『어린이찬송가피아노교본』이 마침내 이 마지막 시대에 어린이찬양사역의 문을 여는 열쇠가 되었다. 그 열쇠는 20여 년이 흐른 2021년에 전 세계 70개 도시의 수백 명의 아이들을 찬양의 길로 인도했다. 할렐루야!

그러나 그러는 동안 세월은 지치지도 않고 달려가, 몇 년 전 아버님은 소천하시고 어머님은 그새 많이 늙으셨다. 효도라는 단어는 아주 멀리 잊은 채로… 그저 삼남매를 위해 날마다 기도하시고 또 열심히 교회에서 봉사하시고 예수를 모르는 이웃들에게 복음을 전하는 삶을 살며 우리에게 너무나 귀한 신앙의 본을 보이셨다. 아버님은 위암, 전립전암, 췌장암을 기도의 힘으로 이기시고 십여 년을 사셨으나 마침내 주님의 부르심을 받아 소천하셨다. 그러나 언제나 건강하실 것 같던 어머님은 얼마 전 동생 목사의 초청으로 미국여행을 하고 나서 귀국여정이 너무 무리가 되었는지, 공항에서부터 허리가 아프셨고 그 아픈 허리가 한 달 지나도록 거의 매일 병원에 다니시지만 낫지를 않으니, 내 마음은 참으로 무겁다.

새벽기도 때마다, 주무시기 전에도 나는 거의 항상 어머니 허리에 손을 대고 기도했건만, 별로 차도가 없다. 더 기도하라는 뜻일 것이다. (다행히 어머님은 입소문으로 권사님들 사이에 명의로 알려진 병원을 찾아가 사진을 찍어보니 운동으로 충분히 고칠 수 있다는 판결을 받아오셨으니 그나마 다행이요, 주님 은혜다.)

이번에는 약 20일 한국에 있는, 예외적으로 긴 체류기간이었다. 건강검진, 치과진료, 그리고 두 교회의 설교 및 강릉에서의 주례 등, 꽤 할 일이 많아 기간이 늘어났다. (사실은 결혼 주례 일정과 안산부곡교회에서의 로벤 콰르텟과의 특별 음악예배 및 설교 때문에 기간이 길어져 그동안에 할 일들이 생긴 것이다. 덕분에 오랜만에 친구도 만나고, 주일에 수원까지 가서 김장환 목사님도 뵈었고, 주중에는 예솔도 들러 김재선 장로님도 만나 교제하는 기쁨도 누렸다. 또 새찬양 동역교회인 서울영광 성서침례교회의 정선영 목사님께서 초청해주셔서 주님께서 주신 은혜와 비전을 나누는 귀한 시간도 가졌다.) 그래서 어머님과 새벽기도를 열흘 이상 거의 빠지지 않고 가게 되었는데 강릉에 주례차 2박3일 다녀온 후에는 며칠 새벽기도를 쉬었다.

그러다가 마지막 날 아침, 새벽 5시에 어머님 혼자 문을 나서는 소리에 잠을 깨었다. "어이쿠, 오늘은 마지막 날인데, 꼭 어머니와 함께 새벽기도를 가야지…"라는 생각에 서둘러 옷을 챙겨 입고 뒤를 따랐다. 하지만 어머니는 이미 떠나셨고 다시 11층까지 올라오는 엘리베이터를 오래 기다리는 바람에 어머니를 거의 찻길까지 가서야 만날 수 있었다. 나이도 많으시고(86세) 허리도 아프신데… 새벽기도 가는 길은 이력이 났는지, 어머님은 그저 거침이 없으시다.

몇 년 전에 아직 안양 비산동에 사실 때, 그때도 비슷한 일이 있었다. 눈이 많이 온 꽤 추운 겨울에 어머님 새벽기도 나가시는 소리에 잠을 깬 나는 부랴부랴 어머니 뒤를 쫓아가야 했다. 길은 미끄러웠고 어두웠고 바람은 매서운데… 조금 전에 나가신 어머니는 보이질 않는다. 그래서 더 빨리 조심조심 걸으며 앞에 가실 어머니를 찾았다. 어머니는 영락교회 권사님이지만 새벽기도는 집 근처 교회에 늘 다니셨다. 당시 어머니께서 다니시던 교회는 비산동 산 중턱에 있어서 오르막길이 꽤 가파른 그런 길이라 좀 걱정이 되기도 하였다. 거기까지 가시기 전에 어머니를 따라잡아서 옆에서 좀 붙잡아드려야 하는데 싶은 생각이 나를 재촉했다. 그러던 중 저만치 어두운 새벽길에 드디어 어머니가 보였다. 어두워서 무슨 환영 같기도 했지만 조금씩 거리가 좁혀지며 어머니임을 알아차렸다. 나는 곧 어머니를 따라잡겠지 하고 열심히 걸어갔다. 그런데 길 모퉁이를 돌면, 어머니는 저만치 가고 계셨고, 또 열심히 어머니와 간격을 좁혀 길 모퉁이를 돌아가면 어느새 멀어진 어머니… 마치 어둠 속에 무슨 축지법을 쓰는 도인처럼 그렇게 빠르게 교회로 가셨다. 그래도 다행히 오르막길 막 들어서서 어머니를 따라잡아 겨우 몇 걸음 어머님 팔을 붙잡고 걸었다. (어머님은 워낙 매일 다니시던 길이라 눈 감고도 갈 수 있어 나를 별로 필요로 하지도 않으셨지만…)

그런 경험이 있기에, 이번에도 열심히 걸음을 재촉했는데, 어머님은 이제는 더 이상 그런 축지법은 쓰지 않으셨다… 이젠 몸이 예전과 다르신 것이다.

찬양과 설교, 주기도문의 순서가 이어지고 나서 개인기도시간… 그날 저녁 캄보디아로 가는 여정을 위해 기도하고, 무엇보다도 그동안 어머니와 함께 새벽기도를 다닐 수 있었던 축복을 감사드렸다. 비록 어머니 허리가 아파서 오래 앉지 못하여 얼마 후에는 함께 교회를 나와야 했지만, 참으로 귀한 마지막 새벽기도였다.

45년의 새벽기도… 참으로 긴 세월이다. 기도가 우리 입술의 열매로, 제단의 향기로 하나님께 올려진다면 하나님께서는 어머님의 수십 년간의 기도를 받으시면서 기쁘셨을 것이다.

> 책을 취하시매 네 생물과 이십 사 장로들이 어린 양 앞에 엎드려
> 각각 거문고와 향이 가득한 금 대접을 가졌으니 이 향은 성도의 기도들이라 (계 5:8)

그 기도를 받으신 하나님께서는 과연 얼마나 큰 그림을 그리실까? 물론 하나님은 그 정도가 아니라 수천 년, 수만 년, 아니 우리가 상상할 수도 없는 거대한 그림을 그리고 계실 것이다. 그리고 그 그림의 어느 작은 점이 우리가 있는 곳이리라. 은혜란 아마도 하나님의 거대한 그림에 죄인 된 우리가 포함되었다는 사실이다. 그러고 보면 하나님의 그림은 어쩌면 프랑스 화가 조르주 쇠라(Georges Seurat)의 점묘법 화법을 닮았을 수 있다. 하나하나의 점은 비록 보잘 것 없는 우리 죄인들이지만, 전체적으로는 하나님께서 원하시는 그런 광대하고 멋진 그림이 되는… 그리고 그 그림의 주인공은 예수 그리스도임은 분명하다.

어머님의 수십 년간의 기도는 이제는 어머니 생각 속에서도 점점 잊혀져가겠지만, 하나님께서는 그것을 잊지 않으시고 한 점 한 점 사용해서 우리의 미래를 그려내시고, 이 땅에 임하는 하나님 나라를 그려내시고, 우리를 통해 복음을 듣고 하나님을 찬양하게 될 많은 사람들까지 그려내실 것이다. 그리고 그들은 또다시 작은 점들이 되어 하나님의 거대한 그림 속에서 빛을 내게 될 것이다.

새벽기도 하다 보면 몇 번 그런 일이 있었다. 옆에서 무슨 소리가 들려 어둠 속에서 눈을 떠보니 기도하시던 어머님께서 서 계신다… 한 손으로 허리를 만지고 계시는 것을 보니 오래 앉아있어서 허리가 아파 일어서신 것이다. 사실 오래 앉은 것도 아닌데… 그만큼 허리가 좋지 않다는 반증이다. 마음이 아파 그 허리에 손을 대고 기도한다, "주여, 이 허리를 고쳐주옵소서, 수십 년 전, 저를 안아 키우시고 젖을 먹이신 그 허리입니다…" 그런 나의 손을 어머니의 따뜻한 손이 조용히 와서 덮어주신다… 그리고 그렇게 좀 있다가 그 손은 더 아픈 곳으로 나의 손을 가져다놓으신다. 아들 손이 무슨 능력이라도 있는 것처럼… 그 순간에 혈루병 여인처럼, 나아만 장군처럼 멋지게 나으면 좋으련만… 별로 차도는 없어 보이니 죄송한 마음까지 들지만 그저 더 기도하라는 주님의 뜻으로 알고 더 기도한다, "주님, 아픈 허리를 끌고 여기까지 오셔서 기도하시는 어머니… 불쌍히 여겨주소서…" 그러면서도 마음에 확신이 있다, 허리가 아파 서서 기도하시는 어머니… 그 모습도 아주 작은 점으로 하나님의 큰 그림 속에 영원히 들어있을 것이라고…

에필로그

처음이자 마지막 안식년을 보내며…

나이 예순둘에 첫 안식년을 가졌다. 나는 작곡공부도, 신학도, 선교사 파송도 늦깎이니, 첫 안식년이 이렇게 늦은 것은 당연한 결과다. 사실 잘 믿기지 않겠지만, 빨리 공부 끝내고 일하고 싶었던 내 머릿속에는 전혀 가능성이 없었던 교회음악 박사과정을, 잘 알지도 못했던 분이 원치도 않은 학비를 대줘 시작하게 되어 (주님 은혜로 마치게 되었지만) 결과적으로 더더욱 늦깎이 인생이 되었다. 아마도 처음이자 마지막 안식년이 아닐까 싶은 이 특별한 시간을 주님은 어찌 인도하시려나… 아내와 함께 기도하는 마음으로, 파송된 지 약 10년 만에 파송교회가 있는 미국 루이빌에 와서, 감사하게도 내가 졸업한 신학교 안에 있는 선교사 아파트에 짐을 풀었다.

소파, 침대는 물론, 부엌칼과 냄비, 접시, 숟가락, 커피머신까지 다 준비되어 있는 그곳에서 3개월을 지낼 수 있었던 것은 주님의 크나큰 축복이요 특권이었다. "주여… 내게 왜이러십니까? 뭐, 한 일도 없는데…?"

미국에 온 지 며칠 안 되어 어느 날 유튜브를 통해 어떤 미국 신학교 교수의 이사야서 강해를 보게 되었는데, 큰 감동을 받았다. 그분의 강의내용도 좋았지만 유튜브 독자들만을 위해 애써서 강의하시는 모습, 정성스럽게 편집된 동영상의 수준에 탄복하였다. 그분의 강의와 내가 내 유튜브 채널에 올린 수백 개의 찬양신학강의를 비교해보니, 여러 가지로 차이가 났다. 세계 여러 곳에서 스페인어, 포르투갈어, 불어, 중국어, 인도어, 아프리카어, 인도네시아어 등 여러 나라 말로 번역된 내 강의는 유튜브 독자를 위해 한 것이 아니라 그때그때의 청중을 위해 한 것이니 일단 집중력이 떨어지고, 실제 강의를 하다 보면 원치 않는 상황도 발생하고, 질문도 받아야 하고, 전기도 나가고, 또 하다 보면 다른 이야기도 들어가고… 그러다 보니 결과물이 늘 마음에 차지 않았다. 게다가 모니터를 통해 보는 독자들에게 성경말씀도 보여줘야 하고 강의 매뉴얼에 있는 도표도 보여줘야 하는데, 그런 것은 전혀 없이 그냥 강의했던 동영상만 올려놓은 것이니 독자 편에서 볼 때 그리 편리한 것은 아니었다. 또한 늘 강의시간이 부족하여 강의핸드북을 제대로 끝까지 강의해본 적도 거의 없어 늘 안타까움이 있어왔던 터라, 그 교수님 강의를 들으며 내 마음에 무언가 새로운 비전이 싹트게 되었다. "그렇다, 유튜브 강의를 시리즈로 올리자! 그래서 내가 원하는 바로 그 강의를 하고, 필요한 자료도 영상으로 보여주고, 그렇게 하여 주님께서 내게 주신 모든 것을 잘 정리해서 올려놓고 떠나자!"라는 생각이 들면서 마음에 평강이 왔고, 안식년에 무엇을 해야 할지가 마음에 그려졌다. 원래 대강 생각하기로는 책도 읽고, 곡도 쓰면서 좀 한가한 시간을 가지려 했는데… 주님은 전혀 다른 프로젝트로 인도하셨다.

그런데 한 가지 큰 문제가 있었다. 나는 유튜브 강의에 대해 아는 것이 없었다…! 처음엔 그저 쉽게 생각했는데, 시도해볼수록 이건 아니다 싶었다. 조명도, 스크립트 리딩도, 포맷도, 시간도. 모든 것이 낯설고 어려웠다. 다른 분들이 유튜브 강의를 올린 것을 보고 따라 해보려고도 했지만, 그럴수록 유튜브 강의가 어려워지고, 다른 분들은 여러 사람들이 팀을 만들어서 하는 것임을 알게 되었다, 즉 전문팀이 필요한 것이었다! 아마존에서 이것저것 사다가 시도해보았지만 역시 마음에 들지 않아 다시 반송하기를 여러 차례. 답답한 상태로 있던 차에 6월 중순에 내슈빌에서 미주한인남침례교총회가 열렸고, 내가 있던 루이빌에서는 차로 세 시간 거리라, 은혜도 받고 또 반가운 얼굴도 볼 겸, 차를 몰고 갔다.

그런데, 주님은 거기에서 놀라운 것을 준비해놓고 계셨다. 둘째 날 오전에 선택강의가 있었는데, 눈을 잡아끄는 강의가 있었다, "IT와 목회(또는 그와 비슷한 제목)"! 마치 구세주를 만난 듯, 나는 그 강의를 열심히 들었고 e-learning 전문가인 강사 목사님께 개인적으로 여러 가지 실제적인 조언도 받을 수 있었다. 과연 주님은 이 부족한 자를 젖과 꿀이 흐르는 땅으로 인도해주셨던 것이다. 루이빌에 오자마자 강사 목사님께서 말씀하신대로 조명, 프롬프터(prompter) 등 필요한 장비를 구입했으며 원고 수정을 기꺼이 담당해준 아내(교회음악 박사)의 도움으로 드디어 녹화가 시작되었고 동영상 편집은 컴퓨터그래픽을 전공한 딸 한나가 맡았다. 정말 완벽한 팀이 생긴 것이다. 할렐루야! 물론 여러 시행착오들이 있었지만 주님은 내게 용기를 주셨고 조금씩 나아지며 자신이 생기기 시작했다. 그런데 여기서 독자들은 한 가지 큰 질문을 하게 될 것이다. 장비야 구입하면 되지만 수십 편의 강의계획은 어디서 왔는지? 미리 준비한 원고가 있었는지 말이다. 그런데 과연, 수십 편의 원고가 제법 준비되어 있었는데… 그것은 그보다 몇 년 전에 어떤 연고로 인해 차차 준비되고 있었다.

2017년인가 나는 예솔 김재선 장로님의 부탁으로 당시 영락교회에서 열렸던, 지휘자 반주자 재교육을 위한 서칭페스티벌(Searching Festival)에서 몇 번 강의를 한 적이 있었다. 언젠가 강의를 마치고 집에 왔는데, 아차, 한 가지 잊어버린 물건이 있었다. PPT를 넘길 때 쓰는 작은 리모컨과 컴퓨터를 연결해주는 작은 부품(USB 수신기). 그것을 예솔의 어떤 직원에게 맡기고는 잊어버린 것이었다. 그 직원에게 겨우 연락이 되어 알아보니 다행히 그 부품을 갖고 있다고 했다. 그래서 마침 시간도 있고 해서, 며칠 후 마포구의 도서출판 예솔 사무실을 찾았다. 그래서 부품도 돌려받고 김재선 장로님과 이런저런 이야기를 나누었다. 그런데 장로님께서 몇몇 지휘자들이 쓴 책을 보여주시며, 옛날에 내가 출판했던 『찬양의 성전』도 좋지만, 그보다 좀 얇고 쉬운 책을 한번 내는 것이 어떻겠냐고 제안하셨다. 사실 그것이 계기가 되어 캄보디아에 돌아와서도 틈틈이 원고도 정리하고 나름 "성가대 지휘자가 반드시 알아야 할 60개의 성경구절"이라는 책 제목도 붙여놓았다. 물론 이번에 내는 책과는 성격이 좀 다르지만 그러나 그 성서적 가르침에서는 차이가 있을 수 없으니… 결국 그런 작업을 통해 강의에서 가장 중요한 원고가 웬만큼 정리되어 있었던 것이다!

이 모든 일들을 돌아보니, 과연 이 무지한 자를 주님께서 여러 가지를 통해서 인도하고 계심을 확실히 알게 되어, 주님께 감사와 찬송을 돌린다. 아울러 당시 부족한 자에게 귀한 제안을 해주신 김재선 장로님께 심심한 감사를 드린다. 덕분에 안식년이 안쉰년이 되긴 했지만… 또한 내 부족한 원고를 갖고 씨름하느라 일 년을 보낸 사랑하는 아내, 그리고 동영상 편집과 아울러 젊은 세대가 보는 날카로운 눈으로 동영상을 비평해준 딸 한나에게 고마움을 전한다.

참고문헌*

서적

Allen, Leslie C. *Psalms 101–150* (Revised), vol. 21, Word Biblical Commentary. Dallas: Word, Incorporated, 2002.

Bratcher, Robert G. & Reyburn, William David. *A Translator's Handbook on the Book of Psalms*, UBS Handbook Series. New York: United Bible Societies, 1991.

Campbell, Murray and Greated, Clive. *The Musician's Guide to Acoustics,* New York: Schirmer Books, 1987.

Dillard, Raymond B. *2 Chronicles*, vol. 15, Word Biblical Commentary. Dallas: Word, Incorporated, 1987.

Gale, Stanley. *Prayer of Jehoshaphat*. P&R Publishing, Kindle Edition, 2007.

Garrett, Duane A. *Hosea, Joel*, vol. 19A, The New American Commentary. Nashville, TN: Broadman & Holman Publishers, 1997.

Gradenwitz, Peter. *The Music of Israel: From the Biblical Era to Modern Times*. Portland, Oregon: Amadeus Press, 1996.

Grudem, Wayne. *Systematic Theology: An Introduction to Biblical Doctrine,* Grand Rapids, MI: Zondervan Publishing House, 1994.

Hamilton, Victor P. *The Book of Genesis*, Chapters 1-17 (NEW INTERNATIONAL COMMENTARY ON THE OLD TESTAMENT). Grand Rapids, MI: Eerdmans. Kindle Edition, 1990.

Henry, Matthew. *Matthew Henry's Commentary on the Whole Bible: Complete and Unabridged in One Volume*. Peabody: Hendrickson, 1994.

Hubbard, David A. *Hosea: An Introduction and Commentary*, vol. 24, Tyndale Old Testament Commentaries. Downers Grove, IL: InterVarsity Press, 1989.

Hustad, Donald P. *True Worship: Reclaiming the Wonder and Majesty*. Wheaton, IL: Hope Publishing Company, 1998.

Jamieson, Robert & , Fausset, A. R. & Brown, David. *Commentary Critical and Explanatory on the Whole Bible*, vol. 1. Oak Harbor, WA: Logos Research Systems, Inc., 1997.

Kaiser Jr, Walter C. *Hard Sayings of the Old Testament,* trans. Jichan Kim. Inter-Varsity Press, 1988/ Korean by Word of Life Press, 1991.

Keinig, John W. *The Lord's Song: The Basis, Function and Significance of Choral Music in Chronicles*. England: JSOT Press, 1993.

Lane, William L. *Hebrews 1–8*, vol. 47A, Word Biblical Commentary. Dallas: Word, Incorporated, 1991.

Leaver, Robin A. *J. S. Bach and Scripture: Glosses from the Calov Bible Commentary.* Saint Louis: Concordia Publishing House, 1985.

Piper, John. *Let the Nations Be Glad! The Supremacy of God in Missions.* Grand Rapids: Baker, 2003.

Pohle, Joseph. *God: His Knowability, Essence, and Attributes: A Dogmatic Treatise.* Kerry, Ireland: CrossReach Publications, Kindle Edition, 2019.

Stuart, Douglas. *Hosea–Jonah*, vol. 31, Word Biblical Commentary. Dallas: Word, Incorporated, 1987.

Thiessen, Henry C. *Lectures in Systematic Theology.* Grand Rapids, MI: Wm. B. Eerdmans Publishing Company, 1979.

Webber, R. *Music and the arts in Christian worship*, 1st ed., Vol. 4. Star Song Pub. Group, 1994.

Westermann, C. *Praise and Lament in the Psalms.* Atlanta GA: John Knox Press, 1981.

김명환. *찬양의 성전(개정판).* 서울: 새찬양후원회, 2004.

우상두, *놀라운 레위기.* 부산: 로뎀북스, 2021.

홍정수. *교회음악개론.* 서울: 장로회신학대학교 출판부, 1988.

재인용 서적

Augustine of Hippo. *Expositions of the Psalms*, vol. III/20. New City Press (?)

Bapst, Valentin. *Geystliche Lieder*, Leipzig, 1545.

Kierkegaard, Søren. *Purity of Heart is to Will One Thing.* Start Publishing LLC, 2012.

Luther, Martin. *Luther's Works,* Vol. 35: Word and Sacrament I ed. Jaroslav Jan Pelikan, Hilton C. Oswald, and Helmut T. Lehmann; vol. 35. Philadelphia: Fortress Press, 1999.

_____. *The Familiar Discourses of Dr. Martin Luther,* Tr. By H. Bell. Nabu Press, 2011.

Mathiesen,Thomas J. *Apollo's Lyre: Greek Music and Music Theory in Antiquity and the Middle Ages*. Lincoln and London: University of Nebraska Press, 1999.

Spurgeon, C. H. *The Complete Works of C. H. Spurgeon, Volume 32: Sermons 1877-1937*. Delmarva Publications, Inc, ?.

Tate, Marvin, E. *Psalms 51-100*, vol. 20, Word Biblical Commentary. Dallas: Word, Incorporated, 1998.

Webber, R. *Music and the arts in Christian worship*, 1st ed., Vol. 4. Star Song Pub. Group, 1994.

김철륜. 교회음악론. 서울: 호산나음악사, 1992.

논문

Kim, M. W. The Necessity of Church Choir in the context of Cambodian Churches: An Essay from CPTI Professor's Article Aletheia vol. 1. Cambodia, Phnom Penh: CPTI Press, 2017.

Knox, Ronald. Brahms and His Religion from Il Saggiatore musicale Vol. 22, No.2. Casa Editrice Leo S. Olschki s.r.l., 2015.

이상일. "루터의 음악신학과 예배에서의 음악사용." 『장신논단』 Vol.48 No.4, 2016.

이승희. 칼뱅의 교회음악사상 (정규오 목사 은퇴 기념 논총), 1999.

임채홍. 동요 장르의 선구자 및 음악교육자로서의 종교개혁가 마르틴 루터 (Project number: 2016S 1A5B5A07 919457/ 2016년 시간강사연구지원사업), 2018.

사전, 성경 소프트웨어 및 정기간행물

dtv-Atlas zur Musik: Tafeln und Texte. Deutscher Taschenbuch Verlag GmbH & Co. KG, München und Bärenreiter-Verlag Karl Vötterle GmbH & Co. KG, 1986.

Guinness World Records 2013.

Logos Bible Software Version 9.

Vine, W. E. *Vine's Expository Dictionary of New Testament Words*. Kindle Edition, 2012.

조선일보, 2010년 2월 19일 자.

인터넷

https://biblehub.com/greek/1868.htm (epainos 의미)

http://chantblog.blogspot.com/2011/03/oxyrhynchus-hymn.html (옥시린쿠스 찬미가 가사)

https://lifecoach4god.life/2012/08/28/dr-tim-keller-on-the-worship-wars/ (팀 켈러 목사)

https://m.blog.naver.com/jskim7296/221545739137 (하이델베르크 요리문답)

https://www.britannica.com/biography/Josquin-des-Prez (죠스캥에 관한 루터의 평가)

https://www.cpdl.org/wiki/index.php/Geystliche_Gesangk_Buchleyn (Geystliche Gesangk Buchleyn)

https://www.miracle-recreation.com/blog/music-education-in-early-childhood/?lang=can (어린이 음악교육의 중요성)

https://www.nobelprize.org/prizes/medicine/1981/sperry/facts/ (Roger W. Sperry Nobel Prize)

https://www.thetrumpet.com/478-murders-in-tekoa (드고아에 관한 기사)

https://tollelege.net/2015/07/31/the-psalter-by-martin-luther/ (마르틴 루터와 시편)

https://www.cpdl.org/wiki/index.php/Geystliche_Gesangk_Buchleyn (Geystliche Gesangk Buchleyn)

https://www.sankt-michaelis.de/ (성미가엘교회 홈피)

* 강의 원고 준비 초기에는 책의 성격상 (재)인용된 문서를 정확히 기록해두지 않아 참고문헌이 완전하지 않음을 밝혀둡니다.

교회음악 작곡가
김명환 목사 (Dr. Johann Kim)

| 학위
서울대학교 치과대학 졸업 (D.D.S.)
오스트리아 빈 국립음대 작곡과 졸업 (Master of Arts, Diplom)
미국 남침례신학교(SBTS) 목회학 석사 (M. Div.)
미국 남침례신학교(SBTS) 교회음악 박사 (D. M. A.)

| 약력
백석대학교 예술대학 계약교수 역임
미국 남침례신학교(SBTS) Adjunct Professor 역임
분당 할렐루야교회 다윗성가대 지휘자 및 찬양전도사 역임
루이빌 여성합창단 지휘자 역임
미국 켄터키주 루이빌 Vine Street Baptist Church 예배목사 역임
미국 루이빌 Joyous Singers 지휘자 역임
현(2023) 캄보디아선교사, 캄보디아장로교신학대학교(CPTI) 교수
캄보디아선교사합창단 지휘자, 프놈펜 호산나학교 음악감독

| 수상경력
오스트리아 알반 베르크 Stipendium (1989)
모차르트 서거 200주년 기념 국제 현악사중주 콩쿠르 Austro Mechana (1990)
비엔나시 작곡상(Arbeitsstipendium für Musik) (1992)

| 대표적 활동
새찬양후원회 설립 (2000년)
어린이와 청소년들을 위한 새찬양축제 개최 (2022년 전세계 90개 도시에서 어린이와 청소년 참가)
새찬양예술인회 설립 (골방의 찬양 음악회)
홈페이지 http://newpraise.org

| 저서
『찬양의 성전』 (찬양신학 및 교회음악이론서)
『종소리화성』 (종소리에 들어있는 새로운 화성의 이론서 / 오스트리아 정부 지원 출판)

성악작품

국악풍의 찬양곡집
나라가 위태로울 때 드리는 네 개의 찬양곡
주여 당신 품 그리워 (솔로성악을 위한 세 개의 노래)
세 개의 성경장면들 (바리톤과 합창을 위한 세 개의 작품)
여인들의 노래 (여성합창곡집)
내 영혼아 잠잠히 (성가대용 혼성합창곡집)

기악작품

국악기와 피아노를 위한 "Amazing Grace" (국립국악원 위촉)
종소리에 따른 피아노 협주곡 (빈 국립음대 졸업작품)
종소리 마그니피캇 (피아니스트 고중원 위촉)
12개의 거룩한 종소리 (피아니스트 김수련 위촉)
바이올린을 위한 소협주곡 "주의 기도" (바이올리니스트 김은영 위촉)
바이올린을 위한 소협주곡 "프놈펜 환상곡"
다섯 악기를 위한 "기쁘다 구주 오셨네" (변주곡과 이중푸가)
도마뱀 주제에 의한 샤콘느 (피아노 곡, 바이올린 곡, 현악사중주 곡, 오케스트라 곡)
오르간 찬양집 1, 2집
"예수께로 가면" (오르간 코랄 환상곡)
어린이 찬송가 피아노 교본
어린이 찬송가 피아노 변주곡 1-4집
크리스쳔 피아니스트를 위한 찬양집
천상의 찬양 (바이올린, 또는 플루트, 또는 첼로와 피아노를 위한 찬송가 편곡) 1, 2집
천상의 찬양 (피아노 트리오)
캄보디아 동요 피아노 1, 2집
사순절을 위한 여섯 개의 피아노 명상
피아노를 위한 "세 개의 장면들" (멘델스존 오라토리오 〈엘리야〉에서 발췌)

드라마

단막 오페라 루터 (테너와 베이스, 그리고 남성합창과 오케스트라를 위한 곡)
예수 그리스도의 이적과 비유 (12개의 낭송과 오케스트라를 위한 곡)
"조용히" (어린이용 성경 음악극 / 예솔)

* 이 외에 여러 찬양곡들을 새찬양후원회 홈피를 통해 만나실 수 있습니다.

찬양신학 쉽게 듣기 1

1판 1쇄 발행 | 2023년 1월 12일

지은이 김명환
펴낸이 김재선
표지디자인 김한나, 최미야
펴낸곳 예솔
주소 서울시 마포구 양화로 6길 9-24 동우빌딩 4층
전화 02-3142-1663(영업), 335-1662(편집)   팩스 02-335-1643
출판등록 제2002-000080호(2002.3.21)
홈페이지 www.yesolpress.com   E-mail yesolpress@naver.com

ISBN 978-89-5916-968-9   03230

* 책값은 뒤표지에 표시되어 있습니다.

* 혹시 이 책의 내용 중에 오류가 있거나 정확하지 않은 표기가 있다면 아래 메일로 알려주시면 다음 번에 고치도록 하겠습니다. 감사합니다. (kimpraise@gmail.com)